21
世纪经济管理类创新教材

物流学概论

（第5版）

周启蕾 许笑平 ◎编著

Introduction
to Logistics

清华大学出版社
北京

内 容 简 介

　　本书分为三篇,第一篇"物流总论"主要介绍物流的概念和分类,包括商流与物流、物流的概念、物流的价值与作用、物流学科与物流学、物流的分类与形式等方面的知识。第二篇"物流的基本功能"以我国国家标准《物流术语》(GB/T 18354—2021)的定义为依据,分别介绍物流的各项基本功能。该篇内容繁杂多样,是全面深入认识物流所必需的,也是本书学习的重点和难点所在。第三篇"物流概念的延伸与运用"按逻辑先后分六章依次介绍物流系统、物流管理、物流服务、物流企业与第三方物流、物流政策、物流发展新趋势。学习这些内容可以巩固和强化读者对物流概念的理解,激发读者的学习兴趣,是其进一步学习物流知识,特别是物流管理知识的新起点。

　　本书体系完整、结构紧凑、语言精练、行文流畅,不仅可用作普通高等院校物流管理、物流工程、工商管理等专业的本科教材,还可作为相关专业的研究生及物流从业人员的参考用书。

图书在版编目(CIP)数据

物流学概论:第 5 版 / 周启蕾,许笑平编著. —北京:清华大学出版社,2023.6(2025.7重印)
21 世纪经济管理类创新教材
ISBN 978-7-302-63784-4

Ⅰ. ①物…　Ⅱ. ①周… ②许…　Ⅲ. ①物流—概论—高等学校—教材　Ⅳ. ①F25

中国国家版本馆 CIP 数据核字(2023)第 101358 号

责任编辑:杜春杰
封面设计:刘　超
版式设计:文森时代
责任校对:马军令
责任印制:沈　露

出版发行:清华大学出版社
　　　网　　　址:https://www.tup.com.cn,https://www.wqxuetang.com
　　　地　　　址:北京清华大学学研大厦 A 座　　　　邮　　编:100084
　　　社 总 机:010-83470000　　　　　　　　　　　邮　　购:010-62786544
　　　投稿与读者服务:010-62776969,c-service@tup.tsinghua.edu.cn
　　　质量反馈:010-62772015,zhiliang@tup.tsinghua.edu.cn
印 装 者:三河市春园印刷有限公司
经　　销:全国新华书店
开　　本:185mm×260mm　　　印　　张:20.25　　　字　　数:493 千字
版　　次:2023 年 6 月第 1 版　　　　　　　　　　印　　次:2025 年 7 月第 3 次印刷
定　　价:59.80 元

产品编号:101351-01

序

随着现代科学技术的进步和社会分工的进一步细化，经济全球化已经成为当今世界的一个重要特征。为了解决高度专业化分工所带来的产供需矛盾、帮助企业在更大的范围内优化资源配置，流通业在当代经济体系中扮演着越来越重要的角色，发达国家已经掀起了一场规模空前的流通业革命。这场革命最直接的结果是摒弃将商流、物流和信息流相互分离的流通模式，而以商流为目标、以物流为载体、以信息流为纽带，通过整体集成和一体化管理保障参与各方的利益，实现供应链全过程最优化。物流作为流通业的有形载体越来越受到人们的重视。

我国的物流业起步较晚，但自 20 世纪 90 年代以来，随着物流热的持续升温，物流作为提高市场竞争力的关键因素和影响众多领域发展的巨大潜在市场，日益受到企业和各级政府的广泛关注与高度重视。一些经济发达城市更是将物流业定位为自身经济发展的支柱性产业，纷纷从基础设施建设和产业引导等方面入手，大力推进物流业的发展。

作为我国对外开放的"窗口"和经济体制改革的"试验田"，深圳市率先将现代物流理念付诸实践并最早将现代物流确立为本地支柱性产业。为了配合深圳市的经济发展战略、满足各类企事业单位对物流人才的需要，深圳大学十分重视对物流及其相关专业人才的培养，早在 20 世纪末就为本科学生开设了"物流学"选修课，受到了学生的广泛欢迎。此后，深圳大学又在"交通运输""物流管理"等专业的本科教学计划中将"物流学"增设为专业必修课。2003 年，深圳大学开始以学院为单位统一招生。为了在更大的范围内推广现代物流理念、使深圳市未来的经济管理人才更早地熟悉作为本地支柱性产业的物流业，深圳大学经济学院将"物流学"确定为全院的专业必修课。

在我国，"物流学"是一门相对年轻的学科，虽然近几年出现了大量与物流有关的图书，但适合用作"物流学"基础教材的并不多且不同的"物流学"教材在内容上常常存在较大的差异；即便是内容相近的教材，对同一问题的认识深度有时也相差甚远。为适应"物流学"的教学要求、配合"物流管理"专业的学科建设，周启蕾博士编写了本书，和现有的同类教材相比，本书具有以下主要特色。

1. 内容取舍和概念表述以我国最新修订的国家标准《物流术语》为依据

"物流学"是帮助学生了解和认识物流及其相关概念的专业基础课，将引导学生形成对该学科的第一印象，因此其教材内容的取舍和概念的表述必须严谨、规范。但由于"物流学"的历史并不长，人们对物流相关概念的认识尚未统一。虽然我国已于 2001 年颁布了国家标准《物流术语》（GB/T 18354—2001），但迄今为止，严格遵照这一标准撰写的"物流学"教材尚不多见。本书严格遵照最新修订的《物流术语》（GB/T 18354—2013）确定物流基本功能要素的范围并据此构建全书的内容与结构，书中所有概念表述都以该标准为依据。

2. 严格区分"物流学"与"物流管理学"的界限

在现有物流类图书中，对"物流学"与"物流管理学"不加区分、二者内容交叉重叠的现象较为普遍。编者认为，"物流学"是物流学科的专业基础课，既不应涉及深奥的经济管理理论，也不应偏重研究物流技术问题。因此，本书在内容安排上严格对"物流学"与"物流管理学"加以区分。

3. 内容简洁、实用，深度适中

自 20 世纪 90 年代末，周启蕾博士即采用或参考不同版本的教材，为不同层次、不同专业的学生多次讲授"物流学"课程，深知初学者对物流学科的认知需求和能力水平。本书在正式出版前曾以讲义的形式供七百多名学生使用，编者在征求授课教师和部分学生意见的基础上舍弃了一些偏难、偏深的知识，增加了一些实用性强、能激发学生学习兴趣的内容。

总之，周启蕾博士编著的这本《物流学概论》充分考虑了专业基础课的特点和要求，对内容的取舍及其深度的把握严谨、得当。全书结构合理、重点突出、逻辑缜密、行文严谨。我读此书受益颇多，也愿意推荐给各位读者。

深圳大学经济学院教授

韩彪 博士

第 5 版前言

鉴于我国国家标准《物流术语》已于 2021 年完成第二次修订、本书第 4 版出版至今已近 6 年，再次修订实属必然。本次修订坚持第 4 版修订时确定的总原则或总目标：使教材的内容更加新颖、素材更加务实、表述更加明确。

首先，本次修订严格按照新版国家标准《物流术语》（GB/T 18354—2021）的文字表述修改篇章：将第二篇的篇名由"物流的基本功能要素"改为"物流的基本功能"；将第四章章标题中的"集装单元器具"改为"集装器具"；将第九章的标题由"物流信息"改为"信息处理"。同时，对全书的概念定义进行了更新。

第一篇，重写了"商流与物流""物流的概念"的绝大部分内容；将物流的地位与作用分开，压缩相对务虚的"地位"、展开相对务实的"作用"；重写了"自营物流、外包物流与第三方物流"的大部分内容。此外，在综合国内最新规划资料的基础上，从国家物流枢纽、国家物流网络和对外物流通道三方面展开，重写了"国内物流"的全部内容。

第二篇，将"包装的起源与发展"改为"包装的历史"；依照我国最新的集装箱国家标准，重新编排了两个尺寸分类表格并对相关文字说明进行了重写；以第 4 版第五章第二、三节的原有素材为基础，在增加若干实例素材后，将其内容重新整合为"主要的装卸搬运设备"和"典型的装卸搬运系统"两节；更新了载货汽车的分级标准；扩充了飞机的分类说明并介绍了我国商飞 C919 的最新进展；重写了"储存的概念""储存的作用"；将"仓储业务的受理"替换为"仓储业务"；重写了"物流园区"的全部内容；增加了我国"北斗卫星导航系统"的相关内容。

第三篇，在"物流系统的一般要素"中增加了"信息要素"；更新了"物流管理的内容"和"物流管理的原则"；明确了"企业物流管理组织"与"物流企业的组织形态"之间的区别；将"物流差异化战略"改为"差异化物流战略"；在阐述物流服务的概念之前，补充说明了客户与顾客的区别；指出提供物流服务的主体通常有两类：物流企业和企业物流系统；将"物流服务内容设计实例"改为"物流服务模块实例"并依照典型企业的官网信息更新了服务模块内容；在"第三方物流的内涵"之前补充了"物流外包的原因"；指出"第三方物流（3PL）"的概念源于"第三方物流企业（3PLs）"，它们是性质完全不同的两个概念，相应的特点和分类体系也截然不同；按照作者的理解对"第三方物流的价值与作用"进行了补充说明；将第十五章第四节改为"我国应强化的物流政策重点"并对素材内容进行了整理、置换；考虑到供应链管理的理论和实务都已相对成熟，而且已经独立成为一个专业方向，所以不再作为"物流发展新趋势"的内容选项；删除了"互联网+物流"，新增了"智慧物流"和"物流金融"两节内容。

同以往的历次修订相比，本次修订对第一篇和第三篇的改动相对较大。因为这两篇的内容大多比较抽象或务虚、素材的主观性较强、修改的必要性不明显，所以在以往的历次修订中要么选择忽视、要么人云亦云。经过多年的教学实践，作者总结出了不少经验，原创新素材的冲动和自信心都逐渐增强。本次修订在不破坏整体逻辑框架的前提下，一方面通过更新素材或原创素材重新梳理各种概念或观点之间的关系，以保证全书内容的前后一致；另一方面，通过大量增设过渡段衔接或串联有关章节，以方便读者理解不同知识点之间的逻辑关系。通过此番打磨，本书可称国内为数不多、体系完整、逻辑自洽并值得精读的"物流学"教材。

本书第二篇除了更新、整合了部分文字素材，大多数新增内容都是以我国的最新成就来反映行业最新进展的。例如，我国在集装箱制造、集装箱港口、中欧班列、专用码头、民用大飞机项目、北斗卫星导航系统、西气东输工程等方面取得的巨大成就反映了各行业发展的最新进展，这些内容是课程思政的绝佳素材。

本次修订参考或借鉴了各大搜索引擎及其百科平台的资料，但鉴于将各大搜索引擎及其百科平台所提供资料的出处全部罗列出来具有一定的现实困难，故在此向百度、搜狗及其百科平台资料的所有贡献者一并表示最诚挚的感谢！

由于作者水平、能力或眼界所限，本书难免存在一些结构性缺陷或不足之处，恳请各位读者批评指正。

周启蕾　许笑平

2023 年 2 月 8 日

于深圳南山

附：

第 1～4 版前言

目 录

第一篇 物 流 总 论

第二篇 物流的基本功能

第三篇　物流概念的延伸与运用

第一篇　物　流　总　论

本篇导读

　　作为物流学教材的开端，本篇的主要目的是帮助读者建立起对物流概念的总体认识。因此，本篇首先从商流与物流的关系入手，简要回顾物流概念的起源及其发展历程，介绍一系列与物流有关的概念或定义，阐述物流的价值与作用，说明物流的学科分支及其研究内容并明确物流学的课程定位。

　　理论阐释和定义归纳是帮助读者建立"课程第一印象"的最常用方式，本篇第一章内容较为抽象，但对初涉物流的读者来说必不可少。为了使读者对物流的初步认识更加具体和生动，本篇第二章专门介绍物流的分类方法，辨析几组典型的物流概念并对企业物流、行业物流和社会物流进行较为细致的介绍。

　　在本篇的学习过程中，读者要努力从生活实践中寻找线索，通过自己的所见所闻去想象、提炼物流并持续不断地修正自己对物流的理解。

第一章　物　流　概　述

自从"物流"作为一个专业术语传入我国以来，虽然围绕它的理论研究和实践探索一直没有停止，对其内涵的解释却长期处于众说纷纭的状态。不仅来自实践的说法五花八门，即便是在理论研究领域，也曾经历过长时间的争论。作为专业基础课，"物流学"的课程目标就是要全面、准确、规范地阐述物流及其相关概念，帮助初涉物流者统一对物流的认识。为了系统地说明物流概念的来龙去脉、更清晰地阐述物流的内涵，本章将从物流所处的环境以及它与周边其他经济现象的关系入手，在合理定位的基础上解读和认识物流。

第一节　商流与物流

社会经济分为生产、流通和消费等几大领域，从整体上看，物流是属于流通领域的一种经济活动。改革开放以前，我国长期"重生产、轻流通"，严重抑制了经济增长的内在活力，制约了经济的健康发展。改革开放后，流通受到重视，为我国经济的持续稳定增长做出了重要贡献。

一、流通的地位与作用

（一）流通是连接生产和消费的桥梁和纽带

社会经济活动是一个庞大而复杂的系统，人类为了满足生产和生活的需要，不断消耗着各式各样的物质资料，同时有无数的工厂或其他制造系统不停地生产制造人类所需要的各种物资。消费者如果不能及时得到所需要的物资，社会经济将会发生紊乱。生产者只有成功地将产品转移给消费者，才能最终实现产品的价值，使生产者的各种劳动消耗得到补偿，也才能有条件组织再生产。因此，必须在生产和消费之间建立通畅的流通渠道，流通被称为连接生产与消费的桥梁和纽带。

流通作为一种经济形式而存在，它是伴随着商品生产和商品交换的历史而产生和发展的。在商品经济发展的初级阶段，由于产品的品种和数量都很少，生产者和消费者往往通过比较直接的渠道建立交换关系，流通的形态是初级的。随着社会分工的深化，专业化工厂越来越多，规模也越来越大，产品的品种和数量都大大增加，生产地和消费地逐渐分离，生产者想要直接和消费者见面销售自己的产品变得相当困难，不得不通过流通领域的市场来过渡，如此才能将产品转移到消费者手中。随着市场经济体系的成熟，流通的桥梁和纽带作用正在变得越来越重要。

当前，我国正在构建以国内大循环为主体、国内国际双循环相互促进的新发展格局。在此过程中，流通能洞察需求以促进消费、引导生产匹配供需、调节分配实现减贫增收、联动内外贸畅通双循环，其地位还将进一步凸显。

（二）流通与生产相互促进、相互制约

关于生产和流通的关系，恩格斯曾经指出："生产和交换是两种不同的职能……这两种职能在每一瞬间都互相制约，并且互相影响，以致它们可以叫作经济曲线的横坐标和纵坐标。"生产决定流通，流通又反作用于生产。生产方式的性质决定流通的性质、生产的发展水平决定流通的规模和方式，生产是流通的物质基础，没有生产，就没有源源不断供给市场的商品，当然也就没有流通。反之，流通对生产有反作用，流通的状况制约着生产的规模、范围和发展速度。生产者的产品只有进入了市场、通过流通领域到达了消费者（用户）手中，才能实现其价值和使用价值。如果生产者不能得到必要的补偿，也就失去了再生产的条件，销售不出去的产品生产得越多，生产者蒙受的损失就越大。另外，生产的原材料也要通过流通领域从市场获取。如果流通渠道不畅，生产者不能及时得到所需的原材料，生产就会陷入困境；在流通领域，由于某种原因导致原材料价格上涨，产品成本随之上升，生产者也会在经营方面面临困难。

生产越发展，社会财富越丰富，流通的作用越显著。日本在 20 世纪 50 年代末进入经济高速增长时期，但由于流通产业未能及时跟进，以致市场供应紧张、价格混乱并严重阻碍了生产的发展。之后经过十几年的努力，日本政府才最终扭转了流通落后的局面并通过不断加强物流管理提高物流技术水平、降低物流成本，建立了高效、通畅的物流体系。日本流通体系的改善有力地促进了其生产的发展，保障了经济的平稳发展。

（三）流通是国民经济现代化的支柱

国民经济现代化的最主要手段就是通过发展生产力丰富产品数量、提高产品质量，充分满足人民日益增长的多样化需要。社会产品种类的增多和数量的增长对流通领域提出了更高的要求。如果众多的产品不能及时送达消费者手中或者生产厂家的原材料供应得不到保障，"提高生产力"就会变成一句空话。因此，国民经济的现代化水平越高，对流通的要求也就越高。可以说，没有现代化的流通，就没有国民经济的现代化，流通是国民经济现代化的支柱。

以往的经验表明，现代流通业是资金密集型、劳动密集型和技术密集型产业。它不仅可以拉动投资需求、吸纳就业人口、促进技术进步，还有利于产业结构升级；现代流通产业不仅应该成为国民经济的先导性产业，而且应该做强做大，成为国民经济的重要增长点。

二、流通的内容

从本质上看，流通领域内的人类活动（简称流通活动）主要解决两个方面的问题：一是要将物品从原主人拥有转变为新主人拥有，解决物品所有权的更迭问题；二是要使物品从原来的时空点转移到新的时空点，解决物品的时空差异问题。现实中的流通活动并非一定要同时解决以上两个方面的问题，很多流通活动的目的只是解决其中一个方面的问题。

（一）商流

改变物品所有权的方式多种多样，如礼品馈赠、遗产继承、商品交易等，其中，商品交易无疑是改变物品所有权的最常见方式。商品交易是一种既古老又现代的流通方式，它通常遵循价值规律，实行等价交换。商品交易中的物品称为商品，商品所有权的转移称为商流。从产业的层面看，所有商品交易活动的总和就是商品流通，商品流通的共同特征就是具有商流。礼品馈赠或遗产继承等虽然也能改变物品所有权，但它们显然都不属于商品流通，相应的所有权转移也不能称为商流。

在成熟的市场环境下，以物易物的交易已十分少见，绝大多数交易都是以货币或资金作为一般等价物并依照法律规定或通过合同约定的方式，将资金支付的有效性与商流的有效性联系起来。资金是绝大多数商品交易的支付媒介，资金流是商流得以完成的基础。

（二）物流

与商流的对象仅限于商品不同，人们将所有物品的时空转移都称为物流。要完成物品的时空转移，不仅要通过运输或配送来实现物品空间位置的变化，还要通过储存来调节供需双方在时间节奏方面的差异，甚至可能通过包装或流通加工来改变货物的物理、化学性质。

网上购物时，在购买者支付成功的瞬间，从法律意义上说，该商品就已经属于购买者所拥有，商流就已经完成。但由于此时的商品还在卖方仓库，购买者无法立即使用，必须依靠物流实现商品的空间转移，将商品送达购买者之后，该商品才能被使用。因此，物流是使商品克服空间差异，以实现其使用价值的前提保证。

粮食的种植和收获具有季节性特点，但消费者每天都要食用粮食，所以必须对粮食进行储存。只有通过储存及相应的装卸搬运、流通加工等物流作业克服季节性生产与经常性消费之间的时间差异，才能满足消费者的每日所需。可见，物流是使商品克服时间差异，以实现其使用价值的前提保证。

（三）信息流与资金流

有人认为，流通是由商流、物流和信息流共同构成的，提出所谓的"三流"说；也有人认为，除了以上"三流"，流通的内容还应包括资金流，提出所谓的"四流"说。事实上，使用现金的资金流就是一种特殊的物流；网络时代的资金流正被信息流所替代；更极端地说，信息流也可以看作一种特殊的物流。

由于流通活动的最主要目的是实现物品所有权的转移和时空的转移，所以商品流通的最主要目的就是解决商流和物流问题。不论"三流"说还是"四流"说，都不可能动摇商流与物流在流通领域的核心地位，商流与物流才是研究流通领域时无法回避的两个流。

三、流通产业内商流与物流的关系

在社会再生产循环中，介于生产领域与消费领域之间的所有人类活动都属于流通领域，其中既有商品的流通，也有非商品的流通；既有有形物的流通，也有无形物的流通；既有商流与物流俱全的流通，也有二者只占其一的流通。如此众多的人类活动，有的只是零星的个别行为；有的已经形成一定规模，可以看作一个行业；有的已经进入产业化发展阶段，可以看作一个产业。

流通领域内存在很多不同的行业或产业，其中最具代表性或典型性的就是流通产业。虽然流通产业是整个流通领域最核心或最重要的组成部分，但从外延上看，流通产业显然并非流通领域的全部。除了流通产业，流通领域内还存在很多其他行业或产业。

我国对流通产业的构成存在多种不同认识。一般认为，广义的流通产业包括批发、零售、餐饮、物流、旅游、信息和金融等诸多行业，更广义的甚至将酒店、休闲娱乐、拍卖、典当、旧货、专卖等都囊括其中；狭义的流通产业仅指批发、零售、餐饮和物流四个行业。目前，我国的官方统计中，流通产业只包括批发、零售和餐饮三个行业。

事实上，商流与物流俱全的流通活动主要存在于批发、零售和餐饮三个行业，正好与我国官方统计的流通产业口径一致，其外延不仅小于商品流通，甚至小于人们通常狭义理解的流通产业。为了方便下面的研究，保证行文的严谨性，本节以我国正式公布的统计口径为依据，将流通产业界定为"商流与物流俱全的，以批发、零售和餐饮为主的，诸多行业之和"。商流与物流俱全的特点要求我们必须在流通产业内重新审视商流与物流的概念并进一步厘清它们的相互关系。

（一）商流与物流的统一

在传统流通产业内，商流与物流经常相伴而生。买卖双方面对面地交易，在使商品所有权发生转移的同时，有形商品的时空运动也同步发生。时至今日，这种商流与物流相伴而生的流通活动仍不鲜见。即便是在现代流通模式下，商流与物流之间依然存在着相互依存、互为补充的关系，表现出明显的统一性。

（1）商流是物流的前提。在流通产业内，如果没有所有权的转移，即商流的发生，那么商品的时空运动则无从谈起，物流也不会发生。现实中，绝大多数商品时空转移的物流方向都与所有权转移的商流方向保持一致。

（2）物流是商流的保证。在流通产业内，虽然绝大多数物流都是在商流完成之后才会出现，但如果没有可行的物流方案预期，则商品的买卖行为也不会发生。也就是说，如果买方与卖方之间的物流方案在技术上不可行或在经济上不划算，就有可能导致商品交易的终止。

商流与物流的统一性原理告诉我们：在流通产业内，既要重视商流，也要重视物流，不可偏颇，否则就有可能导致流通不畅甚至中断。只有把商流搞活了，才有可能派生出大量物流需求，给物流带来活力；反之，只有物流发达了，才有可能保证"物畅其流"，从而刺激商流的繁荣。

（二）商流与物流的分离

商流与物流分离的最根本原因是：商流运动的基础——资金与物流运动的实体——商品，具有相对独立性。众所周知，资金的转移可以通过邮局汇款、银行转账或移动支付等不同的方式来实现，商品所有权的转移通常在资金支付成功前后的某个约定时刻瞬间完成。

而物品的空间和时间运动则必须通过运输、储存等一系列物理性操作，花费较大成本、持续较长时间之后才能完成。显然，商流与物流具有不同的实现手段、不同的传输渠道、不同的运动规律和差别巨大的运作成本，它们是相互分离的。

商流与物流是两个性质完全不同的流，不可能真正完全同步。所以严格地说，商流与物流本来就一直处于分离的状态，只是由于过去二者在时间或路径上的差异并不明显，难以被人察觉和注意。随着流通模式的变革，特别是由于结算程序和购销方式的变化以及期货市场和电子商务的出现，商流与物流在时间或路径方面的差异更加明显，出现了"商流在前、物流在后""物流在前、商流在后"，甚至"商流迂回、物流直达"等情形，二者的分离问题才引起人们的关注。

商流与物流分离的原理告诉我们：在流通产业内，可以让商流与物流相互分离并按各自的规律进行运作，这样更能充分发挥各自的优势，避免被对方羁绊和拖累，有利于流通整体效率的提高。

四、流通产业外的商流与物流

在商流与物流俱全的流通产业之外，其余的商品流通基本都属于"只有商流没有物流"的流通，如土地、房屋等不动产的买卖，知识产权、服务等无形产品的买卖等。

在商品流通之外，如礼品馈赠、遗产继承等，即便所有权发生转移，也不能称之为商流。因此，在商品流通之外都是"只有物流没有商流"的流通。除了礼品馈赠、遗产继承等所有权发生转移的流通，商品流通之外还存在很多无须所有权转移的物流，如自有物品的物流以及文物、展品、垃圾、政府物资、军事装备的物流等。

事实上，物流不仅存在于流通领域，也存在于生产领域或消费领域，如企业内部的生产物流属于生产领域、私人搬家或自有物品的物流都属于消费领域等。如果将所有物流看作一个整体产业的话，那么它就是横跨社会再生产循环所有领域的一个大产业，而不仅仅局限于流通产业、商品流通或流通领域内。商流与物流的分布范围如图 1-1 所示。

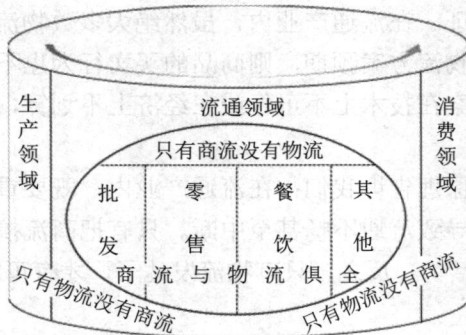

图 1-1　商流与物流的分布范围

在由批发、零售和餐饮构成的流通产业内，物流只是用以实现时空转移的工具，就像信息和金融是用以实现所有权转移的工具一样。但是，相对于所有权转移方式的多样化和便捷，时空转移只能依赖物流，而且成本极高。因此，在流通产业内，物流更受人关注，地位也更高，导致人们在对流通产业本身的内容进行界定时，常常不由自主地将物流纳入其中而将信息和金融排除在外。流通产业对物流的这种"另眼相待"或"过分热情"虽然可以反映物流在流通产业内的特殊地位，但显然有失公允，也不科学。

第二节 物流的概念

国家质量技术监督局于 2001 年 4 月 17 日批准颁布的中华人民共和国国家标准《物流术语》（GB/T 18354—2001）将"物流"定义为"物品从供应地向接收地的实体流动过程。根据实际需要，将运输、储存、装卸、搬运、包装、流通加工、配送、信息处理等基本功能实施有机结合"。国家质量监督检验检疫总局、国家标准化管理委员会于 2006 年 12 月 4 日联合发布的国家标准《物流术语》（GB/T 18354—2006）仍然维持了该定义。国家市场监督管理总局、国家标准化管理委员会于 2021 年 8 月 20 日发布的新版国家标准《物流术语》（GB/T 18354—2021）对上述定义仅做了语序上的调整，将"物流"定义为"根据实际需要，将运输、储存、装卸、搬运、包装、流通加工、配送、信息处理等基本功能实施有机结合，使物品从供应地向接收地进行实体流动的过程"，并未对定义的关键内容进行实质性改动，保证了物流定义的稳定性。对物流概念的标准化有利于人们正确地理解物流，对我国的物流实践也有着重要的指导意义。

一、物流概念的起源与发展

物流概念的发展经历了一个漫长而曲折的过程。回顾物流的发展历程并理解历史上经典的物流定义不仅有利于人们了解物流的发展规律，还有利于人们全面深入地理解物流的内涵。

（一）物流概念的起源

关于物流概念的起源，目前盛行以下两种说法。

一种说法以詹姆士·约翰逊（James C.Johnson）和唐纳德·伍德（Donald F.Wood）为代表，他们认为，"'物流'一词首先用于军事"。1905 年，美国少校琼斯·贝克（Chauncey B.Baker）认为，"那个与军备的移动和供应相关的战争艺术的分支就叫作物流（logistics，国内也曾翻译为'后勤'）"。

美国《韦伯斯特大词典》在 1963 年把"后勤"定义为"军事装备物资、设施与人员的获取、供给和运输"。1970 年，美国空军在一份技术报告中对"后勤学"下的定义是"计划和从事部队的输送、补给和维修的科学"。日本将引进的"后勤学"译为"兵站学"并将其含义表述为"除了军需资料的订购、生产计划、采买、库存管理、配给、输送、通用，还包括规格化、品质管理等军事作战行动所必需的资材管理"。

另一种说法以英国克兰菲尔德物流与运输中心（Cranfield Center for Logistics and Transportation，CCLT）主任、资深物流与市场营销专家马丁·克里斯多夫（Martin Christopher）教授为代表，他们认为阿奇·萧（Arch W. Shaw）是最早提出物流（physical distribution）概念并进行实际探讨的学者。阿奇·萧在 1915 年哈佛大学出版社出版的《市场流通中的若干问题》一书中指出，"创造需求与实物供给的各种活动之间的关系说明存在平衡性和依赖性两个原则""物流是与创造需求不同的一个问题……流通活动中的重大失误都是因为创造需求与物流之间缺乏协调造成的"。

在阿奇·萧之后，1916 年，L.D.H. Weld 在《农产品的市场营销》中指出市场营销的效用中包括时间效用、场所效用、所有权效用和营销渠道的概念，从而肯定了物流在创造产品的市场价值中的时间价值及场所价值中的重要作用。1922 年，克拉克（F. E. Clark）在《市场营销原理》中将市场营销定义为"影响商品所有权转移的活动和包括物流的活动"。1935 年，美国销售协会对物流进行了定义："物流是包含于销售之中的物质资料和服务从生产地点到消费地点的流动过程中，伴随的种种经济活动。"

以上两种说法在英语世界里可以并行不悖，因为前者是 logistics 的起源，后者是 physical distribution 的起源，它们本就是两个不同的名词，起源不同也很正常。只是由于这两个英语名词先后被我国翻译为"物流"，导致了我国对于物流起源认识的混乱。

（二）我国引进的物流定义

在物流概念诞生之后的很长一段时间内，人们并没有给予其足够的重视。直到二战结束之后，美国在恢复生产、发展经济的过程中才开始重新聚焦物流并将物流的概念扩散到其他国家。我国在推广物流概念的过程中引进过很多不同的物流定义，早期主要来自日本，并且大多是 physical distribution 的定义；20 世纪 90 年代后，我国引进的物流定义则主要来自美国，而且基本都是 logistics 的定义。

1. 日本的物流定义

日本通商产业省物流调查会认为，"物流是制品从生产地到最终消费者的物理性转移活动。具体由包装、装卸、运输、保管以及信息等活动组成"。日本通商产业省运输综合研究所则认为，物流是"商品从卖方到买方的场所转移过程"。

日本早稻田大学教授、权威物流成本研究者西泽修在给"物流"定义时说："物流是指包装、输送、保管、装卸工作，主要以有形物资为中心，所以称之为物资流通。在物资流通中加进情报流通，于是称之为物流。"

日本物流专家汤浅和夫则认为，物流是一个包含"整体观点"的概念，是指产品从工厂生产出来到送达顾客手中这一过程的"结构"。

2. 美国的物流定义

美国学者鲍尔索克斯（Donald J. Bowersox）在 1974 年出版的《后勤管理》一书中，将"后勤管理"定义为"以卖主为起点将原材料、零部件与制成品在各个企业间有策略地加以流转，最后到达用户，其间所需的一切活动的管理过程"。这时，"后勤"一词已经不仅仅具有军事上的含义了。

1981 年在美国出版的《后勤工程与管理》是用于大学生和研究生课堂教学的教科书，书中引用了美国工程师学会（The Society of Logistics Engineers，SOLE）对"后勤学"的定义，即"对于保障的目标、计划及其设计和实施的各项要求，以及资源的供应和保持等有关的管理、工程与技术业务的艺术与科学"。

1985 年，美国物流管理协会（Council of Logistics Management，CLM）定义"物流"为"对货物、服务及相关信息从起源地到消费地的有效率、有效益的流动和储存进行计划、执行和控制，以满足顾客要求的过程。该过程包括进向、去向、内部和外部的移动以及以环境保护为目的的物料回收"。

1998 年，美国物流管理协会重新定义"物流"为"供应链运作中，以满足客户要求为目的，对货物、服务和相关信息在产出地和消费者之间实现高效率、低成本的正向和反向的流动和储存所进行的计划、执行和控制的过程"。

3．其他物流定义

1985 年，加拿大物流管理协会（Canadian Association of Logistics Management，CALM）定义"物流"为"对原材料、在制品、产成品库存及相关信息从起源地到消费地的有效率的、有效益的流动和储存进行计划、执行和控制，以满足顾客要求的过程。该过程包括进向、去向和内部流动"。

1994 年，欧洲物流协会（European Logistics Association，ELA）将"物流"定义为"在一个系统内对人员及商品的运输、安排及与此相关的支持活动的计划、执行与控制，以达到特定的目的"。

二、物流称谓的由来

由于人们对物流概念的起源存在不同认识，加之物流概念及其称谓传入我国的途径多种多样，国外对物流的各种认识和定义传入我国的先后次序也杂乱无章，所以到目前为止，我国很多文献中的"物流"所指并不明确，有的可能是指 physical distribution，有的可能是指 logistics。

1956 年，日本派出"流通技术专业考察团"，由早稻田大学宇野正雄教授率领专家学者一行 12 人赴美国考察，历时一个多月，弄清了日本以往称为"流通技术"的内容就相当于美国的 physical distribution（PD），此后日本亦将此类活动改称为 PD。1964 年，池田内阁"五年计划"制订小组的平原直谈到 PD 这一术语时，将其翻译为"物的流通"并在 1965 年的政府文件中正式予以采用，此后这一术语又逐渐被简称为"物流"。从引进物流概念到 20 世纪 70 年代的近 20 年间，日本逐步发展成为物流产业最为发达的国家之一。

二战期间，围绕战争物资的供应问题，美国军队有两个创举：一是建立了"运筹学"（operation research）的理论体系；二是提出并丰富了"后勤学"（logistics）理论并将这些理论运用于战争活动中。其中，"后勤"是指将战时物资的生产、采购、运输、配给等活动作为一个整体进行统一布置，以求战略物资补给的费用更低、服务更好。

二战后，"后勤"一词在企业经营中得到广泛应用并出现了"商业后勤""流通后勤"的提法，使后勤的外延推广到生产和流通等领域。随着后勤的应用范围不断扩展和细分，形成了很多不同的学派，如军事学派、企业学派、工程学派、管理学派等。经过长时间演变之后，logistics 的应用范围已经远远超出原先"后勤"的范畴，其内涵也比民用领域的 PD 更为丰富。之后的七十多年里，logistics 的严密性使它逐渐取代了 PD 在企业中的地位。

"物流"这个词传入我国主要有两条途径：一条途径是 20 世纪 70 年代末直接从日本引

入"物流"这个名词并沿用 PD 这一英文词。另一条途径是 20 世纪 80 年代初，物流随着欧美的市场营销理论传入我国。欧美的市场营销教科书几乎毫无例外地都要介绍 PD，使我国的营销领域也逐渐开始接受"物流"及其观念。

20 世纪 80 年代后期，当西方企业用 logistics 取代 PD 之后，我国和日本在引进 logistics 的过程中也大多将之意译为"物流"，而很少直译为"后勤"。虽然"物流"的使用日益普遍，但在很长一段时间内，我国的"物流"称谓既可指代 PD，也可指代 logistics。为了摆脱这种尴尬的局面，有人曾将 logistics 称为"现代物流"，将 PD 称为"传统物流"并在世纪之交掀起了一场有关"现代物流"与"传统物流"之别的大讨论。直至 PD 彻底退出历史舞台后，"物流"才得以专门用以指代 logistics。

虽然"物流"本来自 PD 的直译，目前却专门用以指代 logistics，其内涵曾经历过偷梁换柱式的更新和置换。因此有人说，我国的"物流"是一个不得不坚持的"错误"。

三、物流定义的四要素

绝大多数对物流的定义都会说明物流的"物"是什么，说明"流"的起、止点，同时对物流的本质进行界定并列举物流的基本功能。本书将物流定义中这四个方面的关键内容称为物流定义的四要素。要掌握某个特定的物流定义或者比较不同的物流定义，可以从这四个要素入手。

（一）物流的"物"

物流的"物"是指一切可以进行物理性运动的物质资料。在我国，由于长期的部门分割和条块分割，导致不同行业或部门对"物"的称谓不一样。实践中最常见的"物"包括以下几种。

1. 物资

物资是物质资源的简称。广义地说，它既包括自然界直接提供的物资财富，又包括经过人的劳动所取得的劳动产品；既包括可以直接满足人们需要的生活资料，又包括间接满足人们需要的生产资料。狭义地说，物资是指商品生产过程所消耗的各种生产材料。

2. 物料

物料是生产领域的专门术语。我国生产企业习惯将最终产品之外的、在生产领域流转的一切材料（不论是生产资料还是生活资料）、燃料、零部件、半成品、外协件以及生产过程中必然产生的边角余料、废料等统称为物料。

3. 货物

货物是运输部门的专门术语。我国运输部门将运输的对象分为"人"和"物"两大类，除"人"之外的所有运输对象统称为货物。货物是物流中"物"的最主要组成部分。

4. 商品

商品是指用于交换的劳动产品，它具有价值和使用价值。广义的商品可以是有形产品，也可以是无形服务，如保险产品、旅游产品等。因此，商品的外延与物流的"物"相互交叉。虽然绝大多数商品都可能成为物流的"物"，但仍有少数商品不能成为物流的"物"

（如无形商品和不动产）。当然，现实中也有大量的"物"不是商品。

5. 物品

我国国家标准《物流术语》对"物品"的定义是"经济与社会活动中实体流动的物质资料"。从外延上看，物品包含了以上所有类型的"物"，是可以进行物理性流动的物资、物料、货物、商品的统称。

总之，物流的"物"是指具备物质实体并可以进行物理性位移的物质资料。不论处在哪个领域或哪个环节，它都可以成为物流的对象。虽然我国《物流术语》标准已将物流的"物"界定为"物品"，但由于不同行业的习惯性称谓一时难以改变，所以，除了行业特色不明显的素材，本书仍不得不继续使用"物资""物料""商品""货物"等称谓。

（二）物流的"流"

物流的"流"指的是物理性运动。所谓物理性运动，主要包括空间运动和时间运动两个方面。其中，空间运动的产出是"位移"，它主要由运输、装卸、搬运、配送等功能完成。而诸如建筑物、未砍伐的森林、矿山等，因不能进行物理性空间运动（尽管其所有权会发生转移），所以不在物流的研究范围之内。但是，建造建筑物的材料、已经砍伐的树木、已经开采出来的矿物则有可能成为物流的对象。

时间运动的产出是"时间差"。与空间运动不同，时间运动不由人的意志所左右。人们无法暂停、加快或减慢时间运动，也不能改变时间运动的方向。所以，时间差并不是由储存创造的，储存只是为了防止物品的使用价值随着时间运动而流失而进行的贮藏、保护和管理作业。即便如此，由于储存能延缓或减少物品使用价值的流失，而且在绝大多数情况下，经过一定的时间差之后，物品的价值都能增加；从投入、产出的角度看，正是因为有储存的投入，才会有时间价值的产出。所以，人们通常认为是储存创造了物品的时间价值。

需要特别指出的是，物流的所有功能都伴随着时间运动，都能产生时间差，但并非所有的时间运动都能产生价值增值，如运输过程消耗的时间不仅不能产生价值，反而经常作为一种成本或代价而存在。如何规划物流系统，以便减少或避免不必要的时间差、有效利用难以避免的时间差，这正是物流管理的任务之一。

作为人类主导参与的社会经济活动，任何"流"都会花费成本，因此任何"流"的起止区间都应该是有限的，不应该永无止境。具体地说，空间流应该有起止地点，伴随时间流的贮藏、保护和管理作业也应该有起止时刻。但到目前为止，几乎所有的物流定义都只说明了空间流的起止地点（如从生产地到消费者、从卖方到买方、从起源地到消费地等），而没有说明时间流的起止时刻。我国国家标准《物流术语》将空间流的起止地点界定为"从供应地向接收地"，同样没有说明时间流的起止时刻。

（三）物流的本质

所谓物流的本质，是指物流定义对其最终归属的界定。例如，我国国家标准《物流术语》将物流定义为"物品从供应地向接收地的实体流动过程"，该定义对物流最终归属的界定就是"过程"。也就是说，物流本质上是一种过程。

从物流概念的起源以及我国引进的物流定义可以看出，人们对物流本质的理解并不一致。早期的很多定义都将物流理解为一种"活动"或"工作"，目前，大多数物流定义都将其理解为一种"过程"。至于物流定义中"活动"与"过程"的区别，很难找到权威的解释，只能简单地理解为："活动"与"行为"或"工作"相近，更强调人的实时参与；而"过程"与"现象"相近，更强调物流的客观性。在自动化技术深度介入物流、智慧物流已成行业发展趋势的今天，将物流看作一种"过程"确实更加合理。

另外，本书认为，有些定义将物流理解为"计划、执行与控制"或"计划、执行与控制的过程"是不妥的。因为"计划、执行与控制"本质上就是"管理"，将物流理解为一种"管理"或"管理过程"是物流定义中经常出现的一个误区。这个误区也是引发"物流"与"物流管理"不分、将"物流学"等同于"物流管理学"这一错误的源头。

（四）物流的基本功能

根据我国国家标准《物流术语》，物流的基本功能包括包装、装卸、搬运、运输、储存、流通加工、信息处理、配送八个方面。由于实践中的装卸与搬运总是相伴而生、难分彼此，所以通常把它们合并在一起进行介绍或研究。

1. 包装

包装分为工业包装和商业包装两大类。其中，工业包装主要是为了方便物品的装卸、搬运、运输、储存和配送，纯属物流的目的，因此本书将其称为物流包装。包装是其他物流功能得以实现的前提，是最基础的物流功能。

2. 装卸搬运

装卸搬运是指为衔接运输、储存、包装、流通加工、配送等基本功能而进行的，以改变物品的支承状态或存放地点为目的的作业。装卸搬运伴随物流全过程的始终，是物流系统中出现频次最高的基本功能。

3. 运输

运输是通过改变物品的空间位置来创造空间价值（也称空间效用）的作业。运输是物流的最核心支柱之一，不少人甚至把运输作为物流的代名词。

4. 储存

储存是在时间运动中通过贮藏、保护、管理物品来创造时间价值（也称时间效用）的作业。储存也是物流的最核心支柱之一。

5. 流通加工

流通加工是指在流通过程中对物品进行的简单加工，其目的是在衔接供需的前提下提高流通效率或者在保证流通效率的前提下更好地衔接供需。流通加工通过简单的加工就能产生显著的社会经济效益，是见效最快的基本功能。

6. 信息处理

物流的所有基本功能都是相对独立的系统，如果没有统一的目标，肯定是一盘散沙，也就不能整合成物流。信息处理能够在统一的目标下将所有基本功能联系起来。可见，信息处理贯穿物流全过程、渗入所有的物流功能，是存在范围最广的一种基本功能。

7. 配送

配送是指按顾客的订单要求，在配送中心或仓库内完成配货作业并将组配好的货物送达顾客的作业。配送集合了其他所有的物流基本功能，是集成度最高的基本功能。

第三节　物流的价值与作用

物流自始至终是构成流通的物质内容，没有物流，也就不存在实体的物品流通过程，商品的价值和使用价值就不能实现，社会再生产就无法进行。因此，物流在国民经济体系中起到基础性支撑作用，是创造社会财富的中坚力量之一。

一、物流的价值

作为一种社会经济活动，物流对于社会生产或生活的价值主要体现在空间价值和时间价值两个方面。当然，随着流通加工、包装等功能在物流活动中所占比重不断提高，物流创造的形质价值也正日益受到重视。

（一）物流创造时间价值

无形产品的生产与消费必须同时进行，而绝大多数有形产品的生产与消费必须相互分离，物品的需求与供给之间往往存在一段时间差，物流由于衔接好这段时间差而创造的价值就是时间价值。所谓时间价值，就是同一个物品在不同时间点所体现出来的价值差。

虽然为了创造时间价值而付出的物流成本大多与时间的长短成正相关，但除了极少数情形，大多数时间价值并不会随着时间的延长而持续增大。因此，决定时间价值大小的关键因素并不是时间的长短而是"恰当的起止时间"。中间商总是试图在价格尽可能低的时间点进货并在价格尽可能高的时间点出货，这其实就是在追求商品时间价值的最大化。一般认为，物流创造时间价值的形式主要有如下几种。

1. 缩短时间

缩短物流时间可获得多方面的好处，如减少物流损失、降低物流消耗、提高物流周转率、节约资金等。马克思从资本角度指出："流通时间越等于零或近于零，资本的职能就越大，资本的生产效率就越高，它的自行增值就越大。"这里所讲的流通时间完全可以理解为物流时间，因为物流周期的结束是资本周转的前提条件。这个时间越短，资本周转得越快，表现出资本的增值速度越快。所以，从全社会物流的总体来看，加快物流速度、缩短物流时间是物流活动必须遵循的一条基本原则。

2. 弥补时间差

在社会经济活动中，需求与供给之间普遍存在着时间差的问题。例如，粮食、水果等农作物的生产、收获有严格的季节性，但人们在这方面的消费需求是每天存在的，因而供给与需求不可避免地出现了时间差问题。如果能够弥补这种时间差，就能起到"平丰歉"的作用，就能实现商品价值的最大化。但是商品本身不会自动弥补这个时间差，只有通过物流活动，才能克服季节性生产和经常性消费之间的时间差，这就是物流创造的时间价值。

3. 延长时间差

尽管绝大多数物流系统都会遵循"加快物流速度、缩短物流时间"的基本原则，但在某些特殊物流系统中也会出现延长物流时间使价值增大的现象。例如，囤积居奇便是一种人为、有意识地延长物流时间使物品增值的行为。

（二）物流创造空间价值

物品的需求者与供给者通常不会处于同一空间，两者之间往往会存在一定的空间距离，物流因消除这种空间距离而创造的价值就是空间价值，也有人称之为空间效用或场所效用。所谓空间价值，就是同一个物品在不同的空间位置所体现出来的价值差。

虽然为了创造空间价值而付出的物流成本大多与空间距离的长短正相关，但空间价值不一定随着距离的延长而持续增大。因此，决定空间价值大小的关键因素不是距离的长短而是"恰当的起止地点"。中间商总是试图在价格尽可能低的地点进货并在价格尽可能高的地点出货，这其实就是在追求商品空间价值的最大化。一般认为，物流创造空间价值的形式主要有如下几种。

1. 从集中生产场所流入分散需求场所

社会化大生产的特点之一就是通过集中的大规模生产提高生产效率、降低生产成本，而集中生产的产品往往可以满足广大地区的需求。如果通过物流将产品从集中生产的低价位区转移到分散的高价位区，就可以获得很高的利益增值，这就是物流创造的空间价值。

2. 从分散生产场所流入集中需求场所

与上述情况相反，将分散于各地乃至各国生产的产品通过物流集中到一个较小范围内以满足需求，同样可以获得很高的价值。例如，一些大型家电的零部件生产厂家可能非常分散，但这些零部件都必须集中到总装厂才能生产出最终产品，形成增值，其中的增值部分当然也包含物流的价值创造。

3. 从低价位的生产地流入高价位的需求地

现代社会中，供应地与需求地存在空间差异的现象十分普遍。除了分工和社会化大生产，还有不少是由自然条件、地理位置或其他社会经济因素所导致的，如农村生产的农产品流入城市消费、生长在南方的水果送到北方消费者的手中等。现代人每天消费的物品几乎都是在一定距离之外甚至十分遥远的地方生产的，如此复杂的供需空间差异必须依赖物流来弥补，物流也在此过程中不断创造新的价值。

（三）物流创造形质价值

在流通领域内，通过流通加工、包装等特殊生产形式使处于流通过程中的物品增加的价值，就是物流创造的"形质价值"。例如，根据消费者的要求对钢板进行切裁、生鲜食品或大米的包装、家具的组装等改变了物品的形质状态，从而产生增值。

需要指出的是，物流创造的形质价值是有限的。它不能取代正常的生产加工，只能作为生产过程在流通领域的一种完善和补充。但是通过流通加工、包装等活动，可以使物流的增值功能得到充分体现。

二、物流的地位与作用

显然，社会经济的发展须臾离不开物流。从历史经验看，在市场经济的起步阶段，物流起着先导性支撑作用；随着市场的不断成熟，各经济主体之间的相互依存关系会更加紧密，物流在整个经济体系中的地位亦会越来越重要，甚至会成长为某些国家或地区的支柱产业。

（一）物流的地位

在我国推广物流概念的过程中曾出现过很多有关物流地位的论断，其中比较常见的有：物流是国民经济的"动脉"，是连接国民经济各部分的纽带；物流是生产过程不断进行的前提，是实现商品流通的物质基础；物流是实现商品价值和使用价值的条件；物流是决定国民经济生产规模和产业结构变化的重要因素；物流是改善社会经济效益的有效手段；等等。

从产业层面看，物流业属于服务性行业，也是第三产业的重要组成部分。目前，我国第三产业增加值占 GDP 的比重已经超过 50%，物流业增加值占第三产业增加值的比重约为 20%。物流业在我国国民经济体系中具有举足轻重的地位，而且随着以上两个比重的持续上升，物流业在我国国民经济体系中的地位还将进一步得到增强。

（二）物流的作用

从宏观上看，物流涉及的领域广、吸纳的就业人口多、对消费的拉动效应大、对生产的促进作用强，在促进产业结构调整、转变经济增长方式和增强国民经济竞争力等方面发挥着巨大的作用。从微观上看，物流的作用可以简单地概括为服务商流、保障生产和方便生活三个方面。

1. 服务商流

在流通交易活动中，购销合同签就的那一刻，商品所有权便由供应方转移到了需求方，而商品实体并没有因此而移动。除了少数只有商流没有物流的情形，绝大多数商流都必须伴随相应的物流过程，即按照需求方（买方）的需要将商品实体由供应方（卖方）以适当方式、途径向需求方转移。在整个流通过程中，物流实际上是以商流的后继者和服务者的姿态出现的。在很多情况下，没有物流的配合，商流活动就没有实际意义，也就无法最终完成。例如，电子商务的发展离不开物流的支持。

2. 保障生产

对于生产企业来说，从原材料采购开始便离不开相应的物流保障。否则，如果任何一种原材料出现断供，就会导致整个生产过程的中断。在生产过程中，各车间或各工序之间也存在大量的原材料、半成品或产成品的物流，物流的中断也就意味着生产的中断。如果没有销售物流，生产出来的产品只能成为积压库存，最终也会导致停产。因此，企业的生产活动实际上就是由一系列物流活动串联起来的。同时，合理的物流能有效地提升生产效率、降低生产成本、提升企业竞争力。

3. 方便生活

现代生活的方方面面都离不开物流，它极大地方便了人们的生活，体现在衣食住行等各个方面。例如，国际物流使人们在任何地方都能方便地购买与世界潮流同步的时尚服装；农产品物流使人们在任何季节都能方便地享用世界各地的时令果蔬；物流使搬家不再困难；物流使人们的旅途不再被行李所拖累；等等。

三、有关物流定位的两种学说

正是基于对物流地位与作用的认识，人们对物流的定位不断提高，提出了多种针对物流的学说。在我国"物流热"持续升温的过程中，各种有关物流定位的学说也随之广为流传，其中最具代表性的是"黑暗大陆"说和"第三利润源"说。

（一）"黑暗大陆"说

1962 年，美国权威管理学家彼得·德鲁克（Peter F.Drucker）在《财富》杂志上发表了《经济领域的黑暗大陆》一文，他将流通比作经济领域"一块尚未开垦的处女地"，指出"流通是经济领域的黑暗大陆"，呼吁人们重视对流通领域的研究。虽然德鲁克所说的"黑暗大陆"泛指整个流通领域，但由于与商流相比，物流活动的模糊性尤其突出，人们对物流活动规律的认识更加粗浅，对其成本的关注或管理才刚刚起步，所以"黑暗大陆"说目前更多的针对物流而言。

德鲁克所说的"黑暗大陆"主要是指尚未认识或尚未了解的经济领域。如果理论研究和实践探索照亮了这片"黑暗大陆"，那么摆在人们面前的可能是一片不毛之地，也可能是一个巨大的宝藏。"黑暗大陆"说是对 20 世纪经济领域存在的愚昧和无知的一种批判和反思，指出了在当时资本主义世界的繁荣背后，科学技术和经济发展方面依然存在的不足，说明经济和技术的发展是永无止境的。同时，"黑暗大陆"说是对物流本身的客观评价，说明物流领域还有很多未知的东西，理论和实践都还很不成熟。因此，从某种意义上说，"黑暗大陆"说是一种未来学的研究结论，带有很强的哲学抽象性，对物流研究起到了很好的启迪和动员作用。

（二）"第三利润源"说

经过长期的理论研究和实践探索，人们已经能够肯定，物流作为"黑暗大陆"虽然尚未被完全照亮，但它绝不是一片不毛之地，而是富饶之源。据此，日本西泽修教授于 1970 年提出了著名的"第三利润源"说。

西泽修在其著作《物流——降低成本的关键》中指出，企业的利润源泉会随着时代的发展和企业经营重点的转移而变化。20 世纪 50 年代，由于朝鲜战争和地缘政治的关系，美国为日本提供了大量的经济援助和技术支持，使日本企业很快地实现了机械化和自动化。当时的日本正处于工业化大生产时期，企业经营的重点放在了降低制造成本上，这便是第二次世界大战后日本企业经营的第一利润源。然而，自动化生产线生产出来的大量产品很快就导致了市场的泛滥，企业的销售压力越来越大。1955 年，日本又从美国引进市场营销技术，迎来了日本企业的市场营销时代。在这一时期，日本企业顺应政府的经济高增长政策，把增加销售额作为企业经营的重点。这便是第二次世界大战后日本企业经营的第二利润源。

1965 年以后，日本政府开始重视物流。1970 年，产业界开始大举进军物流，日本进入了物流发展的黄金时期。此时，企业降低制造成本的余地已经十分有限，增加销售额的空间也极其有限，企业迫切希望寻求新的利润源。在这样的背景下，通过降低物流成本来挖掘企业的"第三利润源"正好顺应了当时的企业经营需要，很容易被企业所接受。因而"第三利润源"说一经提出就备受关注并广为流传。

西泽修还在书中提到，当时他提出"第三利润源"是受一个再度公演的著名电影《第三个男人》的启示，因为"第三"隐有"未知"的含义，所以才把降低物流成本说成"未知的第三利润源"。

西泽修的"第三利润源"说不仅推动了当时日本物流产业的发展，也对我国以及亚太地区物流产业的发展产生了重要的影响。

第四节 物流学科与物流学

从物流的概念和作用可以看出，物流本质上是一种经济活动，它伴随人类经济活动的产生而产生。作为一种经济活动，物流之所以长期被人们所忽视，是因为此前的物流大都分散在其他经济活动之中，没有体现出整体的经济价值。但是随着军事后勤思想的产生及其在企业经营活动中的成功运用，加之社会分工的不断深化，物流的整体观念和系统化思想开始深入人心，物流巨大的经济潜力开始受到人们的重视。

一方面，在企业的推动下，很多国家或地区开始从宏观层面研究物流问题并运用系统工程的理论和方法来规划和建设物流基础设施或信息平台，以提升物流效率、降低流通成本、强化地区经济竞争力。另一方面，随着消费者地位的提高，无形的物流服务与有形的产品一样，成为消费者选择购买对象的重要影响因素。作为市场竞争的一种手段，企业不得不将物流从生产领域延伸到消费领域，以方便顾客的购买和消费、提高顾客服务价值。显然，此时的物流已经突破了企业的边界，成为贯穿所有管理层次的经济活动。

一、物流的学科分支

仅仅把物流作为一种广泛存在的经济活动现象是远远不够的。为了让物流的巨大经济潜力显现出来，必须运用系统的方法对物流活动过程进行计划、组织、指挥、协调和控制，通过对物流活动过程施加人为的影响以实现既定目标。物流与各层次管理职能的结合就是物流管理。从本质上说，物流与物流管理是两个完全不同的概念。但遗憾的是，国内外有不少人长期将物流与物流管理混为一谈，这也从一个侧面反映了物流学科本身的不成熟。

事实上，出现这种误解也不难理解，因为人们对物流潜在价值的认识只有通过物流管理前后的绩效对比才能得到。也就是说，人们对物流的重视最初只能通过物流管理才能得以体现。所以，在物流研究的早期，国外很多机构对物流的定义就包含管理的含义，我国在引进国外物流概念的过程中也沿用了这些定义，出现了"以讹传讹"的错误。值得庆幸的是，我国理论工作者很早就注意到了这一问题并在首次制定《物流术语》国家标准时就对"物流"和"物流管理"分别进行了定义且沿用至今。目前，这种误解虽然没有被完全消除，但承认物流不同于物流管理的人正在不断增多。

承认物流不同于物流管理，也就承认了物流可以与管理学科相结合。如果将与物流有关的学科体系独立出来，物流管理就是该学科在管理方面的学科分支。很明显，物流学科不应该也不可能只有一个分支。纵观现有的物流研究文献不难发现，除了研究物流管理问题，人们还在不同层面研究物流资源的配置问题、物流市场的需求与供给问题、物流效率与交易成本问题、物流服务的成本与价格问题、物流产业的短期与长期发展问题等。以上这些问题的解决必须依赖于经济学科的理论和方法，围绕这些问题的研究又形成了物流学科的另一个重要分支——物流经济。

此外，为了实现物品实体的流动，物流活动必须借助各类设施、设备或工具。在"科学技术是第一生产力"的今天，各类物流装备的水平和质量已经成为影响物流效率的决定性因素。为了提升物流装备的水平和质量，人们必须研究物流基础设施的规划与建设问题，物流设备或工具的研发、设计和制造工艺问题以及物流软件的设计、开发和调试问题等。研究这些问题所形成的一个相对独立的学科分支就是物流工程。

二、物流学科的研究内容

任何学科的形成和发展都离不开它所赖以生存的基础理论，物流学科当然也不例外。加上目前已基本成型的三个分支，物流学科的研究内容一般可以划分为基本理论、物流管理、物流经济和物流工程四大领域。

（一）物流的基础理论

一个学科的基础理论是指该学科内的一般概念或一般规律，是为该学科内的其他研究提供一般性规范或共同性支撑的理论。物流的基础理论是物流学科中最根本、最具共性的理论知识，是支撑物流管理、物流经济和物流工程研究的基础，具有稳定性、根本性和普遍性的特点。

物流的基础理论主要涉及物流学科内的基本概念、基本技术、基本假设、基本原理和基本方法，主要包括物流的概念、内涵、价值、作用，物流的基本功能，物流的系统化观念，物流的标准体系等方面的内容。客观地说，同其他成熟的学科相比，物流的基础理论还有很多不尽如人意的地方。但应该相信，随着物流应用研究的不断深入和物流学科体系的逐步成熟，物流的基础理论将会得到不断的充实和完善。

（二）物流管理

绝大多数物流活动都由特定的组织来完成，而管理是一切组织存在的根本原因，所以物流活动永远离不开管理。事实上，诸如物流系统的规划与设计、物流业务的运作流程安排、物流作业的过程控制等都属于管理的范畴。所以，物流管理研究主要围绕以物品运动为核心的物流系统展开，研究的重点是社会经济活动中物品实体运动的客观规律，包括物品运动时间的及时性、路径的合理性、速度的经济性等。物流管理研究往往以经济效益为目标，运用管理理论和方法来分析或评估物流活动，优化设计物流系统，从而使物流系统的各要素实现最佳配置，达到降低物流成本、提高经济效益的目的。

物流管理的研究内容一般包括三个方面的内容：一是对物流功能要素的管理，即对运输、储存、包装、装卸搬运、流通加工、信息处理、配送等基本功能要素的管理；二是对物流系统要素的管理，即对物流系统中人、财、物、设备、方法和信息六大要素的管理；三是对物流活动具体职能的管理，主要包括物流经济管理（物流计划管理、物流统计管理、物流成本管理、物流设施管理等）、物流质量管理、物流技术管理（物流硬技术及其管理、物流软技术及其管理）等。

物流管理的研究视角极其广泛，一般可以从企业管理的角度研究企业的物流战略、物流与企业竞争力、生产物流、物流作业管理、物流组织管理等或从市场营销的角度研究销售物流、供应物流等，也可以从商品学的角度研究商品储运与包装、商品标准化与物流、重要产品的物流渠道等，还可以从会计学的角度研究企业物流成本及其核算和控制方法，等等。

（三）物流经济

由于物流活动广泛地渗透于生产、流通和消费领域，所以必然涉及物品在物理性流动过程中所产生的经济问题，如物流资源的优化配置问题、物流市场的供给与需求问题、物流产业的发展问题等，解决这些问题必须借助经济学的相关理论和方法。所以，物流经济研究主要围绕物流产业的经济运行、物流资源配置等问题展开。

从宏观层面看，物流经济研究以物流发展趋势和物流产业政策为特色，重点探讨物流产业、区域物流（包括城市物流）和物流金融等方面的内容，致力于探索和建立严密、完整的物流经济理论体系。

1. 物流产业

物流产业研究主要探讨与物流业自身发展相关的产业结构、产业组织和产业政策理论，如对物流产业内涵和外延的界定，运用产业生命周期理论、经济成长阶段理论、主导产业理论等分析和解读物流产业发展及其在国民经济体系中的地位，物流产业的权属结构分析，物流产业内部的组织结构分析和行业结构分析，物流产业集群分析，物流产业竞争力分析，物流园区规划，物流产业政策分析，物流产业核算制度及统计核算的指标体系，等等。

2. 区域物流

区域物流研究主要从两个方面展开：一是区域物流与区域经济发展的互动关系研究，主要包括从供需角度研究物流业与区域经济增长的互动关系，运用产业关联分析、产业结构优化理论研究物流业与区域产业结构之间的关系，运用产业分工与专业化、交易费用与纵向一体化、供应链管理等理论研究物流业与区域产业组织演进之间的关系，研究物流业与区域产业布局之间的关系及其变化趋势，运用区域产业竞争力理论或区域经济综合评价指标体系研究物流业与区域竞争力之间的关系，等等；二是物流与区域之间的合作与发展研究，主要包括运用区域差异和地域分工理论、不平衡增长理论研究物流与不同区域之间的产业分工，运用区域开放度、新贸易理论研究物流与不同区域之间的贸易问题，运用区域经济发展阶段理论、梯度转移理论研究物流与不同区域之间的产业转移问题，等等。

3. 物流金融

物流金融研究主要集中于物流金融服务管理、物流金融风险评价与控制、物流金融产品定价等方面。

从微观层面看，物流经济研究的重点主要集中在物流市场的供给与需求、物流生产理论与决策、物流成本分析、物流效益分析（时间效益分析、空间效益分析、创新效益分析等）、物流市场组织以及与企业问题有关的物流企业制度、物流项目评估、物流市场需求预测等方面的理论和实践问题。

（四）物流工程

物流工程是指从工程角度出发，采用多目标决策手段对动态、复杂的物流系统进行规划、设计、建设与运用的全过程。物流工程的任务是为物流系统提供必要的硬件和软件支撑，良好的物流系统不仅需要良好的规划与设计，还必须通过严密、认真的工程建设才能得以实现。因此，物流工程的内容既包括物流系统硬件的设计、制造、安装和调试，也包括物流系统软件的规划、开发和测试。从功能上说，物流工程可以分为物流工程的技术系统和物流工程的管理系统两大部分。

1. 物流工程的技术系统

物流工程的技术系统主要针对物流活动过程中所使用的各种设施、设备和工具展开研究。例如，公路、铁路、港口、仓库、物流园区等物流基础设施的规划与建设，载运工具、装卸设备、包装机械、货架、分拣系统、集装器具等物流设备的开发、设计、制造、维修与保养，各种物流设施设备的使用方法、操作技能、作业规范等都是物流工程的技术系统应该研究的内容。

2. 物流工程的管理系统

物流工程的管理系统绝不等同于物流的管理系统，因为它仍然属于物流工程的范畴，所以其重点任务仍然是从工程角度出发的规划和建设，主要针对物流活动过程中各种管理体系的构建问题展开研究，一般包括两个方面的内容：一是按照现代企业制度的要求，开发设计物流活动的管理组织及与之相适应的组织架构和信息系统；二是根据不同设施设备的技术特点建立完备的技术管理体系及与之相适应的组织架构和信息系统。

三、物流学的专业设置

国内外的物流学已基本形成了三个比较成熟的学科分支：物流管理、物流经济和物流工程。作为物流学科的有机组成部分，这三个学科分支之间不可避免地会出现相互交叉和相互渗透的现象，但由于各自的学科边界比较清晰，各分支的相对独立性已经毋庸置疑。当然，随着物流学科的进一步拓展，未来是否还会形成或分化出新的学科分支尚未可知。

同发达国家一样，我国最先形成的物流学科分支也是物流管理，目前国内不少普通高校和高职高专院校都开设有"物流管理"专业；与此同时，在物流理念的感召下，部分土木、建筑、机械、电子等方面的学科也开始专攻物流领域的硬件或软件平台建设并逐步转化为"物流工程"专业。

为了满足社会经济发展对物流人才的需求，2001 年，我国恢复了普通高校"物流"本科专业，使我国物流高等教育进入快速发展阶段。到 2012 年，全国开设"物流管理"专业的本科院校已达到 299 所，开设"物流工程"专业的本科院校也有 100 多所；此外，另有开设物流相关专业的高职高专院校 600 多所、中职院校 1000 多所。

为进一步规范普通高等学校物流本科专业名称的设置，教育部在 2012 年公布的《普通高等学校本科专业目录（2012 年）》中增设了"物流管理与工程专业类（1206）"并在此专业类的基本专业目录下设立"物流管理（120601）"和"物流工程（120602）"两个专业，同时在其特设专业目录中设有"采购管理（120603T）"专业。至此，物流专业正式升格为普通高等学校本科专业，各高校可根据办学条件报教育部备案后开设。

2022 年，我国大陆地区高校共有 726 个物流本科类专业布点，其中"物流管理"专业布点 524 个、"物流工程"专业布点 141 个、"采购管理"专业布点 6 个、"供应链管理"专业布点 55 个。

为规范"物流管理""物流工程"两个专业的教学，教育部高等学校物流类专业教学指导委员会制定并公布了《关于物流管理本科专业培养方案的指导意见（试行）》和《关于物流工程本科专业培养方案的指导意见（试行）》。这两份文件分别明确了"物流管理"和"物流工程"本科专业设置的指导思想、基本原则、基本培养目标、学时学分和课程结构等方面的具体要求，为进一步推动物流学科建设、促进"物流管理"和"物流工程"两个本科专业的规范化健康发展提供了可靠依据。

需要指出的是，虽然物流经济是物流学科研究的重要内容之一，目前有关物流经济方面的研究成果也并不少见，但与"物流管理"和"物流工程"不同，教育部的本科专业目录中并没有物流经济专业，只有部分高校在研究生层面设置物流经济的研究方向，各高校设置物流经济本科专业的梦想还遥不可及，其中的原因很复杂，值得所有物流理论和实践工作者进一步研究和探讨。

四、物流学的课程定位

根据教育部高等学校物流类专业教学指导委员会公布的《关于物流管理本科专业培养方案的指导意见（试行）》，"物流学"是物流类各专业必修的大类基础课程之一，建议学分为 2~3 学分。因为不论物流的学科分支是否成熟，也不论物流学科如何进一步分化，要进入物流学科领域进行学习或研究，首先必须认识物流到底是什么，必须从一定的广度和深度领会物流的概念并以此为基础了解物流业发展的历史和现状、理解物流管理的价值和工作内容。所有初涉物流学科的人都必须首先跨越"物流学"这道共同的门槛。

因此，"物流学"既不应过多地涉及管理方面的知识，也不应裹足于物流工程方面的内容，而是应该定位于物流基础理论的一部分，它是物流类专业共同的入门课程，属于专业基础课的范畴。当然，随着流通产业在现代经济体系中的地位越来越高，工商管理类专业对物流教育的重视程度也在不断提高，因此"物流学"也可以作为工商管理类专业，特别是"市场营销""电子商务"等专业的核心专业课之一。

作为入门课程，"物流学"的课程内容除了要做到简明扼要、通俗易懂，还必须保证相同层次、不同专业的学生在学习过程中没有难易程度的差异，学习"物流学"不应设置任何先修课程要求。作为专业基础课，"物流学"内容的取舍和概念的表述必须严谨，以便为后续的专业课程学习提供规范的概念基础和结构范式，否则就起不到专业基础课应有的作用。

📚 **拓展阅读资料**　　　　　　关于物流的争论

❓ **复习思考题**

1. 举例说明流通产业在社会经济中的地位。
2. 如何理解商流与物流之间的关系？
3. 如何理解物流的概念与内涵？
4. 简要说明物流的基本功能有哪些。
5. 如何理解物流的价值？
6. 结合实际说明物流的地位与作用。
7. "黑暗大陆"说和"第三利润源"说的内涵是什么？
8. 物流学科的主要研究内容有哪些？
9. 请简要说明"物流学"的课程定位。

第二章　物流的分类与形式

社会经济领域中的物流活动是普遍存在的，但在不同的领域和条件下，物流的表现形式、基本结构、技术特征和运作方法等存在很多差异。要构建高效的物流系统、强化物流管理，首先必须研究物流的分类与形式，通过科学合理的构成研究来鉴别各种类型物流的特点和差异，以便在物流的规划和管理中做到有的放矢。

第一节　物流的分类

由于不同物流活动的对象、目的和形式各不相同，因而形成了不同类型的物流。目前国内外在物流分类标准方面尚无统一的认识，对物流的分类和称谓也比较混乱。对此，徐寿波院士认为，要对物流进行科学系统的分类并使之能够正确反映物流内在的规律性联系，就必须从物流的属性入手进行分类。为此，他在对物流属性进行深入研究的基础上指出，任何物流都具有地域（region，R）属性、主体（party，P）属性、物（material，M）的属性和流（flow，F）的属性并据此提出了相应的物流分类方法，如图 2-1 所示。

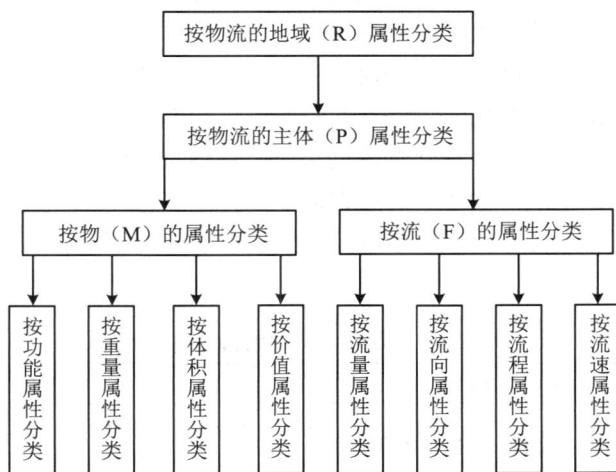

図 2-1　物流分类方法

事实上，按照以上方法进行分类，可以形成一个庞大的物流分类体系。因为地域是有层次的，大到整个宇宙，小到某个城区，地域的分类有无穷多种；同样，在特定的地域范围内，物流的主体也几乎是无穷的；即便是在特定地域内的特定主体，其物流的"物"和"流"的属性也难以罗列清楚。所以，要按以上方法列出一个完整的物流分类表几乎是不可能的。古人云，"授人以鱼，不如授人以渔"，所以本书并不打算列出全部的物流分类，而只提供物流的科学分类方法，以便读者根据学习或研究的需要选择自己所需要的分类方法或分类方法系列。

除了理论上的分类方法及其分类体系，来自实践的各种物流分类也不少。针对物流理论和实践中容易出现的误区，出于后续学习和研究的需要，本节首先澄清几组物流概念。

一、传统物流与现代物流

我国的"物流"称谓来自日本，它其实就是 physical distribution 的直译。巧合的是，在我国引进 physical distribution 的过程中，起源地美国的 physical distribution 却正在被 logistics 所取代。由于多方面的原因，我国保留了最初的"物流"称谓，而对其内涵则进行了"偷梁换柱式"的更新和置换。在此过程中，物流的传统内涵与现代内涵不可避免地产生对立，引起了传统物流与现代物流（也就是 physical distribution 与 logistics）的比较热潮。

关于传统物流与现代物流之间的区别，目前有很多不同的说法，其中较有说服力的一种观点认为，传统物流与现代物流的区别实际上是由物流服务、物流管理、物流技术和物流经济四个非固有属性引起的。也就是说，传统物流与现代物流之间的区别主要体现在服务、管理、技术和经济四个方面。因此，现代物流的特征也应从这四个方面予以展现。

（1）现代物流的服务特征。现代物流的服务特征体现为物流服务的多元化与多样化、物流服务的专业化与综合化、物流服务的规范化与标准化。

（2）现代物流的管理特征。现代物流的管理特征体现为物流管理方法的现代化、物流管理目标的整体化、物流管理组织的网络化。

（3）现代物流的技术特征。现代物流的技术特征体现为物流基础设施的系统化与网络化、物流设备的自动化与智能化、物流产业的信息化与电子化。

（4）现代物流的经济特征。现代物流的经济特征体现为物流产业发展的成熟化、物流投入产出比的稳定化、物流企业效益的最大化。

基于对现代物流以上特征的理解和展开，可以对传统物流与现代物流的区别加以归纳，如表 2-1 所示。

表 2-1　传统物流与现代物流的区别

内　　容	传　统　物　流	现　代　物　流
服务	• 服务目的是以低成本满足消费者需求 • 全社会物流服务的规模和能力欠佳 • 以单项或多项物流为主，少量综合物流服务 • 有限地区内的物流工程服务 • 服务质量较低，难以满足现代物流需要 • 提供正向物流、宏观物流工程服务	• 服务目的是以最大收益创造消费者需求 • 全社会物流服务的规模大、能力强 • 物流企业以提供综合物流服务为主 • 可实现跨部门、跨行业、跨区域的物流工程服务 • 服务质量高，能满足现代物流需要 • 能提供循环物流、微观物流工程服务

内 容	传 统 物 流	现 代 物 流
管理	• 商流网、物流网合一或多方物流,少量第三方物流且功能单一 • 企业物流自我服务比例高,缺乏退出机制 • 物流外包意识落后,以传统业务外包为主 • 以市场或企业交易为主,存在资源配置失灵 • 正向物流运作与管理	• 商流网与物流网分离,以第三方物流为主,功能综合 • 企业物流自我服务比例低且退出较自由 • 具有现代物流外包理念,物流周边业务外包比例高 • 以战略联盟组织形式为主,少量综合一体化组织 • 循环物流系统优化与管理
技术	• 物流功能技术以半机械、半手工作业为主 • 无外部网络信息整合及 EDI 联系 • 技术分散、形式单一 • 有限的或无先进的信息处理技术	• 物流功能技术(运输、仓储等)机械化、自动化程度高 • 实时网络信息整合系统,广泛使用 EDI 联系 • 大量采用综合技术(物流与信息、控制、管理一体化) • 广泛应用 GPS、RFID、GIS 等信息处理技术
经济	• 宏观经济实力弱,产业结构失衡 • 管理体制"条块分割",要素相对独立 • 政府限制较多(如运营许可、税收、行业标准等) • 产值、利润低	• 宏观经济发展实力强,产业结构合理 • 管理体制实现跨部门合作、产业协调联动及要素集成 • 政府重视,物流产业政策科学合理 • 产值、利润高(物流业总产值、平均利润率、资金周转率)

二、自营物流、外包物流与第三方物流

在物流出现的早期,绝大多数物流活动过程都是由需求者自己来组织完成的,即使在今天,仍然有相当大一部分的物流需求没有走入市场,通常把这种类型的物流称为企业自营物流,简称自营物流。

随着市场竞争的加剧、社会分工的细化,在核心竞争力理论的指引下,越来越多的企业开始退出自己并不擅长的物流领域,转而将自身的物流需求外包给专业的物流企业来完成,这种类型的物流就属于外包物流(或外购物流)。外包物流是一种无形产品,它的市场需求除了来自企业,还有一部分来自个人、家庭、社团、政府或其他机构,本书将它们统称为物流需求者。为了使物流需求企业与作为供给方的专业物流企业区分开来,本书一般将前者称为工商企业、客户企业或者简称为企业,而将后者称为物流服务提供商或物流企业。物流企业面向整个社会,为公众提供物流服务。

1988 年,美国物流管理协会(CLM)在一项客户服务调查中首次提到"third-party logistics service provider(简称 3PLs)",赋予物流企业"第三方"身份。因为物流市场的客户企业在有形商品市场上要么属于卖方,要么属于买方,而物流企业则是第一方发货人(卖方)和第二方收货人(买方)之外,为它们提供物流服务的第三方,所以称为"3PLs",中文直译为"第三方物流服务提供商",俗称"第三方物流企业"。

事实上,"第三方物流企业"只是被赋予了第三方身份的物流企业,与其他物流企业并

无二致。但在物流实践中人们逐渐发现，第三方身份不仅有利于物流服务的创新，而且在推动物流市场化方面具有出人意料的效果，因而特意将物流企业基于第三方身份所组织的物流活动称为第三方物流（third party logistics，3PL）且给予了更多的关注。显然，第三方物流作为一种实体流动过程，虽然它的概念或称谓来源于作为一种企业类型的第三方物流企业，但它们是两个性质完全不同的概念。如今，相对于第三方物流企业，人们对第三方物流的研究更加深入，术语使用频次也更高。

一般认为，如果专业物流企业采用现代物流管理的方法和手段，以合同的形式为客户企业提供个性化物流服务，则由此而产生的物流就是第三方物流，该物流企业便是第三方物流企业。必须强调的是，第三方物流首先应该具有现代物流的特征，运输公司、仓储公司等"物流相关"或"物流类"企业所提供的功能性服务或传统物流服务都不能称为第三方物流。只要注意到第三方物流的英文名称是 third party logistics 而不是 third party physical distribution，就很容易理解这一点。一般情况下，"物流类"企业所提供的功能性服务或传统物流服务可以称为第三方运输、第三方仓储或第三方 PD，相应地，这些"物流类"企业只能称为第三方承运人、第三方仓储经营者或第三方 PD。总之，第三方物流是现代物流框架下的一个专用名词，并非所有由第三方"物流类"企业所提供的服务都可以称为第三方物流。

至于第三方物流与外包物流的区别，目前尚无权威解读。本书认为，虽然第三方物流与外包物流的概念表述方式不同，但在传统物流与现代物流之争已经过去、物流称谓已经统一的今天，二者外延的差别已然不大，在绝大多数场合，它们是可以相互替代使用的概念。

三、企业物流、行业物流、社会物流

根据研究视野的不同，可以将物流划分为企业物流、行业物流和社会物流。本分类从微观、中观到宏观构成一个较为完整的分类体系，也是本章后续三节展开的依据。

（一）企业物流

企业是以营利为目的，通过为顾客提供产品或服务来满足其需求，最终收回投资并赚取利润的一种经济组织。市场上区别于企业的其他经济主体有政府、家庭、个人或社团等。按照业务性质的不同，企业可以分为生产企业、流通企业等类型。其中，生产企业的主要任务是购进原材料，经过若干道工序的加工，形成特定产品，再通过销售渠道销售出去，收回投资并赚取相应的利润；流通企业的主要任务则是要根据顾客的要求和供应商的条件，有针对性地组织商流和物流并赚取相应的利润。

一般来说，在一个企业的业务范围内，由于生产经营活动的需要而发生的物流称为企业物流。国家标准《物流术语》将"企业物流"定义为"生产和流通企业围绕其经营活动所发生的物流活动"。企业物流必须通过管理层、控制层和作业层三个层次的协调配合，才能有效实现其总体功能。

（1）管理层。管理层的主要任务是对整个物流系统进行统一的计划、实施和控制，其主要工作内容包括物流系统的战略规划、物流系统的总体控制和绩效评价，这些工作应坚持的最基本原则就是要有利于反馈机制和激励机制的形成。

（2）控制层。控制层的主要任务是控制物料流动的过程，其主要工作内容包括订货处理与顾客服务、库存计划与控制、生产计划与控制、用料管理和采购等。

（3）作业层。作业层的主要任务是实现物料的时间价值和空间价值。其主要工作内容包括发货与进货运输、厂内的装卸与搬运、包装、保管和流通加工等。

由此可见，企业物流几乎渗透到了生产企业的所有生产和管理活动中，对企业活动的效率和效益都会产生极为重要的影响。

（二）行业物流

同一行业的不同企业，虽然在产品市场上是竞争对手，但是在物流领域内常常可以相互协作，共同促进行业物流的合理化，因为行业物流合理化可以使所有参与企业都得到相应的好处，实现真正意义上的"共赢"。

世界各国及国际上都有很多不同类型的行业协会或学会，它们的任务之一就是研究本行业的行业物流。在行业物流系统中，可以建立共同的仓储网点和运输系统以实现物品的统一集中配送，可以建立共同的设备及零部件流通中心以实现物流设备的统一修理维护，也可以建立共同的技术服务中心以培训本行业的物流从业人员，还可以统一机械设备规格、商品外型尺寸、行业法规和政策、各类报表格式等。通过这些手段，行业物流可以使所有成员企业从中受益，进而反哺行业物流的发展。目前，行业物流已经成为各国物流产业发展的最重要形态之一。

（三）社会物流

社会物流一般是指从社会再生产的总体视角认识和研究的物流，因此也被称为宏观物流或大物流。社会物流研究的主要内容包括社会物流总体构成、物流与区域经济发展的关系、物流基础设施的规划与建设、物流产业规划与产业政策等，研究的重点在于社会再生产过程中的物流总体行为及其运行规律，具有宏观性和全局性特点。

从宏观上看，社会物流是国民经济的命脉。社会物流网络是否合理、渠道是否畅通将直接决定国民经济能否健康发展。因此，各级各类宏观规划和管理部门都应该高度重视社会物流，对其进行合理规划、科学管理和有效控制并尽量采用先进的物流装备和技术手段来保障社会物流的高效率和低成本运行。社会物流的优化不仅可以带来良好的经济效益，更重要的是可以产生巨大的社会效益。

四、其他分类

除了以上几组物流概念，实践中，也常有人对物流做出以下区分：以企业边界为标准，将物流区分为企业内物流和企业外物流；以物流活动的适用性为标准，将物流分为一般物流和特殊物流；以物流的管理属性为标准，将物流分为第一方物流、第二方物流、第三方物流、第四方物流乃至第五方物流；以管理的视野范围为标准，将物流分为宏观物流与微观物流等。

此外，人们还常常根据物流发生的先后次序及其对企业的作用，将生产企业物流细分为供应物流、生产物流、销售物流、回收物流和废弃物流；按照物流在不同行业发展的特点，将物流细分为不同的行业物流；按照物流活动范围的大小，将宏观的社会物流划分为地区物流、国内物流和国际物流。由于以上这三种分类是分别在企业物流、行业物流和社会物流的大框架下进行的细分，能够构成一个比较完整的分类体系，所以本章第二、三、四节将按此结构展开，专门论述企业物流、行业物流和社会物流。

第二节 企业物流

企业活动的基本机制是"投入—转换—产出"。对于生产企业来讲，是原材料、燃料、人力等资源的投入，经过制造或加工转换为产品；对于流通企业来讲，则是设备、人力等资源的投入，转换为对用户的服务。物流活动是伴随企业的"投入—转换—产出"而发生的，对应于"投入"的是企业外采购或供应物流，对应于"转换"的是企业内生产或转换物流，对应于"产出"的是企业外销售物流或企业外生产物流。在绿色环保理念日益盛行的今天，一些企业主动或被迫承担起废旧物与废弃物处理的责任，对应于废旧物回收的是回收物流，对应于废弃物处理的是废弃物流。

在企业物流的所有构成中，生产物流是核心，它和生产同步进行，是企业自身所能控制的、合理化条件最为成熟的一种物流形式。供应物流和销售物流可以看作生产物流分别向上或向下的延伸，它们受企业外部环境的影响较大。例如，公共基础设施水平、市场竞争状况、有关政策与法规等都会直接影响这些物流活动的绩效。

在纵横交错的社会物流网络中，企业物流仅仅是一个节点，它通过生产物流来完成节点内的空间和时间转换过程，通过供应物流和销售物流来实现节点与节点之间的连接。如果供应物流或销售物流不通畅，企业的生产肯定难以为继，社会物流网络也不可能正常运转。因此，深入研究企业物流是全面认识行业物流和社会物流的基础。

一、供应物流

（一）供应物流的概念

从传统的角度看，企业的采购与供应是两个既相互联系又相互区别的概念。与此对应，采购物流与供应物流也是两个不同的概念。一般情况下，人们通常把供应商运送物料到企业仓库的物流过程称为企业的采购物流，而把从企业自身仓库领取物料运送到生产车间或零售商店货架的物流过程称为企业的供应物流。随着现代物流管理水平的提高，企业的采购和供应出现了一体化趋势，采购物流直接扩展到了生产企业的车间或流通企业的货架，从而采购物流与供应物流也开始合而为一。但是，习惯上人们总是从生产和销售的角度出发，把生产和销售前的物流活动统称为供应物流并将其定义为"为生产企业提供原材料、零部件或其他物料时所发生的物流活动"（GB/T 18354—2021）。

因此，供应物流包括原材料、燃料、半成品等一切生产资料的采购、进货、运输、库存、仓储管理、用料管理和供料输送等。它是企业物流系统中相对独立的一个子系统并且和企业内部的生产、财务等部门以及企业外部的资源、市场等条件密切相关。

（二）供应物流的工作内容

供应物流包括采购、供应、库存管理和仓储管理等一系列活动过程。

（1）采购。采购是供应物流与社会物流的衔接点，它是依据生产企业的生产、供应和采购计划而进行原材料外购的作业过程，其主要任务是市场资源、供货厂家、市场变化等信息的采集、评价和反馈。

（2）供应。它是供应物流与生产物流的衔接点，是依据供应计划、消耗定额进行生产资料供给的作业过程，其主要任务是原材料消耗的计划与控制。目前，最基本的厂内供应方式主要有两种：一种是用料单位根据自身的实际需要到供应部门领取物料；另一种则是供应部门按时按量向生产部门送发物料。

（3）库存管理。库存管理是供应物流的核心。它首先要依据企业的生产计划制订供应和采购计划并据此制定原材料的库存控制策略，此外还要定期或不定期地对计划的执行情况进行分析、评价和反馈。

（4）仓储管理。仓储管理是供应物流的转换点，它主要负责生产资料的接货、发货以及物料的日常保管和养护工作。

二、生产物流

（一）生产物流的概念

生产物流是指生产企业内部进行的涉及原材料、在制品、半成品、产成品等的物流活动（GB/T 18354—2021）。从工厂购进原材料入库时起到产品发送进入成品库为止，其间发生的所有物流活动都属于生产物流的范畴。生产物流是生产企业的物流活动主体内容，它与整个生产的工艺过程相伴而生，实际上就是生产过程的有机组成部分。企业生产物流的大致流程是：原料、零部件、燃料或其他辅助材料从企业的原材料仓库或企业的大门开始，进入生产线的开始端，伴随生产过程一个环节一个环节地流动，在流动的过程中，原材料同时被加工，产生一些废料、余料，直到生产加工终结，产品"流"至成品库时便终结了生产物流的过程。

（二）生产物流的类型

企业的生产类型是其产品的种类、产量及其生产的专业化程度在技术和组织中的反映与表现。它在很大程度上决定了企业的生产结构、工艺流程和工艺装备，也决定了企业生产的组织形式、管理方法和与之相匹配的生产物流类型。通常情况下，企业生产的批量越大，产品的种类越少，则生产的专业化程度越高，相应的生产物流过程的稳定性和重复性也就越高；反之，企业生产的批量越小，产品的种类越多，则生产的专业化程度也就越低，生产物流过程的稳定性和重复性亦会越低。

1. 按生产的专业化程度分类

（1）单件生产物流。单件生产的产品虽种类繁多，但每次仅生产一件产品，生产重复性低，因此单件生产物流的重复性低、个性化程度较强。

（2）大量生产物流。大量生产的产品种类单一、产量大，生产重复性高，因此大量生产物流的重复性高、个性化程度不强。

（3）成批生产物流。介于以上两者之间的是成批生产，即产品种类不单一、生产有一定的重复性，因此成批生产的重复性和个性化程度介于以上两者之间。成批生产通常又可再分为大批生产、中批生产和小批生产。

2. 按生产的物流特征分类

（1）项目型生产物流。项目型生产物流（固定式生产）的特点是生产过程中物料的流动性不强。它分为两种状态：一种是物料进入生产场地后就被"凝固"在场地中，与生产场地一起形成最终产品，如住宅、厂房、公路的建设；另一种是物料流入生产场地后必须"滞留"很长时间，直至产品生产完毕后方能离开，如大型水电设备、飞机等重型装备的制造。

（2）连续型生产物流。连续型生产物流（流程式生产）的特点是物料流动连续均匀、不能中断，生产出的产品以及使用的设备和工艺流程都是固定且标准化的，各工序之间几乎没有在制品库存。

（3）离散型生产物流。离散型生产物流（加工装配式生产）的特点是各个零部件的加工过程彼此独立，制成的零件必须通过部件组装和总装配等离散的工艺环节之后才能形成最终产品，各个生产环节之间有可能出现一定数量的在制品库存。

可见，生产物流类型与决定生产类型的产品类型、生产批量和生产专业化程度有密切的联系并对企业的生产组织形式产生直接的影响。

三、销售物流

销售物流是企业内物流的最后一环，是企业物流与社会物流的一个衔接点。它与企业的销售系统相互配合，共同完成产品的销售任务。

（一）销售物流的概念

生产企业、流通企业售出产品或商品的物流过程被称为销售物流，它是物品从生产者或持有者手中转移至用户或消费者手中的物流过程。根据我国国家标准《物流术语》，销售物流就是企业在销售商品过程中所发生的物流活动。

（二）销售物流的工作内容

销售活动的主要作用是通过一系列营销手段出售产品、满足消费者的需求，最终实现产品的价值和使用价值。销售物流的功能就是配合整个销售系统完成销售任务，其工作内容大致包括如下几个方面。

1. 产品包装

产品包装既可看作生产物流的终点，也可看作销售物流的起点。在包装材料和包装容器的选择上，除了要满足物品的防护和销售要求，还应充分考虑储存、运输等物流环节的方便要求。此外，包装的标准化、轻薄化以及包装的回收利用等也都是值得关注的问题。

2．产品储存

适量的产品储存可以解决生产与需求之间的不平衡，减少缺货损失。产品储存包括仓储作业、产品养护和库存控制。企业应做到：改善仓储作业，提高作业质量及作业生产率；使用科学的方法养护产品；使成品库存控制以市场需求为导向；合理控制成品存储量并以此指导生产活动。

3．开拓销售渠道

销售物流直接与消费者接触，最容易了解消费者的需求，最容易收集到消费者的意见和建议。因此，在销售渠道或销售策略的改进过程中，销售物流人员是最有发言权的群体之一，协助企业开拓销售渠道也是销售物流的重要工作内容。

4．产品运送

在现代企业竞争中，消费者选择产品的依据已经不仅仅是产品本身的性价比，还越来越重视服务，服务已经成为企业竞争力的重要组成部分。物流是企业销售行为过程中提供的最主要的服务内容，是决定企业营销成败的关键因素之一。

5．信息处理

销售物流与销售系统的其他部门之间存在大量的信息交流活动。销售物流的工作内容之一就是广泛地接收各方信息、充分利用信息提升物流效率并积极主动地对有关信息做出反应，适时发布信息。

四、回收物流与废弃物流

人类社会所需要的各种资源都来自大自然，如食品、服装、建材、金属和塑料制品等都是由自然界的原材料经过加工制造而成的。在人类社会的经济活动中，物流的主渠道是"生产—流通—消费"。但是在这一过程中，有大量的资源由于损坏、变质而完全丧失了使用价值或者在生产过程中未能形成产品且不具有再利用价值，这类物品通常被称为废弃物。也有一些物品，虽然也有损坏、变质，也部分地丧失了使用价值，但仍有一定的重新再利用价值，这类物品一般被称为废旧物。由于废旧物最开始也是以废弃物的形态出现的，只有当人们认识到其使用价值，准备对其进行回收加工后，它才变成废旧物。所以，实践中也常将两者统称为废弃物品。如果按来源进行分类，废旧物或废弃物可以分为三种：① 生产过程中产生的废旧物或废弃物；② 流通过程中产生的废旧物或废弃物；③ 消费过程中产生的废旧物或废弃物。

（一）回收物流与废弃物流的概念

由于废旧物与废弃物的使用价值不一样，所以对它们的处理方式也完全不同。一般来说，由于废旧物具有再利用价值，所以要对其中有再利用价值的部分进行收集、分拣、加工，以使其成为有用的资源，重新进入生产或消费领域。与此活动对应的物流就是回收物流。

废弃物虽然没有再利用价值，但如果不加处置地任意堆放，肯定会影响企业的正常生产经营活动或者对环境造成危害。所以，企业要将废弃物送到指定的地点堆放、掩埋或者对其进行焚烧，对于有放射性或有毒的废弃物，还要采取其他一些特殊的处理方法。与废弃物的处理活动所对应的物流就是废弃物流。

（二）回收物流与废弃物流的技术特点

回收物流与废弃物流依然具有运输、储存、装卸搬运、流通加工和信息处理等功能，相应的物流技术也围绕这些功能而发展。但由于回收物流与废弃物流的"物"与"流"与其他物流明显不同，所以它们所采用的技术手段具有以下显著的特点。

1. 小型化、专用化装运设备

回收物流与废弃物流第一阶段的任务是收集废弃物。废弃物的分布极为广泛，遍布于每一个工矿企业和家庭，因此应采用"多阶段收集、逐步集中"的方式。废弃物的收集广泛使用各种小型的机动车和非机动车。由于一般废弃物都具有脏臭、污染环境的特点，所以在装运过程中常需要使用专用车辆。

2. 简单的储存、包装要求

废弃物与最初以废弃物形态出现的废旧物一般只需露天堆放。实践中只有少部分经过回收的物品（如废纸等）在堆放时需要采取防雨措施或放置在简单库房中。

3. 多样化流通加工

由于废弃物的种类繁多且性质各异，故其流通加工方式也多种多样。废弃物的流通加工不同于以废弃物为原料的生产加工，其目的只是方便流通。利用回收物品作为原材料制造某种产品应视为生产加工，而不是流通加工。回收物流与废弃物流工作中常见的流通加工形式有分拣、分解、分类、压块、捆扎、切断和破碎等。

4. 低水平的成本负担能力

由于回收物流与废弃物流处理的对象价值不高，因此流通费用必须保持在较低水平。如果废弃物处理费用过高，将提高企业的成本、增加社会福利基金的开支。回收物品成本过高将导致以回收物品为原材料的生产企业陷入困境，转而寻求其他途径解决原材料问题。

第三节 行业物流

伴随我国物流产业的发展，物流市场逐步细分，出现了大量行业物流。行业物流的发展与行业本身的成熟度密切相关，我国行业物流还处在不断发展之中，因此不同行业物流之间的水平差距较大，有的相对比较成熟，有的刚刚开始起步。

对于行业物流，业内并没有形成统一的分类方法。有人按行业所处的领域不同，将行业物流分为生产领域的行业物流和流通领域的行业物流，但由于供应链理念的普及，物流系统化和一体化观念形成，人们认识到很多物流过程是贯穿生产领域、流通领域甚至延伸到消费领域的，因此这种分类方法已经不合时宜。也有人按物品的不同对行业物流进行分类，产生了如汽车物流、家电物流、农产品物流、军事物流、IT物流、图书物流、烟草物流、金融物流等。虽然不同物品对物流的要求各不相同，但也存在多种物品的物流特征相似或完全相同的情况，因此这种分类方法并不能突出各行业物流的个性化特征。本节介绍的几种行业物流并不是依据某种特定的分类体系，而是着眼于行业物流的运作和业态特点所选择的国内相对成熟的几种行业物流。

一、零售物流

外部环境的变化使零售业的经营理念和竞争手段都发生了根本性改变。如果离开物流的支持，零售企业就无法真正在市场上取得竞争优势。面对这种形势，我国越来越多的零售企业逐渐认识到物流在企业战略中的重要地位，开始对企业原有的物流系统进行变革并逐渐进化出家电零售物流、医药零售物流、烟草零售物流、超市零售物流、图书零售物流等形式。

（一）零售物流的含义

按照通常的理解，零售物流就是零售商对商品从供给地到消费者移动的实际流程进行的计划、执行与控制，具体包括商品的采购、运输、储存、流通加工以及相关的信息处理等活动。零售业态的三次重大变革，尤其是连锁零售的兴起，对零售物流提出了越来越高的要求。在现代零售体系中，连锁零售的地位日益突出，与之相对应的连锁零售配送也成了零售物流的主体。

（二）零售物流的特点

零售物流是社会物流大系统的支线或末端，是最靠近消费者的物流活动，因此也是零售行业管理与控制的关键。同其他物流活动相比，零售物流具有如下特点。

1. 统一采购、统一配送

连锁零售各门店所需的商品统一由总部采购，然后按照统一的营销策略和各分店对商品品种、规格、包装的要求进行统一配送。这两个"统一"使得连锁零售实现了大批量进货和整合输送，形成了规模效益。

2. 订货批量小、订货频率高

为了提高供应链的柔性，零售店的订货批量一般较小，只能通过高频率的订货来满足门店需求。小批量、高频率地订货能够使零售店迅速适应市场变化、降低库存成本。

3. 商品种类多、物流作业形式多样

为了充分满足消费者的需求，零售店往往会同时经营种类繁多的商品，对运输和储存呈现多样化要求，如对于生鲜、冷冻食品的卫生和保温要求，对玻璃等易碎物品的防震要求等。

4. 流通加工的地位突出

一方面，零售配送中心的集中采购一般以大包装形式进货，而门店销售时需要拆零；另一方面，为了保证商品质量，必须对农产品、即食食品等进行简单加工。因此，零售配送系统要具备拆零、分拣、包装和简单加工等功能。

5. 逆向物流比较普遍

零售经营的特点要求其必须保持较高的商品更新频率，时尚商品或季节性商品往往要求更快的更新速度；同时，零售行业内较高的货损率也会造成退货频率和数量的上升。这些特点都会对零售物流系统提出退、换货方面的逆向物流需求。

二、冷链物流

一方面，随着生活水平的提高和生活方式的转变，人们对冷冻、冷藏及生鲜食品的需求量大幅度上涨。初级农产品、速冻食品、包装熟食以及奶制品等产品的产量以及流通量都在逐年增加。另一方面，随着人们的食品安全意识、食品质量理念的进一步加强，全社会对生鲜食品的安全和品质提出了更高的要求。因此，与之相关的冷链物流也越来越受到重视。

（一）冷链物流的概念

我国国家标准《物流术语》将"冷链"（cold-chain）定义为"根据物品特性，从生产到消费的过程中使物品始终处于保持其品质所需温度环境的物流技术与组织系统"。我国另一项国家标准《冷链物流分类与基本要求》（GB/T 28577—2021）在采纳以上冷链定义的基础上，将冷链物流（cold chain logistics）定义为"根据物品特性，从生产到消费的过程中使物品始终处于保持其品质所需温度环境的实体流通过程"。

（二）冷链物流的特点

与一般物流相比，冷链物流具有特殊的作业对象和严格的作业要求，因而呈现出诸多个性化特点。

1. 设备投资大、资产专用性强

进入冷链物流的物品储运需要冷库，冷库空间需分隔为冷却间、冻结间、冷藏间、冰库和穿堂等并配以冷冻柜、冷藏柜、冷库机组、制冷压缩机等制冷设备；冷库的运行过程需要保持一定的温度和湿度，能源消耗大；冷链运输所需各种专用冷藏车的造价比常温车辆高很多，因此与常温物流相比，冷链物流系统的建设投资要大很多，而且大多数设备都是专用资产，容易产生沉淀成本。

2. 技术领域广、人才素质高

冷链物流的技术包括预冷技术、控温技术、低温运输技术以及在线质量监控技术等，运用这些技术不仅要配备现代化技术设备和信息系统，还需要大量的专业技术人才。冷链物流技术的学科跨度大，从微生物学、生物学到制冷科学，从食品加工工艺到生鲜食品加工中心的规划与设计，从农林牧渔业到信息产业等，因此对人才素质的要求较高。

3. 作业时效短、质量风险大

农产品、海鲜、生物制剂、血液制品等冷链物品的保质期或有效期往往十分短暂，冷链物流组织者必须严格遵守时限要求、高效组织物流运输，否则将面临巨大的质量风险。

三、快递

随着科技水平的提高，流通领域出现了越来越多的体积小、重量轻、价值高的物品，需要以更快的速度、更好的服务实现时间和空间的转移，这就促成了快递的诞生。在快递的形成发展过程中，逐步形成了以处理文件资料、贸易单证等为主的函件快递和以处理网购商品、贸易样品和私人礼品等为主的货物快递。

（一）快递的概念

起初，我国《物流术语》标准并没有对"快递"进行定义，在 2021 年的修订版中才首次增加并采纳《邮政业术语》（GB/T 10757—2011）对"快递服务"的定义，即快递服务（express service）是指在承诺的时限内快速完成的寄递服务。

快递又称速递或速运，是指快递企业收取寄件人寄交的快件后，按照寄件人的要求，以最快的速度将其运送到另一地点，递交指定的收件人并掌握运输、派送过程的全部信息，及时向有关各方提供信息查询的"门到门"物流。快递的组织方式与一般的航空货运十分相似，区别仅在于它延伸和拓展了航空货运服务，成为最快捷、最周到的物流服务形式。

（二）快递的特点

快递将信息传递、物品递送、资金流通和文化传播等多种功能融合在一起，关联生产、流通和消费等多个领域，具有经济适应性，快捷、安全性，高科技性和服务性等特点。

1. 经济适应性

快递与商业的发展紧密相连，它在一定程度上反映了区域经济的发展水平。20 世纪 50 至 60 年代欧美经济的复苏导致了现代快递业的逐步形成，70 年代以后日本经济开始执世界牛耳，其快递业也可谓青出于蓝。我国经济自改革开放以来的强劲发展使得快递业在我国大地风起云涌，特别是进入 21 世纪之后，我国快递业的年均增长率远高于 GDP 的年均增长率。

2. 快捷、安全性

快递业在其发展之初就充分利用了计算机、通信网络以及飞机、专用汽车等高端物流设备。在货源集中地，尤其是区域性集散地，快递公司通常还设置有专门的中转站，配备大型仓库、信息控制中心、客户服务中心等，充分保证了快递的快捷、安全性。

3. 高科技性

要提供"门到门"或"桌到桌"服务，必须能及时、准确地接收客户信息，快速处理单证并实现对快件的全程跟踪。因此，快递企业必须配备先进的计算机和通信网络、飞机、专用车辆以及信息控制中心等。这些装备大多集中了最先进的科技成果，具有明显的高科技性。

4. 服务性

由于快递业的服务表现形式是"桌到桌"或"门到门"，需要对快件实行全程跟踪，满足客户希望能够实时查询快件的需求，所以快递公司必须提供优质服务才能留住客户。

四、应急物流

尽管"和平与发展"是当今世界的主旋律，但各种突发性自然灾害、公共卫生事件等"天灾"以及由于决策失误、恐怖主义或地区性冲突引起的"人祸"仍时有发生，对人民生命财产、社会经济稳定乃至国家安全造成了重大威胁。由于绝大多数突发事件难以预测，因此应对这些突发事件所需的各种物资或器材难以及时抵达现场，常常导致各种应急处置的滞后。为了减小突发事件造成的危害和影响，亟须建立健全应急物流体系，整合、优化社会资源，为经济和社会发展提供安全保障。

（一）应急物流的概念

我国国家标准《物流术语》对"应急物流"（emergency logistics）的定义为"为应对突发事件提供应急生产物资、生活物资供应保障的物流活动"。国务院发布的《国家突发公共事件总体应急预案》规定："突发公共事件是指突然发生，造成或者可能造成重大人员伤亡、财产损失、生态环境破坏和严重社会危害，危及公共安全的紧急事件。"

根据突发公共事件的发生过程、性质和机制，它一般可以分为自然灾难、事故灾难、公共卫生事件和社会安全事件四类。

（二）应急物流的特点

从本质上说，应急物流就是在危机发生时进行紧急保障的一种特殊物流。与一般物流相比，应急物流具有如下几个特点。

1. 突发性

突发事件的发生往往不可预知或不可完全预知，加之突发事件的持续时间、影响范围和影响强度也难以预测，所以应急物流需求的内容和规模都难以事先确定。这是应急物流区别于一般物流的最明显的特征，因此应急物流系统必须具备最快捷的反应机制和最可靠的保障能力。由于大多数普通物流系统并不具备这种反应机制和保障能力，所以针对各类突发事件的应急物流系统应运而生。

2. 弱经济性

应急物流需求最显著的特征就是"急"，如果运用普通物流的思路按部就班地组织所需的物流功能，肯定无法满足应急物流需求。因此，在重大险情或事故的处理过程中，普通物流中必须遵循的成本效益原则很少被顾及，快速、可靠成为应急物流系统追求的终极目标。此时的应急物流将呈现出明显的弱经济性。

3. 非常规性

由于应急物流的时间要求十分严格，常规物流系统难以满足。因此，应急物流应遵循特事特办的原则，尽量缩短中间环节，使整个物流运作流程更为紧凑；同时，应急物流系统的机构设置也应尽可能简单精干，以压缩所有物流环节的时间消耗。由此，应急物流表现出极强的非常规性。

4. 事后选择性

应急物流需求的突发性和随机性决定了应急物流供给不可能像企业物流那样根据客户的订单提供服务。应急物流供给必须在物流需求产生后的极短时间内从全社会调集所需的各种应急物资，如救灾专用设备、医疗器材、通信装备以及各种生活必需品等。因此，应急物流供给具有明显的事后选择性。

5. 社会公益性

应急物流的社会效益高于经济效益，具有明显的社会公益性。为了保证应急救助工作的顺利展开，应急物流系统必须首先依靠政府的行政力量并充分利用全社会的资源，在统一协调的原则下开展物流运作。

第四节　社　会　物　流

在较为详细地论述了微观的企业物流和中观的行业物流之后，本节将从宏观的层面分析社会物流。根据研究视野的不同，人们习惯性地将社会物流分为区域物流（也称为地区物流）、国内物流（也称为国民经济物流）和国际物流。

一、区域物流

区域物流是指为全面支撑区域可持续发展总体目标而建立的，适应区域环境特征，提供区域物流功能，满足区域经济、政治、自然、军事等发展需要，具有合理空间结构和服务规模，实现有效组织与管理的物流活动体系。它主要由区域物流网络体系、区域物流信息支撑体系和区域物流组织运作体系组成。区域物流是相对于国际物流而言的，可以用以指代一个国家范围内的物流、一个经济区域的物流或一个城市的物流。由于区域物流的所有活动主体都处于相同的制度和政策环境之下，受相同社会与文化因素的影响，处于基本相同的设备和技术水平下，因而具有很多相同的特点。

区域物流与区域经济是相互依存的统一体。区域经济发展要求有与之相适应的物流服务网络系统。区域物流的存在和发展是以区域经济的存在和发展为前提的，没有区域经济，就没有区域物流。区域物流是区域经济的重要组成部分，区域物流的发展能够为区域经济发展提供畅通、高效的物品实体流动平台，为区域经济顺利发展提供保障。区域内的产业布局、产业结构和产业发展都直接影响区域物流的需求总量和水平，而区域物流又具有能动作用，作为区域经济的基础产业，它的发展有利于促进区域生产力的发展。

作为社会物流的一种存在形式，区域物流管理的重点应该是针对该区域的特点制定高水平的区域物流规划。区域物流系统是以"提高本区域企业物流效率"和"增进本区域居民福利"为目标的社会物流系统。区域物流规划和管理的基本原则就是要通过一定的分析和评估，在这两个目标之间寻求一种合理的平衡。全面、系统、科学的区域物流规划至少应该涵盖以下五个方面的内容：区域物流空间布局规划、区域物流基础设施平台规划、区域物流信息平台规划、区域物流政策平台规划和区域物流产业主体发展规划。

（一）区域物流空间布局规划

物流节点是物流空间平台的主要存在形式，物流节点规划也是物流空间布局规划中最主要的内容。按照区域物流空间平台功能及重要性的不同，物流节点一般可划分为三个层次，即物流枢纽城市、物流园区、专业物流中心。

物流枢纽城市是指在区域内的经济地位突出，拥有交通、信息网络与技术条件优势且物流量大、物流企业较为集中、处于枢纽地位的中心城市，它是区域物流的"增长极"。物流园区是指有多家物流企业或与物流相关的企业在空间上集中布局的场所，是多功能、高层次、集散功能强、辐射范围广，在区域内有突出地位的社会化物流节点。专业物流中心是指在某专业领域内具有一定综合功能的物流节点。

物流园区和专业物流中心主要依托港口、交通枢纽、开发区和商贸市场等进行建设，应在综合考虑区域产业布局、产业关联度、辐射聚集效应、交通运输条件及与周边区域相互关系等因素的基础上合理配置资源、科学规划布局，不仅要满足本区域内部经济活动的物流需求，还要满足区域对外经济交流的物流需求，形成高效的物流服务网络体系。

（二）区域物流基础设施平台规划

物流基础设施平台需要从基础设施、物流设备和物流标准三方面进行统筹规划、协调发展。需要注意的是，物流基础设施平台的构筑往往是在现有基础上进行的调整和完善。因此，必须妥善解决既有资源对物流系统的适应性问题，着力提升现有各类基础设施之间的兼容性和协同性，以追求区域物流系统的整体最优。

（三）区域物流信息平台规划

区域物流信息平台的体系结构分为四个层次：物流公共信息系统、物流信息交换系统、物流电子交易系统和物流信息标准化系统。其中，物流公共信息系统发挥着关键性作用，为其他三个系统提供基础性支持。由于区域物流信息平台要连通跨企业、跨地区、跨行业的物流、商流、信息流和资金流，所以必须具备大跨度的信息实时传输、远程数据访问、数据分布处理等功能。同样，在物流信息平台规划中，必须处理好新建平台与原有各种信息系统之间的兼容性问题，应建立统一的标准和规范，以对原有功能单一的信息系统进行整合，避免重复建设。

（四）区域物流政策平台规划

由于历史的原因，我国物流业长期处于多元管理状态，部门分割的管理体制把区域之间的横向经济联系纵向切断，严重制约了区域经济的协调发展。物流政策平台建设就是在国家或区域整体规划的框架下，由立法机构或政府部门制定有利于物流业发展的政策、法规，如与物流产业发展密切相关的市场准入政策、土地使用政策、税收政策、融资政策、技术标准和人才政策等。物流政策平台规划的目标是创造一个良好的软环境，以切实保障物流产业的健康稳定发展。

（五）区域物流产业主体发展规划

区域物流产业主体是指区域内从事物流经营活动的企业或组织，它们的成长壮大必然会受区域物流规划的影响或制约，各级政府部门也可以采用经济或政策手段引导或扶持区域物流产业主体的发展。

（1）货主物流企业规划。货主物流企业规划是指规划部门选择区域内一些特大型工业企业及支柱产业中的重要企业并对其物流系统进行的规划，其主要目的是提高这些企业在采购、生产及销售过程中的物流效率，协助它们建立完整的供应链组织。政府可在政策上鼓励企业将非核心业务外包，鼓励大型企业采用社会物流服务。

（2）物流基础设施企业规划。物流基础设施企业规划是指规划部门选择区域内的重要物流园区（中心）并对其进行的综合性物流规划，其目的是建设市场化、规范化、社会化的物流基础服务运营商。

（3）物流信息技术企业规划。物流信息技术企业规划是指规划部门选择区域内有信息网络基础和软件开发能力的企业，授权它们对政府公共信息资源进行整体开发，同时通过政策手段鼓励这些物流信息企业进行商流、物流、信息流集成系统的开发和建设。

（4）物流设备制造企业规划。物流设备制造企业规划是指规划部门选择区域内有完善设备体系、设计开发能力和市场扩展能力的物流设备制造企业，开展新型物流设备的开发和生产。

（5）第三方物流企业规划。第三方物流企业规划是指规划部门选择区域内有实力的运输、仓储、货代、外贸、批发等企业进行引导和扶持，鼓励它们向现代物流企业转型，提升其物流运作的专业化、规范化和标准化水平并在此基础上培育一批规模化、网络化水平较高的大型骨干第三方物流企业。

二、国内物流

国内物流是以国家疆域为区域范围的一种特殊区域物流，它的理论和方法与区域物流并无本质上的不同。但由于与一般的区域相比，我国幅员辽阔且发展水平极不均衡，要想全面展示我国运用区域物流理论和方法的实践成果显然是不现实的。即便要阐述国内物流规划方面的某些内容，也只能根据可收集到的素材，择其概要进行介绍，以期达到管中窥豹的效果。

依照区域物流的理论和方法，我国早在 2009 年出台的《物流业调整和振兴规划》中就提出要重点发展九大物流区域、建设十大物流通道并建设好北京、上海等 21 个全国物流节点城市和一批区域性物流节点城市。此后，随着我国物流基础设施日益完善，物流产业整体水平不断提升，国内物流规划的思路日渐清晰，规划的内容更加细致，出现了从国家层面对物流枢纽、交通网络和对外通道的全面规划和部署。

（一）国家物流枢纽

在前期建设的基础上，我国将加强宏观层面的系统布局，依据区域经济总量、产业空间布局、基础设施联通度和人口分布等，统筹考虑国家重大战略实施、区域经济发展、产业结构优化升级等需要，结合"十纵十横"交通运输通道和国内物流大通道基本格局，选择 127 个具备一定基础条件的城市作为国家物流枢纽承载城市，规划建设 212 个国家物流枢纽，包括 41 个陆港型、30 个港口型、23 个空港型、47 个生产服务型、55 个商贸服务型和 16 个陆上边境口岸型国家物流枢纽。

到 2025 年，布局建设 150 个左右国家物流枢纽，枢纽间的分工协作和对接机制更加完善，社会物流运行效率大幅提高，基本形成以国家物流枢纽为核心的现代化物流运行体系，同时随着国家产业结构和空间布局的进一步优化以及物流降本增效综合措施的持续发力，推动全社会物流总费用与 GDP 的比率下降至 12%左右。

到 2035 年，基本形成与现代化经济体系相适应的国家物流枢纽网络，实现与综合交通运输体系顺畅衔接、协同发展，物流规模化、组织化、网络化、智能化水平全面提升，铁路、水运等干线通道能力充分释放，运输结构更加合理；全社会物流总费用与 GDP 的比率继续显著下降，物流运行效率和效益达到国际先进水平；依托国家物流枢纽，形成一批具有国际影响的枢纽经济增长极，将国家物流枢纽打造成为产业转型升级、区域经济协调发展和国民经济竞争力提升的重要推动力量。

（二）国家物流网络

1. 国家综合立体交通网主骨架

国家综合立体交通网主骨架由国家综合立体交通网中最为关键的线网构成，是我国区域间、城市群间、省际以及连通国际运输的主动脉，是支撑国土空间开发保护的主轴线，也是各种运输方式资源配置效率最高、运输强度最大的骨干网络。

依据国家区域发展战略和国土空间开发保护格局，结合未来交通运输发展和空间分布特点，将重点区域按照交通运输需求量级划分为 3 类。京津冀、长三角、粤港澳大湾区和成渝地区双城经济圈 4 个地区作为极，长江中游、山东半岛、海峡西岸、中原地区、哈长、辽中南、北部湾和关中平原 8 个地区作为组群，呼包鄂榆、黔中、滇中、山西中部、天山北坡、兰西、宁夏沿黄、拉萨和喀什 9 个地区作为组团。按照极、组群、组团之间交通联系强度，打造由主轴、走廊、通道组成的国家综合立体交通网主骨架。国家综合立体交通网主骨架实体线网里程 290 000 km 左右，其中国家高速铁路 56 000 km、普速铁路 71 000 km；国家高速公路 61 000 km、普通国道 72 000 km；国家高等级航道 25 000 km。

加快构建 6 条主轴。加强京津冀、长三角、粤港澳大湾区、成渝地区双城经济圈 4 极之间的联系，建设综合性、多通道、立体化、大容量、快速化的交通主轴。拓展 4 极辐射空间和交通资源配置能力，打造我国综合立体交通协同发展和国内国际交通衔接转换的关键平台，充分发挥促进全国区域发展南北互动、东西交融的重要作用。

加快构建 7 条走廊。强化京津冀、长三角、粤港澳大湾区、成渝地区双城经济圈 4 极的辐射作用，加强极与组群和组团之间的联系，建设京哈、京藏、大陆桥、西部陆海、沪昆、成渝昆、广昆等多方式、多通道、便捷化的交通走廊，优化完善多中心、网络化的主骨架结构。

加快构建 8 条通道。强化主轴与走廊之间的衔接协调，加强组群与组团之间、组团与组团之间的联系，加强资源产业集聚地、重要口岸的连接覆盖，建设绥满、京延、沿边、福银、二湛、川藏、湘桂、厦蓉等交通通道，促进内外连通、通边达海，扩大中西部和东北地区交通网络覆盖。

2. 西气东输工程

西气东输工程是我国能源输送大动脉，工程一、二、三线已经完成，其中一线起于新疆轮南，途径新疆、甘肃、宁夏、陕西、山西、河南、安徽、江苏、上海 9 个省市，全长约 4200 km；二线起于新疆霍尔果斯，途径新疆、甘肃、宁夏、陕西、河南、湖北、江西、广东 8 个省市，干线全长约 4595 km；三线起于新疆霍尔果斯，途径新疆、甘肃、宁夏、陕西、河南、湖北、湖南、江西、福建、广东 10 个省市，全长约 7378 km。

西气东输四线工程起自中吉边境新疆乌恰县伊尔克什坦，经轮南、吐鲁番至宁夏中卫，管道全长约 3340 km，管径约 1219 mm，设计压力约 12 MPa。工程的核心组成部分吐鲁番—中卫段已于 2022 年 9 月动工，预计 2024 年建成投产。

（三）对外物流通道

我国对外物流通道的主力是港口，大宗原材料和能源的进口主要依赖港口，大量工业制成品以集装箱运输方式出口也主要依赖港口。目前，在全球吞吐量排名前十的港口中，我国占据七席；在全球集装箱吞吐量排名前十的港口中，我国也占据七席。这种格局已持续多年，预计短期内也不会发生大的改变。我国当之无愧地成为全球最大港口国，港口支撑了我国的外向型经济发展。

为了实现能源进口通道的多元化，我国还建有中俄原油管道、中哈原油管道、中缅原油管道以及中俄天然气管道、中亚天然气管道 A/B/C 三线等管道运输通道，为我国能源战略提供了安全保障。

在"一带一路"倡议下，中欧班列发展迅速，成为我国对外物流的西向铁路大通道。中欧班列方便了我国与中亚、西亚、东欧和中欧诸国的联系，成为亚欧大陆腹地最重要的物流大通道。

我国将围绕"陆海内外联动、东西双向互济"的开放格局，着力形成"功能完备、立体互联、陆海空统筹"的对外运输网络；发展多元化国际运输通道，重点打造新亚欧大陆桥、中蒙俄、中国—中亚—西亚、中国—中南半岛、中巴、中尼印和孟中印缅 7 条陆路国际运输通道；发展以中欧班列为重点的国际货运班列，促进国际道路运输便利化；强化国际航运中心辐射能力，完善经日韩跨太平洋至美洲，经东南亚至大洋洲，经东南亚、南亚跨印度洋至欧洲和非洲，跨北冰洋的冰上丝绸之路 4 条海上国际运输通道，保障原油、铁矿石、粮食、液化天然气等国家重点物资的国际运输，拓展国际海运物流网络，加快发展邮轮经济；依托国际航空枢纽，构建四通八达、覆盖全球的空中客货运输网络；建设覆盖五洲、连通全球、互利共赢、协同高效的国际干线邮路网。

三、国际物流

如前所述，区域物流是相对于国际物流而言的，国内物流只不过是以国家疆域为区域范围的一种特殊区域物流。由于各主权国家的政治制度、法律环境、经济发展水平各不相同，不同国家之间的物流环境差异远大于一国之内不同区域之间的物流环境差异。所以，国际物流很难套用区域物流的理论和方法，故成为与之对应的另一种社会物流。

（一）国际物流的含义

国际物流是指跨越不同国家（地区）之间的物流活动（GB/T 18354—2021），它是随着不同国家（关境）之间进行国际贸易而发生的商品实体从一个国家（关境）向另一个国家（关境）流转的过程中所发生的物流。国际物流是国际贸易必不可少的物质载体，各国（关境）之间相互贸易的商品最终必须通过国际物流才能完成实体的空间位移和时间位移。自二战之后的国际秩序建立以来，国际物流飞速发展，成为现代物流体系中的一股新兴力量，也是当代物流研究的重要领域。

对跨国企业而言，国际物流不仅是参与国际商贸活动的物质载体，更是企业生产经营必不可少的联络通道。国际化战略的实施已经使很多跨国企业在一些国家生产零部件而在另一些国家组装成最终产品。跨国企业内的各生产环节之间，一刻都离不开国际物流。

国际物流的实质是依据国际分工原则，按照国际惯例，利用国际化物流网络、物流设施和物流设备，实现物品在国际的流动与交换，以促进区域经济的健康发展和全球资源的优化配置。国际物流的任务就是为国际贸易和跨国经营服务，力求选择最佳的运输方式与物流路径，以最低的费用和最小的风险，保质、保量、适时地将物品从一国的供应方运送到另一国的需求方手中。

（二）国际物流的特点

同区域物流或国内物流相比，国际物流的特点十分鲜明。一般认为，国际物流的特点主要表现在如下几个方面。

1. 国际物流运作的环境差异大

国际物流跨越国界，在不同国家受制于不同的法律和规章，运作环境的复杂性远高于国内物流；不同国家的经济和技术水平差异使不同区段的国际物流处于不同的运作环境中，其中管理或技术水平最低的区段就会成为制约整个国际物流运作的瓶颈；不同国家的管理或技术标准差异也会导致不同区段之间的"接轨"困难，大量货物不得不在港口、边境口岸或机场滞留，严重影响国际物流效率；此外，不同国家的风俗习惯和人文环境也会影响国际物流的运作效率。以上环境方面的差异无疑会大幅度提高国际物流的复杂性，增加国际物流运作的难度。

2. 国际物流决策的影响因素多

国际物流系统的空间跨度和时间跨度都远大于国内物流。由于不同国家间的环境差异，空间跨度增大所带来的系统复杂性呈几何级数上升。同时，由于在任何决策系统中时间跨度的增大都会导致不确定性呈几何级数上升，所以同国内物流相比，国际物流决策的不确定性也会呈几何级数上升。总之，国际物流系统的空间跨度和时间跨度大导致决策的影响因素多，对其进行计划、组织、指挥和协调都十分困难，国际物流企业的经营风险也大幅度提高。

3. 国际物流必须有国际化信息系统做支撑

国际化信息系统是组织国际物流必不可少的支撑手段，但由于涉及众多不同的国家，国际化信息系统建设存在很多障碍，如技术标准不统一、投资巨大、管理困难等。因此，国际物流企业应该积极开发利用电子数据交换（electronic data interchange，EDI）技术并通过 EDI 联通有关国家的海关公共信息系统，以便及时掌握沿途港口、机场、车站和联运线路的实际运行状况，为国际物流运作和决策提供信息支撑。

4. 国际物流对标准化的要求高

要保证国际物流的连续高效，必须建立统一的技术标准和管理标准。虽然集装箱的标准化可以算作一个比较成功的技术标准化范例，但在国际物流领域，目前的技术标准仍存在不少缺憾，如各国信息技术标准的不统一严重制约了国际物流的发展。国际物流的管理标准至少包括国际物流的运作程序标准、国际物流的单证标准、国际物流的绩效指标标准等，这些标准都对国际物流效率的提高具有至关重要的作用。

（三）国际物流的发展趋势

人们普遍认为，21 世纪的全球经济将会持续高速增长，尤其是发展中国家的经济增长将不可抑制。毫无疑问，与经济全球化相伴产生的物流国际化也将会得到极大的发展，发展中国家物流将会迎来最有利的发展机遇。根据国内外物流发展新情况，国际物流的发展趋势可以归纳为如下几个。

1. 服务化趋势

经济的服务化发展对物流具有深刻的影响。从经济的服务化发展趋势看，其产生的背景与人均收入水平的提高、劳动时间的缩短、自由时间的增加以及社会信息化发展的程度紧密相连。在这种状况下，不仅企业服务需求有了很大的提高，面向不同国家的社会服务需求也有高度化发展。物流本身就是直接面向顾客的一种服务性很强的工作，因此物流服务质量以及服务的可信程度直接影响着物流产业的兴衰。另外，随着各类企业对现代物流的重视，在信息技术革命的帮助下，通过企业对现代物流理念的学习和积累，企业全方位地发展现代物流服务已经具备了较为坚实的基础。

2. 信息化趋势

现代社会已经步入了信息时代，物流的信息化是整个社会信息化的必然要求，也是物流得以发展的最基本条件。物流信息化主要表现为物流信息的商品化、物流信息收集的数据库化和代码化、物流信息处理的电子化和计算机化、物流信息传递的标准化和实时化、物流信息储存的数字化等。各种技术与观念在未来的物流活动中将会得到普遍采用和接纳，信息化是所有这些技术与观念的基础。没有物流的信息化，任何先进的技术和设备都不可能有效地运用于物流领域。

3. 智能化趋势

智能化是信息化的一种高层次应用，物流作业过程涉及大量的运筹和决策，如库存水平的确定、运输路径的选择、自动导向车的运行轨迹和作业控制、自动分拣机的运行、配送中心经营管理的决策支持等，这些问题都需要借助大量的技术手段才能解决。在物流的自动化进程中，智能化是不能回避的技术难题。为了提高物流的自动化水平，物流的智能化已经成为一个新的发展趋势。这一趋势对物流从业人员提出了更高的要求，他们不仅要掌握物流业务的基本知识和操作规程，还要具有运用决策、运筹等方面的理论来指导物流运作的能力。

4. 环保化趋势

物流与社会经济的发展是相辅相成的，现代物流一方面促进了国民经济从粗放型向集约型转变，另一方面又逐步成为生活消费高度化发展的支柱。然而，无论是在"大量生产—大量流通—大量消费"的时代，还是在"多样化消费—有限生产—高效率流通"的时代，都需要从环境的角度对物流体系进行改进，即需要形成一个环境共生型物流管理系统。如今，经济发展强调的是"可持续发展"，即经济的发展必须建立在保护地球环境的基础上。因此，为了实现可持续发展，就必须采取各种措施来保护自然环境。而物流活动过程会对环境造成很多不利的影响，如汽车运输带来的尾气会污染环境，物品包装物、衬垫物等会影响卫生及造成火灾隐患等。环境共生型物流管理就是要改变原来经济发展与物流、生活消费与物流的单向作用关系，在抑制物流对环境造成的危害的同时，形成一种能促进经济和生活消费同时健康发展的物流系统，向环保型、循环型物流转变。

拓展阅读资料　　　　沃尔玛的零售物流

本章关键词

现代物流、企业物流、行业物流、社会物流、区域物流、国际物流

复习思考题

1. 举例说明企业自营物流、外包物流与第三方物流的区别与联系。
2. 怎样认识企业的销售物流及其工作内容？
3. 回收物流与废弃物流的区别是什么？
4. 回收物流与废弃物流的技术特点有哪些？
5. 比较零售物流、冷链物流、快递和应急物流的特点。
6. 你曾经接触过的行业物流有哪些？请举例说明。
7. 阐述区域物流规划的内容。
8. 简要介绍我国国家综合立体交通网主骨架的规划建设情况。
9. 国际物流的特点有哪些？
10. 简述国际物流的发展趋势。

本篇案例　　　　美国、日本和英国的物流业发展概况

案例讨论

1. 为什么说在物流发展过程中，欧美强调企业的"物流管理"，而日本则强调社会的"物流系统"？

2. 以美国、日本和英国物流产业的发展历程为例，说明物流从"单一的功能要素"到"PD"再到"logistics"的演进过程。

3. 根据发达国家物流产业的发展经验，你觉得我国的政府和企业分别应在哪些方面加以完善，才能提升我国物流产业的整体水平？

第二篇　物流的基本功能

本篇导读

如果说第一篇是"远观森林"的话，那么第二篇就是"近看树木"。本篇以我国国家标准《物流术语》（GB/T 18354—2021）为依据，分章介绍物流的基本功能。考虑到装卸与搬运之间的密切关联，将二者合为一章；考虑到集装化在现代物流系统中的特殊地位，本篇专设一章"集装化与集装器具"。

虽然各章内容都遵照行业特色进行组织安排，但从总体上看，该篇还是介绍得多、分析得少。当然，这也是"物流学"不同于"物流管理学"的一个明显体现。

本篇的内容较多，涉及的知识面较广且各章之间的关联度不大。因此，学习该篇一定要以第一篇的知识为基础，对每个基本功能的认识都不能脱离物流这一主题，否则就会"只见树木，不见森林"，即学到的只是零散的功能知识，而不是整体的物流概念。

第三章 包　装

包装是物流的基本功能之一。我国国家标准《包装术语》（GB/T 4122.1—2008）对包装（package，packaging）的定义为"为在流通过程中保护产品、方便储存、促进销售，按一定技术方法而采用的容器、材料及辅助物等的总体名称。也指为了达到上述目的而采用容器、材料和辅助物的过程中施加一定技术方法等的操作活动"。我国 2021 年修订的国家标准《物流术语》沿用了该定义。从定义可以看出，汉语的"包装"一词在英文中既可以用名词"package"表示，又可以用动词"packaging"表示，但作为物流基本功能的"包装"应用动词"packaging"。

第一节　包　装　概　述

从社会再生产角度看，包装既是生产的终点，又是流通的起点。在物流观念形成以前，包装自然地被看成生产的终点，是生产领域的活动，包装的设计主要从生产终结的要求出发，因而常常不能满足物流的要求。物流观念认为，包装与物流的关系比之与生产的关系更为密切，其作为物流起点的意义比之作为生产终点的意义要大得多。因此，包装应进入物流系统，成为物流的基本功能。

一、包装的历史

包装是一个既古老又现代的话题。从落后的原始社会到科技发达的今天，包装随着人类的进步和商品的出现而出现并随着生产的发展和科技的进步而一次次实现突破。从总体上看，包装大致经历了原始包装、传统包装和现代包装三个发展阶段。

（一）原始包装

人类使用包装的历史可以追溯到远古时代。早在距今一万年左右的原始社会后期，随着生产技术的进步，出现了剩余物品，由于需要进行贮存或交换，就出现了最原始的包装。最初，人们用天然的藤蔓捆扎猎获物，用植物的叶、贝壳、兽皮等包裹物品。随着劳动技能的提高，人们开始用植物纤维制作最原始的篮或筐，用泥土制成泥碗、泥壶或泥罐，用以盛装或保存食物、饮料或其他物品，包装的方便功能与保护功能得以实现。

（二）传统包装

人类在 6000 多年前开始进入青铜时代。我国在 4000 多年前的夏朝掌握了青铜冶炼技术并在商周时期得到进一步发展。春秋战国时期，我们的祖先已经掌握了铸铁炼钢技术和制漆涂漆技艺，铁制容器和涂漆竹木容器大量出现。古埃及大约在 5000 年前就已开始吹制玻璃容器。因此，用陶瓷、玻璃、木材、金属加工成各种包装容器的历史都已超过千年，其中许多技术一直沿用至今。

105 年，东汉蔡伦发明造纸术；北宋庆历年间（1041—1048 年），毕昇发明活字印刷术，我国的这些发明先后传入西方，促进了近代包装印刷与包装装潢产业的发展。此后，拥有数千年历史的我国陶瓷烧造技艺传入西方，欧洲的陶瓷工业也于 16 世纪起步；与此同时，美国建成了玻璃生产企业，开始了玻璃容器的规模化生产。至此，以陶瓷、玻璃、木材、金属等为主要材料的包装工业开始发展，近代的传统包装开始向现代包装过渡。

（三）现代包装

16 世纪以来工业生产的不断进步，特别是 19 世纪以来欧洲产业革命的进一步深化，极大地推动了包装工业的发展，为现代包装的出现奠定了基础。

18 世纪末，法国科学家发明灭菌法包装后，19 世纪初便出现玻璃食品罐头和马口铁食品罐头，使食品包装得到迅速发展。进入 19 世纪，包装工业开始全面发展：1800 年，机制木箱出现；1814 年，英国出现了第一台长网造纸机；1818 年，镀锡金属罐出现；1856 年，美国发明了瓦楞纸；1860 年，欧洲制成制袋机；1890 年，美国铁路货场运输委员会开始承认瓦楞纸箱正式作为运输包装容器。

进入 20 世纪，科技的发展日新月异，新材料、新技术不断出现，纸、玻璃、铝箔、塑料、复合材料等包装材料被广泛应用，无菌包装、防震包装、防盗包装、保险包装、组合包装、复合包装等包装技术日益成熟，20 世纪 30 至 40 年代出现了销售包装，使包装的功能得到进一步完善。

从 20 世纪中后期开始，国际贸易飞速发展，大约 90% 的商品需经过不同程度、不同类型的包装，包装成为商品生产和流通过程中不可或缺的重要环节，受到世界各国的普遍重视。随着物流新技术的不断开发和应用，尤其是当物流被当作一个整体受到重视和研究之后，物流对包装又提出了更新、更高的要求。事实已经告诉人们：包装在物流的合理化进程中起着非常重要的作用，它在物流系统中的地位还将随着时代的进步而不断提高。

二、包装的功能

作为生产的终点，包装必须满足生产的实际需要，根据产品的形状、特点、材料、生产工艺和相应的销售要求来完成，以实现其保护功能和销售功能。作为物流的起点，包装的目的是满足后续的物流作业要求，包装在整个物流作业过程中具有保护功能和方便功能。

（一）保护功能

包装的保护功能就是保护物品不被损坏，它体现了包装最原始的目的。包装的保护功能是通过防止外部因素的影响而实现的。一般情况下，包装的保护功能体现在如下几个方面。

1. 防止物品的破损变形

为了防止物品的破损变形，包装必须能够承受装卸搬运、运输、储存等物流过程中的各种冲击、振动、颠簸、压缩和摩擦，形成对外力的防护。所以，包装材料或包装容器必须具备相应的强度，以便抵御或减少外力对其造成的影响。

2. 防止物品的性质变化

为防止物品发生受潮、发霉、变质、生锈等性质变化，包装必须在一定程度上起到阻隔水分、潮气、光线以及空气中各种有害气体的作用，以避免外界不良因素的影响。

3. 防止有害生物的侵入

鼠虫及其他有害生物对很多物品都有破坏性。如果包装封闭不严，会给细菌、鼠虫提供可乘之机，导致物品腐败变质，老鼠、白蚁等还会直接啃噬纸张、木材。如果食品受到这些有害生物的侵害，则可能造成更大的危害。

4. 防止异物混入、污物污染和物品散失

如果没有合适的包装，物品在流通过程中就可能与其他异物相互混杂，从而妨碍其使用效果；如果混入的异物有害、有毒或者难以分离，还会进一步降低物品的价值和使用价值，甚至导致价值和使用价值的彻底丧失。相反，良好的包装不仅可以防止异物混入、污物污染，还可以保证物品不至于丢失或散失，减少流通过程中的损失。

（二）方便功能

包装可以方便流通、方便消费，方便是包装最原始的功能之一。合理的包装可以为物流全过程的所有环节提供操作上的方便，从而有利于物流效率的提高和物流成本的降低。包装的方便功能主要体现在以下几个方面。

1. 方便物品的装卸搬运

物品经过适当的包装后可为装卸搬运作业提供方便。包装便于各种装卸搬运机械的使用，有利于提高装卸搬运机械的工作效率。包装的规格、尺寸标准化为集合包装提供了条件，从而能极大地提高装卸搬运的效率。

2. 方便物品的运输

包装的规格、形状、重量等参数指标与物品运输的效率密切相关。如果包装的尺寸与车辆、船舶、飞机等运输工具的载货空间相吻合，能够极大地方便运输、提高运输效率。

3. 方便物品的储存

因为包装能方便物品的装卸搬运，所以它可以大大提高储存的出入库作业速度。从保管角度看，包装能维护物品本身的原始使用价值，可为保管工作提供便利和保障；包装物的各种标记和标志可使仓库管理者易于识别、存取和盘点，有特殊要求的物品容易引起仓库管理者的注意。从物品验收的角度看，易于开包或可以重新打包的包装方式为验收工作提供了方便。此外，包装的集合性和定量性也会对节约验收时间、加快验收速度起到十分重要的作用。

（三）销售功能

销售功能是指包装能促进物品销售的一种功能。在商业贸易活动中，促进物品销售的手段有很多，其中包装的装潢设计占有重要的地位。精美的包装能激发人们的购买欲，包装的外部形态是对商品最好的宣传，对人们的购买动机具有很大的刺激作用。

从以上分析可以看出，除了销售功能是主要出于商流目的，包装的保护功能和方便功能都是与物流密切相关的。如何改进不合理包装、充分发挥包装的保护与方便作用是物流合理化的重要工作内容，也正日益受到物流工作者的重视，目前已经成为物流学科内的重要研究内容。

三、包装的分类

由于包装既要适应各种物品在性质上的差异，又要满足不同运输工具的特定要求，所以包装在设计、选料、技法和形态等方面出现了多样化趋势。包装有很多种分类方法，其中较常见的有如下几种。

（一）按包装的功能分类

（1）物流包装。物流包装又称运输包装，我国国家标准《物流术语》（GB/T 18354—2021）将运输包装定义为"以满足运输、仓储要求为主要目的的包装"。这类包装管理的目标就是在满足物流要求的基础上，使包装费用越低越好。

（2）商流包装。商流包装又称销售包装，我国国家标准《物流术语》（GB/T 18354—2006）将销售包装定义为"直接接触商品并随商品进入零售网点和消费者或用户见面的包装"。但该标准在2021年的修订中删除了该定义。商流包装以促进商品销售为主要目的，其主要特点是：外形美观，有必要的装潢，包装单位的规格大小能适应顾客购买批量和商店设施的要求。需要强调的是，商流包装并不是越充分越好，而是要在促销效果与包装成本之间寻求平衡，提倡绿色包装，防止过度包装。

（二）按包装的层次分类

（1）个包装。个包装是指以单个物品为一个销售单位的包装形式。个包装直接与物品接触，在生产过程中与物品装配成一个整体，随物品一同销售给顾客，因而它又被称为销售包装或小包装。个包装起着直接保护、美化、宣传和促进商品销售的作用。

（2）中包装。中包装又称内包装，是指由若干个单体物品或包装组成的一个小的整体包装。它是介于个包装与外包装之间的中间层次包装，属于物品的内层包装。在销售过程中，一部分中包装随同商品出售，另一部分中包装则在销售中被消耗掉，因而被列为销售包装。在商品流通过程中，中包装不仅起着进一步保护商品、方便储存和促进销售的作用，而且有利于商品分拨与销售过程中的点数和计量以及包装组合等。

（3）外包装。外包装又称运输包装或大包装，是指物品的最外层包装。在商品流通过程中，外包装起着保护物品，方便运输、装卸搬运和储存的作用。

（三）按包装容器的质地分类

（1）硬包装。硬包装又称刚性包装，是指充填或取出包装的内装物后，容器形状基本不发生变化，材质坚硬或质地牢固的包装。这类包装所用的材料大多质地牢固，能经受外力的冲击，但往往脆性较大。

（2）半硬包装。半硬包装又称半刚性包装，是介于硬包装和软包装之间的包装。

（3）软包装。软包装又称挠性包装，是指包装内的充填物或内装物取出后，容器形状会发生变化且材质较软的包装。

（四）按包装的使用范围分类

（1）专用包装。专用包装是指专供某种或某类物品使用的一种或一系列包装。是否采用专用包装往往要根据物品的某些特殊性质来决定，这类包装一般针对所包装的物品进行专门的设计、制造。

（2）通用包装。通用包装是指一种能盛装多种物品、被广泛使用的包装容器。通用包装一般不进行专门的设计、制造，而是根据标准系列尺寸进行制造，这类包装可用于包装各种无特殊要求的或标准规格的物品。

（五）按包装的使用次数分类

（1）一次用包装。一次用包装是指只能使用一次，不再回收复用的包装。它是随商品一起出售或在销售过程中被消耗掉的包装形式。大多数销售包装都属于一次用包装。

（2）多次用包装。多次用包装是指回收后经适当加工整理仍可重复使用的包装。多次用包装主要是物品的外包装和一部分中包装。

（3）周转用包装。周转用包装是指工厂或商店固定地用于物品的周转活动、无须任何加工整理就可多次重复使用的包装容器。

（六）包装的其他分类方法

（1）按运输方式不同，包装可分为铁路货物包装、公路（卡车）货物包装、船舶货物包装、航空货物包装以及零担包装和集合包装等。

（2）按防护目的不同，包装可分为防潮包装、防锈包装、防霉包装、防震包装、防水包装、遮光包装、防热包装、真空包装和危险品包装等。

（3）按操作方法的不同，包装可分为罐装包装、捆扎包装、裹包包装、收缩包装、压缩包装和缠绕包装等。

此外，还可以根据包装内装物的数量、包装组合方式、收货人的不同等对包装进行分类。需要指出的是，以上这些分类方法是可以相互重叠的，如袋装茶叶的塑料袋既属于商流包装，又属于软包装，还是一次性使用的防潮包装，有的还可能属于真空包装。

第二节 包 装 材 料

包装材料是指构成包装实体的主要物料。由于包装材料的物理性能和化学性能千差万别，所以包装材料的选择对包装效果具有非常重要的影响。包装材料的选择一方面取决于包装材料本身的性能，另一方面受各种材料加工技术的影响。随着科学技术的进步，新材料和新技术不断出现，包装材料的性能还在不断地完善之中。目前，较常使用的包装材料主要有纸、塑料、木材、金属、玻璃等，其中使用得最为广泛的是纸和各种纸制品。

一、包装用纸和纸板

纸是在 105 年由中国人发明的，而后传至日本和欧美。早期的纸张由于造价昂贵，是不用作包装材料的。大约在 1870 年以后，才有人开始将纸折叠箱或瓦楞纸箱用于物品的包装。纸作为包装材料不仅能用作外包装、内包装，还可以用作销售包装。纸和纸板在现代包装材料中的地位虽起起伏伏，但总体上是稳定的。

目前，纸和纸板在包装材料中的应用十分广泛。纸属于软性薄片材料，无法形成形状固定的容器，常用作裹包衬垫或袋式包装。纸板属于刚性材料，能形成形状固定的容器。

（一）常用的包装用纸

（1）普通纸张，如牛皮纸、纸袋纸、中性包装纸、玻璃纸、羊皮纸等。
（2）特种纸张，如高级伸缩纸、湿强纸、保光泽纸、防油脂纸、袋泡茶滤纸等。
（3）装潢用纸，如胶版纸、铜版纸、压花纸、表面涂层纸等。
（4）二次加工纸，如石蜡纸、沥青纸、防锈纸、真空镀铝纸等。

（二）常用的包装用纸板

（1）普通纸板，如箱纸板等。
（2）二次加工纸板，如瓦楞纸板等。

（三）纸和纸板用于包装的优、缺点

纸和纸板用于包装的优点如下。
（1）纸和纸板的成型性和折叠性良好，便于加工并能高速连续生产。
（2）纸和纸板容易达到卫生要求。
（3）纸和纸板易于印刷，便于介绍和美化商品。
（4）纸和纸板的价格较低，不论是单位面积价格还是单位容积价格，与其他材料相比都是经济的。
（5）纸和纸板本身重量轻，能降低运输费用。
（6）纸和纸板质地细腻、均匀，耐摩擦、耐冲击，容易黏合，不受温度影响，无毒、无味，易于加工，适应于不同包装的需要。
（7）纸和纸板的废弃物容易处理，可回收复用和再生，不会造成公害，可节约资源。
纸和纸板的缺点包括受潮后强度下降，气密性、防潮性、透明性差等。

二、塑料

虽然塑料包装的历史才 100 多年，但由于塑料品种繁多且具有可塑性，几乎适用于任何形态的包装，再加上塑料能与很多材料合成复合材料，因此被人们认为是现代包装材料领域的生力军。

（一）常用的塑料包装材料

1. 聚乙烯

聚乙烯（polyethylene，PE）按密度可以划分为高、中、低三种型号，已被广泛用来制造各种瓶、软管、壶、薄膜和黏合剂等。若加入适当的发泡剂，还可以将其加工成聚乙烯

泡沫。

2. 聚氯乙烯

聚氯乙烯（polyvinyl chloride，PVC）是由单体氯乙烯加聚而成的高分子聚合物。聚氯乙烯的可塑性强，具有良好的装饰和印刷性能，是用途非常广泛的通用热塑性材料，不仅可以制作成各种软的、硬的包装容器，还可以加工成聚氯乙烯薄膜，用于各种薄膜包装制品的制作。

3. 聚丙烯

聚丙烯（polypropylene，PP）是以丙烯为单体聚合而成的高分子化合物。聚丙烯和聚乙烯一样，属于韧性塑料，可通过吹塑和真空成型来制造瓶子、器皿和包装薄膜，也可以加工成各种打包带与编织袋。将聚丙烯薄膜双向拉伸可以用来包装食品且成本低于玻璃纸。

4. 聚苯乙烯

聚苯乙烯（polystyrene，PS）由乙烯加聚而成。在常温下，聚苯乙烯高聚物为无定形的玻璃态物质。聚苯乙烯可用作盛装食品或酸、碱类物质的容器。聚苯乙烯泡沫常用作仪器、仪表、电视机和高级电器产品的缓冲包装材料。

5. 聚酯

聚酯薄膜是一种无色透明、有光泽的薄膜。和其他薄膜相比，聚酯薄膜有较好的韧性与弹性。它的主要缺点是不耐碱，热封性和防止紫外线透过性也较差。包装用的聚酯薄膜一般不使用单层，而是与聚乙烯、聚丙烯等热合性能较好的树脂共聚或采用涂层复合薄膜，以便用于制作冷冻食品及必须加热杀菌的包装材料。

（二）塑料用于包装的主要优、缺点

塑料包装的优点如下。

（1）塑料具有优良的物理机械性能，如有一定的强度、弹性、耐折叠、耐摩擦，抗振动，防潮，有较好的气体阻漏性等。

（2）塑料的化学稳定性好，如耐酸碱、耐化学试剂、耐油脂、防锈蚀、无毒等。

（3）塑料属于轻质材料，如比重约为 1 g/cm³，约为金属的 1/5、玻璃的 1/2。

（4）塑料的加工成型技术简单且多种多样，如吹塑、挤压、铸塑、真空、热收缩、拉伸等，利用这些技术可以将其制成薄膜、片材、管材、编织布、无纺布、发泡材料等。

（5）塑料具有优良的透光性和表面光泽度，印刷和装饰性能良好。

当然，塑料作为包装材料也有不少缺点，如强度不如钢铁，耐热性不及玻璃，在外界因素长期作用下容易老化，有些塑料有异味，废弃物难处理、易产生公害等。

目前，塑料包装容器主要有塑料编织袋，塑料周转箱、钙塑箱，塑料打包带、捆扎绳，塑料中空容器，塑料包装薄膜，泡沫塑料等。

三、木材和木制品

木材是一种优良的包装材料，长期被用于各种工业包装之中，但由于木材的过量使用已经对自然环境造成了一定的负面影响，所以木材包装材料正在被其他材料所取代。虽然

木材在包装材料中的比重正逐渐下降，但其使用范围仍相当广泛。木材的种类繁多，用途也各不相同。包装用木材一般分为天然木材和人造板材两大类，其中人造板材又可分为胶合板、纤维板等多种类型。

木材用于包装的主要优点如下。

（1）木材具有优良的比强度，有一定的弹性，能承受冲击、振动、重压等外力作用。

（2）木材资源广泛，可以就地取材。

（3）木材加工方便，不需要复杂的机械加工设备。

（4）木材可加工成胶合板，外观好，可减轻包装重量、提高木材的均匀性，因此扩大了木材的应用范围。

但是，木材也存在易吸收水分、易变形开裂、易腐朽、易受白蚁蛀蚀等缺点，加之受资源受限、价格增高等因素的影响，木材在包装领域的应用正逐渐受到制约。

四、金属材料

包装所用的金属材料主要有钢材和铝材两种，前者为刚性材料，后者为软性材料。金属包装材料的形态一般为薄板和金属箔、捆扎带、捆扎丝（绳）等。

钢材中常用的有薄钢板（俗称"黑铁皮"）和镀锡低碳薄钢板（俗称"马口铁"）。薄钢板主要用于制作桶状容器。镀锡低碳薄钢板是在薄钢板的两面镀上耐腐蚀的锡层后所形成的一种薄钢板，这种钢板美观、耐腐蚀且基本无毒、无害，所以经常用于罐装的食品包装。

铝材有纯铝板、合金铝板和铝箔三种类型。纯铝板经常用于制作桶状包装物，它具有重量轻、耐腐蚀的特点，一般用于盛装酒类物资。合金铝板用作包装材料时，其表面不能有粗槽、斑瘰、粗细划痕、裂缝、气泡和凹陷等质量缺陷。铝箔多用于复合软包装、硬包装及包装衬里等，也常用于食品、卷烟、药品、化妆品和化学品的包装，特别是广泛用于现代方便食品的包装。

金属材料用于包装具有以下优点。

（1）金属材料牢固、不易破损、不透气、防潮、防光，能有效地保护内装物。

（2）金属有良好的延伸性，容易加工成型且技术成熟，钢板镀上锌、锡、铬等后可具有很好的防锈能力。

（3）金属表面有特殊的光泽，使金属包装容器具有良好的装潢效果。

（4）金属材料易于再生使用。

但是，金属材料在包装上的应用受到成本高、能耗大，在流通中易变形、易生锈等不利因素的限制。

五、玻璃

玻璃材料既可用作工业包装，也可用作销售包装。用作工业包装时，玻璃材料主要盛装化工产品，如强酸类物质；也可以被加工成玻璃纤维复合袋，用于盛装化工产品和矿物粉料。用作销售包装时，主要是玻璃瓶和玻璃罐，用来盛装酒、饮料、药品、化学试剂、化妆品和文化用品等。

玻璃用于包装具有以下优点。

（1）玻璃的保护性能良好，不透气、不透湿，有紫外线屏蔽性，化学稳定性高，耐风化、不变形，耐热、耐酸、耐磨，无毒、无异味，有一定强度，能有效地保护内装物。

（2）玻璃的透明性好，易于造型，具有真实传达商品效果的优点。

（3）玻璃易于加工，可制成各种样式，对产品商品性的适应性强。

（4）随着玻璃的强化、轻量化技术及复合技术的发展，其对物品包装的适应性得以提高，尤其是在一次性使用的包装材料中有较强的竞争力。

（5）玻璃包装容器易于复用、回收，便于洗刷、消毒、灭菌，能保持良好的清洁状态，一般不会造成公害。

（6）玻璃原材料资源丰富、价格便宜且较稳定。

但是，玻璃包装材料存在耐冲击强度低、碰撞时易破碎、自身重量大、运输成本高且能耗大等缺点，这些缺点限制了玻璃材料的更广泛应用。

六、复合材料

复合材料是为了克服单一材料的缺陷、发挥多种材料的优点，将两种或两种以上具有不同性能的材料，通过某种方法复合在一起而形成的一种特殊材料。复合材料在包装领域的应用十分广泛，目前已开发研制出的复合包装材料达三四十种之多，使用较多的是塑料与玻璃复合材料、塑料与金属箔复合材料、塑料与塑料复合材料等，另外还有纸基复合材料、塑料基复合材料、金属基复合材料等。

七、包装辅助材料

除了主要的包装材料，各种辅助材料在包装过程中也发挥着重要作用。包装用的辅助材料主要有黏合剂、黏合带、捆扎材料等。

（一）黏合剂

黏合剂用于包装材料的生产以及制袋、制箱及封口作业。黏合剂有水溶型、热熔型和压敏型等种类。近年来，由于普遍采用高速制箱及封口的自动包装机，所以大量使用短时间能够黏结的热熔结合剂。

（二）黏合带

黏合带有橡胶带、热敏带、黏结带三种。橡胶带遇水可直接溶解，结合力强，黏结后完全固化，封口很结实；热敏带一经加热活化便产生黏结力，一旦结合，不好揭开且不易老化；黏结带是在带的一面涂上压敏性结合剂，如纸带、布带、玻璃纸带、聚乙烯树脂带等，也有两面涂胶的双面胶带，这种带子用手压便可结合，使用十分方便。

（三）捆扎材料

捆扎的作用是打捆、压缩、缠绕、保持形状、提高强度、封口防盗、便于处置和防止破损等。现在多用聚乙烯绳、聚丙烯绳、纸带、聚丙烯带、钢带、尼龙布等进行捆扎。

第三节 包装容器与包装标识

随着包装技术的进步，原始包装和传统包装逐渐退出历史舞台，在机械化和自动化技术的加持下，现代包装本身也成了批量生产的工业制成品，不仅形制规范、尺寸统一，而且更加注重实用环保和标识美观。

一、包装容器

包装容器是指用于盛装物品的各种容器物。现代包装容器主要有包装袋、包装盒、包装箱、包装瓶和包装罐五大类。

（一）包装袋

按盛装重量分类，包装袋（packaging bag）可分为以下三种。

（1）小型包装袋。该类包装袋也称为普通包装袋，根据需要可用单层材料、多层同质材料或者多层不同材料复合而成，其盛装重量较小。

（2）一般运输包装袋。这类包装袋大多是由植物纤维或合成树脂纤维编织而成，也有的是由几层挠性材料构成的多层包装袋，其盛装重量一般为 50～100 kg。

（3）集装袋。集装袋一般用聚酯纤维编织而成，顶部常装有金属吊架或吊环，以便于起重机的吊装和搬运。集装袋的盛装重量大多在 1 t 以上，卸货时可打开袋底的卸料孔，让货物直接从卸料孔流出，操作起来非常方便。

（二）包装盒

包装盒（packaging box）是一种刚性或半刚性容器，容积通常不超过 10 L，呈规则的几何形状，有关闭装置，通常用纸板、金属、硬质塑料或者复合材料制成。包装盒可以是外形固定的，在使用过程中不能折叠变形；也可以是折叠式，在未盛装物品时，可折叠存放。包装盒适宜做商流包装、内包装，不适宜做物流包装。

（三）包装箱

包装箱（packaging case）是一种刚性容器，一般呈长方体箱型，容积通常大于 10 L，其材料通常用纸板、木材、金属、硬质塑料或复合材料等。包装箱不仅适宜做物流包装、外包装，对于大型家电、机电设备等大件物品，也可以充当商流包装。常用的包装箱有如下几种。

（1）瓦楞纸箱。瓦楞纸箱是采用具有空心结构的瓦楞纸板，经成型工序制成的包装容器。按外形结构分，瓦楞纸箱大体有折叠式、固定式和异型等种类。瓦楞纸箱的应用范围十分广泛，几乎包括所有的日用消费品，如水果、蔬菜、副食、针/棉织品、玻璃/陶瓷、化妆品、药品等，也包括自行车、家用电器、精美家具等中型器具。

（2）木箱。木箱作为传统的工业包装容器，虽在很多场合已逐渐被瓦楞纸箱所取代，但木箱与瓦楞纸箱相比，仍具有一些不可替代的优越性。常见的木箱有木板箱、框板箱和框架箱三种。

（3）塑料箱。塑料箱自重轻、耐腐蚀性好，可装载多种物品并可反复使用，较适合短途运输。塑料箱特别适合用作那些产销挂钩、快进快出的商品，如饮料、肉食、豆制品、牛奶、糕点、禽蛋等的周转箱。

（四）包装瓶

包装瓶（packaging bottle）主要盛装液体和粉状物品，包装量一般不大，适合盛装需要美化装潢的商品，主要用作商业包装或内包装。包装瓶的制作材料要有较高的抗变形能力，对刚性和韧性的要求也较高。包装瓶按其外形的不同可分为圆瓶、方瓶、高瓶、矮瓶、异型瓶等若干种；如果按瓶口与瓶盖的封盖方式分类，有螺纹式、凸耳式、齿冠式、包封式等。

（五）包装罐

包装罐（packaging tin）也称包装筒或包装桶，是指各处横截面形状大致相同且颈部较短或根本没有颈部的一种包装容器。包装罐是刚性包装的一种，对包装材料的强度要求较高，所以罐体的抗变形能力也较强，通常还带有可密封的罐盖。包装罐是典型的运输包装，适合盛装液体、粉状及颗粒状物品，有时也可用作外包装、商业包装和内包装。

包装罐按容量分有小型包装罐、中型包装罐和集装罐三种，按制造材料分为金属罐和非金属罐两种。

此外，实践中还可能遇到包装筐、包装篓、包装坛、包装缸、包装包以及包装捆等形态各异的包装容器。

二、包装标记

包装标记就是根据物品本身的特征、按照特定的规则、用文字和阿拉伯数字在包装上标明的记号。按照内容和功能进行分类，包装标记可分为一般描述性标记和表示收、发货地点和单位的标记；按照制作方式进行分类，包装标记可分为直接印刷或涂刷在包装表面的标记、标牌标记。

（一）一般描述性标记

一般描述性标记也称为包装基本标记，是在包装上写明物品的名称、规格、型号、计量单位、重量（毛重、净重、皮重）、长宽高尺寸以及出厂时间等内容的一种标记形式。对于使用时效性较强的物品，还要写明储存期限或保质期限，有时还要标明"一等品""二等品""优质产品""获××奖产品"等内容，用以说明物品的质量等级。

（二）表示收、发货地点和单位的标记

它是标明物品的起运地点和到达地点，说明收、发货单位名称的一种文字记号，它标识的主要内容是收、发货环节的具体地点（收货人地点、发货人地点、收货站、收货港和

发货站、发货港等）和收、发货单位的全称。

各种快递或邮件包装上填写的收、发货人地址、姓名、邮编、电话号码等都属于此类包装标记。此外，在国内或国际贸易中，很多物品包装上也会填写或涂刷表示收、发货地点和单位的标记，也有可能使用简称、代码来描述上述信息，这些都属于表示收、发货地点和单位的标记。

（三）标牌标记

标牌标记是指用金属或其他硬质材料制成的，用以说明物品性质、特征、规格、质量、产品批号、生产厂家等内容的标记形式。物品包装时，将事先做好的标牌标记钉打或粘贴在物品包装上。

随着条码技术的普及，越来越多的包装标记被条码所取代。条码既可作为一般描述性标记，也可用于表示收、发货地点和单位。当然，条码既可直接印刷在包装表面，也可事先制作成标牌标记，然后粘贴到包装物表面。

三、包装标志

包装标志是为了标明被包装物的特性、保障物流活动安全以及为适应理货分运程序的需要而进行的文字或图像说明。包装标志主要分为指示标志和危险品标志两种。

（一）指示标志

指示标志是针对那些容易破碎、残损或变质的物品，在其包装的特定位置上，用简单的图案和文字表示的提示性标识，如图 3-1 所示。这种标志的主要作用是标明物品的性质或特征，说明作业人员的注意事项，用以指导物品的装卸、堆码和储存作业。

我国国家标准《包装储运图示标志》（GB/T 191—2008）规定了 17 种标志的图形符号。这 17 种标志的名称分别是易碎物品、禁用手钩、向上、怕晒、怕辐射、怕雨、重心、禁止翻滚、此面禁用手推车、禁用叉车、由此夹起、此处不能卡夹、堆码质量极限、堆码层数极限、禁止堆码、由此吊起、温度极限。同时规定，标志的外框为长方形，其中图形符号外框为正方形，尺寸一般分为 4 种，如表 3-1 所示。如果包装尺寸过大或过小，可等比例放大或缩小。标志可采用直接印刷、粘贴、拴挂、钉附及喷涂等方法附着于包装之上，印制标志时，外框线及标志名称都要印上，出口货物可省略中文标志名称和外框线；喷涂时，外框线及标志名称可以省略。

表 3-1　《包装储运图示标志》的图形符号外框尺寸及标志外框尺寸

单位：mm

序　　号	图形符号外框尺寸	标志外框尺寸
1	50×50	50×70
2	100×100	100×140
3	150×150	150×210
4	200×200	200×280

（二）危险品标志

危险品标志是用来表示危险品的物理、化学性质以及危险程度的标志，如图 3-2 所示。它可提醒人们在运输、储存、保管、搬运等活动中予以注意。

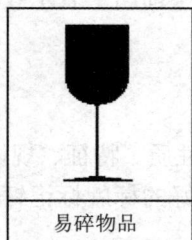

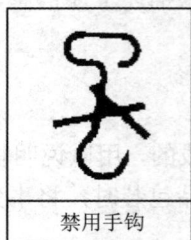

图 3-1　指示标志

图 3-2　危险品标志

我国国家标准《危险货物包装标志》（GB 190—2009）规定了危险货物包装图示标志的分类图形、尺寸、颜色及使用方法。其中，除了规定危害环境物质和物品标记、方向标记和高温运输标记 4 个标记图形，该标准重点针对 9 类危险货物的特征制定了 26 个相应的标签图形，这 26 个标签图形所属的标签名称分别是爆炸性物质或物品（4 个标签图形）、易燃气体（2 个标签图形）、非易燃无毒气体（2 个标签图形）、毒性气体（1 个标签图形）、易燃液体（2 个标签图形）、易燃固体（1 个标签图形）、易于自燃的物质（1 个标签图形）、遇水放出易燃气体的物质（2 个标签图形）、氧化性物质（1 个标签图形）、有机过氧化物（2 个标签图形）、毒性物质（1 个标签图形）、感染性物质（1 个标签图形）、一级放射性物质（1 个标签图形）、二级放射性物质（1 个标签图形）、三级放射性物质（1 个标签图形）、裂变性物质（1 个标签图形）、腐蚀性物质（1 个标签图形）、杂项危险物质和物品（1 个标签图形）。危险货物包装标志的图形都为正方形，尺寸分为四种，如表 3-2 所示。

表 3-2　危险货物包装标志的图形尺寸

单位：mm

尺 寸 号 别	长	宽
1	50	50
2	100	100
3	150	150
4	250	250

注：如遇特大或特小的运输包装件，标志的尺寸可按规定适当扩大或缩小

需要特别说明的是，与包装标志不同，绝大多数危险品标志都是彩色的，GB 190—2009 对其图形的各部分着色进行了详细的规定，制作危险品包装标志时应严格遵照国标的规定着色。

四、制作包装标识的基本要求

本书将包装标记和包装标志统称为包装标识。任何组织或个人在制作包装标识的过程中，都应遵照以下基本要求。

（1）必须遵照国家有关部门对物品的包装标识所使用的文字、符号、图形及其使用方法的统一规定。

（2）必须简明清晰、易于辨认。包装标识的文字要少，图案要清晰且应易于制作。标识的文字、字母及数字号码的大小应和标识本身的尺寸相称，笔画粗细亦应适当。

（3）涂刷、拴挂、粘贴标识的部位要适当。所有标识都应处于装卸搬运作业人员容易看见的地方。为防止物流作业过程中某些标识被抹掉或难以辨认，应尽可能在同一包装物的不同部位制作两个或两个以上的相同标识。

（4）包装标识的颜色要醒目。制作标识的颜料应具备耐晒耐热、耐寒耐冻、耐潮耐蚀以及耐摩擦等方面的性能，以保证不发生褪色或脱落现象。

此外，在国际贸易中，由于各国国情和文化上的差异，很多国家还对本国进口商品的包装标识提出了一些特殊要求。例如，由于以色列的国旗图案为六角星，所以阿拉伯国家对印有六角星图案的包装非常反感；加拿大政府规定进口商品标识必须英法文对照；德国的进口商品包装禁用类似纳粹或军团符号的图案；等等。了解有关国家的这些特殊规定，对我国的外贸出口大有裨益。

第四节　包装技术与包装机械

包装技术是指在包装作业过程中所采用的各种技术和方法。任何一个物品包装件在制作和操作的过程中都存在着特定的技术和方法问题，只有对物品包装件进行合理的技术处理，才能够将物品包装成一个高质量的有机整体。

一、包装作业的技术内容

（一）充填技术

充填就是将物品装入包装容器的作业过程，可以分为装放、填充与灌装三种形式。

（1）装放。装放是按照一定的排列顺序将物品置于包装容器内的操作，有一次装放（将成件物品直接放入容器）和多层装放（将小包装的单位物品放入大的容器）之分。装放的具体要求是保证物品在容器内的有序性。装放按装入容器的不同又可分为装箱、装盒和装袋等。

（2）填充。填充是指将干燥的粉状、片状或颗粒状物品装入包装容器的作业过程。填充物品的主要特点是具有一定的流动性，所以在容器内的空间位置没有任何规律。实践中，填充过程大多与物品的计量工作同步进行。填充的主要包装容器有包装盒、包装袋或包装瓶等。

（3）灌装。灌装是将液体或半液体物品灌入包装容器的作业过程。灌装物品具有更强的流动性，因而要求其容器不能有任何渗漏。灌装作业经常采用的包装容器有桶、罐、瓶、软管等。灌装的计量方法主要有定位和定量两种：定位灌装是将物品灌到瓶口或容器的某一部位（液体平面保持在一定位置上）；定量灌装是通过定量装置准确地灌入一定容量的液体。

（二）封口和捆扎技术

（1）封口。封口是包装操作的一道重要工序，它直接关系着包装作业的质量与包装的密封性能。不同的包装容器对包装的密封性能要求不同，所采用的封口方法也不同。目前主要采用的封口方法有黏合封口、胶带封口、捆扎封口、铰接封口、装订封口、热熔封口、盖塞封口、焊接封口、压接封口、缝合封口等。根据封口部位的不同，封口方式又可分为顶端封口、侧面封口和底端封口等。

（2）捆扎。捆扎是指将物品或包装件用适当的材料进行扎紧、固定或增强的操作，主要有直接捆扎、夹板捆扎、成件捆扎和密缠捆扎等形式。

（三）裹包技术

裹包是用一层或者多层挠性材料包覆物品或包装件的操作。裹包作业结束后，被包物与包装物呈现的外形通常称包裹。用于裹包的材料主要有纸张、织品、塑料薄膜等。裹包的方法主要有直接裹包、多件裹包、压缩捆包等形式。

（四）加标和检重技术

加标就是将标签粘贴或拴挂在物品或包装件上。标签是包装装潢的标志，因此加标也是很重要的工作。检重是检查包装内容物的重量，目前大多采用电子检重机进行检测。

二、包装的保护技术

（一）缓冲包装技术

缓冲包装技术又称防震包装技术，是为了减缓内装物受到的冲击和振动，使其免受损伤而采取一定防护措施的包装技术。实践中，常用发泡聚苯乙烯、海绵、木丝、绵纸等缓冲材料包衬内装物或将内装物用弹簧悬吊在包装容器内进行缓冲。缓冲包装技术在工业包装中的运用十分广泛，是物流领域的重要包装方法之一。按照缓冲程度的不同，缓冲包装技术又可进一步分为全面缓冲、部分缓冲和悬浮式缓冲三种。

（1）全面缓冲。全面缓冲是指物品或内包装的整个表面都用缓冲材料衬垫的一种包装方法，比较常见的有压缩包装法、浮动包装法、裹包包装法、模盒包装法和就地发泡包装法等。

（2）部分缓冲。部分缓冲是指仅在物品或其内包装的拐角处或者其他局部区域使用缓冲材料进行衬垫的一种包装方法，适用于整体性较好或有内包装容器的物品。它既可以降低包装成本，又能够得到较好的缓冲效果。部分缓冲主要有天地盖、左右套、四棱衬垫、八角衬垫和侧衬垫等形式。

（3）悬浮式缓冲。悬浮式缓冲是指先将物品置于纸盒中，物品与纸盒的各面之间均采用柔软的泡沫塑料进行衬垫，然后用帆布包裹纸盒并将其用弹簧吊于胶合板箱内，使其悬浮的一种缓冲包装技术。由于弹簧和泡沫塑料同时起到了缓冲作用，所以缓冲效果极佳，如图 3-3 所示。这种方法适用于那些容易受损且对安全性要求极高的物品，如精密机电设备、仪器、仪表等。

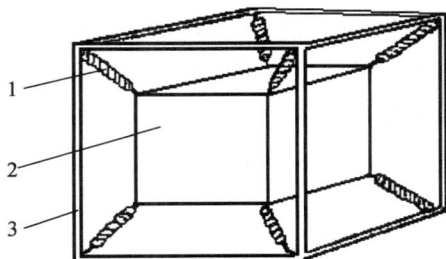

1—弹簧；2—内装物；3—包装容器（胶合板箱）

图3-3　悬浮式缓冲

（二）防潮包装技术

防潮包装技术就是为了防止潮湿空气侵入包装件影响内装物品质而采用特定包装材料密封内装物、在包装容器内加入适量干燥剂或将密封容器抽为真空的一种包装技术。根据包装件本身的性质，外部的温、湿度条件以及防潮期限的不同，防潮包装可分为三个不同的等级。实践中常见的防潮包装技术如下。

（1）采用透湿度为零或接近于零的金属或非金属材料将内装物包装后进行密封。不加干燥剂的包装可采用真空包装或充气包装，加干燥剂的包装常采用硅胶或蒙脱石做干燥剂。

（2）采用透水蒸气性较低的柔性材料将物品加干燥剂包装并密封。具体又可细分为：① 单一柔性薄膜加干燥剂包装；② 复合薄膜加干燥剂包装；③ 多层包装，采用不同的透水蒸气性较低材料进行包装。

（三）防锈包装技术

防锈包装技术就是为了防止金属制品表面在流通过程中发生化学变化引起锈蚀而采取一定防护措施的包装技术。

金属防锈可在其表面涂覆防锈材料或采用气相缓蚀剂、塑料封存等方法；采用容器包装时，还可在容器内或其周边放入适量的吸潮剂，以吸收包装容器内的残存水汽，使相对湿度下降，从而达到物品防锈的目的。此外，还可以在包装容器内充入氮气或干燥空气后再进行密封，也可以达到金属防锈的目的。

（四）防霉包装技术

防霉包装技术是为了预防霉菌侵入、防止内装物长霉而影响产品质量所采取的具有一定防护措施的包装技术。

防霉包装大多采用耐低温包装、防潮包装和高密封包装三种形式。耐低温包装一般采用耐冷、耐潮的包装材料。经过耐冷处理的包装能在低温下存放较长时间，从而保证包装材料本身不会变质。长时间的低温环境可以抑制微生物的生长和繁殖，达到防止内装物霉变的目的。防潮包装可以防止包装内水分的增加，也可以达到抑制微生物生长和繁殖的目的，从而延长内装物品的储存期。高密封包装是采用陶瓷、金属、玻璃等高密封容器进行真空或其他防腐处理（如加适量防腐剂），以达到内装物防霉目的的一种包装方法。

此外，包装的保护技术还包括防破损包装技术、防虫包装技术、危险品包装技术等。随着包装技术的进步，各种新兴包装工艺层出不穷，充气包装、真空包装、收缩包装、拉伸包装、脱氧包装的技术工艺已日渐成熟。现实中的很多企业已经成功地将这些新兴技术工艺运用到产品包装之中，取得了很好的保护效果。

三、包装机械

早期的包装作业主要依靠人力，进入社会化大生产以后，包装作业也在逐步实现机械化，越来越多地依赖于各种包装机械。包装机械的种类有很多，既可以按照包装容器的不同分为装箱机械、装盒机械、装袋机械、装瓶机械、装罐机械、装桶机械，也可以按照包装操作方法的不同分为充填机械、裹包和捆扎机械以及其他各种形式的包装技术机械，实践中最常见的包装机械有如下几类。

（一）充填包装机械

（1）装箱机械。装箱机械以纸箱为主。根据机械工作的程序不同，有的是已装订成型的平叠纸箱，有的则是未装订接口的瓦楞平板，在包装过程中一边包覆物品一边黏合接口。

（2）装盒机械。装盒机械是将单件或多件物品用真空喂给其他机械，取出预制纸坯，自动打开、装入物品后，使纸坯折盒或上胶黏合的机械。装盒机械一般包括纸盒供给、物品输送、装填、折盒、成品输出等机构，有的还附设有打印、印刷、封口与检测机构等。

（3）装袋机械。装袋机械的主要结构分为张袋机构、计量装置、充填装置和封袋装置。张袋机构主要是将包装袋口打开，以接受从漏斗里充填进入的物品。装袋机械的封袋装置因包装材料的不同而有所不同，如织袋、纺织纤维等常采用缝封、订封与黏封，而塑料薄膜袋则主要采用热封和黏封的方法。

（4）灌装机械。灌装机械是灌装液体、半液体物品或液体与固体混合制品的机械，灌装所用容器主要有桶、罐、瓶、听、软管等。按照灌装物品的工艺不同，灌装机械可分为常压灌装机、真空灌装机、加压灌装机等，通常与封口机、贴标机等结合使用。

（5）填充机械。填充机械主要是填放干燥粉状、颗粒状物品于盒、瓶、罐中的机械。因被装物品不同，机械的结构也有所不同。对于刚性或半刚性容器（瓶或罐），是由各种推板和链板所构成的传送带自动送入填充装置。填充机械包括直接填充机械和制袋填充机械两种：直接填充机械是利用预先成型的纸袋或塑料袋进行填充，也可以直接填充于其他容器；制袋填充机械是既要完成袋容器的成型，又要完成将物品填充入容器的包装机械。

（二）裹包和捆扎机械

充填包装机械是用容器来包装物品的，而裹包、捆扎和加标机械则有所不同，它们是使用某种材料直接对物品进行包装作业的。

（1）裹包机械。裹包机械又可称为挠性材料裹包机械，主要包装用材料为普通纸、蜡纸、牛皮纸或者用纸、铝箔、塑料薄膜等组成的复合材料。裹包机械主要用于包装单件物品，也有少量是用于包装多件物品的。有些纸盒包装外面再加包装纸的，也可用裹包机械来完成。目前市面上常见的裹包机械有扭结式包装机、端抑式包装机、枕式包装机、信封式包装机和拉伸式包装机等。

（2）捆扎机械。捆扎机械是用纸、塑料、纺织纤维或金属的绳、带等对纸箱、木箱或包封物品进行捆扎的机械。捆扎机械种类繁多、类型各异，大小也不相同，根据被捆物品的特点和捆扎要求不同可分为带状捆扎机、线状或绳状捆扎机等。捆扎机械除了人工操作的钢皮捆扎机、塑料带捆扎机，还有各种类型的半自动、全自动捆扎机械。

（3）封条和加标机械。封条机是一种封箱贴条机械，多采用机械气动和电气控制来完成封贴工序，既可用于装箱机流水线的生产使用，又可供人工装箱后的封箱、贴封条的单机使用。

加标机械主要在包装容器上加贴标签。由于标签分为已上胶和未上胶两种类型，所以加标机械各有不同，具体的操作方法也有较大的区别。

（4）封口机械。封口机械是用于各种包装容器封口的机械。按封口的工艺形式不同，封口机械可分为玻璃加盖机械、布袋口缝纫机械、封箱机械、各种塑料袋和纸袋封口机械等。

（三）包装技术机械

由于收缩、拉伸和热成型等包装机械的工作状态与所操作的包装材料和包装容器的工艺特性密切相关，所以将此类包装机械统称为包装技术机械。

（1）收缩包装机械。收缩包装机械是采用经过拉伸的热收缩薄膜包装物品，再对薄膜进行适当的加热处理，使薄膜收缩而紧裹物品的包装机械。这种包装机械最大的优点是通用性较强，适合各种形状的物品，特别适合那些形状不规则物品的包装。

（2）热成型包装机械（又称为吸塑包装机械）。根据成型工艺的不同，热成型包装机械可分为泡罩式包装机、贴体包装机、热压成型充填机和真空包装机等。热成型包装具有透明美观、包装内的物品清晰可见和防潮、隔气、防渗透等优点，因此热成型包装机械的应用范围十分广泛。

（3）拉伸包装机械。拉伸包装机械是依靠机械装置在常温下将弹性塑料薄膜围绕待包装物品进行拉伸和裹紧作业并在末端进行封合的一种包装机械。这种包装机械一般是为集装在托盘上成堆的包装而设计的，所用的塑料多为聚乙烯薄膜。

拓展阅读资料　　　包装标识不清引起争议

本章关键词

包装、商业包装、工业包装、包装标记、包装标志、缓冲包装、防潮包装

复习思考题

1. 结合实际说明包装的各项功能。

2. 举例说明各种包装材料的优、缺点。
3. 举例说明日常生活中所见的各种包装容器。
4. 制作包装标识的基本要求有哪些？
5. 简要说明包装作业的技术内容。
6. 主要的包装保护技术有哪些？
7. 举例说明几种常见包装机械的功能。

第四章 集装化与集装器具

虽然集装化与集装器具并非物流的基本功能，但作为现代物流系统中最常使用的物流作业工具，其已经形成了一套完整的技术体系，有必要单独列为一章。通俗地讲，集装化就是包装的扩大化，集装器具就是一种特殊的大型包装，而且集装化在物流系统中的作用与包装基本一致，都是为了方便后续的各项物流作业，区别只在于前者比后者"更加方便"。因此，作为包装的一种延伸，本章应紧接第三章之后。

20世纪50年代以来，科技进步使运输工具出现了大型化和高速化的发展趋势，从而对货物的装卸效率提出了更高的要求，加剧了现代运输的高效率与单件装卸的低效率之间的矛盾。与此同时，装卸搬运的机械化以及作业机械的大型化也使传统包装限制了机械作业效率的充分发挥，迫切需要采用更大、更结实的包装形态。在以上原因的推动下，装卸搬运过程中开始出现货捆、网袋以及与叉车配套使用的托盘并逐渐衍生出框架、集装箱等多种集装器具。

第一节 集 装 化

集装化也称为单元化、成组化或组合化，是指将两个或两个以上重量较轻、体积较小的同种或异种物品组合成重量和体积都较大且外形一致的单元体的工作过程。我国国家标准《物流术语》对"集装化"的定义是"用集装器具或采用捆扎方法，把物品组成标准规格的货物单元，以便进行装卸、搬运、储存、运输等物流活动的作业方式"。集装化是一种工作思想、工作观念和工作方法的总称，其目的是提高装卸搬运、储存、运输等物流活动的效率。实现集装化的有形手段是集装器具。利用集装器具可以将一定数量的包装件或产品组合成一个更大的、具有一定规格和强度的货物单元，这些货物单元就称为集装单元。

一、集装化的经济意义

由于集装化的最初目的是提高装卸搬运效率，所以人们习惯性地将集装器具看作起重机吊钩或叉车货叉的延伸，将其定位为装卸搬运机械的工具。集装箱普及之后，人们又将其看作载运工具的一部分，是可拆卸和移动的船舱或车厢。另外，从包装的角度看，所有的集装器具都理所当然地被看作一种特殊的包装。因此，对于集装器具的定位不应该仅局限于某种单一认识，而应该着眼于以上多种视角，广义地认识集装化的作用或意义。作为物流组织工艺的一项重大创新，集装化对物流的所有作业环节都可能产生影响，具有十分明显的经济意义。

（一）提高装卸搬运效率

如前所述，集装化最原始的动因就是提高装卸搬运效率。一方面，随着集装化的进一步推广和普及，许多传统的人力装卸搬运不得不退出历史舞台，推动了装卸搬运的机械化，大幅度提高了装卸搬运效率；另一方面，随着装卸搬运机械的额定功率不断提高，传统包装也越来越不适应机械化作业的要求，需要更加大型化的集装单元，从而促进了集装化的进一步发展。

装卸搬运效率的提高可以带来一系列的好处：首先是提升了整体的物流作业速度，加快了货物周转；同时，装卸搬运效率的提高也有利于联合运输特别是多式联运的展开，为运输合理化提供了技术保障。

（二）方便码放堆高作业

集装化的成果是将一定数量的包装件或产品组合成一个更大的、具有一定规格和强度的单元货件。由于这些集装单元的外形更加规整和平直且都符合统一的尺寸标准，所以更便于其在仓库、船舱和车厢内进行码放且能堆码至更大的层高，从而大幅度提高仓库的空间利用率和运输工具的载重量利用率。

（三）简化包装，便于清点

由于集装器具本身具有一定的结构强度，可以承受或缓冲装卸搬运作业过程所产生的冲击，所以实施集装化的物品只需进行简单包装甚至根本无须包装。显然，集装化可以简化包装特别是工业包装，大幅度节约包装费用，降低过度包装对环境的负面影响。

事实上，由于集装器具往往比普通的工业包装具有更高的结构强度，所以集装化在简化包装的同时不仅没有削弱物流过程中的保护功能，反而能增强对物品的保护效果，在减少货损、货差的同时还能减轻或完全避免污秽货物对运输工具和作业场所的污染。同时，由于集装器具的容量也比普通包装更大，所以它还可以加快物品的清点速度和不同物流环节之间的交接速度，方便不同运输方式之间的联合运输，实现"门到门"服务。

二、实施集装化的条件

标准化和批量化是社会化大生产必须遵循的两项基本原则。其中，标准化是生产社会化、机械化和自动化的前提，而批量化则是降低生产成本最主要的途径。集装化是这两项基本原则在物流领域的具体运用。在现代生产系统中，同一产品在本企业甚至全国范围内比较容易实现标准化和批量化。但当成千上万种不同的产品同时进入物流系统时，对物流系统而言，它们就是零星和非标准的。通过集装化手段，可以使物流系统实现标准化和批量化，以使物流系统像生产系统一样实现社会化、机械化和自动化作业，最终达到降低物流成本的目的。因此，要实施集装化至少应该具备以下三个基本条件。

（1）通用化。通用化即集装化要与物流全过程的设备和工艺相适应，不同形式的集装化方式之间、同一方式下不同规格的集装器具之间都应该具有一定的通用性，以使集装化作业的各个环节相互衔接、相互协调。

（2）标准化。在实施集装化的过程中，集装化的术语，集装器具的外形、尺寸和重量、规格，集装器具的材质、性能、试验方法以及装卸搬运加固规则乃至集装单元的编号和标志等，都必须实现标准化（包括国家标准和国际标准），以便于集装单元在国内和国际的流通与交换。

（3）系统化。集装化的手段不仅包括集装器具，而且包括物流过程中的各种成套设施、设备、工艺等，这些有形要素及其管理方法和理念的总和才是集装化。因此，集装化是一个联系生产与生产、生产与消费的动态系统，实施集装化必须具备系统化条件。

三、集装化的分类

虽然目前对于集装化的分类仍然存在不少分歧，但如果按集装化所使用的单元器具进行分类，基本可以统一划分为集装箱化、托盘化、网袋化、货捆化、框架化、滑板化和半挂车化七种形式。

第二节　集　装　箱

集装箱最大的成功在于它的标准化以及由此建立的一整套物流系统。将一个重达几十吨的庞然大物标准化并以此为基础逐步实现全球范围内的港口、船舶、航线、公路、桥梁、隧道以及货运站、多式联运系统与之配套，这堪称人类在物流领域最伟大的创举。

一、集装箱的产生和发展

（一）国外集装箱发展概况

集装箱的历史可以追溯到 20 世纪初期。1900 年，英国铁路运输中首先出现了较为简单的集装箱，后来传到美国、德国和法国。1928 年，在罗马举行的"世界公路会议"上出现了关于在国际交通运输中使用集装箱的论述。两年后，在法国巴黎成立了集装箱运输的国际组织——国际集装箱局（法文全称为 Bureau International des Containers，BIC），负责研究集装箱的标准化问题，以便协调各国之间的集装箱运输工作，还出版了集装箱的专业刊物。尽管如此，在之后的十余年时间里，世界集装箱运输的进展并不大。这是由于西方国家公路运输发展迅速、铁路运输的地位相对下降且公路、铁路双方的配合不协调，所以集装箱运输的经济效果并不明显。加之开展集装箱运输所需的物质基础及配套设施远远落后，使得集装箱的优越性不能很好地体现，集装箱运输出现了停滞不前的局面。直到 1955年，美国铁路公司将集装箱连同拖挂车装载在铁路平板车上进行运输，出现了所谓的"驮背运输"（piggyback，又称为"猪驮式"运输）之后，才使铁路的低成本、高速度优势与公路的"门到门"特点有机结合起来，也使集装箱的经济意义重新得以显现。

铁路集装箱运输的兴起冲击了海上传统的杂货运输。1956 年 4 月，美国大西洋轮船公司对一艘 T-2 型油船进行了改装，在其甲板上设置了集装箱平台，开始了国内海上集装箱运输。此后，集装箱运输进入了一个蓬勃发展的阶段。1957 年，美国泛大西洋航运公司又将 6 艘 C-2 型船改装成全集装箱船，用于国内的海上运输。1964 年，国际标准化组织集装箱技术委员会（ISO/TC 104）制定了集装箱外形和总重的第一个国际标准。1966 年，美国海陆航运公司的集装箱船从纽约开往欧洲，开始了国际海上集装箱运输。由于集装箱具有加快装卸速度、提高运载水平等一系列可明显提升经济效益的优势，所以很快被工业发达国家所接受。20 世纪 70 年代初，第三世界国家也开始发展海上集装箱运输。

1965 年 11 月，英国铁路开行集装箱定期直达列车，吸引了大量货源。集装箱化被誉为令铁路"起死回生"的灵丹妙药。同年 12 月，国际铁路联盟成立专门组织，研究铁路、海运使用大型国际标准集装箱的政策措施并创办了欧洲铁路集装箱公司，于 1968 年 5 月正式营业。这家公司后来发展成为拥有 24 家铁路成员、网络遍及整个欧洲的港口、车站和贸易中心的大型联盟。

20 世纪 70 年代，各国铁路在开行班车、专列、特快列车大量集装箱运输的同时，也通过自办、合营或联办等形式开展了公路、铁路和水运的集装箱联合运输业务，实现了集装箱的联运、直达和"门到门"。20 世纪 80 年代以来，集装箱运输扩展至航空运输领域，由此踏入了一个新的发展阶段。

（二）我国集装箱发展概况

1955 年，我国铁路系统制造了 400 个钢木结构的 3 吨型集装箱，开始在天津、上海等 6 个铁路车站间进行运输，开始了我国集装箱运输的历史。到 1958 年，我国铁路系统已拥有集装箱 5970 只，18 个主要零担货运车站开办了集装箱运输业务。铁道部和各有关铁路局分别成立了集装箱运输营业总所和分所，各有关车站也成立了集装箱运输营业所，负责组织集装箱运输业务。集装箱运量由 1956 年的 13.4 万吨增加到 1958 年的 55 万吨。但由于当时人们对集装箱运输的优越性还缺乏认识，再加上场地和装卸机械等配套设备没有跟上，所以 1958 年精简机构时，撤销了集装箱运输的管理机构，使我国的集装箱运输在之后的 10 多年间几乎完全处于停滞状态。

1973 年，我国开始了国际集装箱的海上试运；1974 年，南京至南通间开始进行内河集装箱试运，我国水路集装箱运输开始发展；1978 年，铁道部为了解决零担运输中的"三害（偷盗、丢失、损坏）"事故，决定加快铁路集装箱运输步伐，制定了集装箱运输发展规划并开始研制 1 吨型和 5 吨型集装箱；1978 年 9 月 26 日，由中国远洋运输总公司的"平乡城"轮开辟了上海至澳大利亚的第一条国际集装箱航线，揭开了我国海上国际集装箱运输的序幕；1993 年 12 月 28 日，中国远洋运输总公司集装箱运输总部在北京正式成立。

1980 年，我国开始与苏联、欧洲和中东国家联手组织经满洲里的国际铁路联运，之后又开辟了从朝鲜经中国图们、绥芬河到苏联和由天津经二连浩特到蒙古的国际集装箱过境联运。1990 年 4 月，在国家计委、铁道部、交通部以及上海市、江苏省、浙江省的组织和配合下，进行了以上海港为枢纽的国际集装箱运输系统工业试验。

我国的集装箱制造工业始于 1955 年，最初是仿制苏联钢木结构的 3 吨型集装箱，由铁路系统的工厂进行制造，产量和使用范围都很小，该箱型已于 1981 年被淘汰。1974 年，我国开始研制 1 吨型集装箱，1977 年开始研制 10 吨型集装箱。从历史上看，美国在 20 世纪 60 年代执世界集装箱制造工业之牛耳；70 年代，集装箱产销中心转移到日本；80 年代，韩国取代日本成为新的集装箱生产中心；80 年代末，90 年代初，我国凭借充足的出口货源和廉价的劳动力开始了集装箱制造的热潮，短短几年就由原来的 4 家企业发展到 1996 年的 40 家企业，取代了韩国的霸主地位，成为当今世界最大的集装箱生产国。目前，世界上最大的集装箱制造企业（集团）分别为中集集团、新华昌、胜狮货柜，它们的主要生产基地均在中国大陆，这三家企业的集装箱总产量占世界总量的 80%以上，其中中集集团一家的产量就占世界总量的一半。

随着改革开放的持续推进和社会经济的飞速发展，我国集装箱港口蓬勃发展，港口集装箱吞吐量连续多年位居世界第一。在 2022 年全球二十大集装箱港口排名中，我国共有 9 个港口入围，几乎占据半壁江山，其中上海港、宁波舟山港、深圳港、广州港、青岛港、天津港和香港港均跻身全球十大集装箱港口之列。

2011 年 3 月，首趟中欧班列从我国重庆发出开往德国杜伊斯堡，开启了我国铁路国际集装箱运输的新纪元，开创了亚欧铁路集装箱运输的新篇章，铸就了沿线国家互利共赢的桥梁与纽带。2021 年全年，中欧班列开行 1.5 万列，发送货物 146 万标箱。截至 2022 年 6 月，中欧班列已通达欧洲 23 个国家的 185 个城市。

二、集装箱的定义与分类

（一）集装箱的定义

集装箱（freight container）亦称货箱或货柜，是集装器具最主要的形式。根据国际标准化组织（International Organization for Standardization，ISO）对集装箱所下的定义与技术要求，我国国家标准《系列 1 集装箱—分类、尺寸和额定质量》（GB/T 1413—2023）对集装箱进行了定义。根据该标准，集装箱是一种货物运输设备，应具备下列条件。

（1）具有足够的强度，在有效使用期内能反复使用。

（2）适于一种或多种运输方式运送货物，途中无须倒装。

（3）设有供快速装卸的装置，便于从一种运输方式转到另一种运输方式。

（4）便于箱内货物装满和卸空。

（5）内容积大于或等于 1 m³（35.3 ft³）。

"集装箱"这一术语既不包括车辆，也不包括一般包装。

我国另一项国家标准《物流术语》对集装箱的定义则比较简单，即具有足够的强度，可长期反复使用的适于多种运输工具而且容积在 1 m³ 以上（含 1m³）的集装单元器具。

（二）集装箱的分类

随着集装技术的不断进步，集装箱的运用范围更加广泛。为了适应不同货类的物流要求和不同的物流环境，人们研制和开发了各种不同类型的集装箱。这些集装箱在外观、结构、强度、尺寸和造价上各有不同特点。

1. 按集装箱的用途分类

（1）通用集装箱。通用集装箱也称为杂货集装箱，是指具有集装箱的基本结构，不需要调控温度，也不用装备其他特殊设备的普通封闭式集装箱。该类集装箱一般具有全密封的防水功能，适于装载对运输条件无特殊要求的各种干杂货，是使用范围最广、数量最多的一类集装箱。

（2）专用集装箱。专用集装箱是为了适应特定货物的要求而采用特殊结构或设置专门设备的各类集装箱的总称。常见的专用集装箱有如下几种类型。

① 保温集装箱。为了延缓箱内外的热量交换，在箱体的六个面均设有隔热层的集装箱都称为保温集装箱。它一般可分为以下两类。

第一类：隔热集装箱，是指不设制冷设备或加热设备的保温集装箱。

第二类：冷藏集装箱，是指箱内备有制冷装置，一般具有在设定温度条件下自动控温功能的保温集装箱。

② 通风集装箱。通风集装箱是指具有通风透气功能的集装箱。该类集装箱的内部一般设有通风装置，如在箱壁上设置通风孔、通风栅栏，甚至整个箱壁采用金属网格制造，有的还设有排风扇。通风集装箱适宜装载初加工皮货、带根的蔬菜或植物以及其他具有通风要求的杂货。

③ 罐式集装箱。罐式集装箱是一种全密封的大型容器，由罐体和框架组成，适宜装载化工原料、油类等液态或气态物品，也可以装载加压干散货物。货物一般由罐体顶部的装货孔装入、由罐体底部的卸货孔流出，有时也可从顶部的装货孔吸出。

④ 动物集装箱。动物集装箱是一种专供装运牲畜的集装箱。为了保证良好的通风，动物集装箱箱壁通常采用金属丝网制造，侧壁下方设有清扫口和排水口，箱壁上还设有喂食装置。

⑤ 汽车集装箱。汽车集装箱是为装运小轿车而专门设计、制造的集装箱。成品小轿车可直接装于车内，由专用支撑进行紧固。有的汽车集装箱内还配有手动葫芦，以便将紧固好的小轿车连同支撑一起上移，便于箱内装载两层小轿车。

⑥ 干散货集装箱。干散货集装箱一般用钢板、铝板或铝合金制造，属于无压容器，它适于装载散装固体货物，如粮食、化肥、砂石、化工产品等粉状或颗粒状物品。

⑦ 挂式集装箱。挂式集装箱一般专用于装挂服装，成套服装直接吊挂于集装箱内，不会打皱。这种集装箱既可节省包装材料，又有利于保持服装式样，故也被称为服装专用集装箱。

此外，专用集装箱还有平板玻璃集装箱，机械及零部件专用集装箱，石棉及其他纤维材料集装箱，铝材、铜材及其他贵重金属专用集装箱等。由于篇幅所限，此处不予详述。

2. 按集装箱的制作材料分类

由于集装箱在物流过程中会经常受到各种外力的作用，所以集装箱的制造材料要有足够的刚度和强度。同时，为了降低成本、提高耐用性，集装箱应尽量采用重量轻、强度高、维修保养方便的材料进行制造。目前，市面上使用的集装箱按其主体材料的不同可以分为以下几类。

（1）钢制集装箱。钢制集装箱是指由钢材或不锈钢焊接而成的集装箱。它具有强度大、结构牢固、水密性好、价格低廉等优点，其缺点是自重大、耐腐蚀性较弱。如果采用不锈钢做材料，则耐腐蚀性会增强，外观也比较漂亮，但造价会大幅度提高。钢制集装箱是目前使用量最大的一类集装箱。

（2）铝合金集装箱。铝合金集装箱的主要部位用铝合金铆接而成，具有重量轻、外表美观、耐腐蚀性强等优点，缺点是造价高。由于铝合金集装箱的重量轻，所以目前主要应用于航空货运领域。

（3）玻璃钢制集装箱。玻璃钢制集装箱是由玻璃纤维和树脂混合，加适量的加强塑料后，胶附于胶合板两面而制成的集装箱。它具有强度大、刚性好、隔热性强、耐腐蚀性强的优点，缺点是重量较大、塑料老化问题不易解决。

3．按集装箱的箱体构造分类

由于普通集装箱的空箱与重箱体积相同，集装箱的返空运输往往会造成大量的运力浪费。为了节约返空运力或者满足部分特殊货物的装箱需求，人们设计、制造了一些特殊构造的集装箱。

（1）折叠式集装箱。折叠式集装箱是指箱体的四个侧壁和顶板在空箱状态时可以折叠平放到台座上的集装箱。当需要装运货物时，将侧壁和顶板重新支装起来又可形成长方体的箱容。这类集装箱适用于无回头货的单程运输，返程时进行折叠可大大节约返空运力。

（2）拆解式集装箱。拆解式集装箱是指箱体的四个侧壁、顶板和台座在空箱状态时可以拆解开来的集装箱。当需要装运货物时，将侧壁、顶板和台座重新组装即可，其优、缺点与折叠式集装箱类似。

（3）台架式集装箱。台架式集装箱是指只有台座和角柱、只有部分或完全没有侧板的集装箱。这类集装箱由于没有侧板的遮挡阻挡，可以从上面及四周方便地进行装卸作业。

（4）抽屉式集装箱。抽屉式集装箱是指箱内空间由一定尺寸的抽屉组成的集装箱。装卸货物时，打开箱门便可抽出抽屉进行装取。这类集装箱一般属于小型集装箱，主要用于装运精密仪器仪表、武器弹药及其他贵重物品。

（5）隔板集装箱。隔板集装箱是指箱内空间被若干规则的隔板分割的集装箱，这些隔板可以进行拆拼组合。这类集装箱适宜装运需分隔存放的物品。

此外，作为箱体构造的一个方面，集装箱还可以按照开门位置的不同进行分类，具体可分为侧开门、前开门、前后双开门和顶开门四种形式。其中，侧开门、前开门和前后双开门的集装箱能够方便叉车及其他作业车辆进入箱内进行装卸或堆码作业，顶开门的集装箱比较适宜用吊车进行装卸箱作业。

4．按集装箱的规格尺寸分类

目前，国际上负责制定货运集装箱标准的国际组织包括国际海事组织（International Maritime Organization，IMO）、国际标准化组织（ISO）等。其中，IMO 主要通过其下设的货物和集装箱运输分委会（CCC 分委会）制定船载集装箱相关安全操作规范并以 IMO 文书的形式发布。ISO 的货运集装箱标准则由 ISO/TC 104 负责，标准包括工业标准、运输标准和基础标准三大类。

我国国家市场监督管理总局和国家标准化管理委员会于 2023 年 3 月 17 日发布国家标准《系列 1 集装箱 分类、尺寸和额定质量》（GB/T 1413—2023），等同采用 ISO 的同名标准（ISO 668：2020）及其修正案。系列 1 各种型号集装箱的宽度均为 8 ft（2438 mm）；长度有五种：45 ft（13 716 mm）、40 ft（12 192 mm）、30 ft（9125 mm）、20 ft（6058 mm）、10 ft（2991 mm）；高度有四种：9 ft 6 in（2896 mm）、8 ft 6 in（2591 mm）、8 ft（2438 mm）和

小于 8 ft（<2438 mm）。系列 1 集装箱的分类、外部尺寸和额定质量如表 4-1 所示。

表 4-1　系列 1 集装箱的分类、外部尺寸和额定质量

型　号	高度（H）		宽度（W）			长度（L）			额定质量（M）	
	mm	ft　in	mm	ft　in		mm	ft　in		kg	lb
1EEE	2896	9'6"				13 716	45'		30 480	67 200
1EE	2591	8'6"								
1AAA	2896	9'6"				12 192	40'		30 480	67 200
1AA	2591	8'6"								
1A	2438	8'								
1AX	<2438	<8'								
1BBB	2896	9'6"				9125	30'		30 480	67 200
1BB	2591	8'6"	2438	8'						
1B	2438	8'								
1BX	<2438	<8'								
1CCC	2896	9'6"				6058	20'		30 480	67 200
1CC	2591	8'6"								
1C	2438	8'								
1CX	<2438	<8'								
1D	2438	8'				2991	10'		10 160	22 400
1DX	<2438	<8'								

需要特别说明的是，我国 1998 年及以前版本的国标中并没有 45 ft 长的集装箱标准，所以表 4-1 中的 A、B、C、D 依次代表长度为 40 ft、30 ft、20 ft 和 10 ft 的集装箱。可是随着国际贸易中轻泡货比重的不断增加以及公路建设标准和拖车能力的不断提高，集装箱也越造越大，出现了长度为 45 ft、53 ft 甚至更大体量的集装箱。近年来，越来越多的 45 ft 集装箱通过海运进入我国，迫使我国于 2008 年对原有集装箱标准进行补充和修改。但由于国际和国内标准都没有为长度超过 40 ft 的集装箱预留英文字母代码，所以只能破坏原有的代码排序规则，将长度为 45 ft 的集装箱设定为 E 系列，我国在 2008 年修订的国标中增设了 1EE 和 1EEE 两个箱型。

根据以 GB/T 1413—2008，系列 1 通用集装箱的最小内部尺寸和门框开口尺寸如表 4-2 所示。

2017 年 12 月 29 日，我国又发布了国家标准《系列 2 集装箱 分类、尺寸和额定质量》（GB/T 35201—2017）。与系列 1 不同，系列 2 集装箱的外部宽度统一为 2550 mm，内部宽度统一为 2435 mm，额定质量统一为 30 840 kg。此外，系列 2 标准删除了外部长度为 2991 mm 的 D 系列和外部高度小于 2438 mm 的 X 系列，其余尺寸标准与系列 1 保持一致。

需要指出的是，ISO 系列中的 1CC 型型是钢制通用集装箱中最典型的一种类型。在集装箱数量统计中所使用的换算单位 TEU（twenty-feet equivalent unit，标准箱），指的就是 1CC 箱型。但是在实践中，人们常将所有长度为 20 ft 的集装箱都统计为一个 TEU，而不论其高度上的差异。对于其他型号的集装箱，也不论高度差异，直接将其长度除以 20 ft，所得即该箱型的换算单位数。

表 4-2　系列 1 通用集装箱的最小内部尺寸和门框开口尺寸

单位：mm

型　　号	最小内部尺寸			最小门框开口尺寸	
	高度 H	宽度 W	长度 L	门口高度 H	门口宽度 W
1EEE	2655		13 542	2566	
1EE	2350			2261	
1AAA	2655		11 998	2566	
1AA	2350			2261	
1A	2197			2134	
1BBB	2655	2330	8931	2566	2286
1BB	2350			2261	
1B	2197			2134	
1CCC	2655		5867	2566	
1CC	2350			2261	
1C	2197			2134	
1D	2197		2802	2134	

三、集装箱的结构与标记

因为是标准化产品，所以不论集装箱的规格尺寸、制作材料和使用范围如何，它们在构造上都应基本相同或相似。除了前面介绍的一些特殊构造集装箱，绝大多数通用集装箱都具有完全相同的结构，也必须按相同的规则涂刷有关标记。

（一）集装箱的主要结构

集装箱通常呈规则的长方体形状。通用集装箱一般都由两个侧壁、一个端壁、一个箱顶、一个箱底和一对箱门组成。其他类型的集装箱根据功能要求的不同，结构上也有不同程度的变化。下面仅以如图 4-1 所示的通用集装箱为例，说明集装箱的主要结构。

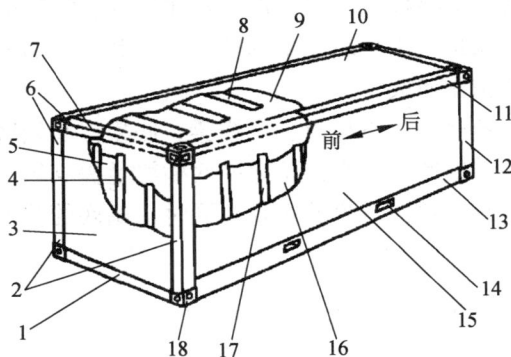

1—下横梁；2—角柱；3—端壁；4—端柱；5—端壁板；

6—端框架；7—上横梁；8—顶梁；9—顶板；10—箱顶；11—上桁材；

12—角柱；13—下桁材；14—叉槽；15—侧壁；16—侧壁板；17—侧壁柱；18—角件

（a）

图 4-1　集装箱的主要结构

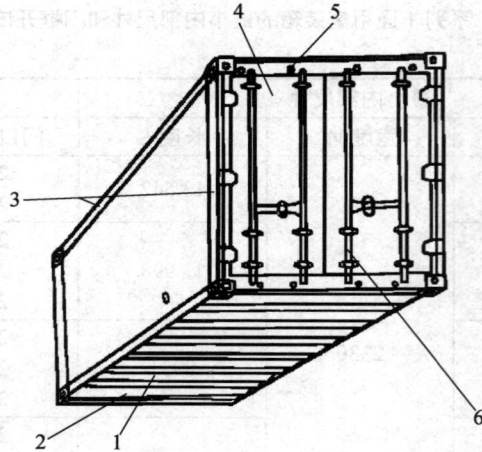

1—下底梁；2—箱底；3—侧框架；4—箱门；5—门锁凸轮；6—门锁杆

（b）

图 4-1　集装箱的主要结构（续）

（1）框架。集装箱的框架包括前端部框架、后端部框架和两侧的侧框架。框架是承受外力最大的构件，当集装箱承载最大重量被吊起时，其框架必须能保证箱体不发生永久变形。因此，集装箱前后端部的框架通常采用高强度的钢材制作而成，抗拉强度通常应大于 $50 \ kg/mm^2$。

（2）端壁。集装箱的端壁一般设在箱体的前端部，由端壁板和端柱组成。端壁镶嵌在前端部的框架上，具有较好的密封性。

（3）箱门。集装箱的箱门设在箱体的后端部，两扇门多为对分开启，用铰链与后角柱连接，具有防风、防雨的密闭性能。门上一般配有由锁杆和凸轮等构成的门锁。

（4）侧壁。集装箱的侧壁由侧壁板和侧壁柱构成。侧壁板具有一定的强度和水密性。侧壁柱是以一定间距配置在侧壁板上，用以提高箱体强度的柱状材料。

（5）箱顶。集装箱的箱顶由上桁材、上横梁、顶梁和顶板组成。为了防止漏水，集装箱的顶板大多由一张整板制作而成。

（6）箱底。集装箱的箱底是由下桁材、下横梁、底横梁和箱底板组成的。制造过程中常采用填料黏缝，以保证箱底密封防水。箱底的底横梁是提高箱底强度的主要材料，它与箱底板结合在一起，共同承载箱内货物的重量。同时，箱底的强度还要能够承受叉车进箱作业时的集中负载。

（二）集装箱的重要构件——角件

在集装箱每个箱角上都设有一个三面有孔的金属构件，这就是角件。集装箱作业中出现的任何载荷都是由角件来承受或通过它来传递的。角件是集装箱的一个十分关键的构件，所以它必须具有足够的强度，才能保证集装箱的安全装卸、固定和运输。

在起吊集装箱时，角件与装卸机械上专用吊具的转锁对接，完成起吊、装卸任务。在船舱内、甲板上或者平板运输车上，角件都可用于箱与箱之间、箱与甲板之间或箱与平板车之间的连接。在集装箱设计中，把角件安排在箱体的最外缘，还可起到保护集装箱其他部件的作用。

（三）集装箱的标记

为了方便集装箱的识别、流通和管理，简化各物流环节的交接手续，我国国家标准《集装箱　代码、识别和标记》（GB/T 1836—2017 IDT ISO 6346：1995）规定了集装箱的识别系统、尺寸和箱型代码、作业标记的相应标准。

1. 识别系统

识别系统由以下几部分组成，它们应同时使用。

（1）箱主代码。集装箱的箱主代码应由三个大写拉丁字母组成，具备唯一性。为了避免箱主代码出现重复，该代码在正式使用前都必须在国际集装箱局（BIC）登记注册，国际集装箱局每半年公布一次在册的箱主代码一览表。

（2）设备识别码。设备识别码由 1 个大写拉丁字母表示，一般用 U 表示所有的集装箱；用 J 表示集装箱所配置的挂装设备；用 Z 表示集装箱拖挂车或底盘挂车。

（3）箱号。集装箱的箱号也称为顺序号，一般由 6 位阿拉伯数字组成，如果不足 6 位，则应在前面置 0 以补足 6 位。

（4）校验码。校验码也称核对数字，它一般紧接于箱号之后，用一加方框的阿拉伯数字表示，用以检验箱主代码和箱号传递的准确性。

2. 尺寸和箱型代码

（1）集装箱的尺寸（指外部尺寸）代码必须用两位数字表示：第一位用数字或拉丁字母表示箱长，第二位用数字或拉丁字母表示箱宽和箱高。

（2）集装箱的箱型及其特征由两位字符表示：第一位由 1 个拉丁字母表示箱型，第二位由 1 个数字表示该箱型的特征。

3. 作业标记

（1）最大总质量和空箱质量。

（2）可择性作业标记：除包括最大总质量和空箱质量，还有净货载（NET）、超高标记等。

以上质量单位用 kg 和 lb 表示。

根据有关标准的规定，箱主代码、设备识别码、箱号和校验码的字体高度不得小于 100 mm；最大总重量和空箱重量的字体高度不得小于 50 mm；所有字体的宽度和笔画粗细应均匀，其颜色应与箱体颜色有明显的差别。

第三节　托　　盘

作为一种集装器具，托盘已经广泛地应用于生产、流通乃至消费领域，被认为是 20 世纪物流产业中的两大关键性创新之一。它极大地推进了物品包装的单元化、规范化和标准化，显著地提高了装卸效率、促进了生产的自动化。

一、托盘的概念

托盘（pallet）是指在运输、搬运和存储过程中，将物品规整为货物单元时，作为承载面并包括承载面上辅助结构件的装置（GB/T 18354—2021）。托盘具有和集装箱类似的作用，能把零散的物品组成一个较大的整体，利于物品的装卸和运输。通俗地讲，托盘就像放着茶壶和茶碗的一个茶盘，可以将数量众多的物品一次性全部"端"走。它既可以看作装卸搬运工具、储存工具、运输工具，又可以看作一种特殊的包装形式。

20 世纪 30 年代出现叉车之后，托盘首先在工业领域得到运用和推广，成为叉车的一种附属工具，与叉车配套使用，以实现装卸搬运作业的机械化。有时，托盘也可用于散装原材料、半成品和产成品的临时性堆放和运输。如今，托盘的应用范围已经从企业、车站、港口拓展到物流的所有环节之中。从生产线上将物品码上托盘时开始，到物品销售给消费者或供给新的生产线使用为止，托盘要经过包装、装卸搬运、储存、运输等多个环节，贯穿物流的全过程。在物流发达国家，托盘的保有量往往数以亿计。

托盘的出现促进了集装箱和其他集装器具的发展，使集装化技术的多样化优势得到发挥。例如，托盘与集装箱之间有很强的互补性，同集装箱相比，托盘的优势主要体现在以下几个方面。

（1）自重小。因为托盘大多采用轻质材料制成，其相对自重远小于集装箱，所以用托盘进行装卸搬运或运输所耗费的无效劳动较少。

（2）返空容易。由于托盘造价不高，很容易实现相互替代，而集装箱由于价值较大，拥有者一般不会轻易交换其所有权。所以，托盘无须像集装箱那样频繁地返空。即使出现返空，托盘也不会像集装箱那样浪费过多的运输能力。

（3）装卸简单。集装箱在进行装卸作业时，操作人员或机械必须进入箱内，作业难度较大；而托盘的装卸不受空间限制，装盘之后再进行捆扎、紧固等技术作业同样可以达到要求。

（4）装载量适中。托盘的装载量虽然不及集装箱，但也比一般的包装组合要大得多，而且它对装卸搬运机械的要求不高，具有更强的适应性。

托盘的主要缺点是保护性比集装箱差、不宜露天存放，需要有仓库设施与之配套。

二、托盘的分类

托盘种类繁多，除了可以按材质、结构分类，还可以按操作方法和负载重量进行分类。在一些特殊的场合，还有多种多样的专用托盘，如平板玻璃集装托盘、轮胎专用托盘、长尺寸物品托盘和油桶专用托盘等。

（一）按托盘的实际操作和运用分类

（1）双向插入型托盘。双向插入型托盘又称两个方向通路的托盘，指叉车的货叉可以从前面和后面两个方向进出的托盘，如图 4-2（a）所示。此类托盘又可细分为单面用托盘和双面用托盘。

（2）四向插入型托盘。四向插入型托盘又称四个方向通路的托盘，指叉车的货叉可以从托盘的前后左右四个方向进出的托盘，如图 4-2（b）所示。这种类型的托盘同样可细分为单面用托盘和双面用托盘。

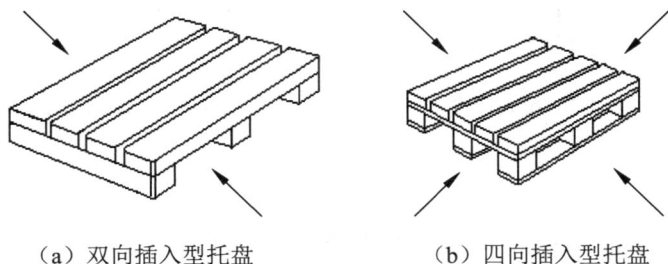

（a）双向插入型托盘　　　　　　（b）四向插入型托盘

图 4-2　托盘的分类

（二）按托盘的材质分类

虽然早期的托盘多是以木材为原料制成，但环保观念普及后，木材日渐变得稀缺和昂贵，导致木托盘的制造成本增加。近几十年来，随着材料技术的进步，塑料、铝合金等轻质材料的使用日渐增多，托盘的制作原料也有了更多选择，所以木制托盘所占的比重逐渐下降，其他材质的托盘则越来越多。

根据所使用材质的不同，目前较常见的托盘有木托盘、钢托盘、铝合金托盘、胶合板托盘、塑料托盘、复合材料托盘等。

（三）按托盘的负载重量分类

在设计和使用托盘时要考虑到它的负载，故可根据负载重量分为 0.5 t 托盘、1 t 托盘、2 t 托盘等。随着叉车额定功率的提高和托盘材质的改善，托盘的负载重量也有可能进一步提高。

（四）按托盘的结构分类

（1）平托盘。平托盘即平板式托盘，该类托盘是使用得最为广泛的一种托盘，人们通常所说的托盘一般是指平托盘。

（2）箱式托盘。箱式托盘是指在盘面上带有箱式容器的托盘。箱式托盘的构造特点是：托盘至少在三个面上有垂直的侧板，有的采用完全封闭的容器，也有的采用条状或网状的货箱。箱式托盘有固定式、折叠式和可卸式等多种细类。由于四周栏板的不同，箱式托盘又有各种不同的叫法，如四周栏板为栅栏式的箱式托盘常被称为笼式托盘或集装笼。图 4-3 所示即最普通的箱式托盘。

（3）立柱式托盘。这种托盘没有侧板，但往往在托盘的四角设有立柱，如图 4-4 所示，有的还在立柱与立柱之间设置水平的横梁，形成门框形结构。立柱式托盘的柱子一般用钢材制成，分为固定式和可卸式两种。

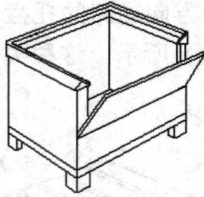

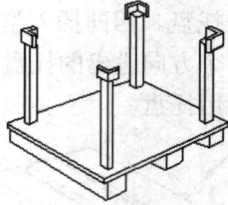

图 4-3　箱式托盘　　　　　图 4-4　立柱式托盘

三、托盘的尺寸标准

严格地说，托盘的尺寸标准也是一种分类方式，只是因为与上述几种分类方式相比，有关托盘尺寸标准的内容较多、篇幅较大，而且相关知识的重要性较强、考核难度较大，所以单独阐述，以示强调。

托盘的尺寸标准通常是指托盘的长度与宽度尺寸标准，一般用"宽×长"来表示。因为托盘的长度和宽度及其相乘所得的面积既会影响堆码其上的物品数量，又会影响运输工具或仓库堆场的利用率，所以这些要素之间在尺寸上如何配合一直是物流标准化研究的重要内容。

（一）国际托盘尺寸标准的变迁

早在 1947 年，托盘发展的初期，瑞典就制定了 800 mm×1200 mm 的托盘尺寸标准。此后，瑞典的包装尺寸、仓库尺寸、货架尺寸以及铁路和公路车辆的尺寸都主动与 800 mm×1200 mm 的托盘尺寸标准相配套，为其国内物流的合理化创造了有利条件。此后，随着托盘在世界范围的不断普及，欧洲各国之间缺乏协调，托盘的使用者"各自为政"，致使托盘的尺寸标准出现混乱，不同国家之间的托盘流通出现困难。为了实现托盘联营，各国政府、商会、铁路联盟等经过长达 9 年的讨论与磋商，才最终达成统一采用 800 mm×1200 mm 尺寸标准的协议。

国际标准化组织十分重视托盘尺寸标准问题并多次提出建议尺寸标准。

● 1961 年，ISO/R 198 提出采用 800×1200、800×1000、1000×1200 三个尺寸标准（注：单位均为 mm，下同）。

● 1963 年，ISO/R 329 建议在上述基础上增加 1200×1600、1200×1800 两个尺寸标准。

● 针对 1200 mm 系列托盘已在国际上广泛使用，但又与国际标准集装箱配套有困难的情况，加之美国、英国、日本等国再三倡议采用 1100 mm 系列尺寸标准，所以国际标准化组织托盘委员会（ISO/TC 51）于 1971 年提出：保留 1200 mm 系列尺寸标准的同时，增加 800×1100、900×1100 和 1100×1100 三种尺寸标准的托盘。

● 1988 年，ISO/TC 51 为了防止托盘尺寸标准增加引起世界物流系统的混乱，把 1961 年（ISO/R 198）推荐采用的三个尺寸标准、1963 年（ISO/R 329）增加采用的两个尺寸标准以及 1971 年增加的三个尺寸标准整合为四个尺寸标准：800×1200、1000×1200、1016×1219 和 1140×1140。

● 2003 年，在难以协调世界各国物流标准利益的情况下，国际标准化组织在保持原有四种尺寸标准的基础上又增加了 1100×1100 和 1067×1067 两种尺寸标准。

（二）我国托盘尺寸的标准化进程

我国托盘的尺寸标准也比较繁杂。1982 年颁布的国家标准规定了 800×1200、800×1100 和 1000×1200 三种尺寸标准。机械工业系统使用 JB 3003—81 规定，平托盘尺寸标准为 825×1100、545×825；箱式托盘和立柱式托盘尺寸标准为 800×1000 和 500×800。我国铁路使用的托盘尺寸标准主要有 850×1250、900×1250、950×1250 和 1000×1250 四个。此外，我国还有《托盘术语》（GB/T 3716—2000）、《托盘单元货载》（GB/T 16470—2008）、《塑料平托盘》（GB/T 15234—1994）、《联运通用平托盘　试验方法》（GB/T 4996—2014）、《联运通用平托盘　性能要求和试验选择》（GB/T 4995—2014）等国家标准。

为了推进我国的标准化事业，国内专家在 1996 年首次对托盘尺寸标准进行了统一修订，等效采用国际标准化组织于 1988 年推荐使用的四种尺寸标准。在此后近 10 年的实践中，尽管我国使用的托盘尺寸标准较多，但多数还是集中在 1000×1200 和 1100×1100 两种尺寸标准上。加之 2003 年国际标准化组织又增加了两种尺寸标准，降低了我国托盘尺寸标准的适应性，迫使我国重新对国内标准进行修订。

2006 年，在中国物流与采购联合会托盘专业委员会的主持下，交通部、铁道部、全国包装标准委等多家研究机构的专家共同组成课题组，在充分借鉴国际经验和广泛听取托盘专家意见的基础上，最终选定 1000×1200 和 1100×1100 两种尺寸标准作为我国托盘的国家标准并向企业优先推荐使用前者，以实现逐步过渡到只有一种托盘尺寸标准的理想目标。该方案于 2007 年 10 月 11 日得到国家质量监督检验检疫总局和国家标准化管理委员会的批准并从 2008 年 3 月 1 日起正式在全国范围内实施。

四、托盘的码放

在托盘上码放同一形状的立体包装物品，可以采用多种交错咬合的办法，以保证托盘货垛有足够的稳定性。码放良好的托盘货垛甚至不再需要其他方式的加固即可进入物流作业过程。在托盘上码放物品的形式有很多，其中最常见的有四种，如图 4-5 所示。

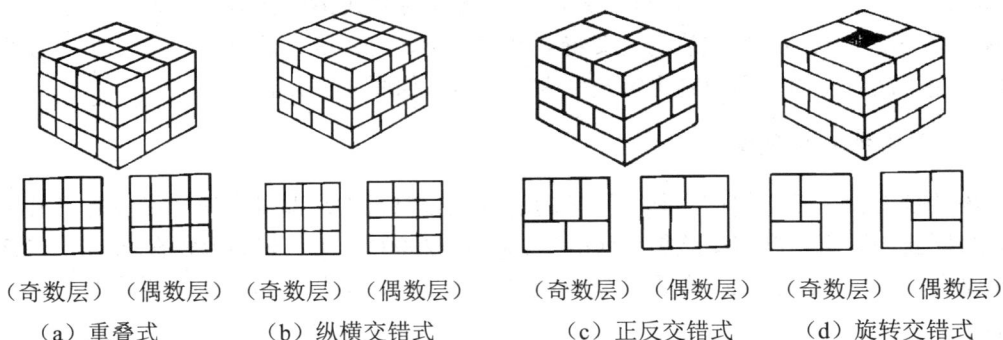

（奇数层）（偶数层）　　（奇数层）（偶数层）　　（奇数层）（偶数层）　　（奇数层）（偶数层）
　（a）重叠式　　　　（b）纵横交错式　　　　（c）正反交错式　　　　（d）旋转交错式

图 4-5　托盘码放的形式

（1）重叠式。重叠式即各层码放方式相同、上下对应，如图 4-5（a）所示。这种形式的优点是工人操作速度快，缺点是各层之间缺少咬合、稳定性较差，容易发生塌垛。在物品本身底面积较大时，可采用这种形式进行码放。一般情况下，重叠式码放再配以各种紧固措施则不但能保持货垛的稳固，而且可以发挥其高效、省力的优点。

（2）纵横交错式。纵横交错式即相邻两层物品的码放方向相互交错 90°，一层呈横向放置，另一层则呈纵向放置，如图 4-5（b）所示。一般是装完一层之后，利用转向器将托盘旋转 90° 再装另一层。这样码放的各层之间有一定的咬合效果，但咬合强度不高。这种码放的装盘作业过程也比较简单，如果配以托盘转向器，则工人只需用同一装盘动作便可实现纵横交错的效果，劳动强度和重叠式码放相当。

（3）正反交错式。正反交错式即在同一层中，不同列的物品相互垂直，而相邻两层的物品码放形式则相互交错 180°，如图 4-5（c）所示。这种方式类似于建房砌砖的方式，不同层之间的咬合强度较高，其缺点是操作较为麻烦。

（4）旋转交错式。如图 4-5（d）所示，旋转交错式即第一层相邻的两个包装体都互为 90°，两层间的码放又相差 180°，这样相邻两层之间相互咬合交叉，托盘货垛稳定性较好，不易塌垛。其缺点是码放难度较大且中间形成空穴，会降低托盘的载装能力。

以上几种码放形式中，重叠式和纵横交错式的作业过程相对简单，比较适合采用自动装盘机进行装盘作业；而正反交错式和旋转交错式的作业过程相对复杂，采用自动装盘机有一定的难度，通常采用人工作业。

第四节　其他形式的集装器具

集装箱和托盘是集装化过程中使用最普遍、最重要的两种单元器具。除此之外，人们还经常根据实际需要，采用其他形式的集装器具。

一、集装袋

集装袋（flexible freight bags）也称为柔性集装箱（flexible container）、吨袋或太空袋，是指用柔性材料制成的袋式集装器具（GB/T 18354—2021）。集装袋的主要特点是自重小、可折叠、造价低廉、便于回收复用，因而它也常被称为软容器，如图 4-6 所示。

图 4-6　集装袋

（一）集装袋的用途

集装袋的使用范围很广，几乎所有的粉状或颗粒状物品都可以使用集装袋完成流通任务。按照我国国家标准《集装袋》（GB/T 10454—2000），集装袋的容积在 0.5 m³～2.3 m³，载重量在 500 kg～3000 kg。如果按物品类型进行展开，集装袋的用途主要体现在以下几个方面。

（1）盛装食品。可用于盛装面粉、食糖、淀粉、食盐、大米、玉米、豆类等。

（2）盛装矿砂。可用于集装白云石烧结块、重烧菱苦土、萤石粉、水泥、黏土、石膏等。

（3）盛装化工原料和产品。可用于盛装硫酸铵、尿素、硝酸铵、化肥、纯碱、芒硝、染料及高分子塑料树脂等。

（二）集装袋的类型

（1）按袋形分，集装袋主要有圆形和方形两种，其中方形集装袋分为箱形、半敞形和全敞形三种。箱形集装袋只可打开上盖；半敞形集装袋则除上盖以外，另有一个侧面可以敞开；全敞形集装袋的整个袋体可以平摊成一个平面。

（2）按吊袋位置和装卸方式分，集装袋可分为顶部吊袋式、底部吊袋式、侧面吊袋式、叉车式（无吊袋）和托盘式等。顶部吊袋式集装袋仅有由袋口充当的一根吊袋；底部吊袋式集装袋由四根吊袋一直延伸到袋子的底部；侧面吊袋式的吊袋分布于集装袋两侧，一般也有四根。

（3）按制造材料分，集装袋可分为胶布集装袋、树脂加工布袋和交织布袋等。此外，还有用各种皮革或复合材料制成的集装袋。

（4）按有无卸料口分，集装袋可分为有卸料口集装袋和无卸料口集装袋两种。有卸料口集装袋大多为圆形集装袋，方形集装袋一般没有卸料口。

此外，还有按使用次数或制作方法的分类，在此不予详述。

（三）集装袋的操作过程

1. 装料

将集装袋袋口对准灌装料漏斗口，一般采用人工接通，有时用绳子临时扎紧，以免粉尘或颗粒滑出，完成充满集装袋的任务。

2. 运输

根据集装袋的类型和种类，选用吊车、叉车、传动带进行装卸，采用卡车、船舶等运输工具进行运输，完成物品的空间转移。

3. 卸料

运输物品到达目的地以后，用吊车或叉车将集装袋吊起，对准料槽的进料口及其他堆放容器的口，打开集装袋底的卸料口的绳索，袋内的物品很快即可卸完。

4. 回收

能多次反复使用的集装袋卸完货物后，进行空袋回收。

集装袋的出现和使用是粉、粒状物品运输方法的一次革命。采用集装袋代替纸袋、塑料袋及其他粉、粒包装物极大地提高了装卸、运输效率，节约了原材料，降低了包装费用和人工费用。

二、货捆

货捆也是集装化的一种形式。它是采用各种材料的绳索对物品进行多种形式的捆扎，使若干单件物品汇集成一个单元的集装化方法。货捆化物品可以更好地利用运输工具以提高运输能力利用率、更好地利用仓库堆场以提高仓容利用率。

货捆主要适用于木材、钢材等长件物品。例如，主要木材出口国的木材流通大多采用货捆方式。苏联在木材流通中采用半刚性吊索将木材捆成货捆，在整个运输过程中不解捆。其所采用的半刚性吊索由交通部门统一制造、维修，归铁路部门所有，货主可租用。美国的货捆则采用了"活捆"的方式，既利用了货捆化的优势、提高了船舶装卸效率，又克服了"死捆"降低舱容利用率的缺点。

图4-7所示是长形圆钢捆扎成集装货件的情形。当货件长度小于6 m时，一般采用双捆方法，在离货件两端1.5 m处分别用金属线捆绑两扎。当货件长度大于6 m时，则需采用三根捆绑线，两端的捆绑线一般距离货件端部0.3 m～0.5 m。对于钢板、钢带等，可采用钢制包皮包装成捆，根据包装后的长度确定捆绑道数和位置。金属管材的集装一般是先把管材码放在钢丝（或其他捆扎物）上，然后收紧钢丝，形成端面呈圆形或梯形的集装单元。

我国流通领域经常采用自货预垫或绳索预垫等简易方法实现"三材"的货捆化。自货预垫是指装车前用货物本身（主要是木材、毛竹等）在车船底板和货层之间进行预垫、在车厢的两侧进行预隔（将货物与车帮隔开），以便卸车时套索。绳索预垫是指装车前将带套扣的绳索预垫在货物下，卸车时吊钩勾住套扣即可将货物直接吊下。这两种方法虽然都十分简单，但对提高物流效率具有十分明显的促进作用。

三、框架

对于易变形的长件物品，可以采用集装框实现集装化，而对于玻璃、陶瓷等易碎物品，则可采用集装架实现集装化。这两种形式的集装器具统称为框架，框架也是集装化的一种重要手段。由于集装框和集装架都属于专用的集装器具，所以在实际运用中经常要进行回收再利用。

有些框架对物品的适应性较强，如门字形框架几乎可用于所有的长形材料。图4-8所示是用门字形框架集装钢管的情形，这种门字形集装框架由较小的钢管制作的卡箍和木条构成。有些框架的专用性很强，只适用于某种特定形状的物品。对于一些外观特殊的物品，若要进行框架集装，则往往需要专门设计框架，以适应其特殊的要求。

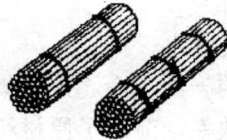

图4-7　长形圆钢的捆扎　　　　　　　图4-8　门字形框架

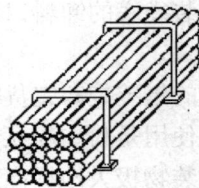

四、滑板

滑板又称薄板托盘或滑片，是托盘的一种变形体。从外形上看，它就是与托盘尺寸一致的，带翼板（勾舌、卷边）的平板，如图4-9所示。与托盘一样，滑板也可用以承放物品组成装卸单元。与滑板相匹配的装卸搬运机械是带推拉器的叉车。取货时，先用推拉器的钳口夹住滑板的翼板，同时将叉车的货叉向前伸，以便把滑板货体拉到货叉上；卸货时，只需对准货位，用推拉器将滑板货体推出货叉即可。

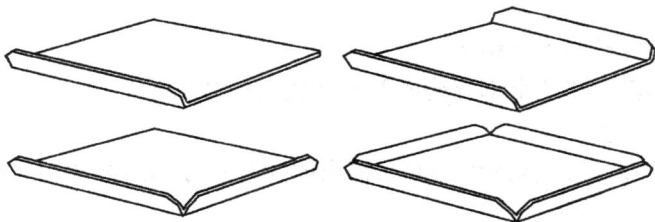

图 4-9　各种形状的滑板

滑板既具有托盘的优点，又克服了托盘材料消耗大、流通周转繁杂、自重大、占用作业场地大的缺陷。但是，由于与滑板匹配的带推拉器的叉车本身比较笨重、机动性差、效率低，因而制约了滑板的应用。对于纸箱装食品、纺织品等包装一致且比重较小的货物，很容易通过滑板实现集装化。

五、半挂车

半挂车相当于一种带轮的大型集装箱，按照 ISO 的定义，半挂车不属于集装箱的范畴。对铁路来说，半挂车经常是平板车的运输对象；对于水运来说，半挂车经常是滚装船的运输对象；而对于公路运输来说，半挂车本身就是一种运输工具，它既可以单独由牵引车牵引，又可以组合成车列由牵引车牵引进行运输。显然，在铁路运输和水运方式下，半挂车起着集装的作用，是一种集装器具。

半挂车产生于美国。在集装箱大发展以前的 20 世纪 50 年代，铁路运输为了与公路运输竞争，发展了在平板货车上装运半挂车的运输形式，在长途货运中发挥了铁路与公路各自的优势。目前，美国铁路拥有的半挂车数量和其完成的运量仍然超过集装箱。在加拿大、欧洲、澳大利亚等国家（地区），半挂车也得到了较快的发展。现在铁路平板车和大型货船不仅装运半挂车，而且连牵引车一起装运，形成了所谓的"滚动公路""浮动公路"，使"公、铁、水"三种运输方式的结合更加紧密，有效地促进了物流的合理化。

拓展阅读资料　　我国托盘行业存在的问题

本章关键词

集装化、集装器具、集装箱、托盘、集装袋、货捆、框架

复习思考题

1. 简述集装化的经济意义及其实施的基本条件。

2. 按照用途和规格尺寸的不同，集装箱是如何进行分类的？常用的统计单位 TEU 是什么意思？

3. 简要说明集装箱的主要结构。

4. 集装箱的标记由哪几个部分构成？分别代表什么意思？

5. 简述托盘的分类。

6. 简要介绍国际标准化组织（ISO）提出的托盘尺寸标准和我国颁布或使用的托盘尺寸标准类型。

7. 举例说明其他集装器具的用途及操作方法。

第五章 装卸搬运

装卸搬运是伴随运输、储存、包装等物流基本功能的出现而出现的另一种必不可少的物流基本功能，它的工作内容主要包括装车卸车、装船卸船、入库出库、堆垛拆垛等。装卸搬运衔接物流的其他基本功能、伴随物流活动的全过程，是物流系统中出现频次最高的基本功能，对于提高物流效率、降低物流成本、改善物流服务质量具有十分重要的意义。

第一节 装卸搬运概述

在同一地域或地点（如工厂、车站、码头、机场、仓库、货场等）范围内，以改变物品的支承状态为目的的活动称为装卸（loading and unloading）。我国国家标准《物流术语》对装卸的定义是"在运输工具间或运输工具与存放场地（仓库）间，以人力或机械方式对物品进行载上载入或卸下卸出的作业过程"。

在同一地域或地点范围内，以改变物品的空间位置（通常指短距离的空间位移）为目的的活动称为搬运（handling/carrying）。《物流术语》对搬运的定义是"在同一场所内，以人力或机械方式对物品进行空间移动的作业过程"。

由于装卸与搬运经常相伴而生且实践中的作业设备和作业方式难以区分，所以人们通常将二者统称为装卸搬运，有时也简单地用"装卸"或"搬运"表示"装卸搬运"的内涵。当然，若要更多地强调物品支承状态的改变，就称"装卸"；若要更多地强调物品空间位置的改变，则称"搬运"。

一、装卸搬运的地位与作用

在物流作业过程中，装卸搬运是不断出现和重复进行的，出现的频率通常高于物流的其他功能。而且，由于装卸搬运会花费较多的作业时间，所以装卸搬运的效率往往成为决定物流整体效率的关键。同时，由于装卸搬运会消耗大量的人力、物力和财力，其成本在物流总成本中占有相当大的比重，所以装卸搬运合理化也是降低物流总成本的重要手段。在整个物流大系统中，装卸搬运的地位主要体现在以下两个方面。

（一）装卸搬运是连接物流各环节的桥梁

物流的各个环节（功能）之间或者同一环节的不同阶段之间都必须有装卸搬运作业进行衔接。例如，运输过程完成之后、货物要进入仓库之前必须进行装卸搬运。正是装卸搬运把"物"运动的各个阶段连接成为连续的"流"，使物流过程真正浑然一体。

装卸搬运衔接各种不同的运输方式，使多式联运得以实现。通常，经过多式联运进行运输的物品，要经历四次以上的装卸搬运作业，有时甚至要经过几十次的装卸搬运才能最终到达目的地。因此，装卸搬运是多式联运得以展开的前提。

（二）装卸搬运是生产和流通过程的重要组成部分

实际上，采掘行业的生产过程本质上就是装卸搬运过程；即便是在加工或流通行业内，装卸搬运也是生产过程不可或缺的重要组成要素之一。美国有关人士曾经指出，当前美国产品的全部生产时间中只有5%用于加工制造，而剩余95%的时间都是在装卸搬运、储存和运输等物流过程中被消耗掉的。据统计，在运输的全部作业过程中，装卸搬运所占时间约为一半。在我国，机械加工企业每生产 1 吨成品，大约需要进行 252 吨次的装卸搬运。据估计，我国机械加工行业用于装卸搬运的成本约为加工总成本的15.5%。因此，组织好装卸搬运工作的重要作用在于以下几点。

（1）加速车船周转，提高港、站、库的利用效率。

（2）加快物品送达速度，减少流动资金占用。

（3）预防各种事故的发生，减少货损、货差。

总之，改善装卸搬运系统能显著提高物流活动的经济效益和社会效益，使装卸搬运系统在提高本身效益的同时，为整个生产系统赢得更高的经济效益。

二、装卸搬运的特点

装卸搬运是贯穿所有物流活动始终、出现频次最高的物流基本功能，同生产或流通领域的其他活动相比，装卸搬运具有以下特点。

（一）装卸搬运具有伴生性和起讫性

装卸搬运是伴随生产与流通的其他活动而发生的。无论是生产领域的加工、组装、检测，还是流通领域的包装、运输、储存，一般都以装卸搬运作为起始和终结。所以，无论是在生产领域还是在流通领域，装卸搬运都是不可或缺且与其他相关活动密不可分的，具有明显的伴生性和起讫性特点。

正是装卸搬运的这种伴生性和起讫性特点导致它经常被人们所忽视，而只被看作其他活动过程的一部分。例如，汽车运输和仓库储存都需要具有伴生性和起讫性的装卸搬运，但实际上人们常将其理解为汽车运输或仓库储存活动的一部分，而不是一项独立的作业活动。

（二）装卸搬运具有保障性和服务性

装卸搬运既不改变作业对象的物理或化学性质，又不参与零部件的组装或机器设备的拆解；既不消耗作业对象，也不排放废弃物；既不产生有形的产品，也不改变作业对象的使用价值。装卸搬运只改变作业对象的支承状态或空间位置，主要为生产或流通领域的其他作业提供保障性和服务性劳务服务。

装卸搬运的这种保障性和服务性不能理解为附属性和被动性。事实上，装卸搬运经常对其他物流活动起着决定性作用，装卸搬运的质量和效率直接影响其他物流活动的速度和水平。例如，装车不当会导致运输事故的发生，卸车不当也会引起车辆延误或仓储堆码环节发生问题。

（三）装卸搬运具有复杂性和延展性

通常认为，装卸搬运只改变物品的支承状态或空间位置，是一种比较单纯的作业活动。但由于装卸搬运经常与运输、储存等环节相伴而生，往往要同时完成堆码、装载、加固、计量、取样、检验和分拣等作业，因此其作业过程是相当复杂的。同时，这些作业也可以看作装卸搬运的分支或附属活动，它们延展了其"改变物品支承状态或空间位置"的内涵，使装卸搬运具有了一定程度的延展性。

根据装卸搬运的复杂性和延展性特点，人们在组织装卸搬运时，应该使其对上述附属作业具有相应的适应能力。

三、装卸搬运的分类

（一）按装卸搬运作业的场所分类

根据装卸搬运作业场所的不同，流通领域的装卸搬运基本可分为车船装卸搬运、港站装卸搬运和库场装卸搬运三大类。

（1）车船装卸搬运，是指在载运工具之间进行的装卸、换装和搬运作业，主要包括汽车在铁路货场和站台旁的装卸搬运、铁路车辆在货场及站台的装卸搬运、装卸搬运时进行的加固作业以及清扫车辆、揭盖篷布、移动车辆、检斤计量等辅助作业。

（2）港站装卸搬运，是指在港口码头、车站、机场进行的各种装卸搬运作业，主要包括码头前沿与后方之间的搬运，港站堆场的堆码、拆垛、分拣、理货、配货、中转作业等。

（3）库场装卸搬运，通常是指在货主的仓库或储运公司的仓库、堆场、货物集散点、物流中心等场所进行的装卸搬运作业。库场装卸搬运经常伴随物品的出库、入库和维护保养活动，其操作内容多以堆垛、上架、取货为主。

在实际运作中，这三类作业往往是相互衔接、难以割裂的。例如，码头前沿的船舶装卸作业与港口和船舶都有联系，而这两者分别对应着港站装卸搬运和车船装卸搬运，所以作业的内容和方式肯定十分复杂，在具体组织实施的过程中，作业人员必须认真对待。

（二）按装卸搬运作业的内容分类

根据装卸搬运作业内容的不同，装卸搬运可分为堆码拆取作业、分拣配货作业和挪动移位作业（即狭义的装卸搬运作业）等形式。

（1）堆码拆取作业，包括车厢内、船舱内、仓库内的码垛和拆垛作业，按规定位置、形状和其他要求放置或取出成件包装物品的作业，也包括按规定的位置、形状和其他要求堆存和取出散堆物品的作业等。

（2）分拣配货作业，包括将物品按品类、到站、货主等不同特征进行分类的作业；按去向、品类构成等原则要求，将已分类的物品集合为车辆、集装箱、托盘等装货单元的作业等。

（3）挪动移位作业，即狭义的装卸搬运作业，包括单纯地改变物品的支承状态（如将物品从汽车车厢上挪动到站台上）的作业、显著地（距离稍远）改变物品空间位置的作业等。

（三）按装卸搬运的机械及其作业方式分类

根据装卸搬运机械及其作业方式的不同，装卸搬运可分为吊上吊下、叉上叉下、滚上滚下、移上移下以及散装散卸等方式。

（1）吊上吊下方式，是利用各种起重机械从物品上部起吊，依靠起吊装置的垂直移动实现装卸并在吊车运行或回转的范围内实现搬运（包括连同集装器具一起搬运）。

（2）叉上叉下方式，是叉车从物品底部托起物品并依靠叉车的运动进行物品位移，位移完全依靠叉车本身的运行，物品可不经中途落地而直接放置到目的地。

（3）滚上滚下方式，主要是指在港口对船舶所装载的物品进行水平装卸搬运的一种作业方式。在装货港，用拖车将半挂车或平车拖上船舶，完成装货作业。待载货车辆（包括汽车）连同物品一起由船舶运到目的港后，再用拖车将半挂车或平车拖下船舶，完成卸货作业。

（4）移上移下方式，是对两个载运工具（如火车与汽车）进行对接，把物品从一个载运工具水平或上下移动到另一个载运工具上的作业方式。

（5）散装散卸方式，是指对散状物品不加包装地直接进行装卸搬运的作业方式。在采用散装散卸方式时，物品在从起始点到终止点的整个过程中不再落地，它是将物品的装卸与搬运作业连为一体的作业方式。

（四）按装卸搬运的作业特点分类

根据作业特点的不同，装卸搬运可分为连续装卸搬运与间歇装卸搬运两大类。

（1）连续装卸搬运，是指采用皮带机等连续作业机械，对大批量的同种散状物品或小型件杂货进行不间断输送的作业方式。在采用连续装卸搬运时，作业过程中间不停顿、散货之间无间隔、小型件杂货之间的间隔也基本一致。连续装卸搬运适用于批量较大、作业对象无固定形状或难以形成大包的情形。

（2）间歇装卸搬运，是指作业过程包括重程和空程两个部分的作业方式。间歇装卸搬运有较强的机动性，广泛适用于批量不大的各类物品，对于大件或包装物品尤其合适，如果配以抓斗或集装袋等辅助工具，也可以对散状物品进行装卸搬运。

第二节　主要的装卸搬运设备

基于装卸搬运的特殊地位与作用，人们致力于装卸搬运效率的提高。同其他所有社会化大生产一样，机械化和自动化是提高装卸搬运效率最有效的手段。装卸搬运设备是指用来对物品进行搬移、升降、装卸或短距离输送的各种机械、装置和工具，它是实现装卸搬运作业机械化的物质基础，是最重要的物流机械设备。装卸搬运设备不仅可用于船舶或车辆的装卸，还可用于库场货物的搬移、堆码、拆垛以及舱内、车内、库内货物的升降、移动和搬运。

按照适用范围的大小不同，装卸搬运设备可分为通用装卸搬运设备和专用装卸搬运设备两大类。其中，通用装卸搬运设备又可按不同的结构特点进一步细分为起重机械、装卸搬运车辆和连续输送机械三大类。

一、起重机械

起重机械是一种以间歇作业方式对物品进行起升、下降和水平移动的搬运机械（GB/T 18354—2021）。它具体包括：额定起重量大于或等于 0.5 t 的升降机；额定起重量大于或者等于 3 t（或额定起重力矩大于或等于 40 t·m 的塔式起重机，或生产率大于或等于 300 t/h 的装卸桥）且提升高度大于或者等于 2 m 的起重机；层数大于或者等于 2 的机械式停车设备。

根据国家质检总局于 2014 年颁布的《特种设备目录》，起重机械分为桥式起重机、门式起重机、塔式起重机、流动式起重机、门座式起重机、升降机、缆索式起重机、桅杆式起重机、机械式停车设备。下面介绍几种最常见的起重机械。

（一）轻小型起重机

轻小型起重机主要包括起重滑车、吊具、千斤顶、手动葫芦、电动葫芦和普通绞车，大多体积小、重量轻、使用方便。除电动葫芦和绞车，绝大多数用人力驱动，适用于工作不繁重的场合。它们可以单独使用，有的也可作为其他起重机的起升机构。有些轻小型起重设备的起重能力很大，如液压千斤顶的起重量可达 750 t。

（二）门式起重机

门式起重机又称龙门起重机，是一种桁架结构的起重机械，有轨道式和轮胎式两类，如图 5-1 所示。轨道式龙门起重机的支脚沿轨道运动；轮胎式龙门起重机则不受轨道限制，运动范围较大。门式起重机的起吊机构在梁架上运动可完成起吊和纵横两个方向的移动作业。

门式起重机起重量较大，其起重能力通常可达 300 t 以上。起重机可在重载状态下运动，同时完成装卸和搬运两项作业。有的门式起重机有较长的悬臂，伸离支脚轨道范围覆盖火车、汽车或船舶装卸区。门式起重机适合在转运中心、港口及车站使用。

（三）桥式起重机

桥式起重机又称梁式起重机或天车，与门式起重机的工作原理基本相同，所不同的是，门式起重机的两端有高支腿，直接在地面上行走，而桥式起重机的支腿很短或根本没有支腿，行走的轨道要架设在建筑物的立柱上，如图 5-2 所示。桥式起重机可以节省支脚所占的地面面积且造价低廉，特别适合在仓库或厂房内使用。

图 5-1　门式起重机

图 5-2　桥式起重机

（四）臂架式（旋转式）起重机

臂架式（旋转式）起重机是一种可在环形场地及其空间作业的起重机，它主要由可以旋转和变幅的臂架支撑，完成起重作业。常用的类型有港口码头常用的岸壁起重机、建筑工地常用的塔式起重机以及汽车起重机、履带式起重机和船吊（浮吊）等。

门座式起重机通常简称为门机或门吊，是港口码头、造船厂或其他露天作业场所经常使用的一种大型臂架式（旋转式）起重机。它的底座由四根粗壮的支撑腿构成，形成四个高大的门框。门机底座上面安装的起重臂架不仅可以 360° 水平旋转，而且可以上下俯仰以调节旋转半径。作为码头岸壁起重机使用时，起重臂架一边覆盖船舱，另一边覆盖码头前沿，通过起重臂架的旋转和俯仰实现船舶与码头之间的物品装卸，如果配上抓斗，还可以用于矿石、煤炭等散装物品的装卸。

（五）堆垛起重机

堆垛起重机也称堆垛机，是立体仓库中最重要的起重搬运设备，是代表立体仓库特征的标志。堆垛起重机的主要作用是在立体仓库的通道内来回运行，将位于巷道口的货物存入货架的货格或者取出货格内的货物运送到巷道口。

早期的堆垛机是在桥式起重机的起重小车上悬挂一个门架（立柱），利用货叉在立柱上的上下运动和立柱的旋转运动来搬运货物，通常称为桥式堆垛机。1960 年左右在美国出现了巷道式堆垛机，可利用地面导轨来防止倾倒。其后，随着计算机控制技术和自动化立体仓库的发展，堆垛机的运用越来越广泛，技术性能越来越好，高度也越来越高。如今，堆垛机的高度可以达到 40 m。事实上，如果不受仓库建筑和费用的限制，堆垛机的高度还可以更高。

二、装卸搬运车辆

装卸搬运车辆是指通过可自由运行的车辆与装卸设备互相配合，完成以水平运动为主的搬运、装卸、码垛、拆垛任务的一种装卸搬运设备。其中，也有部分装卸搬运车辆没有装卸设备，不具备装卸功能，只能完成搬运任务。主要的装卸搬运车辆有叉车、搬运车、牵引车和挂车、自动导引车等。

（一）叉车

叉车是具有各种叉具及属具，能够对物品进行升降和移动以及装卸作业的搬运车辆（GB/T 18354—2021），是物流领域最常用的装卸搬运机具。由于作业环境和作业要求的不同，叉车有很多不同的类型。根据动力来源的不同，叉车可分为内燃式叉车、电动式叉车和手动式叉车；根据结构的不同，叉车可分为平衡重式叉车、前移式叉车和侧叉式叉车；根据功能的不同，叉车可分为集装箱叉车、拣选叉车和堆垛叉车等。

（二）搬运车

搬运车是一种主要用于短距离搬运物品的简单机械，由于其载货平台很低且起升高度有限或根本没有起升能力，所以一般不具备装卸功能。搬运车主要用于仓库、车间或物流据点内的小型物品搬运，可分为托盘搬运车、手推车和平台搬运车等类型。

（三）牵引车和挂车

牵引车是指具有机动牵引能力但本身不能载货的车辆。根据动力来源的不同，牵引车可分为内燃牵引车和电动牵引车。挂车则是指没有动力装置、专门用于装载货物的平台式车辆，它必须由牵引车牵引才能运行。当牵引车与一个或多个挂车配合使用时，就构成了汽车列车。虽然汽车列车既可用作装卸搬运车辆，也可用于公路运输，但作为装卸搬运车辆的汽车列车一般底盘较低且转弯半径小、操纵灵活。

（四）自动导引车

自动导引车（automatic guided vehicle，简称 AGV）是在车体上装备有电磁学或光学等导引装置、计算机装置、安全保护装置，能够沿设定的路径自动行驶，具有物品移载功能的搬运车辆（GB/T 18354—2021），主要用于搬运外形尺寸和体积重量比较统一的物品。早期自动导引车的承载能力一般不大，所以常被称为自动导引小车，主要用于烟草、电子等生产企业内部原材料、半成品或产成品的搬运。快递业兴起之后，自动导引车被广泛应用于快件分拣作业。随着自动导引车的环境适应能力越来越强、承载能力越来越大，其应用领域也越来越广。

（五）物流机器人

机器人是一种通过大量的信息系统编程使之能完成类似于人的一个动作或一系列动作的机器。物流机器人（robot for logistics）是具有一定程度的自主能力，能代替人执行物流作业预期任务，可重复编程的自动控制操作机（GB/T 18354—2021），主要用于物品的分类或码垛。码垛机器人能自动地将不同外形尺寸的包装物品整齐地码放到托盘上，适于在高温、有毒的环境中代替人工作业，不仅能保护物流作业人员的身体免受伤害，而且具有作业速度快、操作准确性高的优点。

三、连续输送机械

连续输送机械是沿着一定的线路从装货点到卸货点连续均匀输送散状或小包装件杂货物的机械设备。按照安装方式的不同，连续输送机械可分为固定式和移动式两大类。固定式输送机是指整个设备固定安装在一个地方，不能移动，主要用于专用码头、仓库和车间等作业量稳定的场合；移动式输送机是指整个设备安装在车轮上，可以移动，具有机动性强、利用率高的优点，主要适用于各种中小型仓库和堆场作业。典型的连续输送机械主要有以下几种。

（一）带式输送机

带式输送机是一种利用输送带，既作为牵引构件，又作为承载构件的连续输送机械，一般用于水平或倾角较小的物品输送。整个输送带都支承在托辊上并且绕过驱动滚筒和张紧滚筒，可以连续装载散状或小包装的件杂货物。

（二）斗式提升机

斗式提升机是垂直提升散碎物品的连续输送机械。它的牵引件可以是橡胶带或链条，在牵引件上按一定的间距固定着很多料斗，由驱动装置带动牵引件回转，料斗从提升机的底部刮起物料，随牵引件上升到顶部后，绕过链轮或者卸料滚筒，物料即从料斗内卸出。

（三）悬挂输送机

悬挂输送机是指将装载物品的吊具通过滑架悬挂在架空轨道上，滑架受牵引构件（链条等）的牵引，沿架空轨道悬空输送物品的机械。它可以输送装入容器的成件物品，也常用于工厂内部的成品或半成品输送。

（四）埋刮板输送机

埋刮板输送机是指在牵引构件（链条或钢丝绳等）上固定刮板，牵引构件和刮板受驱动构件的牵引沿着封闭的料槽运动而输送散装物品的机械。它一般用于水平方向或30°倾角范围内的倾斜输送。

（五）螺旋输送机

螺旋输送机是指将带有螺旋叶片的转轴装在封闭的料槽内旋转，利用螺旋面的推力使散装物品沿着轴线方向移动的一种连续输送机械。

（六）辊式输送机

辊式输送机由许多定向排列的辊柱组成，辊柱可以在动力驱动下不停地旋转，以带动上置物品的移动，也可以在无动力的情况下，由人力或物品的自重带动物品在其上移动。

（七）滚轮式输送机

滚轮式输送机与辊式输送机的原理基本相似，所不同的是滚轮式输送机采用的不是辊柱而是一个个小轮子，其外观如同算盘一样，所以也称为算盘式输送机。

（八）振动输送机

振动输送机是利用某一形式的激振器（机械式或电磁式）使运料槽体沿某一方向产生振动，从而将物品由一端运送至另一端的输送设备。

（九）气力输送装置

气力输送装置是指沿一定的管线路径，借助气流（通常采用空气流）的裹挟作用，对散状、颗粒状或粉状物品进行输送的设备。气力输送装置结构简单、能有效保护环境，被广泛应用于粮食、水泥等物资的装卸搬运。

第三节　典型的装卸搬运系统

专用装卸搬运设备往往需要数量庞大而稳定的作业需求来支撑，而数量庞大而稳定的装卸搬运需求一般不会出现在单一环节的作业场所，它们往往需要经过装卸、搬运、堆码、拆垛、再搬运、再装卸等多重环节的作业，才算最终完成任务。为了满足特定的装卸搬运需求，将若干种类的装卸搬运设备按照一定的数量比例在工艺上合理衔接、在空间上合理布局，组合而成的有机整体就是装卸搬运系统。它是规模化装卸搬运的物质基础，也是大多数专用装卸搬运设备的应用场景。

成熟的装卸搬运系统多出现在港口码头、铁路货站、公共仓库、配送中心或企业仓库等物流节点中。由于不同类型的物流节点在作业量上存在巨大差异，所采用的装卸搬运设备以及组合起来的装卸搬运系统也会有所不同。很显然，物流节点的作业量越大、所采用的装卸搬运设备越专业，构建的装卸搬运系统越稳定。因此，典型的装卸搬运系统最常出现在港口码头。此外，在某些特殊场合，虽然装卸搬运的需求量不一定特别大，但由于作业要求的特殊性，不得不构建专用的装卸搬运系统。

一、集装箱装卸搬运系统

集装箱的优势十分明显，但作为一种体量最大的集装器具，如果采用常规或通用的装卸搬运设备，很难使集装箱的优势得到充分发挥。因此，为了适应集装箱的需要，出现了一些专用装卸搬运设备。集装箱与其专用的装卸搬运设备之间相互促进，引发了装卸搬运领域乃至整个物流领域的一场革命。

（一）集装箱专用装卸搬运设备

众所周知，集装箱装卸搬运最集中的场所是码头，所以集装箱码头设备通常是最典型的集装箱装卸搬运设备。很多堆场、车站所使用的装卸搬运设备都参照集装箱码头的标准进行设计或制造，有的甚至直接采用集装箱码头的各种专用设备。

1. 岸边集装箱装卸桥

岸边集装箱装卸桥经常简称或俗称为"集装箱装卸桥""装卸桥""岸桥""塔桥""桥""塔"等，是集装箱码头前沿装卸集装箱船舶的专用装卸设备。它由金属框架结构、机房、司机室、大车行走机构、小车行走机构、起升机构、仰俯机构和吊具等组成。大车沿着与岸线平行的轨道行走，起重行走小车沿桥架的轨道吊运集装箱，进行装卸船舶作业。为了方便船舶靠近码头，桥架伸出码头的前大梁可以仰俯。装卸桥一般配备具有自动快速扣紧功能的集装箱专用吊具，对于高速型岸边集装箱装卸桥，通常还装有吊具减摇装置，以保证装卸作业的稳定和安全。

岸边集装箱装卸桥的外形结构如图 5-3 所示，它的技术性能指标主要包括起重量、起升高度、外伸距、内伸距、轨距、轴距、门架内净空高度等。

2. 集装箱跨（运）车

集装箱跨（运）车是在码头前沿和堆场之间搬运集装箱的专用无轴车辆，如图 5-4 所示。它是以门字形车架跨在集装箱上，由装有集装箱吊具的液压升降系统吊起集装箱，通过车辆运行进行搬运并可将集装箱堆码 2～3 层。集装箱跨（运）车机动性强、适用范围广，可灵活地适应作业量的变动。但由于大量使用液压构件，机构比较复杂，维修成本大且对操作工人的技术要求高、整体可靠性较差。

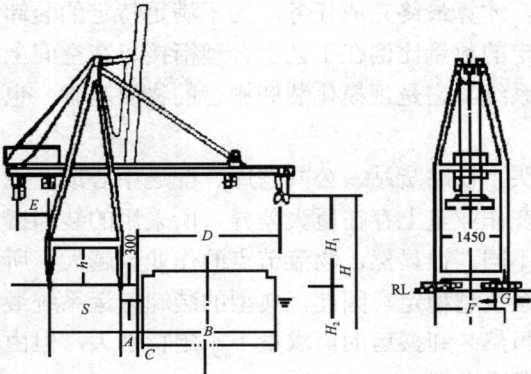

图 5-3　岸边集装箱装卸桥的外形结构示意图　　图 5-4　集装箱跨（运）车

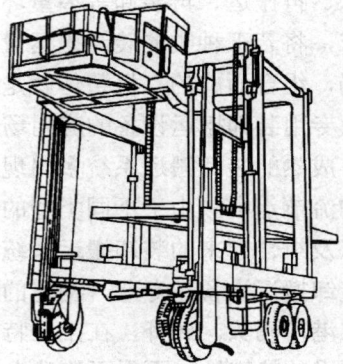

3. 轮胎式龙门起重机

轮胎式龙门起重机是集装箱码头货场进行堆码作业的专用设备。同跨（运）车相比，轮胎式龙门起重机的场地利用率高且安全可靠，对司机的技术要求较低。与轨道式龙门起重机相比，轮胎式龙门起重机可以方便地从一个堆场转移到另一个堆场，机动性强、设备利用率高。

4. 轨道式龙门起重机

轨道式龙门起重机是集装箱堆场进行装卸搬运、堆码作业的专用设备。轨道式龙门起重机的主要机构与岸边装卸桥基本相同，但没有岸边装卸桥前大梁的仰俯机构，悬臂也较小。除小车行走机构与起升机构，一般还有旋转机构，能更方便地进行堆场上集装箱的装卸、搬运、堆垛作业。轨道式龙门起重机的跨度比轮胎式龙门起重机大，堆码的层数也比较多（可多达 5～6 层），可以更充分地利用堆场面积。同时，轨道式龙门起重机的结构较为简单、操作方便、易于维修，有利于实现单机自动化控制。

5. 集装箱半挂车

集装箱半挂车主要用于港口码头、铁路货站与集装箱堆场之间的运输，也适用于码头、货站到用户的"门到门"运输。集装箱半挂车与集装箱起重机配合使用，可以很方便地进行集装箱的装卸搬运或集港疏港作业且作业效率高、灵活性强。

6. 集装箱叉车

集装箱叉车大多属于大型平衡重式叉车，是集装箱码头和堆场的常用设备。它主要用在集装箱吞吐量不大的综合性码头和堆场。其优点是既可以堆码集装箱，又可以完成短距离的搬运任务。它的缺点是进行直角堆码时，通道的宽度通常在 14 m 以上，因而降低了堆场面积的利用率。此外，集装箱叉车的轮压大，对路面的承载能力要求较高。

7. 集装箱堆高机

集装箱堆高机由集装箱叉车演变而来，它们的主要区别在于抓取集装箱的方式不同。集装箱堆高机是最常用的集装箱装卸搬运设备，广泛运用于集装箱码头、货运站及堆场，具有堆码层数高、堆垛速度快、作业效率高、机动灵活、节约场地等优点。集装箱堆高机一般分为重箱堆高机和空箱堆高机两大类，其中空箱堆高机的最大起升高度可超过 20 m，堆码层级可达 9 层。

8. 集装箱正面吊

正面吊的结构特点是设置有可伸缩和可左右旋转 120° 的吊具，便于在堆场吊装和搬运；设置有可变幅的伸缩式臂架及多种保护装置，能保证安全操作；可加装吊钩，吊装其他重大件货物。该机械的主要优点是：机动性强、可一机多用，既可做吊装作业，又可短距离搬运，一般可吊装四层箱高且稳定性好、轮压也不高，因此是一种比较理想的堆场装卸搬运设备，适用于吞吐量不大的集装箱码头，也适用于空箱作业。

9. 集装箱自动导引车

随着自动化或智慧化码头的出现，专用于集装箱的自动导引车技术越来越成熟。与传统的搬运设备相比，集装箱自动导引车具有自动化程度高、人力成本低、运行精度高等优点；同其他自动导引车相比，集装箱自动导引车承载量大、工作环境差。

（二）集装箱码头装卸搬运工艺

集装箱码头是集装箱进行水陆运输方式换装的节点，也是集装箱集疏运的枢纽，在整个集装箱运输系统中具有举足轻重的地位。按照集装箱装进船舶或卸出船舶的方式不同，码头的装卸工艺可以分为吊装方式和滚装方式两种。

1. 吊装方式

采用吊装方式的集装箱码头，其码头前沿一般配备有岸边集装箱装卸桥，通过装卸桥对船舶进行集装箱的装卸作业。岸边集装箱装卸桥一般配备有专门的集装箱吊具，将吊具上的转锁对准插入集装箱顶部的四个角件孔，旋转锁扣之后即可起吊、装卸集装箱。集装箱吊具有固定式和伸缩式两种。其中，固定式吊具是指长短尺寸固定的吊具，它只能用于起吊某一种型号的集装箱；伸缩式吊具则能够进行长短伸缩，可以起吊多种类型的集装箱，因而适用面较广。

吊装作业只是完成了码头前沿与集装箱船舶之间的装卸作业，而码头前沿与堆场之间的搬运作业以及堆场内部的堆码搬移作业等还需依靠其他类型的装卸搬运设备，实践中通常存在以下四种方式可供选择。

（1）跨车方式。卸船时，岸边集装箱装卸桥将船上的集装箱卸到码头前沿，然后用跨车把集装箱搬运到堆场进行堆码或直接装车运出码头；装船过程与此相反。

（2）轮胎式龙门起重机方式。卸船时，岸边集装箱装卸桥将船上的集装箱卸下后直接装上集装箱半挂车（或自动导引车），由集装箱半挂车（或自动导引车）短距离输送到堆场，在堆场则用轮胎式龙门起重机进行卸车、堆码等作业；装船过程与此相反。

（3）轨道式龙门起重机方式。卸船时，岸边集装箱装卸桥将船上的集装箱卸下后直接装上集装箱半挂车（或自动导引车），由集装箱半挂车（或自动导引车）短距离输送到堆场，在堆场则用轨道式龙门起重机进行卸车、堆码等作业；装船过程与此相反。

（4）集装箱半挂车方式。卸船时，岸边集装箱装卸桥将船上的集装箱卸下后直接装上集装箱半挂车，由集装箱半挂车运出码头，送到集装箱货运站或直接送达收货人；装船过程与此相反。

应该特别指出的是，目前的自动化集装箱码头全都采用吊装方式并通过集装箱自动导引车完成码头前沿与堆场之间的搬运任务，岸边集装箱装卸桥、自动导引车以及堆场内的龙门起重机全部实行自动化或智能化，实现了集装箱码头作业的无人化。

自2016年3月厦门远海自动化码头建成以来，上海洋山四期、青岛前湾一期二期、天津五洲国际、深圳妈湾、日照石臼、天津港北疆C段、广州南沙四期等多座新建或改造的自动化集装箱码头（含全自动化码头和堆场自动化码头）相继建成并投入运营。目前，我国已建成自动化集装箱码头的数量和规模均稳居世界第一。

2. 滚装方式

集装箱的滚装方式是指装载有集装箱的底盘车、半挂车或全挂车通过滚装船的跳板，直接驶进或驶出船舱，以实现集装箱装卸船舶之目的的作业方式。

与吊装方式相比，滚装方式对装卸搬运设备的要求不高，但其堆场利用率很低，同时，滚装船的造价高、载重量利用率低，所以集装箱的滚装作业已越来越少。

二、大宗干散货装卸搬运系统

散货分为干散货和液散货，液散货的装卸搬运一般通过管道输送，工艺相对比较简单。对于干散货，人们常根据其可流动的特点，利用货物的自重，使用泵、铲、传送带等机具进行装卸搬运作业。对于大宗干散货，由于批量大、规模效益明显，所以经常开发一些专用的装卸搬运设备。

（一）大宗干散货专用装卸搬运设备

不同类型的干散货有着不同的装卸搬运特点，对应的装卸搬运设备也会有所不同；即便是同种类型的干散货，其装载设备和卸载设备也会有所不同。常见的大宗干散货专用装卸搬运设备主要有以下几种。

1. 装载机

装载机是以装载大宗干散货为主要目的，将物品由货场取出，通过装卸搬运系统进行装车或装船的组合设备。典型的装载机有装车机、装船机等。

2. 卸载机

卸载机是以卸载大宗干散货为主要目的，将物品从车厢或船舱中取出，通过装卸搬运系统运往货场或仓库的组合设备。典型的卸载机有链斗式卸车（船）机、螺旋卸车（船）机等。

3. 翻车机

翻车机是将铁路货车翻转倾倒，以便将物品卸入地下输送系统的一种大型机械设备。每套翻车机设备系统均应包括翻车机、定位车、空（重）车列车夹轨器、列车制动臂、空重车动态轨道衡、电控系统设备、除尘设备、给排水设备等。

4. 堆取料机

堆取料机是既能从货场上挖取散料物品输送到指定地点，又能将散料物品通过输送系统送入货场堆放的大型机械设备。按照其功能可分为取料机、堆料机和堆取料机三种。

（二）大宗干散货码头装卸搬运工艺

我国是大宗干散货进出口大国，我国港口大宗干散货码头的装卸工艺已经达到世界先进水平。其中，最典型、最成熟的当数煤炭装船系统和矿石卸船系统。

1. 典型的煤炭装船系统

我国某 10 万吨级煤炭码头的装船系统主要包括铁路卸车系统、堆场堆取料系统和码头装船系统三部分。其中，铁路卸车系统采用翻车机系统；堆场堆取料系统采用"堆取合一"的斗轮堆取料机方案，堆场周围设置防风网；码头装船系统采用移动式装船机方案。

（1）铁路卸车系统。该码头的煤炭全部为铁路集港，采用翻车机卸车工艺。卸车系统采用 1 台 O 型转子串联四翻式翻车机，翻车机每次翻卸 4 辆车，年卸车能力达到 9 800 000 t。

（2）堆场堆取料系统。煤炭堆场采用露天堆场形式，共设置 2 条堆取料作业线、2 条轨道梁基础。斗轮堆取料机的轨距为 12 m，回转半径为 58 m，料堆高度为 16 m，单机额定能力为堆料 8000 t/h、取料 6500 t/h。实际堆场容量为 760 000 t，平均堆存期约 19 天。

（3）码头装船系统。码头配备 1 台移动伸缩式装船机，装船机的轨距为 16 m，单机额定能力为 6500 t/h。装船机具有移动、俯仰、伸缩机构，适应装载 3.5 万吨级至 10 万吨级船舶。

2. 典型的矿石卸船系统

我国某 20 万吨级矿石码头的卸船系统主要包括卸船堆料和取料疏港两个工艺环节。卸船堆料环节的带式输送机系统包含 19 条带式输送机；取料疏港环节的皮带机系统包含 2 条带式输送机，主要有以下装卸设备。

（1）桥式抓斗卸船机。桥式抓斗卸船机的单机额定能力为 2500 t/h，它通过机下移动分叉溜槽向码头带式输送机输料，每台卸船机均能给 3 条码头带式输送机供料，每条带式输送机的额定能力为 7500 t/h。整个卸料过程可通过手动操作、半自动控制操作两种方式实现。桥式抓斗卸船机料斗口及码头带式输送机受料处安装干雾抑尘装置。整机可沿码头轨道运行至相邻泊位的任意位置进行卸船作业。作业完毕后，整机行至锚定位置处锚定。需要时，前大梁可以仰起至固定位置并用安全钩（安全钩为带配重形式，在推杆损坏时可以手动打开）将其钩住固定。

（2）堆料机。堆料机为轨道移动式单悬臂堆料机，单机额定能力为 7500 t/h，具有行走、回转、俯仰、臂架皮带机等机构，可以按照一定规则向轨道两侧的料场堆料。该机具有 4

种操作方式：机侧操作、司机室手动操作、司机室半自动操作及远程全自动操作。各机构设置足够的安全检测及保护装置，保证作业安全。物料转接处设置干雾抑尘装置，必要的地方设置橡胶密封帘，以减少粉尘对环境的污染。

（3）取料机。取料机为轨道移动式悬臂斗轮取料机，单机额定能力为 4000 t/h，自轨道两侧堆场取料，经地面带式输送机转运到火车装车楼，具有行走、回转、俯仰、臂架皮带机、斗轮等机构，可以实现定量取料，输出物料流均匀连续，不会对地面带式输送机产生横向冲击。该机具有 4 种操作方式：机侧操作、司机室手动操作、司机室半自动操作及远程全自动操作。各机构设置足够的安全检测装置及保护装置，保证作业安全。物料转接处设置干雾抑尘装置，必要的地方设置橡胶密封帘，以减少粉尘对环境的污染。

三、特殊物品的装卸搬运系统

对经常反复发生的装卸搬运系统进行分析是十分有必要的，其目标通常是更少的装卸搬运费用和更高的装卸搬运效率。但是，在某些特殊的领域经常存在一些特殊的装卸搬运要求，要满足这些特殊要求就必须建立一些特殊的装卸搬运系统。因此，必须对一些特殊的装卸搬运系统进行分析。

特殊的装卸搬运要求往往是由于物品本身的特殊性所引起的，这些物品的特殊性主要包括超长、超宽、超重、危险品、放射性等。对这类物品进行装卸搬运或运输时，对场地、车辆及加固方法的选择有很多特殊的要求，需要进行专门的研究。例如，将大型发电机组运送到大坝或将油田成套设备和管件材料运送到新油田等。这些物品一般需要先在工厂进行组装，以便调试并确定其性能和质量，然后拆散分解、分批运输，到达目的地后再重新组装。如果能够采用特殊的装卸搬运或运输方式，避免分解和再组装的重复工作，就可产生十分明显的经济效益。因此，研究特殊物品的装卸搬运和运输系统具有重大的经济意义。

1970 年，日本一家企业为其位于亚马孙河谷的新建工厂定造了成套的纸浆加工设备，该设备在日本制造，为了将其运送到目的地，该企业的做法是：在日本造船厂专门设计和修造了两艘大型驳船，然后将纸浆加工设备和配套的动力装置，按总重量均匀地分别安装在两艘驳船上，用拖轮拖运到巴西嘉利河的厂址附近，然后筑坝围堰引水。蓄水前，设备安装所在地已预先设置好了多排木桩，以承载设备。当驳船驶入坝区内停靠在木桩附近以后，再将堤坝完全封闭筑高，然后抽水灌注，使驳船随着坝内水位的上升而升高，直至将其搁置在木桩的顶部。随即拆坝放水，使两艘驳船稳稳地停放于相应的木桩上端。去掉驳船两边的门窗或其他隔板，其底座就成了工厂灌注混凝土基础的底板。据估计，这样要比将设备解体、装船运到巴西再重新安装节省建设费用约 20%，工期可缩短约两年。

我国中远海运特种运输股份有限公司（简称"中远海运特运"）长期致力于特殊物品的装卸搬运和运输业务，已经形成系列化服务解决方案，如纸浆运输解决方案、船艇运输解决方案、机车海运解决方案、风电运输解决方案、模块海运解决方案、海工运输解决方案等，由于篇幅所限，本书不加以详细介绍，有兴趣的读者可以登录该公司官网了解学习。

第四节　装卸搬运工作组织

装卸搬运工作组织是提高装卸搬运效率、促进物流合理化的重要一环，具体包括装卸搬运作业方式的选择、装卸搬运机械设备的配置、装卸搬运组织系统的设计与人员配备、装卸搬运作业原则的确定与装卸搬运合理化措施的制定等。但由于很多问题的解决需要较深的管理或技术基础，所以本节仅介绍其中相对简单的部分内容。

一、装卸搬运作业单元的确定

装卸搬运工作组织的第一步就是作业方式的选择，装卸搬运的作业方式主要有吊上吊下、叉上叉下、滚上滚下、移上移下和散装散卸等。选择作业方式必须结合作业对象的体积、质量、包装等形态特征。一般来说，对于单件质量较大的物品，可以选择吊上吊下的作业方式，进行单件装卸搬运。对于单件质量较小的物品，应该首先实施集装化，再根据集装化所形成的作业单元的形态特征选择吊上吊下、叉上叉下、滚上滚下或移上移下等装卸搬运方式。对于散装物品，如果批量不大，可以采用普通运输包装袋或集装袋灌包，使之成为适于间歇装卸搬运的作业单元，然后再选择具体的作业方式；如果批量较大，则宜采用散装散卸的方式进行作业。

显然，装卸搬运作业方式的选择与装卸搬运作业单元的确定是两项相互关联、互为因果的复杂决策，需要综合考虑技术、经济等多方面的因素。因此，此处只介绍几种最常见的装卸搬运作业单元。

（一）单件装卸搬运

单件装卸搬运是指对非集装化的件杂货物，按单件逐个进行装卸搬运的作业方法。单件装卸搬运对机械装备和工作条件的要求不高，不受固定设施、设备和地域的限制，所以机动性较强。

单件装卸搬运可采用人力、半机械化或机械化作业方式。由于需要对每件物品逐一进行处理，所以装卸搬运的速度较慢，容易出现货损、货差。单件装卸搬运的主要作业对象是杂货、多品种少批量的包装货以及单件的大型笨重物品。

（二）集装化装卸搬运

集装化装卸搬运是采用集装器具将小件或散装物品集并成一定质量或体积的组合件，以便利用机械进行作业的装卸搬运方式。

集装化装卸搬运的速度较快，作业时不需要逐个接触货体，因而货损、货差小。集装化装卸搬运的作业对象范围较广，一般除特大、特重、特长和粉、粒、液、气态物品，都可以采用集装化装卸搬运。有时，对粉状、粒状、液态、气态物品进行特殊包装后，也可以采用集装化装卸搬运；特大、特重或特长的物品经适当分解处理后，也可采用集装化装卸搬运。

集装化装卸搬运最常见的方式是托盘化和集装箱化，此外还可采用货捆、框架、集装袋、滑板或半挂车等作为集装器具进行集装化装卸搬运。有关这些集装器具的详细内容见本书第四章，此处不再赘述。

（三）散装作业

散装作业是指对大批量粉状或粒状物品进行无包装装卸搬运的作业方法。散装作业可连续进行，也可以采用间歇方式。散装作业一般需要依靠机械设备，但在特定情况下且批量不大时，也可采用人力进行装卸搬运。散装作业的方法主要有以下几种。

1. 气力输送装卸搬运

气力输送装卸搬运的主要设备是管道及气力输送设备，以气流运动裹挟粉状或粒状物沿管道运动。气力输送装卸搬运的密封性好、装卸搬运能力强，容易实现机械化、自动化。

2. 重力装卸搬运

重力装卸搬运是利用散货本身的重量进行装卸搬运的一种方法。这种方法必须与其他方法进行配合才能完成，因为重力装卸搬运首先要将散货提升到一定高度，具有一定的势能之后，才能利用本身的重力进行下一步的装卸搬运。

3. 机械装卸搬运

机械装卸搬运是利用能承载粉状或粒状物品的各种机械进行装卸搬运作业的方法，这种装卸搬运方法主要有两种具体实现形式。

（1）用吊车、叉车配以不同的工属具或采用专门的装载机械，通过抓、铲、舀等动作来完成特定的装卸搬运任务。

（2）用皮带机、刮板机等输送设备进行一定距离的输送作业并与其他设备配合完成物品的装卸搬运任务。

二、装卸搬运的作业原则

装卸搬运是物流系统中不同作业环节的衔接媒介，它本身并不产生直接的价值增值，所以装卸搬运作业并非越多越好。装卸搬运基本不会出现在物流网络的末端，很少与顾客直接接触，所以与人的感受相关的服务态度似乎也并不十分重要。因此，安全高效、省时省力是装卸搬运工作组织的核心目标。依照此目标，一般认为，组织装卸搬运工作应遵循以下基本原则。

（一）有效作业原则

有效作业原则要求所进行的装卸搬运作业是必不可少的，尽量减少和避免不必要的装卸搬运，只做有用功、不做无用功。

（二）集中作业原则

集中作业包括作业场地的集中和作业对象的集中两种。前者是指在有条件的情况下，应把作业量较小的、分散的作业场地适当集中，以利于装卸搬运设备的配置及使用，以便提高机械化作业水平、合理组织作业流程、提高作业效率；后者是指把分散零星的物品汇集成较大的集装单元，以提高作业效率。

（三）简化流程原则

简化装卸搬运流程包括两个方面：一是尽量实现作业流程在时间和空间上的连续性；二是尽量提高物品放置的活载程度。物品放置时被移动的难易程度称为活载程度，亦称活载性或活性。日本物流专家元藤健民教授把物品放置的活载程度分为 0、1、2、3、4 五个等级并将该数值称为物品的活性指数，如图 5-5 所示。

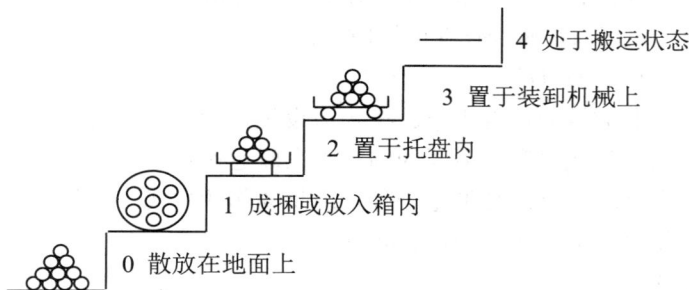

```
                                        ——  4 处于搬运状态
                              ○○○○○○  3 置于装卸机械上
                      ○○○○○  2 置于托盘内
              ○○○○○
             ○○○○○○○  1 成捆或放入箱内
      ○○○○
     ○○○○○  0 散放在地面上
```

图 5-5　物品放置状态的活性示意图

（四）安全作业原则

装卸搬运作业过程中的不安全因素比较多，因此安全作业原则是装卸搬运作业应遵循的基本原则，组织者必须确保作业过程的安全（包括人身安全、设备安全），尽量减少事故的发生。

（五）系统优化原则

装卸搬运作业组织的出发点是实现装卸搬运的合理化，而其合理化目标是系统的整体优化。所以，组织者要充分发挥系统中各要素的功能，从作业质量、效率、安全性和经济性等方面对装卸搬运系统进行综合评价。

三、装卸搬运的合理化措施

装卸搬运必然要消耗劳动，包括活劳动和物化劳动。这些劳动消耗要以价值形态体现在装卸搬运的对象上，从而增加产品的物流成本。因此，组织者应科学、合理地组织装卸搬运工作，尽量减少用于装卸搬运的劳动消耗。实践中，最基本的装卸搬运合理化措施主要包括以下几个。

（一）避免无效装卸搬运

无效装卸搬运就是指用于物品必要的装卸搬运劳动之外的多余劳动。避免无效装卸搬运可从以下几个方面入手。

1. 减少装卸搬运次数

装卸搬运次数的减少意味着物流作业量的减少，也就意味着劳动消耗的减少和物流费用的节省。同时，物流过程中的货损主要发生在装卸搬运环节，所以减少装卸搬运次数还能减少物品的损耗、加快物流的速度、减少场地的占用和避免装卸事故的发生。实践中，影响装卸搬运次数的因素主要有以下几个。

（1）物流设施和设备。厂房或库房等建筑物的结构类型、结构特点及建筑参数都对装卸搬运次数有直接的影响。因此，厂房或库房等建筑物的尺寸应当与装卸搬运机械相适应，以便于装卸搬运与运输设备自由进出或者直接在车间或库房内进行作业，以减少二次作业。

物流设备的类型与配套也会对装卸搬运的次数产生影响。例如，叉车配以托盘出入车间或仓库的作业过程就是将装卸和搬运两类作业合并完成，减少了作业次数。又如，将电子秤安装在起重机上，可以在装卸作业的同时完成检重作业，省去了单独的检重作业环节，也可以达到减少装卸次数的目的。

（2）装卸搬运作业的组织调度工作。在物流设施、设备一定的情况下，装卸搬运作业的组织调度水平是影响作业次数最主要的因素。在联运作业过程中，物品能够不落地、一次性完成运输方式和运输工具的转换是一种较理想的作业方式。对物流据点而言，要尽量组织一次性作业，使物品不落地、作业无间歇。

2. 消除多余包装

包装本身的重量或体积会消耗装卸搬运的劳动量。如果包装过大或过重，就会过多地、反复地消耗额外劳动。因此，消除多余包装可以减少无效劳动的消耗、降低物流总成本。

3. 去除无效物质

进入物流过程的物品有时会混杂着没有使用价值或对用户来讲使用价值不对路的各种掺杂物，如煤炭中的矸石、矿石表面的水分、石灰中未烧熟的石灰及过烧石灰等，反复装卸搬运的过程实际上是这些无效物质在反复消耗劳动的过程，因而要尽量去除物流过程中的无效物质，减少无效装卸搬运。

（二）充分利用物品自重进行低消耗的装卸搬运

在装卸搬运时，应充分地利用物品本身的重量，将其重力转变为促使物品移动的动力。例如，从卡车、铁路车厢卸货时，可利用车厢与地面或小搬运车之间的高度差，通过溜槽、溜板之类的简单工具，依靠物品本身的重量使其从高处滑到低处，完成物品的装卸搬运作业。

此外，在装卸搬运作业时尽量削弱或消除重力的不利影响也可以减少体力劳动及其他劳动消耗。例如，在甲、乙两种运输工具之间进行换装作业时，可对两种运输工具进行对接，通过物品的平移，即将其从甲工具转移到乙工具上，能有效地消除重力的不利影响，实现作业的合理化。人力装卸搬运时如果能配合简单的机具，做到"持物不步行"，也可以大大减少劳动量，实现装卸搬运的合理化。

（三）充分利用机械设备的作业能力，实现"规模装卸搬运"

规模效益是人所共知的。装卸搬运作业过程中也存在明显的规模效益，当一次装卸搬运量或连续装卸搬运量达到能充分发挥机械设备最优效率的水准时，可以使平均成本达到最低。追求规模效益的方法主要是通过各种集装化手段来提高一次操作的最合理作业量，从而达到降低单位作业成本的目的。另外，散装作业则经常采用连续作业的方式来实现其规模效益。

（四）尽量避免物品活性的浪费

被装卸搬运物品的放置状态影响着装卸搬运的作业效率。为了便于装卸搬运，人们总是期望物品处于最容易被移动的状态。从图 5-5 中可以看出，活性指数越高，物品越容易被移动，活性指数能够真实地反映物品被装卸搬运的难易程度。需要指出的是，活性指数在不同的领域出现的频率是很不均衡的。例如，活性指数为 4 表示物品处于搬运状态，活性指数为 3 表示物品置于装卸机械上，这两种情形在工厂的生产物流系统中经常出现，但在各类仓库中则比较少见；而置于托盘内，即活性指数为 2 的物品在仓库系统中就比较常见。

（五）优化空间布局，缩短搬运距离

在工厂，由于生产工艺的要求，原材料、半成品和产成品总要发生一定距离的水平位移。在物流据点，由于收发保管作业的要求，物品也要发生一定距离的水平位移。这种位移通过搬运实现。从合理搬运的角度看，其搬运距离越短越好。影响搬运距离的因素主要包括工厂、物流据点的平面布局与作业组织工作水平等。

1. 工厂、物流据点的平面布局对搬运距离的影响

如果车间、库房、堆场、铁路专用线、主要通路的位置和相互关系处理得好，物流顺畅、便捷，就会缩短总的搬运距离，否则就会延长搬运距离。

2. 作业组织工作水平对搬运距离的影响

在平面布局一定的情况下，组织工作水平的高低是决定搬运距离的主要因素。例如，对库房、堆场的合理分配，对物品在库房、堆场内的合理布置，对收货、发货时专用线轨道及货位的合理确定都能缩短搬运距离。

拓展阅读资料 　　　从数据看装卸搬运的地位

本章关键词

装卸搬运、吊上吊下、滚上滚下、叉车、起重机、装卸桥

复习思考题

1. 结合实际说明装卸与搬运的区别与联系。
2. 结合实际说明装卸搬运的特点。
3. 简述装卸搬运的各种分类。
4. 分别说明起重机械、装卸搬运车辆、连续输送机械的具体类型和功能特点。

5. 集装箱专用装卸搬运设备有哪些？如何利用这些专用设备组合成不同的装卸搬运工艺系统？

6. 大宗干散货专用装卸搬运设备有哪些？如何利用这些专用设备组合成不同的装卸搬运工艺系统？

7. 上网搜索有关特殊物品的装卸搬运系统，试试你能否想出更好的办法。

8. 结合实际解释装卸搬运的作业原则。

9. 举例说明如何提高装卸搬运的合理化程度。

第六章 运 输

物流实现物品空间位移的主要手段是运输。不论是从成本、收入角度考察，还是从价值增值的角度考察，运输都是物流最核心的功能。在物流概念诞生之初，不少人将"运输"等同于"物流"，甚至直至今天，持此观点者仍不乏其人，其主要原因就是物流的大部分工作内容和价值创造都是由运输完成的，运输是物流的支柱。

第一节 运 输 概 述

运输是指对旅客或货物的载运与输送，有时也专指对货物的载运与输送。它是在不同地域范围之间（如两个城市、两个工厂之间），以改变物品的空间位置为目的，对物品进行空间位移的活动。与搬运不同，运输的活动范围一般较大，而搬运往往发生在同一区域之内。我国国家标准《物流术语》对运输的定义是"利用载运工具、设施设备及人力等运力资源，使货物在较大空间上产生位置移动的活动"。

一、运输的地位与作用

运输是国民经济的基础和先行官。马克思将运输看作生产过程的"继续"，称之为"第四个物质生产部门"。这个"继续"虽然以生产过程为前提，但如果没有它，生产过程就无法最终完成。虽然运输这种生产活动和一般的生产活动有所不同，它不创造新的物质产品、不增加社会产品数量、不赋予产品以新的使用价值而只改变其所在的空间位置，但是这一改变能使生产过程得以继续、社会再生产得以完成并且产生显著的价值增值。基于不同的层次或视角，虽然存在很多有关运输地位与作用的看法或论断，但作为物流的基本功能，从物流的角度看，运输的地位与作用主要体现在如下几个方面。

（一）运输是物流最核心的功能

物流是物品实体的物理性运动，这种运动不仅改变了物品的时间状态，也改变了物品的空间状态。运输主要承担改变物品空间状态的任务，是改变物品空间状态的主要手段；运输与装卸搬运、配送等活动相结合就可以圆满完成改变物品空间状态的全部任务。

（二）运输是空间价值的主要创造者

由于空间场所的不同，同种物品的使用价值实现程度往往不同，导致其价值的实现程度也不同。由于空间场所的改变可以最大程度地发挥物品的使用价值，从而最大程度地提高投入产出比，因而将其称为"空间价值"。通过运输，将物品运送到"空间价值"最高的地方能够充分发挥物品的潜力、实现资源的优化配置。从这个意义上来讲，物流也相当于通过运输提高了物品的价值和使用价值。

（三）运输是"第三利润源"的主要贡献者

首先，运输是运动中的活动，它和静止的储存不同，要靠大量的动力消耗才能实现且承担大跨度的空间转移任务，所以活动的时间长、距离远、消耗大。正因为运输消耗的绝对数量大，所以其节约的潜力就大。其次，从作业量上看，由于运输总里程长、运输总量大，通过体制改革和运输合理化可大大缩短运输的吨公里数，从而获得比较大的节约。最后，从费用上看，运输费用在物流总成本中占有很大的比例。有研究表明，运输费用占全部物流总费用的近50%，有些产品的运费甚至超过了生产成本，所以节约的潜力非常大。

二、运输生产的特征

虽然运输也属于物质生产部门，但由于运输生产大多发生在流通领域，生产的是无形产品，创造价值增值的方式也不同于一般的生产企业，所以运输生产具有不同于一般生产的显著特征，具体如下。

（一）运输生产是在流通过程中完成的

运输表现为产品的生产过程在流通领域的继续。对于工农业生产部门而言，当其产品进入流通领域，就已经完成了生产任务，而运输则在流通领域继续从事着产品生产，它表现为一切经济部门生产过程的延续。由于运输业不断为企业生产提供原料、材料、燃料和半成品，以保证企业不间断地从事生产，因此它对于充分发挥生产资金的作用和加速流通资金的周转具有十分重要的促进作用。

（二）运输不产生新的实物形态产品

运输不改变劳动对象的属性和外观，而只是改变它们的空间位置。运输参与社会总产品的生产，但社会总产品的数量并不会因运输而增加。运输生产所创造的价值是附加于劳动对象上的，对具体的货物而言，运输成本附加于产品的总成本之中，属于流通成本的范畴。

（三）运输产品采用特殊的计量方法

一般产品的生产要么按件数计量，要么按重量或体积计量。单一的计量单位不仅简单明了、便于理解，也方便不同企业或部门之间的对比。但运输生产的劳动产品是对运输量和运输距离进行复合之后来进行计量的。也就是说，在运输产品的计量中，既要考虑运输量，又要考虑运输距离，两者构成比重的差异导致绝大多数运输产品之间不具备可比性。

（四）运输的劳动对象十分复杂

从劳动对象来看，运输生产"加工"的产品种类之多、性质之复杂是其他生产部门所无法比拟的。由于运输的大多数劳动对象并不属于运输企业，运输生产的组织者对劳动对象没有支配和选择的权力。所以，在运输生产力的三要素中，有一个要素不在运输组织者的掌控之下，这个不能掌控的生产力要素就是劳动对象，也是服务对象。运输生产力要素的这种特殊性进一步提高了运输计划与管理的复杂性、加大了运输组织的难度。

三、运输的分类

运输在物流系统中的特殊地位及其悠久的发展历史决定了运输系统本身构成的复杂性，长期以来形成了很多不同的分类方法，其中最主要的有以下几种。

（一）按运输设备与运输工具分类

按照运输设备与运输工具的不同，运输可以分为公路运输、铁路运输、水路运输、航空运输和管道运输五种形式。由于本章的后续内容将按此分类展开，此处不再赘述。

（二）按运输的范畴分类

1. 干线运输

干线运输是指利用道路的主干线路或者固定的远洋航线进行大批量、长距离运输的一种形式。因为运输距离长、运力集中，干线运输使得大量的货物能够迅速地进行大跨度的位移。干线运输是运输活动存在的主要形式。在我国，铁路担负着国内干线运输的主要任务，各种物资的调运、货物的配送一直由铁路来完成。随着我国铁路网络建设的不断完善，长距离干线运输的效益越来越明显。

通常情况下，干线运输要比使用相同运输工具的其他运输形式快得多，成本也更低，是长距离运输的主要形式。当然，仅有干线运输还不足以形成完整的运输网络，合理的运输离不开其他辅助的运输手段。

2. 支线运输

支线运输是相对于干线运输而言的，是以干线运输为基础、对干线运输起辅助作用的一种运输形式。支线运输作为运输干线与收、发货地点之间的补充运输，主要承担运输链中从供应商到运输干线上的集结点以及从干线上的集结点到配送站之间的运输任务。例如，京哈线、京广线是我国最主要的南北交通干线，与其相连的沈大铁路、石太铁路等就可以视作为其服务的支线铁路。事实上，在沈阳和大连、石家庄和太原之间都有高速公路相连，这些高速公路也都可以看作为干线运输提供补充服务的支线。

当然，干线与支线是相对的。如果将以上几条支线运输线路放到一个相对较小的范围，如一个省或邻近的一两个省，它们又可以被看成运输干线。一般来讲，支线运距相对于干线要短一些，运输量也要小一些。同时，支线的建设水平往往也低于干线，运输工具也相对差一些。所以，支线运输的速度一般较慢，相同运距所花费的时间可能会更长，这些都是运输合理布局的必然要求。

3. 二次运输

二次运输也是一种补充性运输方式，它是指经过干线与支线运输到站的货物，还需要从车站运至仓库、工厂或集贸市场等指定交货地点的运输。一般情况下，二次运输的运输路程短、运输数量小。但由于该运输形式主要用于满足单个客户的需要，缺乏规模效益，所以其单位运输成本往往还会高于干线与支线运输的单位运输成本。

4. 厂内运输

厂内运输只存在于大型或超大型工业企业中。在这些企业内部，为了克服不同生产环节之间的空间差异而进行的运输称为厂内运输。厂内运输通常发生在车间与车间之间或者车间与仓库之间。而在一般中小型企业内部以及大型企业的仓库内部发生的该类活动都不能称为"运输"，而只能称作"搬运"。

（三）按运输的作用分类

1. 集货运输

集货运输是为了将分散的货物汇集而进行的一种运输形式。承运人根据自己的业务覆盖范围，集中、汇总所承运的货物，然后再由干线与支线完成长距离、大批量的运输任务，以充分发挥运输的规模效益。因此，集货运输也是干线与支线运输的一种重要的补充运输。

2. 疏货运输

疏货运输的运输方向与集货运输相反，它是为了将集中运达的货物分送到不同的收货点而进行的一种运输形式。配送运输是疏货运输的典型形式，它是由配送经营者按用户的要求，从配送据点出发，将配好的货物分别送到各个需求点的运输形式。同干线与支线运输相比，配送运输的运距较短、运量较小、单位成本较高。

（四）按运输的协作程度分类

1. 一般运输

一般运输主要是指在运输的全部过程中，单一地采用同种运输工具或孤立地采用不同种运输工具，在运输过程中没有形成有机协作整体的运输形式。应该看到，在某些专业领域或短距离运输中，此种运输形式比较常见，也是有存在价值的。但从长远来看，此类运输形式显然与社会化大生产的客观要求相背离，所以其在社会总运量中的比重将不断降低。

2. 联合运输

联合运输简称联运，是指由两种或两种以上运输方式或者同一运输方式的几个不同运输企业遵照统一的规章或协议，联合完成某项运输任务的组织形式。其中，由两种或两种以上运输方式完成的联运称为多式联运，主要有公铁联运、水铁联运、水公联运等；由同一运输方式完成的联运有铁路联运、江海联运等。

多式联运是国际运输中常用的组织形式。《联合国国际货物多式联运公约（1980）》对国际多式联运的定义是"按照多式联运合同，以至少两种不同的运输方式，由多式联运经营人将货物从一国境内承运货物的地点运送至另一国境内指定交付货物的地点"。

（五）按运输中途是否换载分类

1. 直达运输

直达运输是指货物由发运地到接收地，采用同一种运输方式、中途不需要中转的运输组织方式（GB/T 18354—2021）。直达运输降低了货物因多次转运换装而灭失的风险、提高了运输速度。对于承运人来说，直达运输能使其在较短的时间内完成运输任务，达到提高运输效率、加快运输工具流转的目的。

2. 中转运输

中转运输是指货物由发运地到接收地，中途经过至少一次落地、换装、铁路解编或公路甩挂的运输组织方式（GB/T 18354—2021），货物在运输过程中需要在途中的车站、港口、仓库等地进行转运换装。中转运输的转运换装既包括同种运输工具、不同运输线路之间的转运换装，也包括不同运输工具之间的转运换装。

中转运输是实现干线与支线运输之间有效衔接的桥梁。通过中转运输，可以将运输化整为零或化零为整，达到方便用户、提高效率的目的。在运输过程中，中转作业可以充分发挥不同运输工具在不同路段上的运输优势，实现运输的节约和增效。当然，中转运输也有一定的缺陷，主要就是中转换装会占用大量的作业时间、花费大量的物流费用，导致物流时间的延长和成本的增加。

对于直达运输与中转运输，很难笼统地断定孰优孰劣，二者在不同的情况下具有不同的优势。因此，在选择运输方式时，一定要具体问题具体分析，采用总体经济效益为评价指标，合理地进行分析、评价和选择。

第二节　铁路运输

铁路运输是指使用铁路列车运送旅客或货物的一种运输方式。一般来讲，铁路运输的运输距离较长、运输数量较大，在干线运输中起着主力军的作用。我国没有水运条件的地区大多依靠铁路进行大批量、长距离的客货运输。

一、铁路运输的技术经济特点

（一）运量较大、运价较低

铁路机车的牵引力大，适宜承担大运量、长距离的运输任务。复线铁路每昼夜的货物列车通过数量可达百余对，因而每年单方向的货物运输能力就可达过亿吨。由于列车运行阻力小、能源消耗少，所以运营成本较低、运价相对便宜。在中、长途运输中，铁路运价往往不到公路运价的一半。

（二）安全可靠

铁路运输组织具有高度的计划性，列车必须按照事前制订的计划行驶，因此可以对列车运行进行自动控制，实现车辆自动驾驶。目前，已有许多国家的铁路系统安装了列车自动停车系统、自动控制系统、自动操纵系统以及灾害防护和故障报警系统，有效地防止了列车运行事故的发生。如果按货物周转量进行平均，铁路运输的事故率在所有运输方式中是最低的。

（三）环境污染少

运输工具所产生的噪声和尾气都有可能对周边环境造成巨大危害。同公路运输和航空运输相比，铁路运输对环境和生态的影响相对较小，特别是电气化铁路，影响程度更低。

（四）受天气影响小

铁路列车沿固定的轨道运行，因此只要铁轨没有垮塌变形或被掩埋，一般恶劣天气对列车运行的影响不大。相较而言，铁路运输是最可靠的运输方式之一。

（五）难以提供"门到门"服务

由于列车只能沿着固定的轨道行驶，对于大多数没有专用铁路线的货主而言，就无法直接将货物运抵仓库，需要使用汽车进行二次运输，这无疑会增加货主的工作量并导致物流总成本的上升。因此，一般的中、短途运输不宜采用铁路运输。

（六）货损、货差率较高

由于铁路运输难以提供"门到门"服务，所运货物往往需要经过多次中转才能到达最终目的地。中转换装不仅延误时间，还会加大货损、货差的风险，所以很多货主都不敢将贵重物品或易碎物品交由铁路承运。以铁路为核心的集装箱多式联运正是为了改善这一状况而采取的措施。

二、铁路运输的主要技术装备

铁路运输的各种技术装备是组织运输生产的物质基础。它可以分为固定装备和活动装备两大类。固定装备主要包括线路、车站、信号与通信设备以及电气化铁路的供电系统等。活动装备主要有机车、车辆等。

（一）固定装备

1. 线路

铁路线路承载机车、车辆和整列列车的重量并引导它们的运行方向，是铁路运输最重要的物质基础。铁路线路由路基、轨道和桥隧等建筑物组成，其中轨道又由钢轨、联结零件、轨枕、道床、防爬设施以及道岔组成。虽然国际标准的铁路轨距为 1435 mm，但至今仍有不少窄轨铁路或宽轨铁路在一些国家运行。

铁路线路的分类方式多种多样，可以根据技术、路网、行政、速度、功能和轨道等进行分类。实践中所说的铁路等级一般是指铁路的技术等级、速度等级或路网等级。

（1）技术类型：可分为国家高速铁路（高铁级）、国家重载铁路、国家Ⅰ级至Ⅲ级铁路（国铁Ⅰ至Ⅲ级）、城市（轨道交通）Ⅰ级至Ⅴ级铁路。

（2）路网类型：可分为国家干线铁路、区际干线铁路、地方区域铁路、城际轨道交通、城市轨道交通、地方专线铁路、各支线。

（3）行政类型：可分为国家铁路、地方铁路、合资铁路、专用铁路和专线铁路。

（4）速度类型：可分为高速铁路（250 km/h 以上）、快速铁路（200 km/h 左右）和普速铁路（160 km/h 以内），简称高铁、快铁和普铁。其中，快铁和普铁在某些国家（地区）被称为中速铁路和常速铁路。

（5）功能类型：可分为客货共线铁路、客运专线铁路和货运专线铁路。

（6）轨道类型：根据轨道形式、轨道结构、轨道数量、轨道间距、轨道重量、轨道设备以及轨道位置等的不同，铁路线路还有很多不同的分类方法，由于太过复杂，此处不予详述。

2. 车站

车站是运输生产的主要基地，是办理货物运输业务，编组和解体列车，组织列车始发、到达、交会、通过等作业的基层单位。车站按业务性质可分为客运站、货运站、客货运站；按照技术作业等级可分为编组站、区段站、中间站等。

（1）编组站。编组站就是办理大量货物列车编组、解体和其他技术作业的铁路车站。这类车站一般设置在大量车流集散地以及港口或若干铁路线路的衔接处。

（2）区段站。区段站一般设置在铁路牵引区段的分界处，主要是办理列车机车换挂、技术检查以及区段零担摘挂列车、小运转列车的改编等作业的铁路车站。

（3）中间站。中间站一般设置在铁路区段内各居民点，主要是办理列车会让和越行、停站和通过以及客货运输业务和零担摘挂列车调车作业等的铁路车站。

3. 信号与通信设备

铁路信号设备是对铁路信号、连锁、闭塞、机车信号及自动停车装置、道口自动信号等设备的总称。它是确保铁路行车安全和高效运行所必需的主要技术装备之一。铁路通信设备的作用是确保铁路运输系统各有关单位或部门的通信畅通，使整个运输系统连成一体，以便迅速准确地调度列车、组织运输。

（二）活动装备

1. 机车

机车是牵引或推送车辆运行于铁路线路上、本身不能承载货物的动力装备，主要有蒸汽机车、内燃机车和电力机车等类型。

（1）蒸汽机车。蒸汽机车是以蒸汽机产生动力并通过摇杆和连杆装置驱动车轮的机车。我国铁路系统曾经生产和使用过的建设型、人民型、前进型、胜利型、解放型、上游型、工建型、红旗型、跃进型、蓉建型和星火型等都属于蒸汽机车。

（2）内燃机车。内燃机车是以内燃机产生动力并通过传动装置驱动车轮的机车。我国生产的东风系列、东方红系列以及工矿系列机车都属于内燃机车。

（3）电力机车。电力机车是指由牵引电动机驱动车轮的机车。电力机车所需电能由电气化铁路供电系统的接触网或第三轨供给。我国的韶山系列机车就属于电力机车，此外，铁路客运中的动车和高铁所使用的机车也都属于电力机车。

2. 车辆

铁路车辆是指由机车牵引运行的铁路载运工具，按用途可分为客车、货车和特种用途车。其中，铁路货车是物流领域的常用装备，通常按照结构和所运货物种类的不同，它又可以进一步分为敞车、棚车、平车、罐车和保温车五大类。

（1）敞车。敞车没有车顶，但车体四周有较高的端墙与侧墙，与底板共同构成装货空间。它主要用于装运煤炭、矿石、黄沙、木材和钢材等不怕日晒雨淋的货物，盖上防水篷布后也可以代替棚车装运一些怕湿的货物。

（2）棚车。棚车拥有车顶、侧墙和端墙并设有窗户和可滑动的车门，主要承运粮食、日用品等怕湿怕晒的货物或较贵重的物品，有时也可以运送人员和活的牲畜。

（3）平车。平车没有车顶，一般也没有端墙和侧墙，有的虽然有端墙和侧墙，但都是可以拆放的。平车属于单纯的底架承载结构，可以装运大型建筑材料、压延钢材、汽车、拖拉机以及军用装备，低边平车也可以装运矿石、煤炭等物资。

（4）罐车。罐车的外形似一卧放的圆筒。罐体既是装货容器，又是主要的承载部件，主要用于装运液体、液化气体或粉末状货物。

（5）保温车。保温车的外形结构类似于棚车，也是整体承载结构，车体设有隔热层以满足货物保温的需要，主要有加冰冷藏车、机械冷藏车和冷冻冷藏车等类型。

除了以上五种基本类型，还有一些根据特殊需要而制造的专用铁路货运车辆，如漏斗车、家畜车、长大货物车、木材专用车、甘蔗专用车和鱼苗车等。

三、铁路货物运输的组织方法

（一）整车运输

整车运输是指根据被运输货物在数量、形状等方面的特点选择合适的车辆类型，以车厢为单位组织运输的方式。由于不同车辆的规格尺寸和装载量各不相同，所以必须根据所运物品的具体情况，慎重选择货运车辆的类型和吨位。

（二）零担运输

零担运输亦称为小件货物运输，是指当单个货主的货物数量较少，不足以形成整车运输时，承运人将众多的小批量货物集并起来，统一进行运输的组织形式。由于零担货物的集并需要花费大量的时间和费用，所以与整车运输相比，零担运输的单位运价较高。

（三）混装运输

混装运输是小件物品在运输过程中常用的一种装载形式。一般地，同一卸货地点的若干小件物品可以合装在同一个车厢内进行运输。多票不同的物品合装在同一个集装箱内进行运输也属于混装运输。

（四）集装箱运输

集装箱运输是指采用集装箱装载货物，再通过铁路列车进行运输的组织方式。这种运输方式既可以利用铁路运输装载量大的优点，又可以发挥集装箱装卸效率高的优势并可与其他运输方式相结合，方便实现多式联运。

第三节 公 路 运 输

公路运输是指在公路上运送旅客或货物的运输方式。它一般承担距离较近或批量较小的支线运输任务，但在水路运输或铁路运输难以到达的地区，作为唯一的运输方式，公路运输也不得不承担干线运输任务。公路运输所用运输工具主要是汽车，因此也常被称为汽车运输。

一、公路运输的技术经济特点

（一）机动灵活，可提供"门到门"服务

公路运输不仅可以独立提供"门到门"的直达运输服务，也常常充当其他运输方式的接驳工具，具有机动灵活的特点。公路运输调度组织方便，受时间、线路、站点等因素的影响小，对于突发性运输任务，只要车况允许，随时可以出发，开往任何目的地。特别是在水路运输或铁路运输没有覆盖的区域，公路运输具有独特的优势。

（二）全程速度较快，对包装要求低

公路运输能提供"门到门"的运输服务，免除了中转换装时间，可大幅度提高全程运输速度，特别适宜承运急需货物或限时货物，在短途运输中的快速性优势尤其明显。随着高速公路网络的不断完善，我国公路运输的平均速度不断加快。同时，由于"门到门"服务不需要中途换装，所以对货物的包装要求也不高，有助于客户节约包装费用。

（三）原始投资小、资金周转快

从事公路运输服务，只需要拥有汽车和停车场所即可。每辆货运汽车的价格从十几万到几十万不等，与铁路运输和水路运输的巨额投资相比，公路运输的原始投资要小得多。由于原始投资小，所以资金回收周期短，更容易实施技术改造或技术更新。

（四）载运量小、运输成本高

普通货运汽车的载运量一般为 5～10 t，集装箱运输汽车的载运能力稍大，多为 30 t 左右。同火车数千吨的载运量和船舶数万吨的载运量相比，汽车的载运量显然小得多。而且由于汽车运输的单位能耗大、人工成本高，所以公路运输成本通常是铁路运输的 2 倍以上。但在短途运输中，由于可以减少中转成本，公路运输的总成本也可能低于铁路运输。

（五）安全性较差

汽车在公路上行驶的轨迹和速度完全由司机控制，司机若疏忽大意，很容易造成交通事故。而且随着公路交通量的增大，各种道路的交通状况日趋复杂，公路运输的不确定性因素不断增多，导致交通事故频发，公路运输成为安全性最低的一种运输方式。

二、公路运输的主要技术装备

（一）公路

公路是一种线性的工程构造物。它要长期承受各种车辆及其载货的重复作用并经受各种自然因素的考验。因此，公路不仅要具有缓和的纵向坡度和平顺的线性，而且要有稳定

坚实的路基、平整耐磨的路面以及其他必要的防护设施。公路的基本构成包括路基、路面、桥涵、隧道以及各种防护工程。为了适应行车安全的要求，公路还应设置行车标志、加油站、路用房屋、通信设施、附属工厂及绿化带等。

根据交通量的大小及其使用性质的不同，公路可分为高速公路、一级公路、二级公路、三级公路和四级公路五个等级。

（二）汽车

公路运输车辆包括人力车、畜力车和各种机动车辆。在公路运输已经相对发达的今天，汽车是公路运输中最主要的车辆类型。物流领域使用的汽车有很多种类，其中最主要的有以下几种。

1. 普通货车

各国载货汽车的分级方法和分级标准各不相同，我国曾按载重量的不同将货车分为三级：载重量 8 t 以上的为重型货车，4～8 t 的为中型货车，3.5 t 以下的为轻型货车；目前则根据总质量和车长的不同分为重型、中型、轻型和微型四种，同时根据货车的车轴数量和车型的不同分别规定了总质量限值，作为公路货运车辆超限超载的认定标准。

（1）重型货车。重型货车是指总质量在 12 t 以上、车长 6 m 以上的货车。

（2）中型货车。中型货车是指总质量大于 4.5 t、小于 12 t，车长小于 6 m 的货车。

（3）轻型货车。轻型货车是指总质量小于等于 4.5 t，车长小于 6 m 的货车。

（4）微型货车。微型货车是指总质量小于 1.8 t、车长小于等于 3.5 m 的货车。

2. 厢式货车

厢式货车具有载货车厢，具备防雨保护功能，可防止货物的被盗与散失，安全性较高，但由于其自重较大，所以载重能力利用率较低。厢式货车有以下两种不同的分类。

（1）按货厢高度分为低货厢和高货厢两种。低货厢的货台在车轮位置有凸起，对装车有影响；高货厢的底座为平板，虽不太适合人力装卸，但在车上堆垛比较方便。

（2）按开门方式分为后开门式、前开门式、两侧开门式、侧后双开门式、顶开门式和翼式等多种类型。后开门式适于后部装卸，方便手车和手推车等进入车厢内部，车尾与站台接靠，占用站台位置较少，有利于多车同时装卸；侧开门式适于用叉车在侧面进行装卸或者在火车站台与火车车辆平行停放进行装卸换装；顶开门式适于吊车装卸；翼式适于两侧同时装卸。

3. 专用车辆

专用车辆是指仅适于装运某种特定货物的车辆，如散装水泥车、油罐车、轿车运输车、挂肉车、混凝土搅拌车、垃圾车和洒水车等。它的通用性较差，往往只能单程装运，因此单位运输成本较高。

4. 自卸车

自卸车是指在没有外部装卸设备的条件下，可以依靠自身装置进行装卸的车辆，如装有随车吊的货车、尾部带升降板的尾板车、翻卸车等。

5. 牵引车和挂车

牵引车和挂车的连接方式有两种：第一种是挂车的前面一半搭在牵引车后端上面的牵

引鞍座上，牵引车后面的桥承受挂车的一部分重量，这就是半挂；第二种是挂车的前端连在牵引车的后端，牵引车只提供向前的拉力，拖着挂车走，但不承受挂车向下的重量，这就是全挂。由牵引车和挂车组合而成的汽车列车既可作为装卸搬运车辆，也可用于公路运输。一般来说，用于公路运输的汽车列车底盘相对较高、载货量相对较大。

三、公路货物运输的组织方法

（一）多班运输

多班运输是指在一昼夜内车辆工作超过一个工作班以上的货运形式。采用多班运输是增加车辆工作时间、提高车辆生产率的有效措施。例如，实行双班运输，车辆的生产率可比单班提高 60%～70%，同时可提高劳动生产率、降低运输成本。

（二）定时运输

定时运输是指车辆按运行计划所拟定的行车时刻表进行运行，行车时刻表一般规定汽车从车场开出的时间、每个班次到达和开出货运站的时间以及装卸工作时间等内容。

（三）定点运输

定点运输是指针对特定的发货点派出相对固定的车队，专门完成固定货运任务的运输组织形式。定点运输既适用于装卸地点比较集中固定的货运任务，也适用于装货地点集中而卸货地点分散的固定性货运任务。

（四）直达联运

直达联运是指以车站、港口和物资供需单位为中心，按照运输合理化组织的要求，通过各种运输工具把产供销各部门联系起来组成"一条龙运输"，以便快速地把货物从生产地运到消费地的运输组织形式。

（五）零担货物集中运输

零担货物运输一般是指一次托运量在 3 t 以下或不满一整车的小批量货物运输，而零担货物集中运输则是指用定点定线的城市间货运班车，将沿线零担货物集中起来进行运输的一种组织形式。其特点是收发货单位数量多、地点分散且不固定，货物种类繁杂、批量较小且不稳定。

（六）拖挂运输

拖挂运输是指利用由牵引车和挂车组成的汽车列车进行运营的一种运输组织形式。比较常见的搭配是由载货汽车和全挂车两部分组成的汽车列车。通常讲的拖挂运输是指牵引车与挂车不分离，共同完成运行和装卸作业，这种形式又称为定挂运输；如果根据不同的装卸和运行条件，载货汽车或牵引车不固定挂车，而是按照一定的计划更换挂车拖带运行，则称为甩挂运输。

第四节　水 路 运 输

　　水路运输是指使用各种机动或非机动船舶在通航水域运送旅客或货物的一种运输方式。由于水路运输的运输能力大、单位成本低，所以发展得很快。20 世纪 80 年代以来，我国水路运输的周转量一直处于各种运输方式之首，水运是当之无愧的干线运输主力。

一、水路运输的技术经济特点

（一）运输能力大

　　海上航运利用天然航道，基本不受水深的限制，因此运输能力大。在远洋运输中，超级油轮的最大载重能力曾达到过 55 万吨，矿石船的最大载重能力达 40 万吨，集装箱船的最大载重能力也已超过 20 万吨。

　　内河航运虽然受航道水深的限制，影响了其运输能力的进一步扩大，但同其他运输方式相比，内河航运的运输能力仍然是十分可观的。目前，美国最大的内河顶推船队运载能力已经达到 5 万～6 万吨，我国大型顶推船队的运载能力也已达 3 万吨，相当于普通铁路列车的 10 倍。

（二）总体投资大、单位投资小

　　航运企业订造或购买船舶所需投资巨大，目前一条 24 000 TEU 的大型集装箱船的造价约为 1.5 亿美元；同时，码头建设的投资也十分惊人，国内建设一个集装箱专用泊位所需投资动辄就是数十亿元。但是，由于海上航运大多利用天然航道，除了极少数特殊航道需要疏浚，基本不用进行投资。虽然内河航道时常需要进行疏浚维护，但同公路和铁路相比，其维护成本要低得多。加之水路运输的能力远大于其他运输方式，所以均摊之后的单位投资相对较小。

（三）单位运输成本低

　　由于水路运输的单位投资小，所以单位运量承担的投资成本较低。同时，由于船舶行驶速度慢，受到的阻力小，使用的燃料价格低；加之船舶自重与货物重量之比小，船舶的装载能力大，船员劳动生产率高，所以水路运输的单位运输成本远低于公路和铁路。据测定，美国沿海运输的平均成本只有铁路的 1/8，密西西比河干线的平均运输成本也只有铁路的 2/5。

（四）运输速度慢

　　由于船舶的体积大，高速行驶的阻力很大，所以船舶行驶的速度一般较低。另外，由于船舶的装载量大、在港装卸时间长，也会延长货物在港等待的时间。此外，遇到台风、海啸等恶劣海况，船舶还不得不进港避风。以上这些原因导致水路运输的周期长且不确定，因此短途运输业务一般不适宜采用水路运输。

（五）运输风险较大

船舶在海上航行，难免会遇到台风、海啸等恶劣海况，此时，船载货物就有可能受到海水浸湿或者被打入大海。有时，为了保证船舶及大多数货物的安全，甚至不得不主动抛弃部分货物。在内河航运中，也会时常遇到因水位下降引起的航道阻塞，导致货物长时间滞留而无法交付。当然，随着技术的进步，水路运输的安全性正在不断提高，运输风险也在不断降低。

二、水路运输的主要技术装备

（一）船舶

船舶是水路运输的主要运输工具，按照用途的不同，可以分为民用船舶和军用船舶两大类。其中，民用船舶又可分为运输船舶、渔业船舶、港口作业船舶、水上施工船舶、港航监督船舶、海事救助与打捞船舶等。物流领域常用的船舶有以下几种。

1. 客货船

客货船以载运旅客为主，兼运一定数量的货物。由于经营环境和技术要求的不同，客货船的结构和外观特征多种多样。

2. 杂货船

杂货船一般是指以杂货为主要装运对象，经常性地航行于较繁忙航线的货运船舶。

3. 散货船

散货船是指专供运输煤炭、粮谷、矿砂等无包装大宗货物的船舶。散货船的运载能力很大且通常是单向运输。

4. 冷藏船

冷藏船是利用冷藏设备使货舱保持一定低温，以便运输易腐货物的船舶。由于冷藏货物批量较小，所以这种船舶的吨位较小，一般在数百吨至数千吨；同时，航速较高，一般时速在 20 km 左右。

5. 油船

油船又称油轮，是指专门用来装运散装石油及其制品的船舶。油船的装卸是通过油泵和输油管道完成的，故油船码头的设施比较简单，油船上也无须设置吊货杆或其他起货设备。

6. 液化气船

液化气船是指专门用来装运液化天然气体（liquefied natural gas，LNG）或液化石油气（liquefied petroleum gas，LPG）的船舶。专门装运液化天然气的船舶称为液化天然气船；专门装运液化石油气的船舶称为液化石油气船。

7. 滚装船

滚装船是以车辆为装载单元的运输船舶。装船时，载货车辆或商品汽车要么由牵引车拖带，要么直接被开进船舱。所以，滚装船一般在其艉部、艏部或舯部设有可供车辆行驶的跳板与码头相连。

8. 载驳船

载驳船是以载货驳船为装载单元的运输船舶。载驳船的运输方式是：先将货物装在统一规格的货驳内，然后再将货驳装上母船，由母船运到中转港后，卸下货驳，再用拖船或推船把成组的货驳拖带或顶推到目的港卸货。

9. 集装箱船

集装箱船是指专门用来装运规格统一的标准集装箱的船舶。由于采用集装箱可以大幅度提高船舶的装卸效率、缩短船舶在港停留时间，所以集装箱船往往具有较高的运输效率。

10. 顶推（拖带）船队

驳船是指专供装载货物、本身没有动力装置的船舶，而推（拖）船则是指专门为驳船提供动力、本身没有货舱、不能装载货物的船舶。由一艘推船顶推一艘或多艘驳船时组成的船队称为顶推船队；由一艘拖船拖带一艘或多艘驳船时组成的船队称为拖带船队。

（二）港口

港口是指拥有一定水域和陆域面积，具备必要的生产和生活设施，用于船舶出入和停泊、方便旅客和货物集散的场所。它是水上与陆地运输的重要联系枢纽，是船舶装卸、修理或货物集散的重要基地。

1. 按港口的用途分类

（1）商港。商港是指主要用于普通旅客上下和普通货物装卸的港口，人们平时所说的港口一般都是指商港。我国的上海港、大连港、广州港、深圳港等都属于商港。

（2）渔港。渔港是指专为渔船提供服务的港口。我国舟山群岛的沈家门港就属于渔港。

（3）军港。军港是指专供军用舰船使用的港口。我国的旅顺港就属于军港。

（4）工业港。工业港是指固定为某一工业企业服务的港口，如宝钢港、甘井子港、武钢工业港等。

（5）避风港。避风港是指在风浪较大时供船舶临时避风用的港口，一般只有一些简单的系泊设备。

2. 按港口的位置分类

（1）海港。海港是指在地理、水文和气象条件等方面具有海洋性质，专为海船提供服务的港口。它又可细分为海湾港（如大连港、青岛港、盐田港、横滨港、神户港），海峡港（如湛江港、香港维多利亚港、新加坡港），河口港（如上海港、广州港、鹿特丹港、纽约港）。

（2）河港。河港是指位于江河沿岸、具有河流水文特征的港口，如我国长江沿岸的重庆港、武汉港、南京港，珠江水系的梧州港、贵港港等。

（3）湖港。湖港是指位于湖泊或水库岸边的港口。北美洲五大湖区的港口是世界上最典型的湖港。

3. 按港口的使用目的分类

（1）存储港。存储港一般地处水陆联络的枢纽位置，同时是工商业的中心。这类港口的设施完备，便于进出口货物和转口货物的存储、转运，如伦敦港、纽约港、上海港等港口。

（2）转运港。转运港大多位于水陆交通的衔接处。它一面将陆路货物转由海路运出，一面将海运货物疏散，转由陆路运入。港口本身对货物的需要不多，如鹿特丹港、中国香港维多利亚港等港口。

（3）经过港。经过港一般地处航运要塞，为往来船舶必经之地，如有必要，船舶可作短暂停留以便补充给养的港口。

4. 按国家的政策分类

（1）国内港。国内港是指为国内贸易服务、专供本国国内船舶出入的港口。除特殊情况，不仅外籍船舶不得出入，即便是本国国籍的国际航行船舶也不得进入。我国未对国际航行船舶开放的港口都属于国内港。

（2）国际港。国际港又称开放港，是指为国际贸易服务、依照条约或法律对国际航行船舶开放的港口。任何航行于国际航线的外籍或本国籍船舶，只要手续齐全，均可进出，但在港期间必须接受当地航政部门和海关的监督。我国沿海沿江对外开放城市的港口基本都属于国际港。

（3）自由港。自由港是指不受海关管辖的港口或港区。在该区域内，外国商品可以自由加工、分装、改装、装卸、储存、展览、再出口等，不受海关管制，免征关税。但当商品进入所在国海关管辖区时，则须缴纳关税。自由港可以是有明确边界的港口的一部分或整个港口，还可以包括港口所在的城市。目前，全球公认且知名度最高的自由港主要有新加坡港和香港港。

三、水路货物运输的组织方法

（一）国际航运

国际航运的经营方式主要有班轮运输和租船运输两大类。前者又称定期船运输，后者又称不定期船运输。

1. 班轮运输

班轮运输是指在固定的航线上，以既定的港口顺序，按照事先公布的船期表航行的水上运输经营方式（GB/T 18354—2021）。班轮运输具有"三定"的特点，即固定航线、固定挂靠港口顺序、固定船期。

2. 租船运输

租船运输是指船舶出租人把船舶租给承租人，根据租船合同的规定或承租人的安排来运输货物的运输方式（GB/T 18354—2021）。这种运输组织方式没有固定的船期表、航线或港口。国际上最常用的租船方式主要有航次租船、定期租船和光租船三种。租船运输以承运价值较低的大宗货物为主，如粮食、矿砂、煤炭、石油等，而且一般都是整船装运。据统计，在国际海上货物运输总量中，租船运输量占80%左右。

（二）国内航运

1. 航线营运方式

航线营运方式也称航线形式，是指在固定的港口之间，为完成特定的运输任务，选配符合具体条件且数量一定的船舶组织运输的生产活动。与班轮运输不同的是，航线营运方式只规定计划期内的发船次数，一般不对外公布船期表，它的航线距离较短，船舶挂靠的港口也多位于某一相对集中的行区内。

2. 航次营运方式

航次营运方式是指船舶的运行没有固定的出发港和目的港，船舶仅为完成某一特定的运输任务而按照预先安排的航次计划进行营运。其特点是机动灵活，在沿海和内河运输中是一种不可缺少的运输组织形式。

3. 客货船营运方式

它是一种将旅客和货物同船进行运输的组织形式，其最显著的特点是需要准点发船。

第五节　航　空　运　输

目前，航空货运量约占全球货运总量的 2%，但其承运货物的价值已经超过了全球贸易额的 40%，而且这一比重还在上升。可以说，航空运输是五种基本运输方式中最具发展潜力的一种。

一、航空运输的技术经济特点

（一）运输速度快

与其他运输方式相比，速度快无疑是航空运输最大的特点和优势。民用货机的巡航速度可达 900 km/h，是公路和铁路运输的 5～10 倍，是水路运输的 20～30 倍。

（二）运输线路基本不受限制

航空运输线路基本不受山川河流和地形地貌的影响，只要有机场及相应的安全保障设施即可开辟航线。如果用直升机从事货物运输，机动性会更强。在自然灾害及其他紧急救援过程中，如果其他运输方式不能到达，采用飞机空投的方式可以很快地完成运输任务。

（三）运输服务安全可靠

由于科技进步和适航标准的提高，航空运输的安全性已显著提升，成为最可靠的运输方式之一。目前，航空运输货物在途中受到的振动和撞击均小于其他运输方式。尤其是当飞机在 10 000 m 以上的高空飞行时，由于不受低空气流的影响，更能发挥航空运输的安全性优势。

（四）科技含量高

航空运输的主要载运工具是飞机。当今世界的波音、空客等类型的飞机都是高科技与先进制造工艺的结晶。此外，航空领域的通信导航、气象预报、航空管制和机场建设等无不体现出高科技的特征。

（五）运输成本高

载运工具高速行驶时的阻力会迅速增大，所以飞机的燃油消耗量很大，加之航空燃油的质量标准高，进一步增大了航空运输的运营成本。同时，在所有运输方式中，飞机自重与货物重量之比最大，所以单位运输成本也最高。过高的价格抑制了航空货运需求的增长，使其运量在所有运输方式中一直处于最低水平。

二、航空运输的主要技术装备

（一）飞机

飞机按用途可以分为军用机和民用机两大类。其中，民用机泛指一切非军事用途的飞机，包括以商业营运为目的的商用飞机和不以商业营运为目的的通用飞机（如公务机、农用机、私人飞机等）。商用飞机按用途不同可分为以下三类。

一是全客机，主舱载人、下舱载货。一般来说，300 座以下的客机客舱通常只有一个通道，被称为单通道窄体客机；300 座以上客机的机身直径较大（一般大于 3.75 m），客舱通常有两个通道，被称为宽体客机。

二是全货机，主舱和下舱全部载货。很多干线飞机都有专门的货机型号，如波音公司的 B747-400F、空客公司的 A330-200F 等。大多数民用货机都是由民用客机改装而成，通过拆除客舱座椅等服务设施、加强地板、加大舱门等即可完成改装。

三是客货混用机，在主舱前部设有旅客座椅，后部可装载货物，下舱内也可以装载货物。

目前，世界最主要的商用飞机品牌是美国的波音（Boeing）和欧洲的空中客车（Airbus）。波音公司由威廉·爱德华·波音创建于 1916 年 7 月 1 日并于 1917 年改名为波音公司，总部设于美国芝加哥。波音系列飞机是波音公司的一个非常成功的民用运输机产品系列，已拥有 B40、B80、B211、B314、B247、B307、B377、B707、B717、B727、B737、B747、B757、B767、B777、B787 等多种机型。空中客车公司由德国、法国、西班牙与英国共同创立于 1970 年，总部设于法国图卢兹。它批量生产的第一种飞机 A300 型是世界上第一个双通道、双引擎的飞机。空中客车系列飞机的主要机型有 A300、A310、A320、A330、A340、A350、A380，每种又有若干种改型。

2017 年，中国商用飞机有限公司（COMAC）生产的 C919 首飞成功并于 2022 年 9 月取得中国民航局颁发的型号合格证，标志着我国已经具备按照国际通行适航标准进行大型客机研制和适航审定的能力。2022 年 12 月 9 日，编号为 B-919A 的 C919 全球首架机正式交付中国东方航空。世界商用飞机市场的 ABC 格局正在形成。

（二）机场

机场又称航空港、空港，是专供飞机起飞、降落、维修和保养的设施，也是办理各种客货运输业务的场所，是航空运输的网络节点。它一般由飞行区、客货运输服务区和机务维修区三部分组成。

按照装备情况的不同，航空港可分为基本航空港和中途航空港两大类。前者配备有为货运及其所属机群服务的各种设施和设备，后者则只供飞机作短时间停留或者上下旅客及装卸货物之用。

（三）航空线

航空线简称航线，是指在一定方向上，沿着规定高度的地球表面连接两个或两个以上城市，供飞机飞行的空中交通线。航线可分为国际航线和国内航线两大类，其中国内航线又可分为国内干线和地方航线。

三、航空货物运输的组织方法

（一）班机运输

班机是指在固定航线上定期飞行的飞机。班机运输有固定的始发港、目的港和中途港。按照业务对象的不同，班机运输可分为客运航班和货运航班，客运航班一般采用客货混合型飞机执行飞行任务，在搭载旅客的同时运送小部分货物；货运航机一般采用全货机执行飞行任务，只承载货物运输。

（二）包机运输

当货物的批量比较大、班机运输不能满足需求时，则采用包机运输。包机运输可分为整包机和部分包机两大类。由于包机运输可以由承租人自行设定航程的起止港和中途港，所以灵活性较高，但由于各国政府为了保护本国航空公司的利益常对外国航空公司的包机运输业务设置障碍，包机运输的营运成本大大增加。

（三）集中托运

集中托运是指集中托运人将若干批单独发运的货物汇总，组成一个整批向航空公司办理托运手续，采用一份航空运单集中发运到同一目的港，由集中托运人在目的港的代理人收货，再根据集中托运人签发的航空分运单分拨给各实际收货人的运输组织方式。它是目前航空货物运输中采用得最多的一种组织形式。

（四）航空快递

航空快递是指具有独立法人资格的企业将进出境的货物从发货人所在地通过自身或代理的网络运达收货人的一种快速运输方式，是目前航空货运中最快捷的一种运输组织方式。它不同于航空邮寄或航空货运，而由一个专门经营该业务的企业与航空公司合作，派专人以最快的速度在货主、机场和用户之间进行货物运送。

第六节 管 道 运 输

管道运输是使用管道输送液态或固态流体货物的一种运输方式。它适用于货类单一、批量稳定的货物运输，常承担石油、液化气或浆化煤炭等流体货物的运输任务。

一、管道运输的技术经济特点

（一）运输能力较大

管道运输利用固定的管道进行不间断的货物输送且一般不产生空驶，所以具有较大的运输能力。例如，用直径 720 mm 的管道输送原油，年输送能力可达 2000 万吨，相当于一条铁路的运输量；直径 1220 mm 管道的年输送能力可以达到 1 亿吨以上。

（二）对环境影响小

管道运输系统中，除首末站及中间站会占用一些土地，其余的输送管道都埋于地下，很少占用土地。此外，管道运输产生的噪声和废气污染都很少，密闭于管道中的油气也很难挥发散失或燃烧爆炸，所以管道运输对环境的影响很小。

（三）运营成本低

管道可以直接穿越江河湖海，甚至翻越高山、横跨沙漠，其运输路径很少走弯路，能有效缩短运输里程。同时，为管道输送提供动力的增压站设备比较单一，易于实现集中控制，甚至可实行完全无人值守且能耗水平低。管道运输的这一系列优势大大降低了其平均运营成本。

（四）适用范围有限

管道运输系统本身的结构特点决定了其适用范围的有限性。一般情况下，管道运输只适用于长期稳定且量大的货物运输任务，如果运输的数量太小或者货物的类型变化太多，管道运输的优越性就难以发挥出来。

二、管道运输的主要技术装备

（一）管道

管道运输系统中的管道主要是指用于长距离输送货物的管线，它也经常被简称为长输管道，主要由干管、阀室等装置组成。长输管道一般每隔一定距离就设置一个阀门，阀门可设在地下阀井或地上的阀室内，大型穿（跨）越结构物两端也应设置阀门，以便发生事故时可以及时截断管内流体，防止事故的扩大。为了防止土壤对管线的腐蚀，管线外部都涂有防腐、绝缘材料并常采用阴极保护等防护措施。

（二）管道站

管道站俗称输油（气）站，是对管道沿线各类作业场站的统称，其主要作用是为管道内的流体货物增加输送压力或者通过加热来提高货物的可流动性。按照功能和位置的不同，管道站可以分为首站（起点站）、末站（终点站）和中间站。

1. 首站

首站是长输管道的起点，通常位于油（气）田、炼油厂或港口的附近。其主要任务是接收流态货物，经过计量或加热作业之后，通过加压使其输进管道进行输送。首站还经常负责发送清管器、检测货物质量，有的还兼顾完成原油脱盐脱水、添加试剂等预处理工作。

2. 末站

末站位于管道的终点，往往是收货单位的油（气）库、转运油（气）库或煤炭堆场。末站的主要作用是接收管道输送来的货物，经检验计量后转向其他运输方式或直接输送给用户。

3. 中间站

中间站位于管道沿线，每隔 60～70 km 设置一个。中间站的主要类型有只给管道内的流态货物增加输送压力的泵站、只对货物进行加热处理的加热站以及两种功能兼而有之的热泵站。

三、管道运输的分类

管道运输通常以所输送的货物类型进行分类，如输送原油的管道称为原油管道，输送成品油的管道称为成品油管道，此外还有天然气管道和各种固体浆液管道等。

（一）原油管道

原油管道的起点大多是油田或接收海运来油的港口，终点则是炼油厂或转海运的转运油库，按输送的难易程度不同可分为轻质低粘和易凝高粘两大类。我国大陆第一条原油管道是由新疆克拉玛依油田至独山子炼油厂的克独输油管道，于 1958 年建成，管径为 159 mm，长为 147 km。目前，原油管道的管径多在 200 mm 以上，最大的为 1220 mm。我国的进口原油管道主要有中俄原油管道、中哈原油管道、中缅原油管道。

（二）成品油管道

成品油管道一般同时连通多个炼油厂，以便将它们的产品汇入同一管道，再向沿线的各地城乡供应油品。因此，成品油管道多集中在工业发达地区。我国运行的成品油管道主要有兰成渝成品油管道、兰郑长成品油管道、云南成品油管道以及港枣成品油管道等。

成品油管道的特点在于其输送的对象为众多不同品质的油品，如煤油、汽油、柴油、航空煤油以及其他种类的油品。这些油品在输送的过程中要求顺序输送，而且必须严格区分，以保证油品质量。所以，成品油管道运输管理的复杂性远远超过原油管道。与原油管道不同的是，成品油管道一般实行常温输送，不存在沿途加热的问题，这是其相对简单的一面。

（三）天然气管道

天然气管道是将天然气（包括油田生产的伴生气）从开采地或处理厂送到城市配气中心或企业用户的管道。早期天然气的输送完全依靠天然气井的压力，现在由于输送距离较长、输送量也较大，所以普遍设有增压站。天然气管道的增压站通常以天然气做燃料，通过燃气机或燃气轮机驱动各种增压用的压缩机。

我国于 1963 年建成了第一条巴渝输气管道，管径为 426 mm，全长 54.7 km，此后在大庆、胜利、华北等油田也建有向石化工厂输送伴生气的管道。目前我国最著名的天然气管道当属西气东输管道、川气东送管道以及中俄天然气管道、中亚天然气管道等。

（四）固体浆液管道

固体浆液管道是指将固体货物破碎成细小颗粒，与水混合成浆状混合物，在泵的驱动下用管道送往目的地的一种运输方式。20 世纪 50 年代以来，固体浆液管道已发展成为一种新型、可靠的运输方式。至 20 世纪末，世界上成功运行的浆液管道已超过 100 条，运距超过 4000 km，其中最著名的有黑梅萨煤浆管道和巴西萨马科铁矿浆管道。

固体浆液管道系统一般由三部分构成，即浆液制备系统、泵站与管道系统以及浆液后处理系统。随着工艺技术水平的进步，固体浆液管道的适用范围正在不断扩大。据不完全统计，可以制成浆液通过管道进行输送的固体货物至少包括以下几类。

（1）煤矿类，如煤炭、焦炭、煤矸石。

（2）冶金矿类，如铁矿、铜矿、铝矾土、金矿、钛矿、锰矿、锡矿。

（3）化工原料，如磷酸盐、碳酸钾、硫黄。

（4）轻工原料，如高岭土（瓷土）。

（5）建筑原料，如沥青、石灰石。

（6）工业废料，如煤灰渣、采矿废渣。

拓展阅读资料　　　上海通用的"循环取货"

本章关键词

运输、干线运输、支线运输、铁路运输、公路运输、水路运输、航空运输、管道运输

复习思考题

1. 如何理解运输在物流系统中的地位和作用？
2. 简要说明运输的各种分类。
3. 简要说明铁路运输的主要技术经济特点及其运输组织方法。
4. 简要说明铁路运输的主要技术装备。
5. 简要说明公路运输的主要技术经济特点及其运输组织方法。
6. 简要说明最常见的汽车类型。
7. 简要说明水路运输的主要技术经济特点及其运输组织方法。
8. 水路运输的主要技术装备有哪些？
9. 简要说明航空运输的主要技术经济特点。
10. 简要说明管道运输的主要技术经济特点。

第七章　储　　存

当人类在生产消费活动中出现富余产品时，就出现了储存。储存是现代物流系统中最关键的功能要素之一，没有储存，社会流通就难以进行，所以储存与运输被人们并称为"物流的支柱"。

第一节　储　存　概　述

一、储存的概念

如果说运输是以创造物品空间价值为主要目的的物流功能，那么储存就是以创造物品时间价值为主要目的的物流功能。我国国家标准《物流术语》对储存的定义十分简单，即"贮藏、保护、管理物品"。

实践中经常会遇到库存、储备、存货、储存以及仓储等相互关联的概念，它们相互交叉又各有不同、互为依存又相互独立，常使人混淆不清、莫衷一是。厘清这几个概念的内涵与外延、领会它们的运用场合和词性用法，既有助于读者进一步理解储存的含义，也可以防止对相关概念的误用、混用。

（一）库存

库存是指存放于仓库中的物品，也指将物品存放进仓库的行为。库存既可作名词使用，也可当动词（必要时可转化为动名词，下略）使用。理解库存概念必须明确的关键是：物品存放的地点不是在生产车间，也不是在汽车、火车、轮船或飞机等运输工具上，而是在仓库里。库存概念并不关注将物品存放起来的原因，动词词性的库存既可能是有目的的主动行为，也可能是基于客观原因，不得不如此，还有可能是出于其他原因。

（二）储备

储备是指存放起来以备不时之需的物品，也指这种有目的的行为。储备也是既可作名词使用也可当动词使用。理解储备概念的关键在于：将物品存放起来是一个有目的、有计划的主动行为，而不是客观原因导致的。储备的目的就是"备用"，为了满足未来某个时刻对物品的需求。储备概念并不关注物品存放的地点，名词词性的储备可能存在于任何地方。

（三）存货

存货是会计领域经常使用的一个术语，它是所有未被使用的原材料、零部件或产成品的总称，只能作名词使用。存货概念既不像库存概念那样强调物品存放的地点，也不像储备概念那样强调物品存放的原因。所以，从外延上说，存货包含了名词词性的库存和名词词性的储备。需要特别指出的是，我国目前盛行的所谓"广义的库存"，其实就是存货。

如果是出于保护物品或方便管理的目的而将存货存放于仓库之中，这样的行为就是动词词性的库存，这些存货就是名词词性的库存；如果是为了防止断货或以备将来之用而将存货存放起来，这样的行为就是动词词性的储备，这些存货就是名词词性的储备。显然，动词词性的库存和储备都是有意识的人类活动；而名词词性的库存和储备本质上都是未被使用的物品，都是存货。

（四）储存

所有存货的共同特征就是未被使用。但随着时间的运动，如果任凭日晒夜露或风吹雨打，那么绝大多数存货的使用价值都会逐渐降低直至完全丧失，从而导致其价值的流失。为了防止、抑制或延缓存货价值的流失而对其进行的"贮藏、保护、管理"就是储存。作为物流的基本功能，储存只能作动词使用。很显然，储存本身并不能控制时间的运动而产生时间差，它只是为了更"安全"地产生时间差或者在时间运动中使物品保值、增值而进行的作业过程。

事实上，随着时间的运动，即便物品的使用价值降低，但由于储存起止时间点的供需关系发生变化，往往也会导致物品的未来价值增加，更何况某些特殊物品（如收藏品、部分酒类等）的使用价值还会随着时间的运动而增加。因此，虽然时间差并非由储存产生，但储存能利用时间差产生价值增值，这就是储存创造的时间价值。

（五）仓储

虽然物品储存的地点可能在生产车间、运输工具或其他场所，但现实中的绝大多数储存作业都是以仓库为工具进行的。这种"利用仓库及相关设施设备进行物品的入库、储存、出库的活动"就是仓储（GB/T 18354—2021），它只能作动词使用。传统的仓储是指利用仓库对物品进行入库、保管、出库的简单作业；现代仓储在传统仓储的基础上增加了养护、管理、加工、分拣等作业内容。仓储是生产或流通企业不可或缺的作业环节，也是物流企业经常提供的服务产品。

仓储与动词词性的库存都强调了仓库的使用且都作动词使用，它们之间的相似性或关联性是显然的。但是，细究它们的应用场合就能发现，仓储作为一种作业环节或服务产品，更加强调具体的作业内容或工作量；而库存则是一个抽象的行为，它更在乎物品是否"在库"这一结果，而不太关注如何"在库"的过程和细节。也就是说，要将物品库存起来，必须通过仓储作业来完成。

二、储存的作用

根据我国国家标准《物流术语》对储存的定义，储存的功能就是贮藏、保护、管理，这些功能的直接作用就是保护物品的价值和使用价值。正是基于这些功能及其直接作用，又衍生出了储存的诸多间接作用。一般认为，从物流的角度看，储存的作用主要体现在如下几个方面。

（一）储存保护物品的价值和使用价值

贮藏、保护、管理的直接目的就是保护物品的价值和使用价值，以便在更高价值的时间点去实现其价值。首先，通过储存设施的防护功能，储存可以使物品免受各类外在因素的侵蚀。其次，通过研究物品的理化或生物性质，储存可以在掌握其性质变化规律的基础上，采用相应的技术或组织措施，最大程度地减缓在库物品自身性质的变化，以保证其价值和使用价值的稳定。

（二）储存具有"蓄水池"式的调节作用

社会化大生产的形式多种多样，不同物品的生产和消费既有可能是集中的规模化方式，也有可能是分散的随机性方式。如果某种物品的生产是集中的规模化方式而其消费是分散的随机性方式，就会导致供需关系出现时间上的不一致；反之也是如此。要协调好这种时间上的不一致，就必须依赖储存来贮藏、保护、管理物品，在保护好物品价值和使用价值的前提下，通过其"蓄水池"式的调节作用来缓冲物品供需之间的时间差。

（三）储存可以降低企业的运营成本

储存降低企业的运营成本主要体现在两个方面：首先，储存可以将零散的物品集中起来，以使其他物流功能或者加工功能发挥规模效益，从而降低企业的运营成本。其次，作为最主要的储存工具，仓库已不再只是贮藏或保管物品的场所，还具有加快物品周转的功能。绝大多数流通仓库的管理目标就是缩短物品在库时间、提高仓库周转率。物品周转速度的加快可以帮助企业减少资金占用、加速资金周转、节约储存费用，从而大幅度地降低企业的运营成本。

（四）储存创造物品的时间价值

事实上，储存的以上几项作用是相互关联、互为因果的。其中，保护作用是所有其他作用存在的基础，离开了保护作用，储存的调节作用和节约作用就很难发挥。

实践中，储存的诸多作用结合在一起能给生产或流通企业带来显著的经济利益，而且这些经济利益都与时间相关，所以人们将其称为"储存创造的时间价值"。必须指出的是，时间价值并不是独立于其他作用之外的另一种企业价值，而是基于储存诸多作用之上的一种增值过程。时间价值的根基在于储存对物品使用价值的保护作用，其阶段性表现形式可以多种多样，但最终的价值体现则是起止时间点的物品价值差异。储存创造的时间价值与运输创造的空间价值一道，成为物流最主要的两大价值创造。

三、储存的分类

由于库存、储备、储存等概念在我国长期混淆不清、随意混用，所以我国也一直无法对储存的分类进行规范。作为物流的基本功能，储存本应该作为动词或动名词使用，其分类也应该属于动词词性的"作业"分类。但在实践中人们经常采用名词词性的库存或储备分类来充当储存的分类，导致储存的有些分类成了名词词性的"物品"分类，如下面的（一）

和（三）。

另外，部门分割导致人们对"物"的称谓带有明显的行业习惯，有关储存的研究文献或实际工作都习惯将其作业对象称为物资或商品，偶有货物储存之说，基本不会称之为物料或物品。事实上，根据本节开头的概念辨析，储存的作业对象应该称为存货。

（一）按照储存在社会再生产中的作用分类

1. 生产储备

生产储备是指生产企业为了保证生产的连续正常进行或者调节生产与销售之间的矛盾而保有的物资准备。生产储备大多与流通领域相分离，处于生产企业内部，会占用生产企业的流动资金，由生产企业承担与其有关的一切损失和风险。这种储备可进一步分为原材料、燃料及零部件储备，半成品储备，产成品储备等。其中，原材料、燃料及零部件储备的数量变动有较强的规律性，容易实行严格的控制和核定；而半成品和产成品储备的数量受市场影响较大，控制的难度也相应增大。

2. 消费储备

消费储备是指消费者为了保证消费的需要而持有的一定数量的物资准备。这种储备大多处于消费者的掌控之下，脱离了流通领域，但又没有真正进入消费过程。在生产和流通都比较发达的地区，消费者无须保有太多的消费储备，加之一般消费者本身的消费数量有限，所以很少有专门为了消费储备而设置的仓库。

3. 流通储备

流通储备是指为了保证社会再生产的正常进行而停留于流通领域的各种物资准备。流通储备有广义与狭义之分。广义的流通储备是指从国民经济的总体来看，处于整个流通领域的各类物资准备的总和，它对整个国民经济的健康稳定发展具有不可替代的作用，其总量必须与国民生产总值、国民收入等宏观经济指标保持恰当的比例。狭义的流通储备是指流通企业为了保证市场供给、完成销售任务而必须持有的一定数量的物资准备，实践中多以库存的形式存在。

4. 国家储备

国家储备是指有关部门出于国家安全或经济战略的目的而针对某些特殊物资建立的物资准备。国家储备有的存放于专门建设的国家储备仓库中，有的保留于一般的生产与流通领域内。它一般分为国家的当年储备、国家的战略储备和国家的防灾保险储备等几种类型。

（二）按照储存的集中程度分类

1. 集中储存

集中储存是指将原本分散的众多小额存货集中起来，采用大型仓储设施和装卸搬运设备集中进行存放、管理和作业的储存方式。集中储存可以充分发挥储存作业的规模效益，采用先进的技术手段，既可降低储存的平均成本，又可提高储存的作业效率。更为重要的是，由于集中储存将众多分散的存货集中起来，可以有效地提高储存的供给调节能力，从而可以在保证供给水平不变的前提下，使总的存货数量大幅度降低，有利于企业压缩存货规模、减少资金积压。

2. 分散储存

分散储存是指储存的地点比较分散，而每个储存点的存货数量相对较小的一种储存方式。由于储存点比较分散、离消费者的距离较近，能更快地满足消费者需求。为了保障供给，所有储存点的存货数量都必须达到一定水平，众多小额的存货最终必然累积成数额巨大的存货总水平。通常情况下，分散储存的存货总水平往往会远高于集中储存的存货总水平。存货总水平的提高意味着资金占用的增加，最终必然导致成本和风险的增加。

3. 零库存

零库存是指在供应链中的某一个或某几个环节不再保有存货的一种状态，它是供应链企业在存货管理方面所追求的最高境界。必须指出的是，实施零库存管理必须以相应的管理体制和外围环境为前提，盲目地实行零库存不仅不会带来任何效益，而且有可能因为供应不足而使生产或销售中断，往往得不偿失。

（三）按照储存的目的分类

1. 经常储备

为了满足日常的生产和销售需要而建立的储备称为经常储备。经常储备要定期或根据特定的规则经常性地进行采购，当一批订货到达时，储备的数量达到最高值，此后随着生产或销售的消耗储备数量逐渐减少，直至下批订货到达。

2. 保险储备

为了应对各种意外原因导致的物资供应中断而建立的储备称为保险储备。这些意外原因主要包括前一阶段的经常储备已经耗尽，而由于运输延误，下一批订货却不能按时到达；虽然到货，但由于品种、规格或质量不符而不能投入使用；储备的消耗速度出乎意料地加快；出现了紧急外援；等等。

3. 季节储备

为了克服某些物资供应的季节性影响而建立的储备称为季节储备。季节性影响主要是由物资的生产、流通或消费存在季节性的不平衡所致。

（四）按照储存的位置分类

1. 仓库储存

仓库储存是指存在于各种仓库、料棚和堆场中的储存，是最正式的一种储存方式。

2. 车间储存

车间储存是指存在于生产车间内的储存，是一种非正式的储存方式。

3. 场站储存

场站储存是指存在于车站、货场、港口等换载场所的储存，大多属于暂存性质，具有一定的附属性和服务性。

第二节　储 存 技 术

储存技术是为了安全、合理地完成储存任务而采用的各种技术方法的总称。实际上，在储存活动中可能用到的各种技术不胜枚举，本节只介绍一些最常见的，也是储存活动中最有自身特色的技术。

一、物品的检验技术

物品的检验贯穿于储存工作的全过程，至少包括物品入库时的检验、保管期间的抽验、发货阶段的复验、盘点检查中的查验等。物品检验的工作内容主要包括物品的数量检验、物品的质量检验以及物品的盘点和检查等。

（一）物品的数量检验

物品的数量检验是物流各环节之间进行物品交接时或者在物流作业过程中，为了确认物品数量而进行的数量清点或计量。按照物品的性质和包装不同，数量检验通常可分为计件、检斤、检尺三种形式。

1. 计件

计件就是以件为单位逐一清点全部物品数量的检验方法。对于统一的包装物品，需重点检查包装的外表状况，只需保证所有包装外表状况良好即可，一般不用拆包清点检查；但对于一些特殊的进出口物品，则应根据贸易合同或国际惯例来决定是否需要拆包清点。随着条码和射频识别技术的普及，越来越多的物品计件工作已经不再需要人工操作，而是由自动识别设备完成。

2. 检斤

检斤就是以重量单位为尺度对物品进行称重计量的一种数量检验方法。根据物品批量的不同，检斤的重量单位可能是克、千克或吨，所使用的称重设备可能是天平、案秤、台秤、汽车衡、轨道衡以及各种自动计量设备等。

3. 检尺

检尺就是以体积单位为尺度对物品进行体积丈量的一种数量检验方法。检尺的体积单位多为立方米。对于体积不一致的批量物品，往往需要对分别丈量每件物品，再进行累加求和。对于按理论重量进行计量的物品，往往需要先对其进行检尺，然后再根据体积换算成相应的理论重量。

在数量检验之前，应根据物品来源、包装好坏或有关规定，先确定检验方式是抽检还是全检。一般情况下，数量检验应实施全检，即按件数全部进行点数，按重量全部检斤，按体积全部检尺，按理论重量计量的全部检尺后再换算为理论重量。

（二）物品的质量检验

物品的质量检验主要包括外观检验、尺寸精度检验、机械物理性能检验和化学成分检验四个方面的内容。通常情况下，物流作业人员一般只做外观检验和尺寸精度检验。对于特定物品或在特定场合下，如需进行机械物理性能检验或化学成分检验，则可由物流作业人员取样，委托专业检验机构进行检验。

1. 物品的外观检验

外观检验是指通过人的感觉器官，直接观察物品包装或物品外观，以判别物品质量的一种检验方法。外观检验的内容包括：检查物品包装的牢固程度；检查物品有无撞击、变形、破碎等损伤；检查物品是否被雨、雪、油等污染，有无潮湿、霉腐、生虫等。外观有缺陷的物品，可能影响其质量，所以对外观有严重缺陷的物品，要单独存放，防止混杂，等待处理。已经通过外观检验的物品，都应该填写"检验记录单"。

2. 物品的尺寸精度检验

进行尺寸精度检验的物品主要是各种金属型材、部分机电产品和少数建筑材料。不同型材的尺寸精度检验的重点不同，如椭圆材主要检验直径和圆度、管材主要检验壁厚和内径、板材主要检验厚度及其均匀度等。对部分机电产品的检验，一般请用料单位派员进行操作。尺寸精度检验是一项技术性强、很耗时间的工作，全部检验工作量大且有些物品的质量特性只能通过破坏性检验手段才能测得，因此一般采用抽验的方式。

3. 物品的理化检验

理化检验是针对物品的内在质量或物理、化学性质所进行的检验。理化检验对技术条件和操作人员的要求较高，一般物流系统很难具备这些条件，所以大多委托专业的检验机构进行检验。

（三）物品的盘点和检查

1. 物品的保管损耗

在储存过程中出现的物品损耗，有些是可以避免的，有些则是难以避免的，那些难以避免的损耗就称为自然损耗。在一定时期内，保管某种物品所允许发生的最大损耗称为物品的保管损耗。物品在储存过程中发生的挥发、升华、飞散、风化、潮解、漏损或换装倒桶过程中发生的自然减量，都属于保管损耗。

2. 物品盘点与检查的内容

物品的盘点与检查是及时掌握库存物品的变化情况，避免发生物资短缺或者长期积压，保证卡、账、物相符的重要手段。盘点与检查的主要内容包括查规格、点数量、查质量、查有无超过保管期或长期积压情况、查保管条件、查安全等。

3. 盘点形式

（1）永续盘点。永续盘点又称动态盘点，即保管员每天对有收发状态的物品盘点一次，以便及时发现问题、防止收发差错。

（2）循环盘点。循环盘点即保管员对自己所保管的物品，根据其性质、特点，区分轻重缓急，做出月度盘点计划，然后按计划逐日轮番盘点。

（3）定期盘点。定期盘点是指在月末、季末、年中或年末按计划进行的对物品的全面清查。

（4）重点盘点。重点盘点是指根据季节变化或工作需要、为达到某种特定目的而进行的盘点工作。

二、物品的堆码苫垫技术

堆码苫垫是堆码、苫盖、衬垫三项作业的简称，它们是贮藏物品的主要手段，也是保护、管理物品的前提和条件，是储存功能的基础性作业。

（一）物品的堆码技术

根据物品的外形、重量、数量、性能和特点等，结合仓库地坪负荷、储存时间，将物品整齐、规则地摆放成货垛的作业称为堆码。储存作业中需要在综合考虑以上各项因素的基础上，采用不同的堆码方式，形成不同的垛形。实践中比较常见的垛形主要有以下几种。

（1）重叠式。重叠式堆码就是逐件逐层地向上重叠码高，其特点是货垛各层的排列方式一致，尤其适用于钢板、箱装材料等质地坚硬、占地面积较大且不会倾翻的物品。在堆码时可逢 5 或逢 10 交错，以便于清点计数。

（2）纵横交错式。对于外形狭长且规格一致的物品或其箱装件，可以将上一层物品横放在下一层物品上面，纵横交错地向上码放，形成方正的垛形，这样的堆码方法就称为纵横交错式堆码方法。

（3）仰伏相间式。为了使货垛稳定，堆垛作业中常将一层物品仰放、另一层物品伏放，也可以伏放几层之后再仰放一层或仰伏相间成组以便相互紧扣，这样的堆码方法称为仰伏相间式堆码方法。

（4）衬垫式。在每层或每隔两层物品之间夹进木板之类的衬垫物，以使货垛的横断面保持平整、物品间互相牵制，这样可以增强货垛的稳定性，这种堆码方法称为衬垫式方法，比较适合四方整齐的裸装物品的堆码。

（5）串联式。利用物品本身所具有的缝隙或孔洞，用绳子或其他工具把它们按一定数量串联起来，再逐层向上堆码的方式称为串联式方法，如图 7-1 所示。

（6）栽柱式。栽柱式就是在货垛的两旁各栽上 2～3 根木制或钢制的桩柱，将物品平铺于两排桩柱之间，每隔一层或几层再用铁丝将两侧对应的桩柱拉紧，以防桩柱和货垛倒塌。

（7）压缝式。压缝式就是先将垛底排列成正方形、长方形或环形，然后沿脊背压缝上码。由正方形或长方形垛底堆码成的货垛，其外形呈金字塔形或屋脊形；由环形垛底堆码成的货垛，其外形呈圆柱形，如图 7-2 所示。

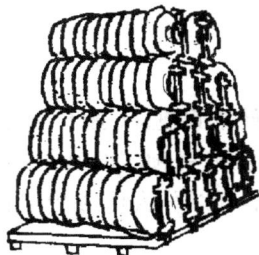

图 7-1 串联式堆码垛形　　图 7-2 环形压缝式堆码垛形

除了上面介绍的几种基本垛形，还有许多其他的特殊垛形，如鱼鳞式比较适合盘条类的圆圈型物品堆码、通风式则比较适合木材等有通风需要的物品的堆码等。

需要指出的是，虽然托盘的码放也经常采用以上的某些垛形，但由于托盘盘面的面积相对较小且大多比较方正，所以对其垛形的稳定性要求更高，一般不适宜码放长大件等不规则物品。

在物品堆码作业的过程中，常常运用"五五化"方法。所谓"五五化"，即以五为基本计量单位，根据物品的不同形状，码成各种垛形，其总数均是五的倍数。"五五化"只提出了数量控制的方法，并没有对垛形的限制，凡适合"五五化"方法的垛形均可考虑采用。

（二）物品的苫盖技术

为了使存放于堆场或库房的物品免受雨雪浸湿、日光曝晒或者其他类型的损害而在其上加盖一定防护物的作业称为苫盖。加盖在物品上面的防护物称为苫盖物，有时也简称为苫盖。

实践中常用的苫盖物有芦席、油布、铁皮、苫布、油毡等。无论使用何种苫盖物，苫顶都应保持平整，以防雨后积水。苫盖过程中应注意不要将垛底的垫木、石墩露在苫盖物外面，以防雨水渗入。同时，苫盖物下端应保留一定的通风间隙，以利于空气流通。

近几年，许多库场开始采用料棚对物品进行苫盖，取得了较好的作业效果。料棚又称为货棚，是一种半封闭的顶棚状装置或建筑。它对物品的防护作用虽然不及建设的正式库房，但比露天堆场要好得多且由于其造价低、建设周期短，所以颇受欢迎。按照结构特点和作业方法的不同，料棚可分为固定式料棚和活动式料棚两大类。其中，固定式料棚的立柱和顶棚都不可移动，是一种半永久性建筑；活动式料棚没有固定的基础和立柱，顶棚和立柱都可以根据需要进行伸缩或移动，采用活动式料棚，不仅可以迅速地对物品进行苫盖，而且通风效果好，便于机械化作业。

（三）物品的衬垫技术

为了保证货垛底部的通风、减小地面潮气对物品的影响，在堆垛作业前根据预先设想的垛形尺寸和负重情况，在垛底放上适当的隔离物以使物品与地面相互隔开的作业称为衬垫。衬垫作业中所采用的隔离物称为衬垫物。

衬垫物的种类有很多，其中最常见的是枕木、垫板、水泥块、石墩等。无论采用什么衬垫物，一定要注意放平并且应保护好地基，露天的场地一定要平整夯实，防止堆码后发生地面下沉而导致倒垛事故的发生。

三、货架技术

货架是指由立柱、隔板或横梁等结构件组成的储物设施（GB/T 18354—2021）。它在储存业务中被广泛应用，也大量存在于生产、流通乃至消费领域的其他场所。货架的种类很多，其技术也在不断发展。按发展阶段的不同，货架可以分为传统货架和新型货架两大类；按适用范围的不同，货架可以分为通用货架和专用货架。

（一）传统货架

传统货架也存在通用货架与专用货架之分，其中通用货架是指可用于存放多种不同形状的物品、使用范围相对较大的货架类型。传统货架中最常见的通用货架有以下几种。

（1）层架。层架是仓库中使用得最广泛的货架形式，由框架和层板构成，具有结构简单、适用性强、便于收发作业等优点。

（2）层格架。在层架的基础上，每层再用隔板分隔成若干个层格，就是层格架。层格的大小应根据存放物品的大小来确定。层格架可以使储存物品相互分开不致混淆，但储存能力较小，主要适用于规格复杂多样、必须相互隔开的物品。

（3）抽屉式货架和柜式货架。这两种均为封闭式货架，其结构与层格架相似，只是在层格中有抽屉，外面装有柜门密封。这类货架多用于存放精密仪器、刀具、量具等怕灰尘的物品。

上述几种货架一般限于存放体积较小的物品。对于一些笨重的长大件，如金属型材、管材等，则常选用下列长型物品货架。

（4）U形架。U形架是最简单的一种上开式货架，因其形状呈U形而得名。人们常根据物品的长短，选择若干个U形货架合成一组来储存物品。

（5）栅架。栅架也是一种上开式货架，一般有固定式和活动式两种，常采用铁木结构，如图7-3所示。

（6）悬臂架。悬臂架是一种边开式货架，分为单面式和双面式两种。仓库多采用双面式结构，如果使用单面式结构，则常将其背靠仓库的墙壁进行布置。这种货架可用来储存各种中、小型的狭长金属材料，如图7-4所示。

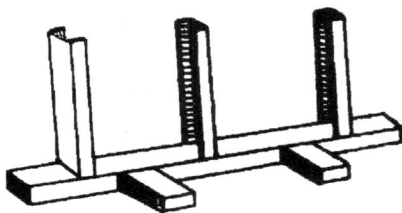
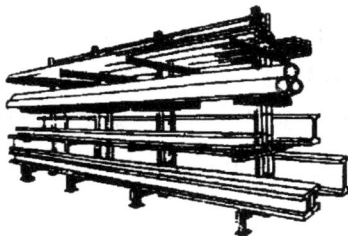

图7-3　栅架　　　　　　　　　　　　　图7-4　悬臂架

此外，传统货架中还有一些为适应某些物品的特殊形状或性能要求而设计的专用货架，如存放金属板材的三脚架、存放汽车轮胎的轮胎架以及存放气体钢瓶的钢筒架等。

（二）新型货架

新型货架是指随着技术的进步和作业的需要而产生的、具有某些特殊功能的货架。与传统货架不同，大多数新型货架的结构与功能都有利于实现仓库的机械化或自动化作业。实践中，新型货架大多用于流通仓库，以便加快周转速度，也有可能用于档案馆、图书馆、资料室等场所，以便节约储存空间。常见的新型货架主要有如下几种。

（1）重力式货架。重力式货架是指层板的前后两侧有一定的高度差，以便利用物品的自重使其沿层板向前滑动的货架。重力式货架的前后深度比普通层架或层格架大得多，层板大多由具有一定坡度的滑道、滚轮组成，以方便货物的前移。重力式货架主要应用于各类转运中心的拣选作业或储存量较大的作业场合。

（2）调节式货架。根据货架调节部位的不同，调节式货架又可分为层架调节货架和单元调节货架。层架调节货架在其外形结构不变的情况下，可根据储存物的外形尺寸调整货架的层距。单元调节货架由几个基本标准单元组合而成，其高低可根据需要进行调整。在需要增加储存空间时，可以把单元叠加上去；当改变储存条件时，又能立即移动，重新布置和分组。

（3）装配式货架。装配式货架又称为组合式货架。它是指根据实际需要，用立柱、搁板、联结板等标准配件组装成的一种货架。

（4）旋转式货架。这种货架的外形呈圆筒状，由于货架的每一层皆能围绕主轴转动，故也称之为转动式货架。旋转式货架可分为垂直旋转式、多层水平旋转式和整体水平旋转式等多种类型，它们都由轨道、支架、货盘、驱动及控制装置组成。由于货架本身可以转动，能够有效节省存取物品的行程和时间。同时，与普通的固定式货架相比，它还可以节省30%～50%的占地面积。

（5）移动式货架。移动式货架也称为活动货架，是指在底部装有轮子，可以依靠人力或电力驱动、沿轨道移动的货架。这种货架克服了普通固定货架每列都必须预留通道的弊病，在多排货架中间只需预留一条通道即可，可以大大提高仓库的面积利用率。

（6）阁楼式货架。阁楼式货架是指在两层或两层以上的楼面堆叠而成的阁楼中布置的货架。其中，有的阁楼式货架是由底层的货架承重，在其上部搭置楼板，形成一层新的楼面后再布置货架；有的是由专门的立柱承重，在其上部搭置楼板形成库面后再布置货架。对于净空高度较大又不能采用高层货架的仓库，采用阁楼式货架比较合适，它可以成倍地提高仓库的面积利用率。这类货架的缺点是存取作业效率低，所以主要用于存放储存期较长的中小件货物。

（7）高层货架。高层货架是指在高层自动化仓库内与堆垛机配合使用的一种特殊货架，其高度一般在12 m以上，有的甚至高达几十米。由于高层货架储存的物品都要经过堆垛机进行存取，所以一般是单元化货物。

四、库房的温湿度控制技术

由于各种物品内在特性的不同，它们对储存的温湿度环境要求也有所不同。如果库房内的温湿度状况达不到要求，就会引起或加速物品质量的下降。因此，库房的温湿度控制技术是储存工作中最常用的技术之一。

（一）温湿度的观测

温湿度的观测是最主要的了解温湿度状况方法，一般采用干湿球温度计进行测量。干湿球温度计由一只干球温度计和一只湿球温度计组成，干球温度计可直接测量温度；湿球温度计的球部被湿纱布包裹，由于水分的蒸发带走部分热量，所以湿球温度计显示的温度会低于干球温度计。空气越干燥，水分蒸发得越快，带走的热量越多，两个温度计所显示的温度差就越大；反之亦然。所以，根据两个温度计的度数，从"温湿度查对表"中就可查出相应的湿度值。此外，有的库房也采用毛发湿度表或通风干湿表来测定空气湿度。

为了准确地测定库房的温湿度，通常要根据库房的面积大小、物品的性质特点以及季节气候的变化情况确定安放温湿度计的地方和数量。通常每日上、下午各观测 1 次并将记录结果作为调节库房温湿度的依据和研究温湿度变化规律的可靠资料。

（二）库房温湿度的调节方法

当库房内的温湿度适合物品的储存和保管时，人们就要力求保持这种有利的环境；反之，当温湿度不适合所存物品的储存和保管时，就要考虑进行库房温湿度的调节。常用的调节方法有以下几种。

1. 通风

通风就是根据空气流动的规律性，有计划地组织库房内外的空气交换，以达到调节库房内温湿度的目的。通风操作简单，对降低库房内温湿度可以起到一定的作用，同时能排除库房内的污浊空气，是最常使用的温湿度调节方法之一。通风可采用自然通风、机械通风或两者相结合的方式进行。

2. 吸潮

吸潮是利用吸潮设备或吸潮剂吸附空气中的水蒸气，以达到降低空气湿度的目的。常用的吸潮设备是空气去湿机，常用的吸潮剂有生石灰、氯化钙、硅胶等。

3. 空调调节

空调分为中央空调和独立空调两种形式。在库房较多且相对集中的库区，可使用中央空调，而较分散的库房则多使用独立空调。无论使用哪种空调，其成本都比较高，所以此方法多运用于价值较高、对温湿度要求较苛刻的物品储存库房。

4. 密封

密封是指采用一定的方式将物品尽可能地封闭起来，以防止或减弱外部环境的不利影响、达到安全储存的目的的行为。密封经常与通风或吸潮等方式配合进行，主要的种类有货架密封、货垛密封、库内小室密封或整库密封等。

第三节 仓库与仓储业务

仓库是用于储存、保管物品的建筑物和场所的总称（GB/T 18354—2021），它既包括具有封闭式建筑物的库房，又包括半封闭的料棚或货棚，还包括完全开放式的露天堆场或货场。在实践中，人们也常用仓库指代库房，将堆（货）场和料（货）棚独立于仓库之外。本节除了少数分类，大多从广义上理解仓库的概念。

一、仓库的分类

仓库是物品最主要的储存地点，也是物流活动的中转站和物流资源的调度中心。如果从不同的角度出发，根据仓库的不同特征和标志，把某些具有共性的仓库归结在一起，就形成了仓库的不同分类。这里介绍几种最常用的分类方法。

（一）按照仓库的功能分类

1. 储备仓库

储备仓库是指主要用于存放储备物资的仓库，这类仓库一般规模比较大、储存物品的数量比较多、出入库频率比较低。根据储备的目的不同，储备仓库通常分为生产储备仓库和流通储备仓库两大类，所以储备仓库多设在生产企业或进出口企业比较集中的地区。

2. 流通仓库

流通仓库是指主要用于中转、配送等流通作业的仓库，这类仓库一般规模不大、物品的保管期较短、出入库频率较高。为了方便流通，流通仓库内还可进行简单的分拣配货和流通加工作业。现实中的各类批发仓库、采购供应仓库、零售仓库以及中转仓库等都属于流通仓库的范畴。

3. 保税仓库

保税仓库是指经海关批准设立的专门存放保税货物及其他未办结海关手续货物的仓库（GB/T 18354—2021）。它是为适应国际贸易的需要，在本国国土之上、海关关境之外设立的仓库，外国货物可以免税进出，无须办理入关申报手续，并且可以在库区对货物进行加工、储存、包装等作业处理。

4. 海关监管仓库

海关监管仓库主要用于存放已经入境而收货人未及时提取的物品或者由于无证到货、单证不齐、手续不完备以及其他原因导致海关不予放行、需要暂存等候处理的物品。海关监管仓库可能由海关自行建设和管理，也可能由仓储企业向海关申请，取得经营资质后在海关的监管下开展业务。

（二）按照储存物品种类的多少分类

1. 通用仓库

通用仓库是指用于储存不需要特殊保管条件的一般日用工业品或农副产品的普通仓库。这类仓库技术设施比较简单，仅有进出、装卸、搬运、商品养护、安全防火等一般性设备，而无保温、冷藏、气调、防毒等特殊性设备，只能储存物理、化学及生物性能比较稳定、彼此互不干扰的物品，如百货、针织品、五金、医疗器械、土产品等。由于通用仓库适应性较强、利用率较高，因而是商业仓库网中分布最广、比重最大、使用最为普遍的常规性仓库。

2. 专用仓库

专用仓库是指专门用于储存某一类物品的仓库，如茶叶仓库、卷烟仓库、食糖仓库、粮食仓库、化肥仓库、农药仓库、食盐仓库、蔬菜仓库、水产品仓库、牲畜仓库等。由于这些物品的性能比较特殊，单独储存可以防止混存中相互串味，保证物品质量。根据物品性质的不同，专用仓库要有相应的防热、防冻、防潮、防腐蚀等方面的技术设备。

（三）按照储存物品的保管条件分类

1. 普通仓库

普通仓库是指用于储存一些在保管条件上没有特殊要求的物品的仓库。

2. 保温仓库

保温仓库是指配备有采暖设备、能保持一定温度的仓库。

3. 冷藏仓库

冷藏仓库是指配备有制冷设备、能保持一定的低温环境，用于储存具有冷藏要求的物品的仓库。

4. 恒温恒湿仓库

恒温恒湿仓库是指不仅能保持一定的温度，还能根据需要保持一定空气湿度的仓库。

5. 危险品仓库

危险品仓库是指用以存放易燃、易爆、有毒或有腐蚀性物品，需要一些特殊的设施设备或防护措施的仓库。

（四）按照仓库的建筑类型分类

1. 平房仓库

平房仓库俗称平库，是指砖木结构的普通平房式仓库。这类仓库的高度多在 5 m 以下，一般采用直接堆码或普通货架储存物品。

2. 楼房仓库

楼房仓库俗称楼库，是指两层或两层以上的楼房式仓库。楼库的各层之间常以升降机之类的垂直输送机械相联系，也有的以坡道相互沟通，称为坡道仓库。

3. 圆筒形仓库

圆筒形仓库俗称筒仓库或筒仓，是指用于储存散装的颗粒状或液态货物的储罐类仓库。这类仓库的主体就是容器型储物罐，所以也称为罐式仓库。常见的有球罐库、柱罐库等。

4. 高层货架仓库

高层货架仓库俗称立体仓库，是指以高层货架为储存支承物的仓库。由于高层货架的高度远远超过普通房屋的建筑层高，所以高层货架仓库必须按其货架的高度标准进行专门设计和建设。同样由于货架高度的问题，物品进出货架的作业过程必须依赖专用机械，由人工或计算机控制操作。如果物品进出货架的作业过程采用了自动控制的巷道堆垛机并在出入库或其他作业环节都采用了配套的自动化作业设备，那么该高层货架仓库就可称为自动化立体仓库，简称自动化仓库。

自动化仓库也称自动存取系统（automatic storage & retrieval system，AS/RS），是指借助机械设施与计算机管理控制系统实现物料存入或取出的系统（GB/T 18354—2021）。它是在生产技术水平不断提高的背景下，为了配合生产的自动化而出现的一种崭新的物流技术。自动化仓库最初主要用于制造企业内部的原材料或产成品的存取作业，是制造企业自动生产线的一部分。随着流通技术的进步，自动化仓库逐渐进入流通领域，成为物流企业的仓储设施。

二、仓储业务

仓储业务是指利用仓库为客户提供储存服务的业务。仓储业务的经营者既有可能是生产或流通企业内部的仓储经营部门，也有可能是以仓储服务为核心业务的独立法人企业。仓储业务关系可以通过计划委托、合同协议或临时委托的方式来建立。但是，不论经营者的身份如何，也不论业务关系如何建立，传统仓储业务的作业环节和作业内容都大同小异。按照先后次序，可以将仓储业务简单地划分为以下三个业务阶段。

（一）入库作业

入库作业是仓储业务的开始，是所有后续作业的基础和前提，入库作业的质量将直接影响所有后续作业的质量和效率。入库作业的具体内容包括入库作业计划的制订、入库前的准备、接运与卸货、分类与标识、核对单据、入库验收、入库信息的处理等。入库作业应严格遵循以下"六不入"原则。

（1）有送货单而没有实物的，不能办入库手续。

（2）有实物而没有送货单或发票的，不能办入库手续。

（3）来料与送货单数量、规格、型号不一致的，不能办入库手续。

（4）来料质量控制（incoming quality control，IQC）检验不合格又没有领导签字说明的，不能办入库手续。

（5）办理入库手续前已经提前领用的物品，不能办入库手续。

（6）送货单或发票不是原件的，不能办入库手续。

（二）在库管理

由于仓储业务的处理对象、客户要求和服务内容各不相同，所以在库管理的具体工作内容也会有所差异。但大体上说，在库管理基本都会涉及如下几个方面的工作：储位安排、保管、盘点、拣货、加工、分装等。在库管理应遵循的基本原则有以下几个。

（1）先进先出原则。先入库的物品优先出库，以防物品的在库时间超过其有效期，保证在库物品的使用价值没有瑕疵，减少在库物品的质量风险。

（2）锁定库位原则。在库物品应按不同的种类锁定库位，严格按规定区域分类存放并与管理台账或数据库信息保持一致。

（3）专料专用原则。在库物品严格按订单要求进行存取，不得随意挪用对应账单物品。

（4）ABC管理原则。在库物品的保护和管理要抓住关键的少数，重点关注A类物品的保管和盘点工作。

（三）出库作业

出库作业是指按照客户的要求，以送货单或出库凭证为依据，将指定名称、编号、规格、数量或生产日期的物品拣选出来并组织出库的一系列作业。虽然出库作业的大多数内容都在库内完成，但出库作业的开始也就是在库管理的结束。

在出库作业开始前，要提前打印好有关单证并以单证为依据拣选物品；在反复核对无误、确保"单物一致"后再对出库物品进行检斤、检尺或质量检验；然后再根据物品的特性进行包装、捆扎或集装；根据出库物品的重量、体积及运输要求选择运输车辆的类型、大小和数量并进行配载装车；装车完成前后，出库作业人员还应要求收货方代表签收有关单据。出库作业应严格遵循以下"五不发"原则。

（1）没有出库凭证或出库凭证无效的，不能发放。

（2）出库手续不符合要求的，不能发放。

（3）质量不合格的物品，除非有领导批示同意使用，否则不能发放。

（4）规格不对、配件不齐的物品，不能发放。

（5）未办理入库手续的物料，不能发放。

此外，仓储作业人员还应遵循"日事日毕、日清日高"的原则。每日工作结束前进行当天相关账物的自我确认和核查，确保账目的平衡，以便找出不足、及时改进；每日对责任范围内的物品库位至少巡查 1 次，保证在库物品的品质、安全和 6S 状态达标，确保物品有正确标识，该退的要退给供应商或放入退货区，以免产生呆滞；仓管员当日的单据必须当日传给录单员，而录单员当日的单据必须在当日录入系统。

三、仓储业务的计量

仓储业务量的大小与储存物品的数量及其在库时间长短有关。但相对来说，储备仓库的业务计量会更看重时间尺度，物品在库时间越长，仓库收费越多。而大多数流通仓库的业务计量则更偏重于以吞吐量为尺度，物品在库时间越短，单位时间内吞吐的物品数量越多，仓库的收费就越多。即便储备仓库的业务计量比较看重时间尺度，但还是要以在库物品的数量为基础，物品的数量越多，收费越多。

因此，仓储业务的计量离不开物品的数量指标，它是仓储业务计量的最核心指标，也是仓库收费的基础性依据。在仓储业务实践中，一般会根据物品的形态或性质采用综合吨或折吨的方式来计量物品的数量或仓库的吞吐量。

（一）综合吨

不同物质的密度不同，对应到物流领域就是不同物品的积载因素不同，但积载因素与密度的量纲（或单位）互为倒数，表征的是单位重量物品所拥有的体积。对于运输工具、仓库等物流载体来说，载重能力和容积能力都是稀缺资源，因此作业对象的积载因素太大或太小都会导致物流载体能力的浪费。为了补偿物品对载重能力或容积能力的过度占用，仓储业务中通常分别采用重量吨和体积吨进行计量。

（1）重量吨。重量吨又称实重吨，是指物品的积载因素小于 $2\ \mathrm{m^3/t}$，即物品的毛重达到 1 t 以上而体积（包括外包装）不足 $2\ \mathrm{m^3}$ 时，以物品的重量单位进行计量的"吨"数。

（2）体积吨。体积吨又称尺码吨，是指物品的积载因素大于 $2\ \mathrm{m^3/t}$，即物品的体积超过 $2\ \mathrm{m^3}$ 而毛重不足 1 t 时，以每 $2\ \mathrm{m^3}$ 折算为 1 个计量单位的"吨"数。

综合吨就是将重量吨和体积吨综合起来考察。如果按两种计量方式算出的费用差距不大，则遵照"择大计收"原则进行收费并最终确定按重量吨或体积吨进行计量。

（二）折吨

在某些特殊情况下，对储存物品的计量既不能采用重量吨，也不能采用体积吨，而是要根据特定的单位进行折算，以确定其最终的计量吨，这就是所谓的折吨。常用的折吨方法有以下几种。

（1）按货物实际占用面积折吨。由于物品本身的原因不能进行堆码时，物品就会占用较多的仓库面积。此时，如果按体积吨或重量吨计量对仓储企业不公平，所以经常按物品实际占用的仓库面积进行折吨。导致物品不堆垛的原因有很多，如因物品不能受压，只能平摊；物品的外形不规则，难以堆高；物品的数量与单证不符，需要重新点数验收；等等。

（2）零星折吨。一般情况下，储存物品的批量越小，其仓容利用率就越低。为了合理补偿这种因批量过小而造成的仓储资源浪费，也为了方便仓储业务量的计算，可以规定一个起点重量（亦称"最低起租重量"）并规定每批货物的计费吨数不得低于规定的起点重量。例如，以 0.5 t 为起点重量，则每批货物结存量不足 0.5 t 时一律按 0.5 t 计算，如果超过 0.5 t，就按实际吨数计算。

（3）拆零折吨。开展拆零发货业务的单位，除了可规定起点重量，还可根据所拆包装箱的毛重、体积或箱装细数，计算细数单位，再以起点重量为依据，根据细数单位确定拆零折吨方案。其中，箱装细数有可能是"个""双""十个""打"等。细数单位的计算公式为

$$细数单位 = \frac{每箱毛重(或体积 / 2)}{箱装细数}$$

改革开放以来，特别是物流概念普及以来，我国仓储管理水平得到大幅度提高，形成了很多有中国特色的业务原则和作业规范，如"五不发"原则、"六不入"原则以及"追、收、查、储、拣、发、盘、退"八部曲等；同时，我国仓储业也开始呈现出社会化、专业化、标准化、自动化、信息化和科学化发展趋势并在市场机制的作用下不断集聚，以期产生集聚效应。在此背景下，各级地方政府因势利导，利用土地、资金、税收等方面的政策工具规划建设了不少物流园区，吸纳了以仓储为基础业务的大量物流企业。

第四节　物流园区

物流园区是一个空间概念，它与工业园区或科技园区相似，是具有产业一致性或相关性且集中连片的物流用地空间；是在政府规划引导下，众多物流资源企业（包括物流功能企业、综合物流企业和生产流通企业）及其设施设备在空间上集中布局的产业集聚区；是具有一定规模和多种服务功能的新型物流业务载体。物流园区内的各经营主体共享基础设施和配套服务，按专业化、规模化原则组织物流活动，具有显著的集聚效应和溢出效应。

一、物流园区的概念与内涵

日本人口密度大、城市空间有限，作为日本首都，东京面临着更大的环境挑战。为了缓解城市交通压力、释放更多的中心城区发展空间，从 20 世纪 60 年代起，东京在城市外围划出专门土地，通过完善的基础设施、便利的交通条件以及适当的优惠政策吸引运输、仓储、配送中心入驻，形成物流团地（distribution park）。由于这种物流发展模式取得了很好的实际效果，因而迅速传遍日本全国并扩散到欧洲。

德国把类似的物流产业集聚区称为货运村（freight village），认为它是一种拥有独立入驻企业，与交通设施相连接的物流经济区，是货运站和物流中心发展的高级阶段。

20 世纪 90 年代末，我国深圳在国内率先进行了物流产业规划，在学习借鉴日本物流团地和德国货运村经验的基础上，参照工业园区和科技园区的称谓方式，将这类物流产业集聚区称为物流园区（logistics park）。

我国国家标准《物流术语》（GB/T 18354—2006）首次对物流园区进行了定义。以该定义为基础，另一项国家标准《物流园区分类与规划基本要求》（GB/T 21334—2017）将物流园区的定义改写为"为了实现物流设施集约化和物流运作共同化，按照城市空间合理布局的要求，集中建设并由统一主体管理，为众多企业提供物流基础设施和公共服务的物流产业集聚区"。

国家标准《物流术语》（GB/T 18354—2021）对 GB/T 18354—2006 中的物流园区定义进行了修改，将其表述为"由政府规划并由统一主体管理，为众多企业在此设立配送中心或区域配送中心等，提供专业化物流基础设施和公共服务的物流产业集聚区"。

综合以上概念或定义可以看出，物流园区是物流业发展到一定阶段的产物，其内涵至少包括如下几个方面。

（1）物流园区是类似于工业园区或科技园区的空间概念，具有集约化、规模化和公益性等特点。

（2）进驻物流园区的企业主体既有可能是运输、储存、装卸搬运、包装等传统功能型企业，也有可能是流通加工、配送、信息服务等新型功能型企业或综合物流服务提供商，还有可能是对物流依赖度高的生产或流通企业。

（3）物流园区是城市功能或区域经济的有机组成部分，其建设初衷就是集约利用土地资源、优化区域物流网络、缓解城市交通压力、降低社会物流成本；反过来，物流园区的规模和水平也受城市功能或区域经济的影响和制约。

我国国家标准《物流术语》（GB/T 18354—2021）在定义物流园区的同时给出了物流中心的定义，即"物流中心是具有完善的物流设施及信息网络，可便捷地连接外部交通运输网络，物流功能健全，集聚辐射范围大，存储、吞吐能力强，为客户提供专业化公共物流服务的场所"。比较物流中心与物流园区的定义可以看出，物流中心是"场所"，而物流园区是"集聚区"，从空间范围上看，物流园区远大于物流中心。此外，物流中心是由企业经营的物流实体，而物流园区则是由政府规划或指导建设的产业平台，现实中的很多物流中心、配送中心等都进驻了物流园区。

二、物流园区的分类

我国国家标准《物流园区分类与规划基本要求》（以下简称《要求》）提出，物流园区的分类要以依托的物流资源和市场需求特征为主要原则；以某一服务对象为主要特征，将延伸服务合并为同一类型；以物流园区服务功能为导向。《全国物流园区发展规划（2013—2020年）》（以下简称《规划》）提出了选址建设物流园区的具体原则：一是与综合交通体系和运输网络相配套，依托主要港口、铁路物流中心、公路货运枢纽、枢纽机场及主要口岸，具有交通区位优势，便于发展多式联运。二是与相关规划和现有设施相衔接，符合土地利用总体规划、城市总体规划和区域发展总体规划，充分利用现有仓储、配送、转运等物流设施。三是突出功能定位，紧密结合产业布局和区位优势，突出专业服务特点，明确物流园区功能定位。综合以上原则，按照服务功能的不同，我国将物流园区分为如下几种。

（一）货运服务型物流园区

货运服务型物流园区也称货运枢纽型物流园区，该类物流园区应依托交通枢纽，具备两种（含）以上运输方式，能够实现多式联运，具有提供大批量货物转运的物流设施，能为国际性或区域性货物提供中转服务。具体要求包括以下内容。

（1）依托空运、水运或陆运节点（枢纽）而规划建设。

（2）为大批量货物分拨、转运提供配套设施。

（3）主要服务于区域性物流转运及运输方式的转换。

其中，空港物流园区依托机场，以空运、快运为主，衔接航空与公路转运；港口物流园区依托海港或河港，衔接水路、铁路、公路转运；陆港（公路港、铁路港）物流园区依托公路枢纽或铁路场站，衔接公路与铁路转运。

（二）商贸服务型物流园区

该类物流园区应依托城市大型商圈、批发市场、专业市场，能够为商贸企业提供运输、配送、仓储等物流服务以及商品展示、电子商务、融资保险等配套服务，能满足一般商业和大宗商品贸易的物流需求。具体要求包括以下内容。

（1）依托各类批发市场、专业市场等商品集散地而规划建设。

（2）为商贸流通企业提供一体化物流服务及配套商务服务。

（3）主要服务于商品流通业商品集散。

（三）生产服务型物流园区

该类物流园区应毗邻工业园区或特大型生产制造企业，能够为制造企业提供采购供应、库存管理、物料计划、准时配送、产能管理、协作加工、运输分拨、信息服务、分销贸易及金融保险等供应链一体化服务，满足生产制造企业的物料供应与产品销售等物流需求。具体要求包括以下内容。

（1）依托经济开发区、高新技术园区、工业园区等制造业集聚园区而规划建设。

（2）为生产型企业提供一体化物流服务。

（3）主要服务于生产企业物料供应、产品生产、销售和回收等。

（四）口岸服务型物流园区

该类物流园区依托口岸，能够为进出口货物提供报关、报检、国际采购、分销和配送、国际中转、国际转口贸易、商品展示等服务，满足国际贸易企业物流需求。具体要求包括以下内容。

（1）依托对外开放的海港、空港、陆港和海关特殊监管区域及场所而规划建设。

（2）为国际贸易企业提供国际物流综合服务。

（3）主要服务于进出口货物的报关、报检、仓储、国际采购、分销和配送、国际中转、国际转口贸易、商品展示等。

（五）综合服务型物流园区

该类物流园区具有两种（含）以上运输方式，能够实现多式联运和无缝衔接，至少能够提供货运枢纽、商贸服务、生产服务、口岸服务中的两种服务，满足城市和区域的规模物流需求。

三、物流园区的功能

一般来说，功能是事物固有的效能，是由事物内部要素结构所决定的一种相对独立且稳定的机制；而作用则是事物与外部环境发生关系时所产生的影响效应。同样的功能，对外界的影响效应既有可能是正面作用，也有可能是负面作用。因此，物流园区的功能是其作用产生的内部根据和前提基础，各级政府只有首先明确物流园区的功能，才有可能充分发挥物流园区的作用，带动城市或区域经济的健康发展。

为了正确理解物流园区的功能，必须指出的是：虽然所有物流园区都会吸引物流资源，集聚运输、储存、装卸搬运、流通加工、信息处理等诸多功能，但这些功能都是企业的功能而不是园区的功能。也就是说，物流园区的功能不等同于物流企业的功能。

基于以上认识，结合物流园区的概念与内涵，本书认为，物流园区的功能应该体现在两个完全不同的层次：首先是从园区开发者的目标出发，物流园区应该具有的功能，称为物流园区的开发功能，该功能在园区开发者与入驻企业之间发生作用；其次是由园区开发者与所有入驻企业的功能集聚而成的整体功能，称为物流园区的服务功能，该功能在园区整体与外部环境之间发生作用。

显然，不同类型物流园区的开发功能大同小异，而服务功能则存在较大差异，如货运服务型物流园区的服务功能是货运服务，商贸服务型物流园区的服务功能是商贸服务。根据前述《要求》和《规划》，我国物流园区的服务功能分为货运服务、商贸服务、生产服务、口岸服务和综合服务等几大类并据此对物流园区进行分类。至于物流园区的开发功能，本书认为它至少应该体现在如下几个方面。

（一）集约土地资源

生产或流通企业自营的物流资源基本上与母体企业一起分散在城市各处，专业的物流资源企业（包括物流功能企业和综合物流企业）也往往根据自己的客户资源分布或土地的可得性将企业设置在不同地点。物流资源的分散必然导致大量土地资源特别是中心城区稀缺土地资源的浪费。物流园区大多选址在城市外围，将分散的物流资源集中起来，不仅可以提高物流资源能力的利用率、减少重复建设，还可以节约大量土地资源。

（二）吸引物流资源

物流园区建设初期最主要的任务就是吸引物流资源，包括生产或流通企业的物流资源、物流功能企业的物流资源和综合物流企业的物流资源。只有将众多的物流资源汇集在一起，才有可能充分发挥产业的集聚效应，促进物流产业的进步。一般来说，吸引物流资源入驻物流园区的优势主要包括地价优势、税收优势、基础设施优势、政府服务优势以及入驻之后获得客户资源或寻找合作伙伴的便利，人才、信息、技术的交流机会等。

（三）整合信息资源

作为物流现代化的产物，物流园区最重要的功能之一就是开发利用信息资源。一方面，园区内集聚的物流资源会产生大量的物流资源信息，物流资源信息的汇集必定会吸引广大的生产或流通企业，带来大量的物流需求信息和商品交易信息；在此基础上，交易结算、仓单质押等金融服务的开展又会产生一些金融信息。另一方面，我国中小企业对信息系统投入的意愿不强，大量分散的信息资源长期被闲置浪费，严重制约了我国物流产业的进步和发展。物流园区构建的公共信息平台不仅可以大幅度降低中小企业的信息服务成本，还可以将物流、商流、资金流等各方面的信息集中起来，把信息当作一种资源加以整合利用，能够产生巨大的经济价值和社会效益。

（四）服务入驻企业

作为众多物流资源企业共同的管家，物流园区必须为入驻企业提供相关配套服务。物流园区的配套服务功能主要体现在两个方面：一是物流资源企业入驻之前的基础设施建设，具体包括物流园区的规划设计、土地整备、公共基础设施建设、对外通道以及其他环境要素的协调、入驻企业的基建配套、公共信息平台的搭建等；二是物流资源企业入驻之后的服务工作，具体包括公共基础设施的管理和维护、物业管理、水电气的管网维护及收费、公共信息平台的运营及技术更新等。

四、物流园区的作用

开发物流园区的目的就是在尽量抑制其负面作用的同时充分发挥物流园区的正面作用。因此，对园区开发者来说，只有努力完善物流园区的开发功能，才有可能吸纳更多更优质的物流资源，保证园区服务功能的形成；以此为基础，园区开发者还必须与所有入驻企业一道，持续强化物流园区的服务功能，努力将其打造成为城市的区位要素，以便充分发挥它对城市或区域的如下积极作用。

（一）对物流产业的促进作用

首先，物流园区的开发功能可以有效降低入驻企业的经营成本、提升企业竞争力；其次，物流园区集中不同类型的物流资源，可以充分发挥自身的专业优势，实现分工细化和优势互补并通过规模效益进一步降本增效；再次，由于物流企业竞争力的提高和物流园区的集聚效应，不仅可吸引大量物流需求汇集到物流园区，也可诱导大量的潜在需求转化为现实需求，提高物流需求的市场化程度。市场需求的增加和市场集中度的提高无疑会大幅度改善物流资源企业的经济效益并在供需关系的良性互动中促进物流服务质量的提升和物流产业水平的提高。

（二）对生产流通的服务作用

采购或供应源头的分散是生产流通企业采购成本居高不下的主要原因。物流园区将众多原材料、零部件或产成品的仓库、配送中心集中在一起，可以方便生产流通企业的集中采购或集中供应；反过来，物流园区也会为这些企业的产品集中营销提供方便。有形资源的集中不仅有利于供需关系的稳定，促成供应链的形成，还可促使生产流通企业实施物流外包，将更多精力专注于自己的核心业务。显然，物流园区能够为生产流通企业提供多方面的服务，可以有效提升城市或区域产业的整体竞争力。

（三）对投资环境的改善作用

如前所述，物流园区在集中物流资源的同时，事实上集中了大量的货物资源。货物资源的集中为物流的专业化和规模化运作提供了可能。物流的专业化和规模化运作不仅可以提高物流运作效率、改善物流企业及其客户的经济效益，还能有效提升整个区域的物流合理化水平、减轻城市交通压力。更为重要的是，以物流园区为依托的原材料采购或产成品销售不仅方便可靠，而且成本更低。显然，物流园区可以优化城市或区域的营商环境、吸引外来投资，对投资环境具有显著的改善作用。

（四）对区域经济的带动作用

开发建设物流园区及其配套的集疏运网络对任何城市来说都是一项规模庞大的基础设施投入，大规模基础设施投入肯定会带动城市经济的发展。依靠发达的集疏运网络，物流园区往往具备强大的对外辐射能力，通过辐射带动作用，物流园区可以在一定的区域范围内促成产业间的合理分工和优势互补并最终完成区域内的产业结构优化。随着物流园区的健康发展和辐射带动效应的逐步显现，围绕物流园区运作的货代、信息、咨询、商贸、酒店、娱乐、广告、金融等服务业会不断发展壮大，也会带动整个城市的产业结构升级。

拓展阅读资料　　　　**海尔的自动化仓库**

本章关键词

储存、库存、储备、苫盖、衬垫、自动化仓库、物流园区

复习思考题

1. 举例说明储存的作用有哪些。
2. 主要的储存技术有哪些？它们各自的工作内容和作用是怎样的？
3. 举例说明几种常见的堆码方法。
4. 联系实际说明常见的通用货架和新型货架类型。
5. 说明仓库的不同类别及其特点。
6. 仓储业务通常有哪几种受理形式？
7. 举例说明你所熟悉的物流园区及其功能。
8. 举例说明不同类型的物流园区在功能上有何不同。
9. 简述物流园区的开发建设模式。

第八章 流 通 加 工

流通加工是一种特殊的物流功能。一般来说，加工是指改变物品的形状和性质以形成一定产品的活动，而流通则是指改变物品存在的空间状态与时间状态的过程。流通与加工原本是两个相互独立的概念，但如果将二者结合起来，就可以组成一个全新的物流功能——流通加工。流通加工是生产加工在流通领域的延续，它既可以看作一种特殊的加工形式，属于加工的范畴，也可以看成流通领域为了更好地提供服务而在职能方面的拓展。

第一节 流通加工概述

一、流通加工的概念

（一）流通加工的含义

流通加工是为了提高物流速度和资源利用率，在产品进入流通领域后，按客户要求进行的加工。也就是在产品从生产者向消费者流动的过程中，为了促进销售、维护产品质量、提高物流效率而采取的使产品发生物理和化学变化的一种物流功能。

如果从物流运作的角度来看，流通加工就是为了弥补生产加工的不足、更有效地满足用户或本企业的需要、更好地衔接产需双方而在物流过程中进行的加工活动。我国国家标准《物流术语》对流通加工的定义是"根据顾客的需要，在流通过程中对产品实施的简单加工作业活动的总称（注：简单加工作业活动包括包装、分割、计量、分拣、刷标志、拴标签、组装、组配等）"。

（二）流通加工与生产加工的区别

流通加工和一般的生产加工在加工方法、加工组织、生产管理等方面并无显著区别，二者的区别主要体现在以下几个方面。

1. 加工对象的不同

流通加工的对象是已经进入流通领域的商品，具有商品的属性；而生产加工的对象一般是某种最终产品形成之前的原材料、零部件或半成品等。

2. 加工程度的不同

流通加工一般属于简单加工，其加工程度是浅层的，如板材的裁剪、玻璃的开片等；而生产加工的复杂程度和加工深度要远远高于流通加工。应当说明的是，随着流通加工产业水平的不断进步，流通加工的深度也有逐渐提高的趋势。

3. 加工目的的不同

生产加工的目的在于创造价值及使用价值，而流通加工的目的则在于完善物品的使用价值并在这种完善中形成产品的附加价值。

4. 加工责任人的不同

流通加工的组织者是从事流通工作的人，能密切结合流通的需要进行必要的加工活动；而生产加工的责任人和组织者则是生产企业的员工。

（三）流通加工的类型

根据功能和目的的不同，流通加工可分为生产性流通加工和营销服务性流通加工两大类，前者主要服务于专业化程度较高的生产企业，后者则主要服务于最终消费者。

1. 生产性流通加工

随着社会分工的不断细化，每个企业的专业化特点更加突出。为了将有限的资源专注于自身的核心业务，很多专业化程度较高的企业更愿意将一些与核心业务关联不大的简单加工业务外包。如果物流企业承接了这些简单的加工业务并在物流作业中的某个特定环节完成加工，就属于流通加工。

例如，家电生产和船舶制造是两个完全不同的行业，但它们都需要钢材作为原材料，钢铁生产企业是它们共同的原材料供应商。但钢铁生产企业的规模化和专业化特征决定了其产品不可能同时满足家电生产和船舶制造企业各自对原材料的个性化要求。因此，作为供需之间的物流企业，就可以承接钢铁公司的这些延伸加工任务，形成生产性流通加工。此外，诸如木材的集中下料、玻璃的集中套裁、水泥的流通加工以及配煤加工等都属于生产性流通加工。

2. 营销服务性流通加工

随着人们生活水平的不断提高，普通消费者对消费的方便性要求越来越高。例如，为了提高零售食品采购的方便性，很多超市对蔬菜、水果或各种肉食进行分割、洗净、包装；为了促销，商家往往会在店铺内进行促销套装等，这些都属于营销服务性流通加工。随着市场竞争的日趋激烈、商品促销活动的日渐增加，营销服务性流通加工出现的频率肯定会越来越高。

二、流通加工的地位与作用

（一）流通加工的地位

1. 流通加工能有效地完善流通过程

在实现空间价值和时间价值方面，流通加工确实不能与运输和储存相提并论，加之它并不是所有物流业务中都必然出现的活动内容，其普遍性也不如运输和储存，所以人们一般不把流通加工当作物流的主要功能，但是这种观点并不能说明流通加工不重要。相反，因为流通加工能够起到运输或储存等其他功能所无法起到的作用，所以它也是物流系统中不可缺少的一个重要环节。

2. 流通加工是物流系统中的重要利润源

流通加工是一种低投入、高产出的加工方式，它往往通过简单的加工作业就可获得丰厚的利润。例如，流通加工通过改变商品的装潢可使商品的档次大幅度跃升，有利于其价值的充分实现。有资料表明，合理的流通加工可以使物品的利用率提高 20%～50%，这是其他一般手段所难以企及的。事实上，根据我国近年来的实际情况，流通加工为流通企业提供的利润并不一定少于运输或储存，流通加工已经成了物流系统中的重要利润源。

3. 流通加工是国民经济体系中的重要加工形式

在整个国民经济体系中，流通加工作为一种加工形式是必不可少的。它对于国民经济的健康发展、产业结构的优化提升以及社会分工的合理细化具有十分重要的意义。

（二）流通加工的作用

流通加工在物流系统中的作用主要体现为它对物流服务功能的延伸和增强，具体表现在以下几个方面。

1. 弥补生产加工的不足

流通加工实际上是生产加工的延续和深化，它对于弥补生产加工的不足具有十分重要的意义。由于现实的生产系统中存在很多限制性因素，抑制了生产功能的进一步深化，使许多产品在生产领域的加工只能达到某个特定的程度。例如，钢铁厂的大规模生产只能以标准规格为依据组织生产，以使产品具有较强的通用性，同时可保证生产系统本身的效率和效益；如果要在木材的生产地将木材变成成材或制成木制品的话，往往会导致运输组织的极大困难，所以木材产地的加工一般只能将木材加工成圆木或板方材，进一步的下料或切裁加工则必须由流通加工来完成。

2. 满足需求的多样化要求

生产企业为了保证高效率的生产，必须采用大批量的生产方式，但通过大批量生产方式生产出来的标准化产品往往难以满足消费者的个性化需求。在没有流通加工业务之前，经常是消费者自己设置加工环节来解决这一矛盾，这是生产企业和消费者都不愿接受的事情。为了既满足消费者对产品的个性化需求，又保证高效率的大批量生产，对生产出来的标准产品进行多样化改制显得十分必要。例如，根据消费者需要的特定型号和尺寸对其所需钢材进行裁剪和预处理。这种流通加工形式最大的好处就是加工目的更接近于消费，可以使消费者感到更加省力、省时和方便。

3. 保护物品的使用价值

物流的整个过程中都存在对物品的保护问题，流通加工能防止物品在运输、储存、装卸搬运、包装等作业过程中遭受损失，使其使用价值得到顺利实现。一般来说，以保护物品为主要目的的流通加工并不改变物品的外观或性质特征，加工的深度和水平与被加工对象的性质密切相关。这种类型的流通加工主要通过稳固、改装、冷冻、保鲜等手段来完成。

4. 提高物流的作业效率

有些物品由于本身具有某种特殊的形态而致使物流作业的效率低下，甚至难以进行物流操作，如鲜鱼、鲜肉的装卸和储存，超大设备的装卸搬运，气体货物的装卸与运输等。在对这类物品进行物流作业之前，应对其进行适当的流通加工以弥补其形态缺陷，如鲜鱼、鲜肉的冷冻，超大设备的解体，气体货物的液化等。这类流通加工的目的只是暂时改变物品的物理状态以方便物流作业，物流作业过程结束后仍能恢复其物理原状，而且一般不会改变其化学性质。

5. 促进产品的市场销售

在企业竞争日趋激烈的环境下，市场营销成了企业经营战略最核心的内容之一。事实上，在促进产品的市场销售方面，流通加工也具有不可替代的作用。例如，将散装或超大包装的物品分装成适宜销售的小包装、将以保护产品为目的的运输包装改换成以促进销售为目的的装潢性包装、将零配件组装成产成品、将蔬菜或鱼肉洗净切块等形式的流通加工都可以起到吸引消费者、刺激消费的作用。这种类型的流通加工一般也不改变物品本身的性质，大多只是进行简单的改装，也有部分属于组装、分块等深加工内容。

6. 提高原材料的利用率

利用流通领域的集中加工代替各使用部门的分散加工可以大幅度地提高物资的利用率，具有明显的经济效益。例如，原材料准备过程中的集中套裁可以有效减少原材料的消耗数量、提高加工质量。同时，对于加工后的余料，可使其得到更合理的利用。又如，钢材的集中下料可通过合理下料、搭配套裁、减少边角余料等办法来达到提高加工效率、降低加工费用的目的。

7. 衔接物流的各个环节

现代化大生产的相对集中和个性化消费的相对分散导致了生产与物流的大批量、高效率特征与消费的多品种、少批量要求之间的矛盾。为了解决这一矛盾，可以在生产与消费之间的流通环节设置流通加工点，以该流通加工点为中介，在生产与流通加工点之间采用大批量、高效率的定点输送方式，而在流通加工点至用户之间则采用多品种、少批量的灵活输送方式。例如，散装水泥的中转仓库就担负着流通加工的任务，通过将大批量的散装水泥转化为较小的批量，可以有效地促进物流作业的合理化。

8. 形成新的利润增长点

大多数生产企业的初级加工规模有限，也不愿投入更为专业的技术装备，所以往往加工效率低下。流通加工企业可以通过集中加工的方法，以一家流通加工企业代替若干生产企业的初级加工工序，以解决单个企业初级加工效率不高的弊端。显然，流通加工通过专业化设备提高劳动生产率、原材料利用率和加工设备利用率，可以获得丰厚的直接经济效益。同时，它还可以通过规模化加工有效地提高加工效益、缩短生产时间、减少全社会的加工费用，产生间接的经济效益。

9. 促进生产与流通的一体化

生产企业与流通企业通过联合而统筹规划的流通加工形式称为"生产—流通一体化"的流通加工形式。在此形式下，生产企业要涉足流通，流通企业要涉足生产，双方通过对生产和流通加工作业进行合理的分工、规划、组织、统筹和安排，可以充分发挥企业集团的技术、经济优势，促使生产与流通企业实行一体化运作，有利于企业产品结构的调整。

第二节　流通加工形式

目前，世界各地的许多物流中心或仓库都开展了流通加工业务，日本、美国等物流发达国家的流通加工服务更为普遍。有关资料显示，日本东京、大阪、名古屋等地的物流公司中，有一半以上都开展了流通加工业务且规模都相当可观。当然，不同的物流作业对象和作业方式所需要的流通加工形式各不相同，流通加工的个性化特征十分明显。下面仅结合我国的具体实际介绍几种典型物品的流通加工方法及其意义。

一、水泥的流通加工

在需要长途调入水泥的地区，如果需求数量大且相对稳定，则无须直接调入大量的成品水泥，而是将块状或颗粒状的半成品熟料运进需求地的流通加工点进行细磨并根据用户的使用要求和当地的资源状况掺入适当的混合材料或添加剂，制成不同品种和标号的水泥。这种流通加工是水泥流通加工的重要形式之一，在国外已经相当普及。在需要长距离输送供应水泥的情况下，以块状或颗粒状的熟料代替粉状的水泥进行输送具有很多突出的优势。具体如下。

（一）减少无效运输，节省运力

据估计，调运普通水泥和矿渣水泥的过程中，有30%以上的运力消耗在矿渣或其他各种添加物上。我国水泥需求量大的地区大多工业基础较好，拥有大量的工业废渣，如果运送熟料到使用地再进行细磨，可以根据当地的资源条件选择合适的混合材料，这样就可以节约消耗在混合材料上的运力和运费。

（二）降低水泥的流通损耗

水泥的水硬性只有在充分细磨之后才会表现出来，未经细磨的水泥熟料具有较好的抗潮湿性能，所以熟料输送可以基本消除由于受潮而造成的损失。此外，块状或颗粒状的熟料也不像粉状水泥那样易于散失。

（三）提高运输效率，降低运输成本

采用输送熟料的形式输送水泥既可以充分利用站、场、仓库现有的装卸设备，又可以利用普通车皮进行运输，与输送散装水泥方式相比，具有更好的技术经济效果，更适合我国的具体国情。

（四）减少高标低用，满足多样化需求

我国大中型水泥厂生产的水泥的平均标号在逐年提高，但实际上大多数用户所需要的水泥都是低标号的。目前，我国大部分施工现场都不具备添加混合材料以降低水泥标号的技术力量或设备，经常不得不使用高标号水泥，造成了很大的资源浪费。如果以熟料形态进行长距离输送，在使用地再粉碎细磨，就可根据当地的实际需要，确定掺加混合材料的数量，生产更多的廉价、低标号水泥，更大程度地满足客户需求。

（五）促进水泥的规模流通

采用长途熟料输送的方式有利于在水泥厂与有限的熟料粉碎工厂之间形成固定的直达渠道，实现物流经济效益的提高。同时，用户无须集中到水泥厂进行采购，而是直接向当

地的熟料粉碎工厂订货，因而更容易沟通产需关系。显然，这种方式在加强水泥流通的计划性、简化流通手续、保障物资供应等方面具有十分明显的优越性。

二、商品混凝土的流通加工

在传统的流通方式中，水泥的零售一般都是以粉状水泥供给用户，用户要在建筑工地现场将其拌制成混凝土之后才能使用。而现在已有很多是先将粉状水泥输送到使用地的流通加工点（或称集中搅拌混凝土工厂、生混凝土工厂），在那里搅拌成生混凝土，然后供给各个工地或小型构件厂使用。这是商品混凝土流通加工的一种主要方式，因具有很好的技术经济效果，受到了发达国家的普遍重视。这种流通加工形式的主要优点有以下几个。

（一）提高劳动生产率，保证混凝土的质量

把混凝土的加工从小规模的分散状态改变为大规模的集中形式，既可以充分利用现代科学技术组织社会化大生产，又可以发挥现代技术和管理的优势，大幅度提高劳动生产效率和混凝土的质量。集中搅拌可以采取准确的计量手段和最佳的生产工艺，根据不同需要使用不同的添加剂或混合材料，拌制成不同性能的混凝土，在提高混凝土质量、减少水泥消耗量、提高劳动生产率等方面具有社会化大生产的一切优点。

（二）降低消耗，利于环保

在相同的生产能力下，实行集中搅拌可以较大幅度地降低单位产量所需的设备投资、管理费用、人力及电力消耗等。同时，集中搅拌的生产量大，可以采取措施回收使用废水，减少洗机废水的污染，利于环境保护。此外，由于集中搅拌的设备固定不动，还可以避免因经常拆建所造成的设备损坏，延长设备的使用寿命。

（三）促进水泥流通的合理化

采用集中搅拌的流通加工方式可以促使集中搅拌站（厂）与水泥厂（或水泥库）之间形成固定的供应渠道，这些渠道的数量远远少于分散方式的渠道数量，在有限的流通渠道之间采用高效率、大批量的输送形式，有利于提高水泥的散装率。同时，在集中搅拌场所内，还可以附设熟料粉碎设备，直接使用熟料，实现熟料粉碎与拌制生混凝土两种流通加工的结合。

此外，采用集中搅拌混凝土的方式有利于新技术的推广应用，可简化工地的材料管理工作、节约施工用地。

三、钢板的流通加工

钢板流通加工的主要存在形式是剪板加工和下料加工。其中，剪板加工是指在固定地点设置剪板机，提供剪板服务的过程；下料加工则是指设置各种切割设备，将大规格钢板裁小或切裁成毛坯，以方便用户的服务过程。在钢材的流通实践中，热连轧钢板或钢带、热轧厚钢板等板材的最大交货长度通常可以达到 7～12 m，有的甚至是成卷交货。对于钢

板消耗量较大的大中型企业，可能设置专门的剪板或下料加工设备，按生产所需适时进行剪板或下料作业。但对于钢材消耗量不大的中小型企业而言，如果单独设置剪板或下料设备，不仅设备的闲置时间长、人力资源浪费大，而且难以推行先进的加工工艺、生产效率低下。所以，在流通领域设置钢板的剪板或下料加工点可以有效地克服上述问题，为客户提供更满意的服务。钢板的剪板或下料加工的优点主要体现在以下几个方面。

（一）简化用户的生产环节

钢板的流通加工可以帮助用户简化生产环节，使其将精力集中于关键的加工过程，提高企业的生产技术和管理水平。

（二）提高加工的效率和效益

集中加工既可以保证生产的批量及作业的连续性，又可以使用专门的技术或先进的设备大幅度提高加工的效率和效益。

（三）提高加工精度，减少边角废料

由于加工精度高，所以剪板或下料加工既可以减少边角废料的数量，利于原材料的节约，又可以减少后续精加工的切削量、提高精加工的生产效率。

（四）保证加工对象的质量稳定

由于专业化加工工艺多种多样，用户可以根据实际需要进行选择，以保证加工后的钢材金相组织较少发生变化。这种类型的流通加工可以有效保证加工对象的质量。

事实上，流通实践中的各种圆钢、型钢、线材的集中下料以及线材的冷拉加工等都与钢板的这种流通加工方法类似。

四、木材的流通加工

（一）磨制木屑压缩输送

这是一种为了提高流通（运输）效率而进行的流通加工。由于木材的比重小，往往使车船满舱而不能满载，同时对其进行装车、捆扎也比较困难。从林区外送的原木中，有相当一部分是造纸材料，美国采取在林木生产地就地将原木磨成木屑，然后压缩，使之成为容重较大、容易装运的形状，再运至靠近消费地的造纸厂的方法，取得了较好的经济效果。据估计，采取这种方法比直接运送原木节约一半的运费。

（二）木材的集中下料

这种流通加工形式就是在流通加工点将原木锯裁成各种规格的锯材，同时将碎木、碎屑集中加工成各种规格的板材，甚至还可以进行打眼、凿孔等初级加工。用户直接使用原木，不但加工复杂、加工场地大、设备多，而且资源浪费大——木材平均利用率不到50%、平均出材率不到40%。如果按用户要求实行集中下料，则可以使原木的利用率提高到95%、出材率提高到72%左右，具有相当明显的经济效果。

五、煤炭及其他燃料的流通加工

（一）除矸加工

除矸加工是以提高煤炭纯度为目的的加工形式。矸石有一定发热量，煤炭混入一些矸石是允许的，也是较经济的，但在运力十分紧张的地区，要求充分利用运力，多运"纯物质"、少运矸石。在这种情况下，可以采用除矸的流通加工方式排除矸石。

（二）为管道输送煤浆进行的加工

煤炭的运输主要采用容器载运的方式，运输中损失、浪费较大且容易发生火灾。管道运输是近代兴起的一种先进物流技术。在流通的起始环节将煤炭磨成细粉，再用水调和成浆状，使之具备流动性，就可以像其他液体一样利用管道进行输送。这种输送方式连续稳定，而且速度比较快，是一种比较经济的运输方式。

（三）配煤加工

在使用地区设置集中加工点，对各种煤炭或其他发热物质按不同配方进行掺配搅拌，加工成各种不同发热量的燃料，这一过程称为配煤加工。配煤加工可以按需要的发热量生产和供应燃料，防止热能的浪费或发热量的不足。工业用煤经过配煤加工后，还可以起到便于计量控制和稳定生产的作用，在经济和技术上都具有一定的价值。

（四）天然气、石油气的液化加工

由于气体的输送和保存都比较困难，所以过去的天然气或石油气一般就地使用，如果出现过剩，只能就地燃烧，既造成资源浪费又导致环境污染。虽然天然气和石油气都可以采用管道进行输送，但由于管道的投资大且输送距离有限，所以运用并不广泛。但如果在产出地将天然气或石油气压缩到临界压力以上，使之由气体变成液体，就可以采用容器进行装运，使用时的机动性也会大大增强，这是目前较常使用的一种气体货物流通方式。

六、平板玻璃的流通加工

平板玻璃的"集中套裁、开片供应"也是一种重要的流通加工方式。采用这种流通加工方式时，应在城镇或其他用户集中区设立若干个玻璃套裁中心，以便直接面对用户并按用户提供的图纸对平板玻璃进行开片加工。这种流通加工还可以促使工厂与套裁中心之间形成规模较大且数量稳定的平板玻璃"输送干线"以及套裁中心与用户之间形成小批量、多批次的"二次输送"路线。这种流通加工方式的好处有以下几个。

（一）简化平板玻璃的生产工序，提高生产效率

平板玻璃的流通加工有利于玻璃生产厂家简化产品规格、实行大批量生产。平板玻璃的集中套裁不但能提高工厂的生产效率，而且能简化工厂的切裁、包装等工序，使其集中力量解决生产问题。此外，集中套裁可以广泛采用专用设备进行裁制，废弃玻璃相对较少

且易于集中处理。

（二）促进平板玻璃包装方式的变革

从工厂向套裁中心输送平板玻璃时，如果能形成固定渠道，则可以大规模利用集装工具。这样既可以大量节约包装用木材，又可以防止流通过程中的玻璃破损。

（三）提高平板玻璃的利用率

据统计，如果不实行集中套裁，平板玻璃的利用率为 62%～65%；如果实行"集中套裁、开片供应"，则其利用率可以提高到 90%以上。

七、生鲜食品的流通加工

（一）冷冻加工

为了解决鲜肉、鲜鱼在流通过程中的保鲜及装卸搬运问题，经常采用低温冻结的方式对其进行加工。这种流通加工也适用于某些液态商品的流通。

（二）分选加工

农副产品的离散度较大，为了获得特定规格的产品，经常采用人工或机械分选的方式对其进行加工。这种流通加工称为分选加工，广泛应用于瓜果、蔬菜、粮食及棉毛原料的流通过程。

（三）精制加工

精制加工是指在农、牧、副、渔等产品的生产地或销售地设置加工点，以去除其无用部分，甚至进行切分、洗净、分装的加工作业。这种加工不但可以大大方便购买者，而且可对加工的淘汰物进行综合利用。例如，鲜鱼的精制加工所剔除的内脏可以制成药物或饲料、鱼鳞可以制成高级黏合剂、头和尾可以制成鱼粉等；蔬菜加工的剩余物可以制成饲料或肥料等。

（四）分装加工

大多数生鲜食品的零售批量都较小，而为了保证高效输送，出厂包装一般较大，有的甚至采用集合包装。为了便于销售，在销售地按所要求的零售批量重新进行包装，即大包装改小、散装改小包、运输包装改销售包装，这种类型的作业过程称为分装加工。

八、机械产品与零配件的流通加工

（一）组装加工

自行车等机电设备的物流困难主要是由包装的低效率引起的，因为对这些物品直接进行物流包装的成本十分昂贵且装卸搬运麻烦、运输装载率低、流通损失严重。为了提高这类物品的物流效率、降低流通总费用，可以对其半成品（部件）实行高容量的包装之后出厂，在消费地再由流通部门拆箱进行组装，组装完成之后即可进行销售。这种流通加工方式在我国已被广泛采用。

（二）石棉橡胶板的开张成型加工

石棉橡胶板是机械、热力或化工装备中经常使用的一种密封材料，单张厚度一般为 3 mm 左右，单张尺寸有的长达 4 m，在储运过程中极易发生折角损失。石棉橡胶板的开张成型加工就是按用户所需垫塞物的尺寸进行裁制。这种流通加工不但可以方便物流的作业及用户的使用，而且可以通过集中套裁来减少边角余料损失、提高材料的利用率。这种套裁流通加工的地点一般设在用户集中地，由供应部门组织加工作业。

第三节　流通加工的合理化

历史经验告诉人们，对于是否应该开展流通加工业务或者应该选择何种形式的流通加工方法，企业必须事先进行科学的分析和论证。流通加工环节的设立可能产生正负两方面的效应：一方面，它可以有效地弥补生产加工的不足；另一方面，它可能对整个物流作业过程产生负面影响。组织者必须对流通加工的正负效果进行充分的权衡和比较并以此为依据进行选择和取舍。

一、不合理流通加工的主要形式

（一）流通加工地点选择的不合理

流通加工地点的选择是影响整个流通加工过程的重要因素。通常情况下，为了衔接大批量生产与多样化需求而设置的流通加工地点多选择在需求地附近，因为只有这样才能同时发挥大批量干线运输与多品种末端配送的物流优势。在此情况下，如果将流通加工点设置在生产地附近，显然是不合理的，其不合理性主要表现为以下两点。

第一，多品种、小批量商品大量地出现在生产地附近无疑会提高产品长距离运输的复杂性和组织难度，导致流通活动过程的不合理。

第二，在生产地附近增加一个流通加工环节会无端地增加近距离装卸搬运、运输和储存等一系列物流活动。所以，在此情况下，可以由原来的生产加工单位直接完成这种加工任务，而无须设置另外的流通加工环节。

另外，为了提高物流的作业效率而设置的流通加工点应设置在生产地附近，在产品进入社会物流之前对其进行流通加工，因为如果将其设置在消费地附近及主要的物流作业完成之后，则不但不能为物流作业提供方便，反而会在流通过程中增加中转环节，所以也是不合理的。

当然，即使流通加工的地点选择在生产地或需求地的决策正确，也并不代表流通加工地点的选择就一定合理，因为还存在流通加工地点在更小地域范围内的选址问题。如果决策失误，仍然会导致很多不合理现象。这些不合理现象主要表现为交通不便、流通加工与生产企业或用户之间距离较远、受地价等因素的影响导致流通加工点的投资过高、加工点周边的社会及自然环境条件不良等。

（二）流通加工方式选择不当

流通加工方式涉及流通加工的对象、流通加工的工艺、流通加工的技术、流通加工的加工程度等内容。确定流通加工方式时需要考虑的主要问题是如何对流通加工与生产加工进行合理分工。如果分工不合理，导致本来应由生产加工完成的任务错误地由流通加工来完成或本应由流通加工完成的任务错误地由生产过程来完成，都是不科学的。

流通加工不是对生产加工的简单代替，而是对生产加工的一种补充和完善。所以，一般而言，加工的工艺过于复杂或技术要求过高、加工任务可以由生产环节延伸后轻易完成的，都不宜再设置流通加工点。需要特别强调的是，流通加工尤其不应与生产环节争夺技术要求高、经济效益好的加工内容，更不宜利用特定时期内的市场压力使生产者只从事初级加工或前期加工，而由流通企业完成深加工或最终装配任务。事实上，如果流通加工方式选择不当，很容易出现流通加工与生产环节争夺利益的不合理局面。

（三）流通加工的作用不大，形成多余环节

有的流通加工工序过于简单或者对生产者及消费者的作用不明显，这种类型的流通加工对产品的品种、规格、质量和包装状况的改变效果都不大，相反会提高流通环节的复杂性，因此均属于不合理的流通加工。

（四）流通加工成本过高、效益不好

流通加工之所以有生命力，重要的原因之一是它有较好的投入产出效果并能有效地补充和完善生产加工的不足。如果流通加工的成本过高，就难以实现流通加工环节本身的经济目标。因此，除极个别政策要求必不可少的流通加工类型，即便亏损也必须坚持，其他投入产出效果差的流通加工环节都属于不合理的流通加工，应该及时转行或取消。

二、流通加工合理化的主要措施

流通加工合理化是指通过流通加工资源的最优配置使流通加工活动本身至少具有存在的价值，进而实现整个物流系统效率和效益的最大化过程。为了避免不合理流通加工的出现，决策者应该对诸如是否应设置流通加工环节、在什么地点设置流通加工点、选择什么类型的加工工艺、采用什么样的技术装备等问题进行正确的决策。目前，我国的物流工作者在这些方面已经积累了一些经验，取得了不少成果，综合起来就是在流通加工合理化的过程中应该实现以下几个方面的结合。

（一）加工与配送相结合

加工与配送相结合就是将流通加工点设置在配送节点内，一方面可以按配送的需要进行加工；另一方面，加工可以成为配送业务中的分货、拣货或配货作业的一环，加工后的物品直接投入配货作业。加工与配送结合后，就无须额外设置单独的加工环节，使流通加

工有别于生产加工，将加工与中转流通巧妙地结合在一起。同时，由于配送之前有加工，可使配送服务的水平大幅度提高。这种结合是当前流通加工合理化中采用得最多的方式之一，在煤炭、水泥等物品的流通中被广泛采用。

（二）加工与配套相结合

在对配套要求较高的物品流通中，可以采用加工与配套相结合的方式来实现流通加工的合理化。一般情况下，设备配套的主体来自各个生产单位，但是现有的生产单位有时无法提供完整的配套，必须通过流通加工点生产部分零配件才能最终完成配套。所以，加工与配套相结合可以有效地促进配套工作，强化流通的桥梁与纽带作用。

（三）加工与运输相结合

流通加工能有效地衔接干线与支线运输，促进两种运输形式的有机结合。在支线转干线运输或干线转支线运输的物流节点内，物品本来就是必须停顿的。如果在此环节设置流通加工点，则可以分别按照干线或支线运输的合理化要求进行适当加工，加工完成之后再进行中转作业，这种加工会同时提高中转及运输的作业效率。

（四）加工与商流相结合

通过流通加工来促进销售、提高商流的合理化程度是流通加工合理化考虑的方向之一。流通加工与配送的结合可以提高配送水平、强化销售，是加工与商流相结合的成功例证之一。

此外，通过简单地改变包装形成方便的购买形态、通过组装加工解除用户使用前进行组装或调试的麻烦等都是有效促进商流的例子。

（五）加工与节约相结合

节约能源、节约设备、节约人力、节约耗费等都是流通加工合理化需要考虑的重要问题。对流通加工合理化的最终评价应看其能否实现社会效益和企业经济效益的双重满意。与一般的生产企业不同的是，流通加工企业应该更加重视自身业务的社会效益，如果为了追求自身的局部利益而从事不合理的流通加工业务，甚至与生产企业争利，那么企业就违背了流通加工活动的初衷或者其本身已经不属于流通加工的范畴了。

拓展阅读资料　　　　**阿迪达斯的流通加工**

本章关键词

流通加工、生产加工、商品混凝土、平板玻璃、生鲜食品、流通加工合理化

复习思考题

1. 谈谈流通加工与生产加工的区别。
2. 结合实际说明流通加工的地位和作用。
3. 举例说明你所见到的流通加工实例。
4. 不合理流通加工的主要形式有哪些？
5. 简要说明流通加工合理化的主要措施。

第九章 信息处理

几乎所有的经济活动都是由信息驱动的，物流当然也不例外。对于物流系统来说，不仅要充分利用客户企业和周边环境的信息，还要适时收集、整理物流系统内部的信息。经过加工整理后的信息，一方面应用于物流管理决策，另一方面要以客户服务的形式提供给客户。因此，信息处理也是物流的一个重要功能，它与运输、保管、装卸、包装等功能结合在一起，共同保证物流活动的顺畅进行。作为物流系统中的一个特殊子系统，信息处理的功能总是伴随其他物流功能的运行而产生，同时不断对其他物流功能以及整个物流活动起支撑保障作用。

第一节　信息与物流信息

一、信息及其属性

从广义上讲，信息是事物存在方式和运动状态的反映，即信息是对世界一切事物及事物运动变化状态的客观描述，是对客观事物之间相互作用、相互联系的反映，是客观事物的表征。从狭义上讲，信息是反映事物存在和运动差异的、对解决问题有用的、可以被理解的、可以被接收的新的情报与消息的总称，是信息资源的客观性与信息接收者的主观认识的统一。

信息科学中经常用到的另一个概念就是数据，它在人们的头脑中总是与数字联系在一起。事实上，在计算机领域，数据不仅指这些数值化的数字，而且包括文字、图像、声音等形式的资料，与信息的外延基本相同。但从更大的领域范围来看，人们常把数据理解为原始资料或事实记录，而把信息理解为经过加工整理后所得到的有用数据，认为数据的外延大于信息。也有人认为，数据是保存于某种介质中的信息，数据的外延小于信息，而将经过加工整理后的信息或数据称为情报。

以上认识都有一定的道理，只不过它们是来自不同领域的人们的不同观点，加之人们对各种概念的广义理解与狭义理解相互混杂，导致了各种不同概念之间的外延相互交错。作为基本概念的统一，本书从广义上理解信息，认为信息是一切消息、数据和情报的统一；数据是存储于特定介质中的信息，其外延小于信息；而数字是一种数值化数据，是一种特殊的数据；以信息为基础经过加工整理后所得到的有特定用途的信息称为情报。

信息普遍存在于自然界、人类社会和思维认识过程中，是人们生产、生活中相互交流的一种客观存在，它和材料、能源一起被称为现代科学的三大支柱，越来越引起人们的关注。把信息看作"第二类资源"（第一类资源是物质资源）和"无形的财富"的"资源论"认为，在相同技术水平和装备能力的前提下，信息对企业的经营成败具有决定性作用。未来的社会将是信息的社会，对信息的掌握与开发程度将是衡量一个国家综合实力的一项重要指标，谁掌握并利用了更多信息，谁就掌握了发展的主动权。根据多年来的研究成果，人们一般认为，信息具有以下基本属性。

（一）普遍性

既然信息是事物存在和运动状态的反映，那么信息将伴随着自然界、人类社会以及人类思维而普遍存在并随事物的运动而运动，即信息无处不在、无时不有，没有无信息的真空存在。

（二）中介性

信息首先是物质及其运动变化状态的表征，但又不是物质本身。同时，信息来源于精神世界，如人的思维状况就是一种信息，人们思考问题的方法、思想、意志、情绪等是各种各样的信息，同时精神世界产生的各种信息具有一定的独立性，可以保持、复制或重现，但信息又不限于精神领域。信息普遍存在于物质世界和精神世界之中，具有中介性，是沟通人类主观世界和客观世界的桥梁和工具。

（三）知识性

信息之所以能成为一种社会资源为人类所用，就在于它具有知识性。信息的有用性使得人类不断接收信息、增长知识，从而达到认识世界、改造世界的目的。信息所含知识量的多少直接决定了它对人类社会的价值大小。

（四）时效性

信息既然是事物存在方式和运动状态的反映，那么随着客观事物的不断变化，信息必然会发生变化。因此，信息只有在一定的时间、地点、条件下才有存在的价值。

（五）对物质载体的依附性

信息不能单独存在于某种物质外壳之外，必须借助某种物质载体才能存在、存储和传递。

（六）可传递性

一方面，信息依附于一定的物质载体、借助一定的信道进行传递；另一方面，人们要获得、感受或接收信息，就必须依赖于信息的传递。

（七）可处理性

信息是事物存在方式和运动状态的反映，但它有时也可能是错误的或表象的反映。人类要正确地利用它，就必须对其进行收集、加工整理、抽象概括，通过整理筛选、去粗取精、去伪存真、由此及彼、由表及里等手段对信息进行加工转化，以方便人们使用。

（八）可共享性

可共享性是指信息经过传播扩散后可供各种不同领域的人们共同分享使用。

二、物流信息的概念、功能与经济特征

（一）物流信息的概念

我国国家标准《物流术语》对物流信息的定义是"反映物流各种活动内容的知识、资料、图像、数据的总称"。物流信息首先是反映物流领域各种活动状态、特征的信息，是对物流活动的运动变化、相互作用、相互联系的真实反映，包含知识、资料、情报、图像、数据、文件、语言和声音等各种形式。它随着从生产到消费的物流活动的产生而产生，与物流的各种活动（如运输、保管、装卸、包装及配送等）有机地结合在一起，是整个物流活动顺利进行不可缺少的条件。例如，运输活动要根据供需数量和运输条件等信息确定合理的运输线路、选择合适的运输工具、确定经济运送批量等。装卸活动要根据运送货物数量、种类、到货方式以及包装情况等信息确定合理的组织方式、装卸设备、装卸次序等。其次，物流信息还包括物流活动与其他活动进行联系时所必需的各种信息，如商品交易信息、市场信息等，这些信息在整个物流链上流动，反映供应链上的生产厂家、批发商、零售商直至最终消费者之间的关系，是供应链协调一致、有效控制和快速反应的重要保证。所以，物流信息一般由以下两个部分组成。

1. 物流系统内信息

物流系统内信息是指伴随物流活动的产生而产生的信息，具体包括物品流转信息、物流作业层信息、物流控制层信息和物流管理层信息等。

2. 物流系统外信息

物流系统外信息是指在物流系统外发生的与物流活动有关的各种信息，具体包括供货人信息、顾客信息、订货合同信息、交通运输信息、政策与法规信息等。

（二）物流信息的功能

物流信息不仅作用于物流，也作用于商流，是流通过程中不可缺少的管理及决策依据。物流和信息的关系十分密切，物流从一般活动成为系统活动也有赖于信息的作用。如果没有信息，物流就只是一个单向的活动，只有依靠信息的反馈，物流才能成为一个具有反馈能力的，包括输入、转换、输出和反馈功能的现代系统。从某种意义上说，物流信息是现代物流系统的重要支撑要素之一，因此信息处理功能就成了物流不可替代的基本功能之一。它与物流的其他功能有很大的差异，是物流其他功能实现最大价值所必须依赖的基础性功能，具体表现在：物流的每一个基本功能都与信息功能有联系，它们的顺利实现都需要信息功能的支持；整个物流系统的组织程度和有序程度靠物流信息来保障；物流系统通过信息与外界联系、通过信息与外界互动；物流的信息功能是提升整个物流活动效率的关键因素之一。因此，物流信息具有以下几个功能。

（1）沟通联系功能。现代物流系统是由多个行业、多个部门以及众多企业构成的大经济系统，系统内部正是依靠各种物流信息建立起了立体多维的联系，沟通生产商、销售商、物流服务商和消费者，以满足各方的需要。可以说，物流信息是沟通物流活动各环节的桥梁。

（2）引导协调功能。物流信息随着物流、资金流的流动及物流活动当事人的行为等信息载体进入物流系统，同时信息的反馈随着信息载体反馈到物流系统的各个环节，依靠物流信息及其反馈作用可以引导物流活动的优化，协调物资结构、平衡供需，协调人、物、资金等物流资源的配置，从而促进物流资源的整合和合理使用。

（3）管理控制功能。通过运用现代信息技术，如移动通信、互联网、电子数据交换、全球定位系统等，可以实现物流活动的电子化、自动化和智能化，通过对货物和运输车辆的实时跟踪、库存自动补货等，可以对物流运行全过程、物流服务质量和物流成本进行管理控制。

（4）辅助决策功能。物流信息是制定决策方案的重要基础和关键依据，物流管理决策过程本身就是对物流信息进行深加工的过程，是对物流活动的发展变化规律建立认识的过程。物流信息可以协助物流管理者鉴别、评估物流战略或可选方案，如车辆调度、库存管理、流程设计及收益分析等方面的科学决策需要以物流信息为依据。作为对决策分析的延伸，通过进一步提炼和挖掘物流信息，还可以对物流活动的长期发展方向和经营战略进行规划和安排。

（三）物流信息的经济特征

由于物流活动的时空跨度大，加之物流信息不仅来自物流系统内部，也来自物流系统之外，所以同其他领域的信息相比，物流信息具有点多面广、种类繁多的特点。同时，由于物流是一个持续不断的动态过程，所以物流信息的动态性特别强、物流信息的价值衰减速度特别快。此外，从经济层面看，物流信息具有以下显著的特征。

（1）物流信息具有价值和使用价值。物流信息是物流工作者劳动服务的成果，因而具有价值；它又能够满足信息需求者的某种特定需要，因而具有使用价值。物流企业不应只把物流活动当作企业的利润之源，还应该通过合理利用物流信息增加物流价值。

（2）物流信息是一项生产要素。物流信息可以作为一项生产要素投入物流生产，以代替成本日益增长的劳动力。物流业是一个规模产业、范围产业和速度产业，其收益水平取决于物流量的大小和整合水平，取决于物流业务功能和服务区域的覆盖率，也取决于物流作业周转运行的速度和质量，而这三者都可以通过引入信息技术机制而得到大幅度改善，从而提高企业对物流的整合力、控制力和推动力。

（3）物流信息是一种交易机制。物流企业可以充分借助信息网络进行交易以节约交易费用，而不用一味地扩大企业规模，试图通过市场的内部化来降低成本。目前很多先进物流企业的规模并不大，拥有的仓库、车辆和设备都很少，但拥有先进的物流信息系统，掌握了大量的物流信息，一旦有物流需求，就能够像在自己企业内部一样迅速调集各方资源，按最优物流方案满足客户需求，并且能及时收集物流运作过程中产生的各种信息，经过整理、分析、储存以充实自己的决策信息库，用以指导下一次物流运作。显然，物流信息作为一种交易机制，可以有效降低获取信息和分析信息的成本。

（4）物流信息能降低物流代理费用。根据委托代理理论，物流信息可以降低物流代理费用。很多企业寻求物流外包，物流信息在其中起到了关键性作用。完善的信息系统能够实时协调和监控第三方物流企业的物流活动，降低物流风险。同时，第三方物流企业利用信息技术同客户信息系统相联，不仅实现了物流信息的高度共享，也降低了自身的运作风险。

三、物流信息的分类

前文在阐述物流信息的概念时已指出，物流信息一般由物流系统内信息和物流系统外信息两大部分组成。如果从分类的需要看，物流信息可以分为物流系统内信息和物流系统外信息。除了来自概念的这种分类方法，现实中的物流信息还有很多不同的分类。

（一）按物流信息沟通联络的方式分类

1. 口头信息

口头信息是指通过面对面地口头交谈传递的信息。这类信息可以直接而迅速地传播，与其他传播方式相比，速度较快，但它在传播过程中也容易融入传播者的主观理解而产生信息失真。物流活动中的各种现场调查和研究是获得口头信息最简单的方法。

2. 书面信息

书面信息是指为了保证物流信息的客观性、便于重复说明和反复检查而用书面文字进行描述的一种信息类型。各种物流环节中出现的数据报表、文字说明和技术资料等都属于这类信息。

（二）按照物流信息的变动度分类

1. 固定信息

所谓固定与流动信息，事实上是相对的。固定信息通常具备相对稳定的特点。下述三种形式的信息都属于物流固定信息。

（1）物流生产标准信息。这种信息是以指标定额为主体的信息，如各种物流活动的劳动定额、物品消耗定额、固定资金的折旧等。

（2）物流计划信息。这种信息是指物流活动中与计划完成的各类物流任务有关的信息，如物品年计划吞吐量、计划运输量等。

（3）物流查询信息。这种信息是指在一个较长的时期内很少发生变更的信息，如国家和各主要部门颁布的技术标准，物流企业内的职工人事制度、工资制度、财务制度等。

2. 变动信息

与固定信息相反，变动信息是指物流系统中经常发生变动的信息。这类信息以物流活动过程中的各类作业统计信息为基础，如某一时刻物流任务的实际进度、计划完成情况、各项指标的对比关系等。

（三）按照物流信息的作用分类

1. 驱动信息

驱动信息是指决定物流活动是否进行或如何进行的信息。因为商流是物流的前提，贸易合同中确定的买方、卖方、交易对象、交易方式等信息决定了物流活动的区间范围、组织方式，所以很多商流信息实际上就成了物流的驱动信息。

2. 控制信息

为了保证物流活动的各环节相互协调或者实现物流与商流的一体化运作，在物流作业过程中，管理者要根据各作业环节的实时动态，对运输、储存、装卸搬运等作业过程发出控制性指令，这些控制性指令在物流系统内各部门间传输，成为控制信息。

3. 绩效信息

绩效信息主要反映物流作业所产生的实际效果，如是否按客户要求将指定的物品送达指定地点，相应的时间、频率、成本如何，客户的满意度如何等。

4. 决策信息

通过对以上三类信息的统计分析，可以产生出大量有价值的信息。根据这些信息，可以对特定的物流活动过程或物流项目进行评估，以帮助决策者选择服务对象、优化服务方案、降低物流成本。这方面的信息就是物流的决策信息。

除以上划分，还有人按照物流信息的地位不同将其划分为战略信息、战术信息和作业信息；按加工程度的不同将其划分为原始信息、加工信息；按要素领域的不同将其划分为运输信息、储存信息、装卸搬运信息等。

第二节　物流信息技术

物流信息技术（logistics information technology）是以计算机和现代通信技术为主要手段实现对物流各环节中信息的获取、处理、传递和利用等功能的技术总称（GB/T 18354—2021）。它是物流现代化的重要技术基础，也是物流技术领域发展得最快的研究方向之一。

一、条码

条码（bar code）是由一组规则排列的条、空组成的符号，可供机器识读，用以表示一定的信息，包括一维条码和二维条码（GB/T 18354—2021）。条码技术适应了物流规模化和高速化的要求，通过快速采集信息，解决了数据录入和数据采集的"瓶颈"问题，为人们提供了一种对物品进行快速标识和描述的方法，大幅度地提高了物流作业效率。条码技术与自动识别技术、POS 系统（销售时点系统）、EDI 系统（电子数据交换系统）等现代技术手段相结合，可以帮助企业随时了解有关物品在供应链上的位置，以便即时做出反应。

条码有一维条码和二维条码两种，常用的有 Code 39、CODABAR、Code 128、交错式 25 码、EAN、UPC 等。现在的流通领域多以 EAN-13 码作为商品条码。有些商店为了标识及标价的方便，也常使用自己的店内码；有些物流（配送）中心为了方便物流作业及储位管理，也经常自行定义物流条码，这些条码虽然在特定企业内部使用比较方便，但难以在更广的范围内通用，所以其价值仍是有限的。为了提高全社会的物流效率、方便不同物流（配送）中心或商店之间的商品流通，日本等发达国家正在着手制定标准化物流条码。

目前在欧美等发达国家兴起的 ECR（efficient consumer response，有效的客户反应系统）、QR（quick response，快速响应系统）、CRP（continuous replenishment program，连续

补货计划）等供应链管理策略都离不开条码技术的支持。条码技术是完善 POS 系统、EDI 系统、电子商务、供应链管理的技术基础，是实现物流管理现代化、提高企业管理水平和增强企业竞争能力的重要工具。物流条码是条码中的一个重要组成部分，它不仅在国际范围内提供了一套可靠的代码标识体系，而且为贸易环节提供了通用语言，为 EDI 和电子商务奠定了基础。因此，物流条码的标准化在推动各行业的信息化与现代化进程以及供应链管理的过程中起到了不可估量的作用。

二、射频识别

射频识别（radio frequency identification，RFID）是在频谱的射频部分，利用电磁耦合或感应耦合，通过各种调试和编码方案，与射频标签交互通信唯一读取射频标签身份的技术（GB/T 18354—2021）。射频识别最大的优点在于非接触式数据采集，由于不受光学视线的制约，所以对识别环境条件的要求低，识别距离也远大于光学识别系统；同时，射频识别卡具有可读写能力且有一定智能，可携带大量数据，难以伪造。

由于识别过程无须人工参与，所以容易实现自动化且不会对识别对象造成损坏；射频读写器可识别高速运动的物品并可同时识别多个射频识别卡，操作方便快捷；短距离射频识别卡不怕油渍、灰尘污染，可以在恶劣环境条件中替代条码，用于车间流水线对加工对象的跟踪；长距离射频产品多用于货物跟踪定位、车辆身份认证和路桥自动收费等。

由于射频识别卡具有可读写能力，对于需要频繁改变数据内容的场合尤为合适。例如，在货物的远程跟踪系统中，安装在车站、码头、机场、仓库以及公路或铁路关键点的射频读写器可以自动读取所经过的货物或集装器具上的射频识别卡并连同自身的位置信息一起上传至系统信息网络，可供货物的供需方、物流组织者及其他关系方对货物状态进行实时跟踪或控制。

便携式数据终端（portable data terminal，PDT）是最典型的一种射频识别产品，它由一个扫描器、一个带存储器的微型计算机以及显示器、键盘组成。在只读存储器中装有常驻内存的操作系统，用于控制数据的采集和传送。通过扫描器或键盘采集的物品信息可通过射频通信方式实时传送到主计算机。便携式数据终端可广泛运用于物品出入库作业、物品在库的库存管理、配送中心的分拣作业等物流活动过程，可以大大提高物流作业效率、降低物流作业成本。

三、电子数据交换

国际标准化组织（ISO）将电子数据交换技术（electronic data interchange，EDI）定义为"将商业或行政事务处理按照一个公认的标准，形成结构化的事务处理或信息数据格式，从计算机到计算机的数据传输"。我国国家标准《物流术语》将 EDI 定义为"采用标准化的格式，利用计算机网络进行业务数据的传输和处理"。EDI 是信息进行交换和处理的网络化、智能化、自动化系统，是将远程通信、计算机及数据库三者有机结合在一个系统中，实现数据交换、数据共享的一种信息系统。EDI 将传统的通过邮件、快递或传真等方法所进行的两个组织之间的信息交流转化为用电子数据来实现两个组织之间的信息交换。通过

EDI，信息传递的速度已远远超过传统方法进行的信息传递的速度，实现了不同企业之间或者企业与相关政府部门之间的信息实时传递。

构成 EDI 系统的三个要素是 EDI 软硬件、通信网络以及数据标准化。一个部门或企业若要实现 EDI，首先必须有一套计算机数据处理系统；其次，为使本企业内部数据比较容易地转换为 EDI 标准格式，需要采用 EDI 标准；最后，通信环境的优劣也是决定实现 EDI 成败的重要因素之一。

EDI 标准是整个 EDI 系统中最关键的部分。由于 EDI 是按事先商定的报文格式进行数据传输和信息交换的，因此制定统一的 EDI 标准至关重要。世界各国在开发 EDI 的过程中得出一条重要经验，就是必须把 EDI 标准放在首要位置。EDI 标准的主要分类有基础标准、代码标准、报文标准、单证标准、管理标准、应用标准、通信标准和安全保密标准等。

四、地理信息系统

地理信息系统（geographical information system，GIS）是多种学科交叉的产物，它是在计算机技术支持下，对整个或部分地球表层（包括大气层）空间中的有关地理分布数据进行采集、储存、管理、运算、分析、显示和描述的系统（GB/T 18354—2021）。地理信息系统的基本功能是将表格型数据（无论它来自数据库、电子表格文件还是直接在程序中输入）转换为地理图形显示，然后对显示结果进行浏览、操作和分析。其显示范围可以从洲际地图到非常详细的街区地图，显示对象包括人口、销售情况、运输线路以及其他各类所需内容等。

过去，GIS 往往被认为是一项专门技术，其应用主要限于测绘、制图、资源和环境管理等领域。随着技术的进步和社会需求的增大，GIS 的应用日趋广泛，它不但在资源和环境管理与规划中得到了成功应用，也成了设施管理和工程建设的重要工具，同时进入了军事战略分析、商业策划和文化教育乃至人们的日常生活领域，如人们日常使用的高德地图、百度地图、腾讯地图等各种电子地图都是典型的地理信息系统。

GIS 和数据库、信息处理、通信技术一样，已经成为信息技术的重要组成部分。GIS 的应用和集成需要其他技术，同时其他信息技术的应用也需要 GIS。GIS 应用于物流分析，主要是指利用 GIS 强大的地理数据功能完善物流分析技术。

国内外有很多企业都已开发出了利用 GIS 为物流活动提供专门分析的工具软件。完整的 GIS 物流分析软件集成了设施定位模型、车辆路线模型、网络物流模型、分配集合模型和空间查询模型等。

（1）设施定位模型。设施定位模型用于确定一个或多个设施的位置。在物流系统中，此模型可简单地实现根据供求的实际需要并结合经济效益等原则，在既定区域内确定仓库数量、仓库位置和规模以及仓库之间的物流关系等。

（2）车辆路线模型。车辆路线模型用于解决一个起始点、多个终点的货物运输中如何降低物流作业费并保证服务质量的问题，包括决定使用多少辆车、每辆车的路径最优化等。

（3）网络物流模型。网络物流模型用于最有效地进行货物路径分配，即物流网点的布局问题。

（4）分配集合模型。分配集合模型根据各要素的相似点把同一层上的所有或部分要素分为几个组，以确定服务范围和销售市场范围等。

（5）空间查询模型，如可以查询以某一商业网点为圆心某半径内配送点的数量，以此判断哪一个配送中心距离最近，为安排配送做准备。

五、全球导航卫星系统

全球导航卫星系统（global navigation satellite system，GNSS）也称全球卫星导航系统，是指能在地球表面或近地空间的任何地点为用户提供全天候的三维坐标、速度以及时间信息的空基无线电导航定位系统。

全球卫星导航系统国际委员会公布的全球四大卫星导航系统供应商包括美国的全球定位系统（GPS）、俄罗斯的格洛纳斯卫星导航系统（GLONASS）、欧盟的伽利略卫星导航系统（GALILEO）和我国的北斗卫星导航系统（beidou navigation satellite system，BDS）。其中，BDS 和 GPS 的性能相当，但 BDS 较 GPS 多了区域短报文和全球短报文功能。GLONASS 虽已服役全球，但性能相比 BDS 和 GPS 稍逊且 GLONASS 的轨道倾角较大，导致其在低纬度地区性能较差。GALILEO 的观测量质量较好，但星载钟稳定性较差，导致系统可靠性不足。

（一）全球定位系统

全球定位系统（global positioning system，GPS）是美国从 20 世纪 70 年代开始研制，历时 20 年，耗资 200 亿美元，于 1994 年全面建成，具有在海、陆、空进行全方位实时三维导航与定位功能的新一代卫星导航与定位系统。它是一种以人造地球卫星为基础的高精度无线电导航的定位系统，对全球任何地方以及近地空间都能够提供准确的地理位置、车行速度及精确的时间信息。

GPS 自问世以来就以其高精度、全天候、全球覆盖、方便灵活等优点吸引了众多用户。GPS 不仅是汽车的"守护神"，也是物流行业管理的智多星。在物流领域，GPS 可以应用于汽车的自动定位、跟踪调度和陆地救援，用于内河及远洋船队最佳航程和安全航线的测定、航向的适时调度、监测及水上救援，用于空中交通管制、精密进场着陆、航路导航和监视，用于铁路的运输管理以及军事物流等。因此，我国国家标准《物流术语》也对全球定位系统进行了定义：以人造卫星为基础、24 h 提供高精度的全球范围的定位和导航信息的系统。

（二）北斗卫星导航系统

北斗卫星导航系统是我国着眼于国家安全和经济社会发展需要而自主开发、独立运行的卫星导航系统，是为全球用户提供全天候、全天时、高精度的定位、导航和授时服务的重要空间基础设施。

我国于 2000 年年底建成北斗一号系统，为我国提供服务；于 2012 年年底建成北斗二号系统，为亚太地区提供服务；于 2018 年年底建成北斗三号基本系统，为"一带一路"沿线国家提供服务；于 2020 年建成世界一流的北斗三号系统，提供全球服务。当前，北斗一号系统已退役，北斗二号系统 15 颗卫星连续稳定运行，北斗三号系统已经完成组网。按照规划，我国将于 2035 年建成以北斗为核心的智能化综合时空体系。

目前，我国正在积极培育北斗系统的应用开发，打造由基础产品、应用终端、应用系统和运营服务构成的产业链，持续加强北斗产业保障、推进和创新体系建设，不断改善产业环境，扩大应用规模，实现融合发展，提升卫星导航产业的经济效益和社会效益。

六、物联网

物联网的概念最早于 1999 年由美国提出，即通过射频识别（RFID）、红外感应器、全球定位系统、激光扫描器、气体感应器等信息传感设备，按约定的协议，把任何物品与互联网连接起来，进行信息交换和通信，以实现智能化识别、定位、跟踪、监控和管理的一种网络。简而言之，物联网就是"物物相连的互联网"。

物联网在物流行业的集成应用主要体现在如下几个方面。

（1）产品的智能可追溯网络系统。目前，在农产品、食品、医药、烟草等行业领域，产品追溯体系发挥着货物跟踪、识别、查询、信息采集和管理等方面的巨大作用，已经有很多成功的应用。

（2）物流过程的可视化智能管理网络系统。这是基于卫星定位技术、RFID、传感器技术等多种技术于一体，在物流活动过程中实现车辆定位、运输物品监控、在线调度与配送的智能管理系统，目前应用层次还不深，有待进一步发展。

（3）智能化企业物流配送中心的建设。基于传感、RFID、声、光、机、电、移动计算等各项先进技术建立全自动化物流配送中心，借助配送中心智能控制、自动化操作，可以实现商流、物流、信息流、资金流的全面协同。

此外，基于智能配货的物流网络化公共信息平台建设、物流作业中智能手持终端产品的网络化应用等也是目前很多地区推动的物联网在物流领域的应用模式。

在物流行业内，物联网在物品可追溯领域的技术与政策等条件已经成熟，应该全面推进；在可视化与智能化物流管理领域应该开展试点，力争取得突破，产生示范效应；在智能物流中心建设方面需要进一步强化物联网理念，推动物流与生产的联动；在智能配货的信息化平台建设方面应该统一规划、全力推进。

七、云计算与大数据

云计算的最终目标是将计算、服务和应用作为一种公共设施提供给用户，使用户能够像使用水、电、煤气和电话那样使用计算机资源。用户从"购买产品"转变到"购买服务"，他们不再直接面对复杂的硬件和软件，而是最终的服务。企业不需要拥有硬件设施，也不再为机房支付设备供电、空调制冷、专人维护等费用，并且不需要等待漫长的供货周期、冗长的项目实施等时间，只需要把钱支付给云计算服务提供商，就能得到需要的服务。

而大数据的目的是充分挖掘海量数据中的有效信息，发现数据中的价值，其处理对象是各种数据。大数据使得企业从"业务驱动"转变为"数据驱动"，从而改变了企业的业务架构。

因此，云计算和大数据实际上是工具与用途的关系，即云计算为大数据提供强大的存储和计算能力，可以更迅速地处理大数据的丰富信息、更方便地提供服务；而来自大数据的业务需求能为云计算的落地找到更多更有价值的用武之地。

物流云计算服务平台是面向各类物流企业、物流枢纽中心及各类综合型企业的物流部门的完整解决方案，它依靠大数据及强大的云计算能力来满足物流行业的各环节所需要的信息化要求。物流云计算服务平台一般分为物流公共信息平台、物流管理平台及物流园区管理平台三种类型。其中，物流公共信息平台针对的是客户服务层，它拥有强大的信息获取能力；物流管理平台针对的是用户作业层，它可以大幅度地提高物流及其相关企业的工作效率，甚至可以拓展出更大范围的业务领域；物流园区管理平台针对的是决策管理层，它可以帮助物流枢纽中心、物流园区等管理辖区内的入驻企业进行规划和布局。

第三节　物流信息系统

利用有关的信息技术和手段对物流信息进行管理时所形成的一套相对独立的系统称为物流信息系统（logistics information system，LIS）。它是物流信息化的具体实现形式，其基础是物流信息收集与整理工作的自动化，其目的是促进物流业务的自动化，其最高境界是为物流管理提供辅助决策，以实现物流管理的科学化和合理化。

一、物流信息系统的概念

物流信息系统与物流作业系统都是物流系统的子系统，是指由人员、设备和程序组成的，为物流管理者完成计划、实施、控制等职能提供相关信息的交互系统。

在企业的整个生产经营活动过程中，物流信息系统与各种作业活动密切相关，具有有效管理物流作业系统的职能。如果按垂直方向进行划分，物流信息系统可以划分为三个层次，即管理层、控制层与作业层。管理层位于物流信息系统的最高层，主要进行物流战略的制定和经营方针的决策；控制层位于物流信息系统的中间，主要职能是库存管理与配送管理等；作业层位于物流信息系统的底层，主要职能是订货处理、出入库作业、作业处理、运输配送作业等具体物流活动。图9-1反映的是物流信息系统的层次和基本流程。

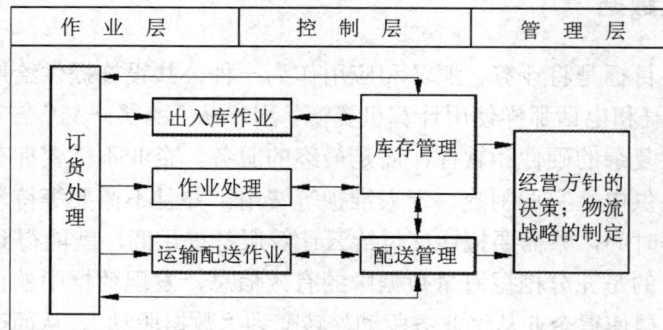

图9-1　物流信息系统的层次与基本流程

二、物流信息系统的类型

（一）按系统的结构分类

（1）单功能系统。该类系统通常只能完成物流某个单一功能内的信息管理工作，如合同管理系统、物资分配系统等。

（2）多功能系统。该类系统能够完成一个部门或一个企业内全部的物流功能所需的信息管理工作，如仓库管理系统、运输管理系统等。

（二）按系统的功能性质分类

（1）操作型系统。它是按照某个固定模式对数据进行处理和加工的系统，其输入、输出和处理的方式均是不可改变的。

（2）决策型系统。它能根据输入数据的不同，运用知识库提供的方法，对数据进行不同方式的加工和处理并为用户提供决策的依据。

（三）按系统的配置分类

（1）单机系统。信息系统仅能在一台计算机上运行，虽然可以有多个终端，但主机只有一个。

（2）网络系统。信息系统使用多台计算机，相互间以通信网连接起来，使各计算机之间实现资源共享。

（四）按系统的开放程度分类

（1）企业物流信息系统。它是指制造或流通企业为了满足自身物流管理的需要而开发的信息系统。企业物流信息系统通常是企业信息系统或供应链信息系统的一个子系统，嵌合在一个更大的信息系统之中。

（2）第三方物流信息系统。它是指第三方物流企业为了增强与客户的信息沟通、方便物流资源的调度与集成、提高物流服务质量，建立以本企业为中心的信息平台并通过网络与政府、客户、合作伙伴实现部分信息共享的信息系统。

（3）公共物流信息系统。它是指为了提高政府工作效率或促进本地区物流产业的发展而由政府牵头建立的物流信息系统。

三、物流信息系统的构成

物流信息系统主要包括客户服务系统、物流资源调度系统、数码仓库应用系统、数码配送应用系统、实时信息采集系统五大部分。

（一）客户服务系统

根据实际运作的需要，客户可以通过网络实现网上数据/订单的实时查询，对物品进行实时跟踪，还可以在网上进行订单操作。

（二）物流资源调度系统

物流资源调度系统负责处理客户的请求、平衡系统的仓储和运力资源、向数码仓库应用系统和数码配送应用系统发出指令、调度全国性或区域性物流资源，完成各项物流任务。物流资源调度系统是整个数码物流体系的总控制台。

（三）数码仓库应用系统

数码仓库应用系统面向仓库作业管理，可以帮助操作人员进行物品进出库以及在库管理。一般的数码仓库应用系统严格遵循业已成熟的仓库管理原则，如储位分配的基本原则、产品同一性原则、产品类似性原则、产品互补性原则、先进先出原则、物品堆码原则、产品尺寸原则、重量特征原则和产品特性原则等，同时运用码单详细记录在库物品的明细状况。数码仓库应用系统通过对仓库储位资源和作业设备的有效管理提高工作仓库作业的效率和准确性。

（四）数码配送应用系统

数码配送应用系统面向配送和运输业务，主要包括货物配载、运输管理、运输跟踪三大功能。该系统根据物流资源调度系统发出的指令，结合运力资源的载重能力和容积能力等信息自动进行货物配载，以提高车辆利用率；同时，该系统可以自动优化运输线路、降低运输成本；运输跟踪功能主要是运用 GPS/GIS 技术对配送车辆和车载货物的动态进行跟踪并将有关动态信息及时反馈到物流信息系统内，以便有关操作人员或客户进行跟踪查询。

（五）实时信息采集系统

实时信息采集系统主要包括条码、GPS/GIS、RFID 系统等。该系统运用先进的技术设备自动采集物流各环节产生的信息，能够提高数据信息采集的准确度和效率，从而支持物流信息系统的高效运行。

四、物流信息系统的功能

物流信息系统作为整个物流系统的指挥和控制系统，必须具备多个子系统并具备多项基本功能，其典型的基本功能如下。

（一）正确掌握订货信息并进行传送

订货信息是企业从外部得到的重要情报，是物流信息系统的入口。根据订货信息，企业能准确地掌握畅销商品和滞销商品的需求规律。物流信息系统提供充分可靠的订货信息，可以使企业在如下业务中获得便利。

1. 出库业务

承担出库业务的部门或员工通过物流信息系统获取从客户端传来的订货信息，根据订货信息进行库存确认并判断何种物品在何时出库较为适宜。

如果能够事先得到订货信息，企业就能有计划地进行各阶段物流资源的调度。例如，服装行业季节性较强，如果能够事先召开订货会，提前接受预约订货并对出库业务的负荷能力进行预先调整，就能有准备地应对高峰时的业务量。

零售行业的季节性需求往往是可以预知的，但如果订货信息不明确，就可能出现企业安排出库人员过剩的情况。当然，在节假日突发性需求较多时，企业仅以自身能力为限安排最大出库量，对于难以满足的需求以后再进行补充也是一种可行的方案。

2. 营销业务

有必要通过物流信息系统掌握订货信息的还有营销部门。营销部门承担着整个企业的产品销售任务，是帮助企业实现销售目标的重要部门。营销部门除了要掌握销售实绩，还要经常确认并统计当前的订单情况。为了掌握畅销商品和滞销商品的销售规律，营销部门还必须了解接受订货的时间序列信息，为今后产品生产和销售计划的制订提供依据。为了更详细地掌握市场状况，营销部门还必须统计不同地区的订单信息，以便更有针对性地开发各区域市场。

3. 生产计划

生产企业的订货信息是制订生产计划的基础信息。掌握了每种商品的订货状况就可以掌握市场的动向并在制订生产计划时将其作为主要因素加以考虑。

（二）正确掌握物品的动态信息并进行传送

正确掌握物品的动态信息是物流信息系统最基本的功能之一。接受客户订单之后，企业应对订单进行归类统计并对库存进行确认。在满足订单需求的过程中，企业要通过装卸搬运、储存、运输、配送等作业环节将物品送到客户手中。在此过程中，物流信息系统可以帮助企业实时掌握物品的动态信息。

1. 物品在储存环节的动态信息

在自动化仓库中，计算机系统首先根据订货信息发出配货指令，自动化仓库中的巷道机根据指令从货架取出一定数量的物品，通过分拣系统进行分拣后，自动进行包装和搬运作业，最后通过配送车辆送往各个客户。

在普通仓库中，工作人员将以订单为依据事先制定配货清单和配货指示书并根据配货指示书提供的信息，一边在库内进行现场配货，一边在指示书上相应的位置进行标注确认。整个配货作业过程完成之后，再以配货指示书为依据将有关信息输入计算机，作为出库信息的确认。

物流信息系统提供的物品动态信息能使物流工作人员实时掌握订货信息、物品的实际库存情况以及每一个环节的作业进度，从而帮助企业灵活应对订货的变更或终止，因此是影响客户服务水平的重要因素。

2. 物品在运输业务中的动态信息

随着配送业务逐步走向成熟，配送的形态也出现了多样化趋势。配送物品到达目的地之前一般会经过若干个中继站，这些中继站往往就成为物品动态信息的重要参照系。运输企业经常采用简单明了的方法记录物品已经经过的站名、即将到达的站名，通过这种方式可以很方便地知晓物品目前所处的位置区间，是获取物品在运输业务中动态信息最便捷的方式。

一般情况下，送货单上都记载有"物品追踪编号"，以方便动态信息的查询，客户也可以根据这个编号实时掌握物品通过了什么地方、即将到达何处。

3. 物品在出入库业务中的动态信息

物品在出入库作业过程以及不同仓库之间的流动过程中，同步地掌握与实际作业进度一致的动态信息是非常必要的。但物品出入库作业信息记录的详细程度及其更新频率的确定又是一个值得认真研究的问题。若物品在库内的短距离移动并没有对仓库整体的动态构成影响，而工作人员还将此信息输入物流信息系统，这只会浪费时间和精力，没有任何实际价值。因此，在开发物流信息系统时，系统设计人员应充分了解现场作业的实际情况，明确物流作业过程中的哪些信息是必需的、哪些信息的价值不大或根本没有必要收集处理。

（三）为客户提供信息服务

物流信息系统不只为企业内部提供信息服务，也为企业外的客户提供信息服务。一般来说，物流信息系统可以为客户提供的信息内容包括到货信息、订货信息、物品动态信息、市场状况信息等。

1. 为零售商店提供的信息

为客户提供订单物品的到货时间是客户服务的重要内容之一。现实中的零售商店一般不会保有大量库存，为防止缺货的发生，物流信息系统应该在充分掌握零售商店各商品存货水平的基础上，为零售商店提供实时的订单商品到达信息。零售商店充分掌握到货信息也可以使其有充分的信心对消费者进行承诺，以防丧失销售机会。当缺货现象出现时，零售商可能向供应商询问到货时间，如果不能得到及时回答，零售商店就有可能向消费者推荐其他类似商品。因此，供应商通过物流信息系统为零售商店提供良好的信息服务可以有效地防止后者丧失销售机会。

2. 为消费者提供的信息

如果到货信息发生了变化，零售商店可以通过物流信息系统及时了解并迅速与消费者进行沟通，加深消费者对企业的信赖。因此，物流信息系统为消费者提供的信息也很重要。同时，通过物流信息系统对消费者的各种询问进行及时答复也是物流信息系统的重要功能。因此，物流信息系统应该在正确掌握订单状况及物品动态情况的基础上，建立方便消费者使用的查询系统。

3. 各方共享的信息

生产厂家将有关的市场信息与企业内部的生产或库存信息进行对比，再将这些资料与各地区的销售状况结合起来进行分析，就能够明确各地区的销售特征和销售趋势。如果厂家将这些信息通过物流信息系统提供给各中间商和零售商店，就可以使它们全面系统地了解当前的市场状况，有针对性地寻找解决办法，同时容易拉近厂家与各合作伙伴之间的关系，强化厂家自身的销售网络。

（四）控制各项作业计划的实施

1. 为确定各项指标定额提供依据

物流计划是基于企业的物流战略和计划期内的企业目标所做的具体实施计划，任何企业都希望能够按照既定计划完成相应的业务工作，但现实往往不能如愿。在很多情况下，物流是为销售服务的。销售系统有相应的销售目标和实施计划，所以相应的物流也要有其具体的实施计划。制订计划时必然要设定很多指标定额来衡量物流作业的效率，如运输装载率定额、库存周转率定额、缺货率定额、装卸劳动生产率定额等，将这些指标定额与实际状况进行对比是改进物流作业效率的重要依据。显然，如果没有物流信息系统提供的基础资料，要制定客观合理的指标定额是不现实的。

2. 收集整理基础数据

物流信息系统应该建立基础数据自动收集机制。虽然各项作业计划的制订难以避免掺入制定人的主观意志，但制订计划所需要的原始数据是可以通过系统自动进行收集的。物流信息系统能够提供的基础数据可能解答"5W1H"，即物流系统的目的（why，为什么）、对象（what，是什么）、地点（where，在何处做）、时间（when，何时做）、人（who，由谁来做）、方法（how，怎么做）。这些基础数据储存在系统物流之中，管理人员可以在需要时调用所需数据进行各项分析研究。

3. 解决信息领域的"二律背反"问题

物流系统内广泛地存在"二律背反"现象，物流信息系统内也是如此。因此，物流信息系统的设计要充分考虑这一因素，既要注意物流信息系统基本功能与辅助功能的平衡，又要注意物流信息系统成本与效益的统一。良好的物流信息系统应该为信息领域的"二律背反"提供有效的解决方案。

拓展阅读资料　　　　安得物流的 GPS 车辆定位系统

本章关键词

物流信息、条码、地理信息系统、全球定位系统、物联网、物流信息系统

复习思考题

1. 请说明物流信息具有哪几方面的功能。
2. 物流信息的经济特征表现在哪些方面？
3. 结合实际说明物流信息是如何发挥作用的？
4. 举例说明物流信息的种类以及各自的特点。
5. 比较条码与射频识别技术的优、缺点。
6. 电子数据交换与互联网之间的区别是什么？
7. 举例说明地理信息系统与全球定位系统之间的关联运用。
8. 畅想物联网与云计算技术成熟普及之后的物流作业方式会发生怎样的变化。
9. 结合实际说明物流信息系统的功能有哪些？

第十章 配 送

作为一种特殊的综合物流活动形式，配送几乎包括物流的全部功能。从某种程度上讲，配送是物流的一个缩影或是在特定范围内对全部物流功能的体现。我国国家标准《物流术语》将配送定义为"根据客户要求，对物品进行分类、拣选、集货、包装、组配等作业并按时送达指定地点的物流活动"。

第一节 配送的概念、分类与作用

一、配送的概念

通俗地讲，配送可以描述为"按用户的订货要求，以现代化的作业方式，在配送中心或其他物流据点进行物品配备，以合理的方式送交用户并实现资源的最终配置的经济活动"。这个概念说明了以下几个方面的内容。

（1）配送是按用户的订货要求进行的。配送活动以用户为出发点，具有明显的服务性；配送活动中，用户总是处于主导地位，配送组织者必须树立"用户第一""质量第一"的观念。

（2）配送的实质是送货。配送是一种送货方式，但它与一般的送货又有区别。一般的送货多属于偶然性行为，而配送则是一种有固定组织、固定渠道、固定装备设施、固定管理和技术力量、固定制度规范的流通组织形式。

（3）配送是一种中转形式。配送是从物流据点至用户的一种特殊送货形式，它更多地表现为一种中转型送货，而不是从工厂至用户的直达送货；同时，配送是"用户需要什么送什么"，而不是"有什么送什么"。

（4）配送是"配"与"送"的有机结合。配送可以利用有效的分拣和配货功能使送货总量达到一定规模，以利用规模优势取得较低的送货成本。

（5）配送强调作业方式的合理性。配送者必须以用户的要求为依据追求作业的合理性并以此为基础实现双方都有利可图的商业目的。

（6）配送是一种重要的资源配置手段。在社会再生产的循环过程中，配送处于流通领域内比较靠近用户的那一端，因而它对资源的配置往往是最终配置。在市场经济环境下，配送的这种资源配置功能具有重要的战略意义。

配送是由运输派生出来的一种物流功能，是一种相对短距离的运输。与运输或者物流的其他功能相比较，配送具有以下特点。

（1）配送的输送距离较短。它一般位于物流系统的最末端，处于支线运输、二次运输或末端运输的位置，是触达最终消费者的物流活动。

（2）配送活动也包含其他一些物流功能。配送中经常要进行装卸搬运、储存、包装等活动，是多种物流功能的组合。

（3）配送是物流系统的一个缩影。从活动内容和功能特点来看，配送也可以看成某个小范围内的物流系统。

配送是物流系统中一种特殊的、综合的活动形式，是商流与物流的紧密结合，既包含商流活动与物流活动，也包含物流系统中的其他功能。

从物流角度看，配送几乎包括所有的物流功能，是物流的一个缩影或在某个小的范围内物流全部活动的体现。配送集包装、装卸搬运、运输、储存等功能于一身，某些特殊的配送活动还要以加工功能为支撑，所包含的活动内容更加广泛。但是，配送活动的主要作业内容又与其他物流活动有所不同，分拣配货是组织配送活动的独特要求，是配送活动中最有特色的活动内容。

从商流角度看，配送与其他物流活动的不同之处在于：其他物流活动往往是"商物分离"的产物，而配送则是"商物合一"的产物，它本身就是一种商业形式。在配送活动的具体实施过程中，虽然也可能出现"商物分离"，但从长远来看，商流和物流的结合已经成为一种趋势，这是配送经营成功的一个重要经验。

二、配送的分类

作为一种流通组织形式，配送集商流与物流于一身。但由于配送的主体、对象、用户和环境的不同，它也可以按照不同的标准进行分类。

（一）按配送的组织者分类

1. 配送中心配送

这类配送活动的组织者是配送中心，一般规模较大，拥有配套的设施、设备等条件。配送中心配送的专业性较强，一般与用户建立有相对稳定的协作关系，配送设施与工艺都是按照用户的要求专门设计的，所以配送中心配送具有配送能力强、配送品种多、配送数量大等特点，是配送活动最主要的形式。但由于这类配送业务的服务对象固定，所以灵活性和机动性较差。而且由于规模大、投资多，中小型配送经营者往往难以承担，从而抑制了这类配送活动的进一步发展。

2. 仓库配送

仓库配送是指以仓库为据点、由仓库经营者组织的配送。它一般是在保留仓库储存保管功能的基础上增加部分配送功能或对仓库进行适当改造，使其成为专业配送中心。由于仓库建设往往无法满足专业化配送的要求，所以仓库配送的规模一般较小，效率也不会很高，常用于满足投资小、见效快的中等规模配送需求。

3. 商店配送

商店配送的组织者一般是商业或物资系统的门市网点。它是指除了自身日常的零售业务，商店还将本店经营的商品按用户的要求配齐或代用户外订外购一部分本店平时不经营的商品后，再与本店的商品搭配，一齐送达用户的业务形式。因此，从某种意义上讲，商店配送也是一种销售配送。连锁商店配送是商店配送的一种主要形式，它又分为两种情况：一种是专门成立为连锁商店服务的配送企业，这种配送企业除主要承担连锁商店的配送任务，还兼有为其他用户提供服务的功能；另一种是存在于连锁商店内的配送组织，其主要任务是服务于自身的连锁经营，不为其他的用户提供配送服务。

4. 生产企业配送

对于新鲜的牛奶、面包或蛋糕等保质期较短的商品，为了减少流通环节、压缩流通时间，生产企业经常以自身的车间或成品仓库为据点，直接面向用户进行配送。这就是生产企业配送。这种类型的配送业务大多由生产企业自己完成，也有少数由第三方物流企业完成。

（二）按配送物品的种类及数量分类

1. 单（少）品种、大批量配送

这类配送的特点是用户所需的物品品种较少甚至是单一的品种，但所需物品的批量较大。由于这类配送活动的品种单一、批量大，因此可以实现整车运输，有利于车辆满载或采用大吨位车辆进行运送。

2. 多品种、小批量配送

这类配送的特点是用户所需物品的数量不大，但品种较多，因此在进行配送时，组织者要先根据用户的要求将所需的各种物品配备齐全后，再凑成整车装运送达用户。

3. 成套配套配送

这类配送的特点是用户所需的物品必须是成套的。例如，装配性生产企业为生产某种整机产品，需要多种不同的零部件，所以配送组织者就要将所需的全部零部件配齐并按用户的生产节奏定时送达，以便生产企业将成套零部件送入生产线装配整机产品。

（三）按配送的时机分类

1. 定时配送

定时配送是指按规定的时间间隔进行配送，每次配送的品种和数量可按计划执行，也可以事先以商定的联络方式进行通知。它还可以细分为日配送和"准时—看板"方式配送等形式。

2. 定量配送

定量配送是指按规定的批量在一个指定的时间范围内进行配送。这种配送方式由于配送的数量比较固定，所以备货工作较为简单，实践中还可以与用户进行协商，以托盘、集装箱或车辆为单位进行计量。

3. 定时定量配送

定时定量配送是指按照规定的时间和数量进行配送，它兼有定时配送和定量配送的特点，要求有较高的配送管理水平。

4. 定时定线配送

定时定线配送是指在规定的运行路线上按照事先制定的到达时间表进行运作的配送。采用这种配送方式，用户就可按照预定的时间到预定的地点接货。这种配送方式可以为众多的中小型用户提供极大的方便。

5. 即时配送

即时配送（on-demand delivery）是指立即响应用户提出的即刻服务要求并且短时间内送达的配送方式（GB/T 18354—2021）。它是一种灵活性要求很高的应急配送方式，采用这种方式，用户可以将安全储备降低为零，以即时配送代替安全储备，实现零库存经营。

（四）按配送的目的分类

1. 销售配送

销售配送的主体是销售企业，它常被销售企业作为销售战略措施的一部分加以利用，所以也称为促销型配送。这种配送的对象和用户一般是不固定的，配送对象和用户的确定主要取决于市场状况，因此配送的随机性较强。大部分商店的送货上门服务都属于这种类型的配送。

2. 供应配送

供应配送是指用户为了满足自己的供应需要而采用的配送。它往往是由用户或用户集团组建的配送据点集中组织大批量进货，然后向本企业或企业集团内的若干企业进行配送。商业系统内的连锁商店就广泛采用这种配送方式。这种方式既可以保证企业的供应能力和供应水平，又可以通过批量进货获取价格折扣、降低供应成本。

3. 销售与供应一体化配送

对于用户及其所需物品基本固定的配送业务，销售企业在进行销售的同时，还可以为用户提供有计划的供应服务。在此过程中，销售者既是配送活动的组织者，又是用户的供应代理人。这种配送形式有利于形成稳定的供需关系、有利于采用先进的计划技术和手段、有利于保持流通渠道的稳定等。

4. 代存代供配送

代存代供配送是指用户把属于自己的物品委托给配送企业进行代存代供，甚至委托后者代为订货，然后由配送企业组织为自己配送。这种配送形式的特点是物品的所有权不发生变化，变化的只是物品的时空位置，配送企业仅从代存代供业务中获取服务费，而不能直接获取商业差价。

除了以上几种分类，实践中也可以按配送主体所处的行业不同，将配送分为制造业配送、农业配送、商业配送和物流企业配送；按配送的专业化程度不同，将配送分为综合配送和专业配送；按流通加工的地位不同，将配送分为加工配送和集疏配送；按配送的集中度不同，将配送分为集中配送和分散配送；等等。

三、配送的作用

（一）改善末端物流效益，优化整个物流系统

第二次世界大战后，由于大吨位、高效率运输工具的出现，铁路、水路甚至公路的干线运输成本都得到了大幅度降低。但是，干线运输离不开支线运输的短距离输送。长期以来，支线运输一直是物流过程中的一个薄弱环节，这个环节具有许多与干线运输不同的特点，对灵活性、适应性和服务性的要求都较高，这些要求又往往会导致运力利用不合理或

运输成本过高。而配送可以在一定的范围内将各种支线运输需求集中起来，它既可以通过增大订货批量来降低进货成本，又可以通过将多种物品集中在一起进行配送以降低运输成本。这两方面的好处可以大大改善末端物流的经济效益，完善和优化整个物流系统。

（二）推进集中库存，压缩存货水平

如果通过高水平的配送来进行供应，则生产企业就可以完全依赖于准时配送，而无须保有自己的库存或者只需保有少量的安全储备而不必保有经常储备。配送可以使企业从库存的包袱中解脱出来，实现"零库存"经营，将大量的存货积压资金释放出来，改善企业的财务状况。同时，集中库存可以使流通领域的库存总量远低于分散库存的存货总量，在提高库存调节能力的同时可提高全社会的经济效益。此外，集中库存可以利用其规模优势使单位存货成本下降。

（三）降低采购频次，简化客户工作

采用配送方式，用户只需向一处订购或与一个进货单位联系就可订购到以往需要去许多地方才能订到的物品，只需组织对一个配送单位的接货便可代替现有的高频率接货，因而大大减轻了用户的工作量和负担，也节省了事务开支。

（四）降低缺货风险，提高供应保障能力

如果生产企业通过自己保有的库存维持生产，由于受库存成本的制约，其供应保障能力很难得到提高。而如果采用配送方式，因为配送中心的储备量肯定比任何企业都大，所以其供应保障能力肯定较强。

第二节　配送中心及其功能

一、配送中心的含义

物流活动主要发生于两类场所——物流线路（铁路、公路或航线等）和物流节点（车站、港口、仓库等）。配送中心是物流节点的一种重要形式，是专门用于配送业务的物流节点。配送中心适应了物流合理化、生产社会化和市场扩大化的需求，是物流领域内社会分工的产物。它集储存、加工、集货、分货、装运、情报等多项功能于一体，通过集约化经营取得规模效益。

我国国家标准《物流术语》对"配送中心"的定义是"具有完善的配送基础设施和信息网络，可便捷地连接对外交通运输网络并向末端客户提供短距离、小批量、多批次配送服务的专业化配送场所"。

李京文等在《物流学及其应用》一书中对"配送中心"的定义是"从事货物配备（集货、加工、分货、拣货、配货）和组织对用户的送货，以高水平实现销售或供应的现代流通设施"。该定义的要点主要有以下几个。

（1）"货物配备"就是配送中心按照用户企业的要求对货物的数量、品种、规格、质量

等进行的配备。这是配送中心最主要、最独特的工作，全部由配送中心自己来完成。

（2）"组织送货"就是配送中心按照用户企业的要求，组织货物定时、定点、定量地送抵用户的作业。由于送货方式较多，有的由配送中心自行承担，也有的利用社会运输力量完成，还有的由用户自提，因此就送货而言，配送中心是组织者而不是承担者。

（3）强调配送活动和销售供应等经营活动的结合，配送成为经营的一种手段，由此排除了它单纯是物流活动的看法。

（4）强调配送中心是"现代流通设施"，其目的是同仓库、商贸中心等传统流通设施相区别。配送中心以现代装备和工艺为基础，是集商流、物流、信息流于一身的全功能流通设施。

配送中心与普通的仓库或传统的批发零售企业相比存在本质的不同。一般而言，仓库仅仅用于储存物品，而配送中心不仅能够用于储存物品，还可以用于物品的集中与组配，具有多样化功能。与传统的批发零售企业相比，配送中心的服务内容已经由商物分离的阶段发展到了商流、物流与信息流有机结合的阶段；作业形式已经由相互分离的多环节转变成了一体化的无缝连接；服务关系已经由层层买断的临时关系发展成为长期稳定的协作关系。

二、配送中心的功能

从世界各国的发展历程来看，欧美、日本等发达国家或地区的配送中心基本上都是在仓储、运输、批发等传统企业的基础上发展起来的。因此，配送中心不仅具有储存、集散、衔接等传统的物流功能，还在不断强化其分拣、加工和信息等方面的功能。

（一）储存功能

配送中心必须按照用户的要求，将其所需要的物品在规定的时间内送到指定的地点，以满足生产和消费需要。因此，配送中心必须储备一定数量的物品。储存在配送运行过程中还能创造时间价值，配送中心通过集中物品、形成储备来保证配送服务所需要的货源。

（二）集散功能

配送中心凭借自身拥有的物流设施和设备将分散的物品集中起来，经过分拣、配装、输送给多个用户。集散功能是流通型物流节点的一项基本功能，通过集散物品来调节生产与消费，实现资源的有效配置。

（三）衔接功能

配送中心是重要的流通节点，衔接着生产与消费，它不仅通过集货和储存平衡供需，而且能有效地协调产销在时间或空间上的分离。配送中心的衔接功能必须通过其他功能来实现。

（四）分拣功能

配送中心必须依据用户对物品品种、规格、数量等的不同要求，从储备的物品中通过拣选、分货等作业完成配货工作，为配送运输做好准备，以满足不同用户的需要。这是配送中心与普通仓库以及一般送货形态最主要的区别。

（五）加工功能

配送中心为促进销售、方便物流或提高原材料的利用率，按用户的要求并根据合理配送的原则而对物品进行下料、打孔、解体、分装、贴标签、组装等初加工活动，从而使配送中心具备一定的加工能力。加工功能不仅提高了配送中心的经营和服务水平，也有利于提高资源利用率。

（六）信息功能

配送中心不仅能够实现物的流通，也能够通过信息情报来协调各环节的作业或者协调生产与消费。配送信息随着物流活动的开展而产生，特别是多品种、小批量生产和多频度、小批量配送，不仅使信息量增加，而且对信息处理的速度和准确性提出了更高的要求。

三、配送中心的内部结构

配送中心的内部结构和一般仓库有明显的不同，它的内部结构必须充分体现其功能的要求，具有与商品流通相适应的装卸搬运、储存、保管等作业功能，同时应易于管理、能灵活应对作业量的变化。配送中心的内部结构一般划分为以下几个部分。

（一）接货区

该区域主要用于完成接货及入库前的各种准备工作，如接货、卸货、清点、检验、分类等。接货区的主要设施有进货铁路或公路、装卸货站台、暂存验收检查区等。

（二）储存区

该区域主要用于储存或分类储存进入配送中心的各类物品。与不断有物品出入的接货区相比，储存区一般面积较大，通常可以占到配送中心总面积的一半左右，在某些特殊类型的配送中心（如水泥、煤炭配送中心）内，其面积甚至超过总面积的一半。

（三）分拣备货区

该区域主要用于分货、拣货和配货作业，这些作业的目的大多是为送货工作做准备。这类区域面积的大小随配送中心的不同而有较大变化，如提供多用户、多品种、小批量、多批次（如中、小、件、杂货）配送服务的配送中心，由于其分货、拣货和配货工作较复杂，所以该区域所占面积较大；但在大多数储存型配送中心内，该区域的面积相对较小。

（四）分放配装区

该区域主要用于存放已经配好、等待外运的物品。由于存放于该区域的物品已经经过了分拣和组配作业，只需确定送货方式后即可发运，所以一般只是暂存暂放，停留时间短、周转速度快、占用面积小。在这个区域中，企业按用户需要将配好的货暂放暂存，等待外运或根据每个用户的货堆状况决定配车方式、配装方式，然后直接装车或运到发货站台装车。该区域对物品是暂存，时间短、暂存周转快、所占面积相对较小。

（五）外运发货区

该区域主要用于将准备好的物品装入外运车辆并组织发运。该区域的结构特点与接货区类似，主要设施有站台、外运线路等。有的配送中心还将外运发货区与分放配装区合为一体，以便将分好的物品直接通过传送装置输送到装货场地。

（六）加工区

有些配送中心还设有加工区，主要用于对某些物品进行分装、包装、切裁、下料、混配等流通加工作业。如果设置了加工区，则其在配送中心内所占的面积一般较大，但具体加工设备的配置则随加工种类的不同而有较大的区别。

（七）办公区（管理指挥区）

该区域既可集中设置于配送中心的某一位置，也可分散设置于配送中心的不同区域，主要作为日常经营事务的处理场所、内部运作指挥场所或信息收集与发布场所等。

四、配送中心的分类

由于配送组织者的业务背景和用户要求的不同，配送中心的功能、构成和营运方式多种多样。实践中，人们对配送中心有很多不同的分类方法，这里仅介绍几种比较典型的配送中心分类方法并简要说明其功能和运作特点。

（一）按配送中心承担的流通职能分类

1. 供应配送中心

供应配送中心是指专门为某个或某些用户（如联营商店、联合公司）提供供应服务的配送中心，如为大型联营超市提供供应服务的配送中心、代替零部件加工企业为总装厂提供送货服务的零配件配送中心等。

2. 销售配送中心

销售配送中心是指以产品销售为目的、以配送服务为手段的一种配送中心。这种配送中心大致可以分为三种类型：第一种是生产企业用以将自身产品直接销售给消费者的配送中心，这种配送中心在国外十分普遍；第二种是流通企业为了促进销售、提高服务水平而建立的配送中心，我国目前拟建的配送中心大多属于这种类型；第三种是流通企业和生产企业联合的协作性配送中心。综合国内外的发展趋势，销售配送中心已经成为配送中心发展的主要方向。

（二）按配送中心覆盖的区域范围分类

1. 城市配送中心

城市配送中心是指以某个城市的区域范围作为配送范围的配送中心。由于城市的区域范围一般处于汽车运输的经济里程之内，采用汽车进行配送可以直接送达最终用户。同时，由于运距短、反应速度快，所以这类配送中心还经常与零售经营相结合，在多品种、小批量、多用户的配送业务方面具有一定的优势。

2. 区域配送中心

区域配送中心是指以较强的辐射能力和充足的库存准备为前提，在某个较大的区域范围内从事配送业务的配送中心。这类配送中心不仅自身的规模大，而且用户及其需求批量也较大。配送的目的地既可能是下一级的城市配送中心，也可能是各类批发商、企业用户、营业所或商店，它虽然也可能从事部分零星配送业务，但在业务总量中所占比重一般较小。

（三）按配送中心的业务特点分类

1. 储存型配送中心

储存型配送中心是指储存能力很强的配送中心。一般来讲，在买方市场环境下，企业的成品销售需要有较大的库存做支持；而在卖方市场环境下，企业的原材料及零部件供应亦需要有较大的库存做支持；同时，在较大范围内组织配送也需要有较大库存做支持。这就是储存型配送中心普遍存在的原因。我国已经建成的配送中心大多采用集中库存的形式，多属于储存型配送中心。

2. 流通型配送中心

流通型配送中心是指基本没有长期储存的功能而仅以暂存或随进随出的方式组织配货或送货业务的配送中心。这类配送中心的典型运作特点是大量物品整批进库，经过组合搭配之后以小批量形态零星出库。配送中心内常配备有大型分拣机，进库物品直接进入分拣传送带，通过分拣后，再分送到各用户货位或配送汽车上，物品在配送中心内仅做短时间停留。

3. 加工型配送中心

加工型配送中心是指以流通加工为主要业务内容的配送中心。从节约资源、提高效率和满足需求的角度看，流通加工在配送业务中的地位正在不断提高。但由于我国的流通加工和配送中心业务都处于起步阶段，二者的结合才刚刚开始，所以成功的加工型配送中心并不多见。

（四）按配送中心的专业化程度分类

1. 专业配送中心

专业配送中心大体包含两个层次的含义：第一层含义是指配送的对象、配送的技术属于某一专业领域，在某个专业范围内具有一定的综合性，能综合该领域内的多种物品进行配送。我国石家庄、上海等地的制造企业建设的配送中心大多属于这种类型。第二层含义是配送中心仅以配送服务作为自己的专业职能，基本不从事其他的经营性业务。

2. 柔性配送中心

柔性配送中心在某种程度上与上述第二层含义的专业配送中心相对立。它一般不以专业的配送服务作为自己的唯一发展方向，而是根据用户及其服务需求的变化适时调整自己的经营内容和服务方式。柔性配送中心是为了适应精益化生产的需要而产生的，它对各种不同用户的要求具有很强的适应能力，能根据环境条件的变化随时调整配送模式，甚至改变自己的市场定位。

除了以上几种分类，实践中还有一些其他的分类，如按照配送中心的经营主体不同分为制造商配送中心、批发商配送中心、零售商配送中心和专业物流配送中心；按配送中心的资产性质不同分为自有型配送中心、合作型配送中心、公共型配送中心、合同制配送中心；按照配送物品的不同分为食品配送中心、家电配送中心、图书配送中心；等等。

第三节　配送作业的程序与方法

配送作业的过程可以简单地描述为：根据用户的要求，在配送中心或其他物流据点内进行物品配备并以最合理的方式送交用户。因此，配送一般要包含备货、储存、补货、分拣、配装、送货、配送加工等作业环节。

一、备货

配送最主要的优势就在于它可以将众多用户的需求集中起来，统一进行规模化备货并通过批量折扣和规模化物流降低备货成本。备货是配送最基础的工作，它的具体工作内容包括筹集货源、订货或购货、集货、接货及有关的质量检查、结算、交接等，其中最主要的是订货、接货和验收。

（一）订货

订货一般包括以下五个方面的内容：一是向供应商发出订单，以确定商品的品种和数量；二是与供应商沟通确定商品的发货日期；三是尽可能准确地预测送货车辆的到达时间，协调出入车辆的交通问题；四是为方便装卸搬运作业，为出入车辆准备停车位置；五是预先计划物品的临时存放位置等。

配送中心或其他配送节点收到并汇总用户的订单后，应该首先确定配送物品的种类和数量，然后查询现有库存能否满足配送需要。如果存货数量低于某一特定的水平，则必须及时向供应商发出订单。有的配送中心也有可能根据预测的需求情况提前订货。对于不负责订货的配送中心，其进货工作从接货开始。

（二）接货

当供应商根据订单组织供货后，配送中心就必须及时组织人力、物力接收货物，有时还需要到港站码头去接货。接货的主要工作内容包括卸货搬运、拆装、物品编码与分类等。

（三）验收

所谓验收，就是指对物品的质量和数量进行检查。验收的内容主要包括质量和数量两个方面。其中，对质量的检查就是对物品的物理或化学性质进行查对；在进行数量检查时，首先要核对物品的编号，然后按订购合同的规定对物品的包装、长短、大小和重量进行检查。验收合格的物品即可办理登账、信息录入及物品入库等相关手续，组织货物入库。

二、储存

配送系统中的存货可分为两大类：一类是需要在配送系统中储存一定时间的物品；另一类则是通过型物品。通过型物品无须在配送据点内进行储存，只需经过短暂的分拣或配货作业之后即可直接进入配装与出货阶段。对于需要在配送据点内进行储存的物品，所采用的储存作业方法、储位管理方式等都与一般的储存基本相似，由于相关内容已在储存功能中介绍过，所以这里不再赘述。

三、补货

补货是指当分拣区的存货水平低于设定标准时，将储存于保管区的物品搬运到分拣区的行为。补货作业的目标是确保物品能够保质、保量、按时送达指定的分拣区域。补货作业过程中要进行的主要决策内容包括补货的基本方式、补货的时机等。

（一）补货的基本方式

1. 整箱补货

整箱补货是指从货架保管区以整箱为单位将物品搬运到分拣区的补货方式。这种补货方式的保管区多为货架储放区，动管分拣区多为两面开放式流动分拣区。补货作业时，工作人员先到货架保管区取出货箱，再用手推车将货箱搬运至分拣区。整箱补货方式适用于体积小且少量、多样出货的物品。

2. 托盘补货

托盘补货是指以托盘为单位进行补货的作业过程。这种补货方式的保管区既可能是高层货架储放区，也可能是一般的地板堆放区，动管区则既有可能是货架动管区，也可能是地板动管区。搬运过程既可以通过堆垛机完成，也可以采用其他的搬运设备。这种补货方式适用于体积大或出货量多的物品。

3. 货架上层至货架下层的补货方式

采用此种补货方式时，保管区与动管区属于同一货架，只是货架的上层作为保管区，而中下层作为动管区，进货时可将动管区放不下的多余货箱放到上层保管区。当动管区的存货水平低于设定标准时，只需利用堆垛机将上层保管区的物品搬至下层动管区即可。这种补货方式适用于体积不大、存货量不多且多为中小量出货的物品。

（二）补货的时机

1. 批量补货

批量补货是指每天由计算机计算所需物品的总拣取量，在查询动管区存货量后得出补货数量，从而在分拣作业之前一次性补足，以满足全天的分拣量。这种一次性补足的补货原则较适合每日作业量变化不大、紧急订单不多或每批次拣取量较大的情况。

2. 定时补货

定时补货是指把一天划分为若干个时段，补货人员在固定的时间检查动管区货架上的物品存量，若不足，则及时补货。这种方式适合配送时间比较固定、需要分批分拣且紧急订单较多的配送中心。

四、分拣

分拣的本质就是按订单要求对物品进行整理，它具体包括两个步骤：首先，根据订单要求将特定数量的某种物品从其同类中分离出来；其次，将订单要求的不同种类、特定数量的物品集中或组配在一起。实践中，由于这两个步骤经常同步完成、难分彼此，所以人们也很少刻意地加以区分。我国国家标准《物流术语》对"分拣"的定义为"将物品按一定目的进行分类、拣选的相关作业"。

分拣是配送区别于其他物流功能的最核心内容，也是配送经营成败的关键。根据技术条件或实际需要，分拣作业既可以依赖人工方式，也可以采用机械设备自动完成。

（一）人工分拣

目前，小型配送中心或者大多数非专业型配送据点一般采用人工方式进行分拣作业。人工分拣的好处是简单易行、进入门槛低；缺点是分拣效率低、出错率高。人工分拣通常采用按单分拣或批量分拣等方式进行。

1. 按单分拣

按单分拣是指分拣人员或分拣工具巡回于物品的储存场所并按客户订单的要求从所经过的货位或货架上挑选所需物品的分拣方法。一般每巡回一遍就完成一个客户的配货作业任务，如图 10-1 所示。这种方式类似于人们进入果园，从一棵棵果树上摘取成熟果子的过程，所以我国又形象地称之为"摘果方式"。

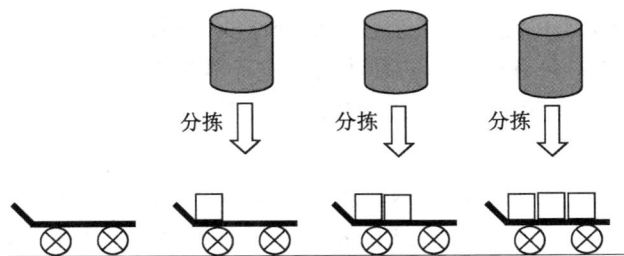

图 10-1 按单分拣（摘果方式）的作业原理

为了提高按单分拣的准确性和效率，我国的制药和化妆品生产企业已广泛使用电子标签系统。只要把客户的订单输入操作台上的计算机，存放各种商品的货架上的货位指示灯和品种显示器就会立刻显示出拣选商品在货架上的具体位置（即货格）及所需数量。分拣人员只需根据电子标签所显示的数量从货架里取出商品，放入输送带上的周转箱，然后揿动按钮，使货位指示灯和品种显示器熄灭即可。电子标签系统能自动引导分拣人员进行拣选作业，大部分人无须特别训练即能立即上岗，它大大提高了分拣速度、减轻了作业强度、降低了分拣的出错率。

2. 批量分拣

批量分拣是指将数量较多的同种物品集中到分拣场所，然后根据不同客户的订单要求，将所需数量的物品分别放入各自货箱或货位的分拣方法。如果订单所需物品的种类是两种或两种以上，则可以再按以上方法重复进行多次作业，直至将客户所需的物品全部配齐，如图 10-2 所示。由于这种作业方式类似于农民的播种过程，所以人们又形象地称之为"播种方式"。

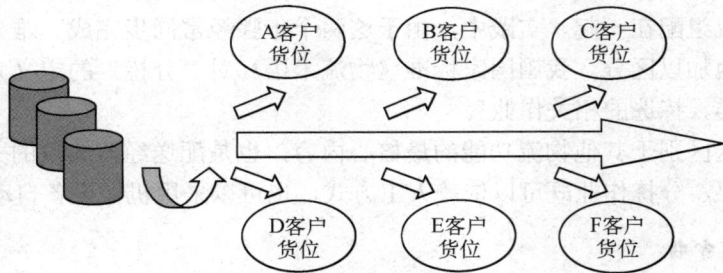

图 10-2　批量分拣（播种方式）的作业原理

批量分拣作业方式的主要特点如下。

（1）由于分拣作业之前要先集中取出共同所需物品，再按不同客户的货位进行分放，所以必须要收到一定数量的订单，进行合并统计并安排好各客户的分货货位之后，才能展开分拣作业。因此，这种分拣方式的计划性较强、操作难度较大，与按单分拣相比，错误率较高。

（2）由于对多个客户的分拣任务可以同时完成，因此有利于组织集中送货，以充分利用送货车辆的载运能力。与按单分拣相比，可以更好地发挥配送作业的规模效应。

（3）由于批量分拣不可能针对某个客户单独作业，所以大多数客户的订单不得不花费一定的等待时间。实践中只有对订单的到达情况进行概率统计分析并做适当的优化调整后，才有可能将订单的停滞等待时间降至某一合理的水平。

3. 人工分拣的其他作业方法

除了以上两种常用的分拣方法，有时还可以采用以下分拣方法。

（1）整合按单分拣。这种分拣方式主要应用在一天中每一订单只有一种品项的场合。为了提高配送效率，可将某一地区的订单整合成一张分拣单，进行一次分拣后集中捆包出库，这种方式属于按单分拣的一种变形形式。

（2）复合分拣。复合分拣是按单分拣与批量分拣的组合运用，它就是根据订单的品项、数量和出库频率等因素决定有的订单或物品采用按单分拣，而有的订单或物品则采用批量分拣。

（二）自动分拣

自动分拣是指使用自动化机械设备完成的分拣作业。专门从事分拣作业的自动化机械通常称为自动分拣机，它一般由信号设定装置、进货装置、主输送带、分拣装置、分拣道口和计算机控制器等部分构成，能够将收货、补货、分拣、配货、暂存等作业过程连接为一体并实现全程自动化。在分拣作业中，工作人员只需通过键盘或扫描器输入客户的订单信息，自动分拣机就能很快地按订单要求完成分拣任务。自动分拣机的作业效率高、分拣数量大、出错概率低，自动分拣成为大型专业配送系统的发展方向。

分拣装置是指将物品移出主输送带、送入分拣道口的装置，它是自动分拣机最核心、最关键的部件。根据作业原理的不同，分拣装置主要有以下几种类型。

（1）推出式。推出式分拣装置是指在主输送带的侧面安装推出机构，当目标物品到达指定位置时，推出机构将物品推离主输送带并送入分拣道口的装置。这种类型的分拣装置受包装形态的影响较小，瓦楞纸箱、袋装物品等均可采用推出式分拣装置，但太轻、太薄或容易滚动的物品不宜采用。由于推出机构有一定的冲击力，而且分拣速度越快，所形成的冲击力越大，所以易碎物品的分拣应谨慎使用该装置。

（2）浮出式。浮出式分拣装置是指在主输送带的下方安装浮出机构，当目标物品到达指定位置时，浮出机构将物品托起并送入分拣道口的装置。这种类型的分拣装置对物品的冲击力较小，适合分拣底部平坦的纸箱或托盘，不宜分拣外形不规则或底部不平整的物品。

（3）倾斜式。倾斜式分拣装置是指在主输送带上安装分送机构，当目标物品到达指定位置时，分送机构启动将物品送入分拣道口的装置。这种类型的分拣装置适合各种短小轻薄或外形不规则的物品，不宜分拣重量、体积太大的物品。

五、配装

配装是指为充分利用运输工具的载重量和容积利用率而采用合理的方法进行装载的行为。配送服务一般面对的是小批量、多批次的送货任务，单个客户的配送数量往往不能达到车辆的有效载运负荷。因此，在配送作业组织中，应该尽量把多个客户的物品或同一客户的多种物品搭配起来进行装载，以便使载运工具满容满载。这样不但能够降低送货成本、提高企业的经济效益，还能够减少交通流量，有利于环境保护。所以，配装是现代配送系统中的一项重要作业内容，也是配送同传统送货作业的重要区别所在。

配装作业的一般原则有以下几个。

（1）重货在下、轻货在上。

（2）后送达的物品先装、先送达的物品后装。

（3）根据物品的性质进行配载。例如，性质上不相容的物品不能同装一车、需要不同送货条件的物品不能同装一车等。

（4）外观相近、容易混淆的物品尽量分开装载。

物品配装时除了要综合考虑以上基本原则，还要根据不同物品的形状、体积以及其他特性（如怕震、怕压、怕撞、怕潮等）进行弹性调整。

六、送货

送货作业是指利用配送车辆把客户订购的商品从配送据点送到客户手中的过程，它通常是一种短距离、小批量、高频率的运输形式。送货作业的基本业务流程一般包括如下几个环节。

（1）划分基本送货区域。

（2）车辆配载。

（3）暂定送货先后顺序。

（4）车辆安排。

（5）选择送货线路。

（6）确定每辆车的送货顺序。

（7）完成车辆配载。

事实上，送货的以上作业环节往往难以依序一次完成，而是要经过多次反复调整，尽量在车辆、配载、线路、送货顺序之间找到合理的平衡点，稍微复杂一些的送货决策则必须采用模型优化的方式才能确定最优方案。

七、配送加工

配送加工就是指在配送作业环节所进行的流通加工。它通过对物品实施包装、分割、计量、印刷标志、拴标签、组装等简单作业极大地方便了流通作业过程、满足了客户的多样化需求、提高了原材料的利用率。配送加工并不是所有配送业务都必需的活动，但它在配送系统中所起的作用仍然是其他作业所无法替代的。由于本书第八章已经对流通加工的作用、形式和合理化措施做了专门的介绍，所以这里就不再对配送加工进行深入论述。

第四节　配送模式与配送管理

一、配送模式

配送模式是指企业在组织配送活动的过程中所采用的基本服务模式。根据国外的配送理论及我国配送产业发展的实践经验，目前采用的主要配送模式有以下几种。

（一）自营配送模式

自营配送模式是指配送活动的各个环节由企业自身筹建并组织管理的服务模式。这种模式有利于企业供应、生产和销售的一体化作业，系统化程度相对较高。它既可以满足企业内部原材料、半成品及产成品的配送需要，又可协助企业对外进行市场开拓。当然，这种配送模式也有其明显的不足之处，即企业采用这种配送模式就必须花费巨额投资用于配送体系的建设，如果此时的配送业务量规模不大，就会导致配送成本或费用的增加。

一般而言，采用自营配送模式的企业大都是规模较大的集团公司，其中比较典型的是连锁零售企业。大多数连锁零售企业都是通过组建自己的配送系统来完成配送任务的，配送的对象既包括企业内部的各个商场、店铺，也包括企业外部的各种客户。

（二）共同配送模式

共同配送模式是指为了提高配送作业效率、满足配送合理化要求而将两个或两个以上的配送任务合并在一起进行配送的模式，也指为了达到上述目标而共同建设使用部分配送设施或设备的经营模式。根据我国国家标准《物流术语》的定义，共同配送（joint distribution）就是由多个企业或其他组织整合多个客户的货物需求后联合组织实施的配送方式。在实际中，共同配送可以采用以下几种形式。

（1）由一个配送企业综合多个客户的要求，在配送时间、数量、次数和路线等方面做出全面而合理的规划并按规划实施配送。

（2）由一辆配送车混载多个货主的物品进行配送，这是一种较为简单易行的共同配送方式。

（3）如果客户集中地的交通状况不佳或各个客户单独配置接货场地存在困难，可由多个客户联合起来，共同设置配送的接收点或处置点。

（4）同一城市或地区的多个配送企业共同投资使用装卸机械或配送中心，为各自的客户提供配送服务。

（三）互用配送模式

互用配送模式是指多家企业以契约方式达成协议，通过互相使用对方的配送作业系统来拓展自身的配送业务能力、降低配送经营成本的一种配送模式，如图 10-3 所示。这种配送模式的优点在于企业不需要投入更多的人力和物力就可以扩大自身的配送规模和范围，但这种配送模式同时需要企业具有较强的组织协调能力。与共同配送模式相比，互用配送模式的主要特点有以下几个。

（1）共同配送模式旨在建立配送联合体，以提高全社会的配送效率为目标；而互用配送模式旨在强化自身的配送功能，以提高企业自身的服务能力为目标。

（2）共同配送模式的稳定性较强，而互用配送模式的稳定性较弱。

（3）共同配送模式的参与方主要是经营配送业务的企业，而互用配送模式的参与方既可能是经营配送业务的企业，也可能不是经营配送业务的企业。

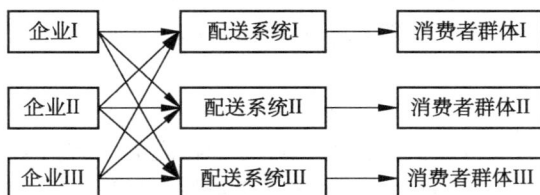

图 10-3 互用配送模式的基本形式

（四）第三方配送模式

第三方配送模式就是指物品供需双方把配送业务委托给处于第三方地位的专业配送企业来完成的一种配送模式。随着物流产业的不断发展以及第三方配送体系的不断完善，第三方配送模式已经成为工商企业和电子商务网站进行货物配送的首选服务模式。

随着现代物流理念的不断传播，第三方配送模式在我国得到了较快的发展。我国大量传统运输企业、仓储企业或电子商务企业在经过合并改造等转型过程之后，已经形成了一大批有实力的第三方配送企业。

二、配送管理

所谓配送管理，是指为了以最低的成本完成客户所要求的配送任务而对配送活动进行的计划、组织、协调与控制。按照管理职能顺序的不同，配送管理可以划分为计划、实施和评价三个阶段。按照管理内容的不同，配送管理又可以划分为以下几个方面的内容。

（一）配送模式管理

企业选择何种配送模式主要取决于以下因素：配送对企业的重要性、企业的配送能力、市场规模与地理范围、服务水平要求及配送成本等。如前所述，我国企业目前采用的几种主要配送模式有自营配送模式、共同配送模式、互用配送模式和第三方配送模式。配送模式的选择可采用矩阵图决策法、比较选择法等方法进行决策。

（二）配送业务管理

由于配送对象的品种和数量十分复杂，所以为了有条不紊地组织配送活动，管理者必须遵照一定的工作程序对配送业务进行统一的安排与管理。一般情况下，配送业务管理的基本工作程序和内容如下。

1. 配送线路的选择

配送线路的选择是否合理直接关系着配送的速度、成本和效益。因此，采用科学、合理的方法确定合理的配送线路是一项十分重要的工作内容。配送线路的确定可以采用有关的数学方法或在数学方法基础上演变而来的经验方法，主要有方案评价法、数学计算法和节约里程法等。为了提高决策效率，也可以将这些方法集成到各类决策软件中，以避免烦琐的数学计算过程。

2. 拟订配送作业计划

配送业务的管理者必须拟订科学、合理的配送作业计划，以供作业人员具体遵照执行。目前的配送业务管理中大多采用计算机来编制配送作业计划。

（三）配送作业管理

虽然不同物品的配送业务之间可能存在部分独特之处，但大多数配送活动都要经过进货、储存、补货、分拣、配装与出货、送货、检查与配送加工等作业活动。这些内容已经在前面进行过阐述，不再重复。

（四）配送要素管理

从系统的角度看，配送要素管理主要包括以下几个方面的内容。

1. 人的管理

人是配送系统和配送活动中最活跃的因素。对人的管理包括配送从业人员的选拔和录用、配送专业人才的培训与提高、配送教育和配送人才培养规划与措施的制定等。

2. 物的管理

物质资料的种类成千上万，物质资料的物理、化学性能更是千差万别。对物的管理应贯穿于配送活动的始终、渗入配送活动的所有流程。

3. 财的管理

财的管理主要是指配送管理中有关降低配送成本、提高经济效益等方面的内容，它是配送管理的出发点，也是配送管理的归宿。其主要内容有配送成本的计算与控制、配送经济效益指标体系的建立、资金的筹措与运用、提高经济效益的方法等。

4. 设备管理

设备管理的主要内容有各种配送设备的选型与优化配置、各种设备的合理使用和更新改造以及各种设备的研制、开发与引进等。

5. 方法管理

方法管理的主要内容有各种配送技术的研究、推广与普及，配送科学研究工作的组织与开展，新技术的推广与普及，现代管理方法的应用等。

6. 信息管理

信息是配送系统的"神经中枢"，只有做到有效地处理并及时传输物流信息，才能对系统内部的人、财、物、设备和方法这五个要素进行有效的管理。

（五）配送具体职能的管理

从职能上划分，配送管理主要包括配送计划管理、配送质量管理、配送技术管理、配送经济管理等。

1. 配送计划管理

配送计划管理是指在系统目标的约束下，对配送活动中每个环节的计划进行科学的管理，管理的对象包括配送系统内各种计划的编制、执行、修正及监督的全过程。配送计划管理是配送管理工作最重要的职能。

2. 配送质量管理

配送质量管理包括配送服务质量管理、配送工作质量管理、配送工程质量管理等。配送质量的提高意味着配送管理水平的提高，也意味着企业竞争能力的提高。因此，配送质量管理是配送管理工作的核心。

3. 配送技术管理

配送技术管理包括配送硬技术的管理和配送软技术的管理。配送硬技术的管理是对配送基础设施和配送设备的管理，包括配送设施的规划、建设、维修、运用，配送设备的购置、安装、使用、维修和更新，提高设备的利用效率，对日常工具的管理等。配送软技术的管理主要是指各种配送专业技术的开发、推广和引进，配送作业流程的制定，技术情报和技术文件的管理，配送技术人员的培训等。配送技术管理是配送管理工作的依托。

4. 配送经济管理

配送经济管理包括配送费用的计算和控制，配送劳务价格的确定和管理，配送活动的经济核算、分析等。成本费用的管理是配送经济管理的核心。

（六）配送中心管理

配送中心是专门从事配送活动的场所，应从管理一个企业或者部门的角度出发对其中涉及的各项工作进行妥善的安排。

拓展阅读资料　　　　　日本配送中心的选址

本章关键词

配送、配送中心、补货、分拣、配装、配送模式、共同配送

复习思考题

1. 结合实际谈谈对配送概念的进一步理解。
2. 举例说明各种形式的配送及其在流通产业中的地位和作用。
3. 比较配送中心与物流中心的区别。
4. 配送中心的功能主要有哪些？
5. 一般配送中心的内部区域划分为哪些部分？
6. 调查了解你所能接触到的配送中心，先阐述它的作业过程，再判定它的类型。
7. 尽量全面系统地说明配送作业的程序与方法。
8. 简要说明补货作业的基本方式。
9. 分别说明两种最基本的人工分拣是如何操作的。
10. 目前常用的配送模式主要有哪些？

本篇案例一　　　　　顺丰速运的发展历程

案例讨论

1. 认真研读本案例，说明顺丰速运发展最成功的经验是什么？最有利的条件在哪里？
2. 与国内的"四通一达"或国际四大快递企业相比，你认为顺丰速运在目标客户、市场定位和服务模式等方面具有哪些特色？未来可能会有哪些风险？应该如何改进？

本篇案例二　　　　　海尔物流发展的模式与特色

案例讨论

1. 作为一个家电制造企业，海尔为什么不寻求物流外包而要自建物流系统？它的这种发展模式是否值得国内同行借鉴？请说明理由。
2. 海尔物流的经营特色对我国制造业和物流业分别具有哪些借鉴意义？

第三篇　物流概念的延伸与运用

本篇导读

　　从理性与感性、总体与局部、内涵与外延等视角分别认识了物流之后，本篇的主要任务就是对已掌握的物流概念进行适当的延伸与运用，以强化读者对物流概念的理解，帮助读者拓展物流研究的视野，激发其学习物流的兴趣。

　　孤立的物流功能并不等于物流，将系统的观念和方法运用于物流管理是现代物流最基本的要求；服务是所有企业实现自身价值的共同手段，物流服务也是物流管理的目标和宗旨；物流管理的微观主体是物流企业，物流服务的现代形式是第三方物流；物流管理的宏观主体是政府，政府管理的主要手段是物流政策。这些围绕物流概念的各种延伸或运用知识构成了本篇内容的主体。另外，为了展示物流实务领域的最新进展，本篇第十六章介绍了物流发展新趋势。

　　同前两篇相比，本篇各章节之间的关联度较大、逻辑性较强且分析性和探讨性内容较多，读者应充分发挥主观能动性，积极思考、大胆想象并可在条件成熟时尝试创新。

第十一章　物　流　系　统

系统思想由来已久，系统论作为一种完整的理论成形于 20 世纪中叶，是一种应用广泛的科学方法论。用系统论的观点和方法来研究物流活动是现代物流学科中的核心问题，也是物流战略管理的首要问题。本章将从系统论的观点出发，研究物流系统的概念、要素与结构、分析方法与集成手段等。

第一节　系统与物流系统

一、系统的概念

"系统（system）"一词来源于拉丁文的"systema"，表示"群""集合"等含义，其意义是指"为达成某种共同的目标，若干构成要素相互结合成的有机复合体"。一切事物都可以看作一个系统，大到太阳系、银河系乃至整个宇宙，小到学校、班组、个人乃至细胞，都可以看作一个整体、一个系统。系统无论大小，都具有以下基本特点。

（1）系统整体由两个或两个以上的要素组成。

（2）各要素之间是相互联系、相互作用的，要素之间的结合是为了达到某种特定的目标。

（3）系统具有一定的结构，以保证系统的有序性，使系统具有特定的功能。

（4）系统与各要素之间存在对立统一的关系。系统与要素的概念是相对的，是在一定的边界范围内来界定的，二者既相对独立又相互统一，系统的性质以要素的性质为基础，系统规律要通过要素之间的结构来体现，要素的功能可通过其结构转化为系统的功能。

（5）系统是相对于环境而言的，环境是系统形成和存在的基本条件。

二、系统的基本性质

（一）整体性

贝塔朗菲在《一般系统论》中指出："当我们讲到'系统'时，我们所指的就是'整体'或'统一体'。"整体性是系统最基本和最重要的性质。整体由部分构成，系统是一个整体，由各个要素构成。各个独立要素在组成系统后就具有了独立要素所不具有的性质和功能。在各个组成要素协调一致的情况下，系统的整体功能大于各组成要素功能之和；反之，若各个要素没有统一的目标、协调一致的行动，则系统的整体功能可能会小于各要素功能之和，系统的整体与各要素之间并不是简单的加和关系。人们在分析系统要素时，应该从整体出发，认真关注系统的整体性。

（二）层次性

任何系统都是有层次的，一个主系统可以包含若干个子系统，每个子系统下又有更小的子系统，而主系统本身也可能包含在更大的系统之中。系统的层次不是单一的，根据属性、目的和特点的不同，同一个系统可以划分为不同的层次。层次性特征要求人们在分析系统要素时必须遵循整体与层次、层次与层次之间的关系。

（三）相关性

组成系统的元素并不是简单地、杂乱无章地堆砌在一起的，而是相互联系、相互作用、相互依存、相互制约的。系统内各要素之间的相互联系使系统成为一个有机的整体。

（四）目标性

一切系统都具有某种特定的目标，系统的一切运动都是为了实现这个目标。在一个多层次的系统中，大系统有其总目标，各子系统不仅要服从于总体目标的要求，而且其自身有自己的分目标。要实现系统目标，就必须使系统内的各子系统或组成要素相互协调配合，朝着共同的目标去努力。

（五）环境适应性

环境是指系统存在和发展的全部外界条件的总和。所有的系统都具有对环境的适应能力，当环境发生变化时，系统的结构和功能也会随之发生改变，以便于继续存在和发展。人们在进行系统要素的分析时，应注意系统整体同环境的相互联系和相互作用。

系统的五个基本性质并不是孤立的，而是相互联系、相互配合的。人们在分析系统要素时，要注意同时兼顾系统的这些基本性质及其相互联系，否则就会破坏系统方法的完整性。

三、物流系统的概念及其组成

物流系统是指在一定的时间和空间范围内，由物品及有关物流装备、作业人员和信息系统等相互联系、相互制约的动态要素所组成的具有特定功能的有机复合体。它是社会经济大系统中的一个子系统，由有机联系的物流要素组成，能使整体的物流活动趋于合理。它将一定时间和空间范围内的物流活动或过程当作一个整体来看待，用系统的观点进行分析和研究。

物流系统和一般系统一样，具有输入、转换和输出三大功能，其中输入和输出功能可使系统与社会环境进行物质和能量交换，保证系统与环境之间的相互依存，如图11-1所示。

一般认为，物流系统由物流作业系统和物流信息系统两个分系统组成。

物流作业系统包括包装系统、装卸搬运系统、运输系统、储存系统、流通加工系统等子系统，各子系统又包括下一级的、更小的子系统，如运输系统又可分成铁路运输系统、公路运输系统、空运系统、水运系统以及管道运输系统等。物流作业系统通过在运输、保管、包装、搬运、流通加工等作业过程中使用各种先进技术，使生产据点、物流据点、配送路线、运输手段等资源实现网络化，可以大幅度提高物流活动的效率。

物流信息系统包括情报系统、管理系统等子系统。物流信息系统在保证订货、进货、库存、出货、配送等环节信息畅通的基础上，使通信据点、通信线路、通信手段实现网络化，也可以大大提高物流作业系统的效率。

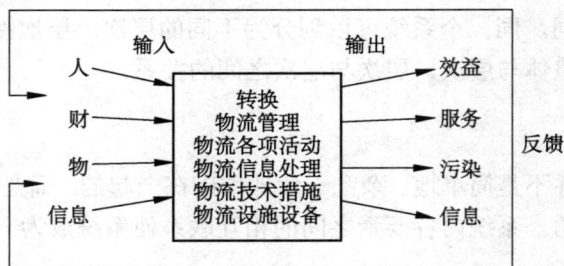

图 11-1　物流系统基本模式

四、物流系统的特点

物流系统是一个复杂而庞大的系统，它具有一般系统共有的性质，即整体性、层次性、相关性、目标性和环境适应性，同时物流系统作为现代科技和现代观念的产物，它还具有一些自身的特点。

（一）物流系统是一个动态系统

物流系统和生产系统的一个重要区别在于生产系统按照固定的产品、生产方式连续或不连续地生产，变化较少，系统稳定的时间较长，而物流活动是受到社会生产和社会需求的广泛制约的，连接着多个生产企业和顾客，需求、供应、价格、渠道的变动都随时随地影响着物流，所以物流系统是一个稳定性较弱而动态性较强的系统。为了使物流系统更好地运行以适应不断变化的社会环境，必须对其进行不断的完善和调整，有时甚至要对整个系统进行重新设计。

（二）物流系统具有可分性

在整个社会再生产的循环过程中，物流系统只是流通系统的一个子系统，它必然会受到流通系统乃至整个社会经济系统的制约。但物流系统本身又可以再细分为若干个相互联系的子系统，系统与子系统之间、各个子系统之间在总的目标、总的费用、总的效果以及时间、空间、资源利用等方面又是相互联系、相互依存的。对特定物流系统所分子系统的多少和层次的标准是随着人们对物流系统认识和研究的深入而不断变化的。

（三）物流系统具有复杂性

物流系统构成要素的复杂性导致了物流系统本身的复杂性。例如，物流系统的作用对象——物，品种繁多、数量庞大，涵盖了全社会的物质资源；物流系统的主体——人，是以千万计的庞大队伍；同时，物流系统要素之间的复杂关系加强了物流系统本身的复杂性。

（四）物流系统是一个大跨度的系统

这主要表现为物流系统的空间跨度大、时间跨度大，即时空跨度大。随着国际分工的不断发展，国际企业的交往越来越频繁，提供大时空跨度的物流活动将成为物流企业的主要任务。

（五）物流系统内广泛存在"二律背反"现象

所谓"二律背反"，是指同一系统（如成本系统）的两个要素处于相互矛盾的关系之中，要想较多地追求其中某个要素的目标，必然会使另一要素的目标遭受损失。例如，为了提高运输速度而将铁路运输改为航空运输，速度是提高了，但运输成本也会随之增加；再如，为了降低库存而减少每次收货量、增加收货次数，虽然会使库存成本降低，但由于这样做往往达不到运输所要求的最佳规模，单位运输成本肯定较高。所以，必须把物流系统当作一个相互联系的整体，以成本为核心，协调各分系统或各要素之间的矛盾，才能保证物流系统实现其最佳的经济效益。

第二节　物流系统的要素与结构

一、物流系统的要素

众所周知，系统是由若干要素构成的复合体，根据不同的研究目的，物流系统要素可以分为不同的类型。例如，有些学者根据物流系统的特点将物流系统要素分为流动要素、资源要素、网络要素、功能要素等。本节将在简要介绍物流系统一般要素、功能要素、支撑要素和物质基础要素的基础上，重点分析物流系统的流动要素。

（一）物流系统的一般要素

传统上，人们通常认为系统的一般要素由人、财、物三方面组成。但随着信息在企业经营活动中的价值日渐凸显，把信息看作一种资源或财富的观念开始盛行。在物流领域，信息的作用更加突出，物流信息是物流系统中不可或缺的要素。因此，物流系统的一般要素由人、财（资金）、物、信息四个方面组成。

（1）人的要素。人是所有系统中占主导地位、起决定作用的要素，在物流系统中也不例外，它是保证物流活动得以顺利进行的最关键的因素。随着经济全球化的发展，企业的竞争越来越多地表现为人才的竞争，培养人才、招揽人才、留住人才是物流企业提高竞争力、建立有效物流系统的根本要求。

（2）资金要素。资金是物流系统中不可缺少的一个要素，离开资金要素，物流系统就不可能存在，更谈不上发展。

（3）物的要素。物流系统中的物是指物流系统必需的原材料、半成品、产成品、能源、动力以及设施、工具等物质资料的总称。物的要素是物流系统存在和发展的物质基础。

（4）信息要素。物流的各种功能要素是否需要组成一个整体的物流系统以及组成一个怎样的物流系统都要依据相关信息进行决策，已经形成的物流系统一刻也离不开信息的驱动。物流领域的货运代理、船舶经纪等中介类企业的主要盈利就来自物流信息。

（二）物流系统的功能要素

从物流的功能分析入手，我国国家标准《物流术语》将物流系统划分为运输、储存、包装、装卸、搬运、流通加工、信息处理和配送八大功能系统，这些功能系统实际上也是物流活动的基本工作环节。

（三）物流系统的支撑要素和物质基础要素

物流系统的要素还包括支撑要素和物质基础要素。在复杂的社会经济大环境中，要确定物流系统的地位并协调其与其他系统之间的关系，需要很多的支撑手段，如体制、制度、技术标准等，这些支撑手段就是物流系统的支撑要素。物流系统的支撑要素决定了物流系统的结构、组织和管理方式，它一方面可以规范物流系统的活动，另一方面为物流系统本身的存在和发展提供一定的保障条件。

同时，物流系统的建立和运行需要大量的技术装备或手段，如港口、仓库、公路、铁路、航线等物流设施，包装机械、运输装备、装卸机械、流通加工设备等物流装备以及办公场所、信息网络和企业管理组织等，所有这些构成了物流系统的物质基础要素。

（四）物流系统的流动要素

物流系统的流动要素主要包括流体、载体、流向、流量、流程、流速和流效。

1. 流体

流体是指物流中的"物"，即物质实体。流体都具有一定的自然属性和社会属性。流体的自然属性是指其物理、化学或生物属性。流体的社会属性是指流体所体现的价值属性以及生产者、采购者、物流作业者与销售者之间的各种关系。

2. 载体

载体是指流体赖以流动的设施和设备，它大体可以分成以下两种类型。

（1）第一类载体是指基础设施，如铁路、公路、航道、港口、车站、机场等基础设施，它们大多是固定的。

（2）第二类载体是指各种物流设备，即以第一类载体为基础，直接承载并运送流体的设备，如车辆、船舶、飞机、装卸搬运工具等，它们大多是可以移动的。

3. 流向

流体从起点到终点的流动方向就是物流的流向，它主要有以下四种类型。

（1）自然流向。自然流向是指根据产销关系所确定的商品的流向，它表明一种客观需要，即商品要从生产地向需求地流动。

（2）计划流向。计划流向是指流体经营者的经营计划所确定的商品流向，即商品从供应地向需求地的流动。

（3）市场流向。市场流向是指根据市场供求规律由市场确定的商品流向。

（4）实际流向。实际流向是指在物流过程中实际发生的流向。

对某种商品而言，可能同时存在以上几种流向。例如，根据市场供求关系确定的商品流向是市场流向；这种流向反映了产销之间的必然联系，是自然流向；实际发生物流时还需要根据具体情况来确定运输路线和调运方案，这才是最终确定的流向，这种流向是实际流向。在确定物流流向时，最理想的状况就是商品的自然流向与实际流向相一致，但由于计划流向与市场流向都要受市场行情、物流条件以及管理水平等因素的制约，所以它们经常会与商品的自然流向或实际流向不符，甚至最终会导致商品的实际流向与自然流向相背离。

4. 流量

流量就是依赖载体进行流动的流体在一定流向上的数量。流量与流向是不可分割的，每种流向都有一种流量与之相对应。因此，参照流向的分类，流量也可以分为四种类型，即自然流量、计划流量、市场流量和实际流量。但是，对流量的分类也具有一定的特殊性，根据流量本身的特点，还可以将其进一步细分为实际流量与理论流量。

5. 流程

流程就是通过载体进行流动的流体在一定流向上行驶的路径。流程的分类与流向基本类似，可以分为自然流程、计划流程、市场流程与实际流程；也可以像流量那样，分为理论流程与实际流程。

6. 流速

通过载体进行流动的流体在一定流程上的速度表现就是物流的流速。流速与流向、流量、流程一起构成了物流向量的四个数量特征，是衡量物流效率和效益的重要指标。一般来说，流速快意味着物流时间的节约，也就意味着物流成本的减少和物流价值的提高。

7. 流效

在竞争的市场环境下，任何经济主体的行为都会考虑效率和效益。如果仅以单位时间内的产出量来代表流效，它就会与流速混为一谈。因此，严谨表述应该是：流效是物流系统在单位时间内所产出的实际经济效益以及花费单位成本所产出的实际经济效益的统称。

二、物流系统的结构

系统的结构是指系统内部各要素在空间和时间上的有机联系或者各要素之间相互作用的方式，它是系统保持整体性并具有一定功能的内在根据。虽然物流系统的要素分类方法各不相同，但它们都不会影响物流系统本身的结构。同物流系统要素的分类一样，物流系统的结构也可以从不同的角度来认识。这里只针对物流系统的功能结构、治理结构和产业结构展开说明。

（一）物流系统的功能结构

物流系统的基本功能要素包括运输、储存、包装、装卸搬运、流通加工、信息处理和配送。在物流活动中，运输功能是必不可少的，储存功能也很重要，包装和流通加工功能在流通过程中发生但不是每一个物流系统都必须进行的作业环节，装卸搬运功能随着运输方式、运输工具的变换或者物流作业功能的转换而产生。虽然有些企业实现了只有运输功能的物流系统，如戴尔计算机公司推行的"直销"方式，省去了大量的中间仓库和以仓库为基地的各种物流活动，使物流的效率大大提高，但物流系统的功能发挥得如何、应该进行哪些作业环节并不是由物流系统本身决定的，而是由生产和销售系统来决定的。在保证生产和销售目标完成的前提下，企业应尽量减少物流作业环节以降低物流成本。

（二）物流系统的治理结构

物流系统的治理是指对物流系统资源配置过程进行管理和控制的机制与方法。物流系统的不同治理机制形成了物流系统内不同的治理结构。

1. 多边治理

多边治理也称市场治理或古典合同治理，即任何一个物流系统所需的所有资源都可以通过市场得到配置，但这些物流资源不是为某一系统专门定制的专用性资源，而是为多个物流系统所共用，如一般的铁路运输资源与公路运输资源等。因为交易的内容（如卡车或仓库的规格及其收费标准等）是标准化和透明的，物流资源的买卖双方都可以以极少的转换成本寻求合作伙伴，所以这种模式是一种高效率的治理模式。

2. 三边治理

三边治理是指物流资源的需求方、供给方和第三方（法律）共同治理的模式。这种模式适合两类物流资源交易：一是偶尔进行的交易，如满载货物的卡车在长途运输中抛锚，需要一次性租用当地的装卸设备和人员；二是物流资源具有高度专用化特征的交易，如专为麦当劳配送沙拉酱和鲜牛奶的配送中心。三边治理结构中的第三方（即法律方）起调解和仲裁的作用。

3. 双边治理

双边治理是指物流资源买卖双方共同治理的模式。威廉姆森指出了双边治理结构的适用条件：交易应该是重复发生的；交易需要的资产必须是高度专用的；交易是非标准化的。同三边治理相比，双边治理的双方关系更加紧密，近似于垂直一体化关系，因而双边治理需要的专用性资产投资规模更大一些。三边治理结构中的冲突机制在双边治理结构中通过关系机制（而不是法律）得到解决。由于任何一方脱离交易关系都要在交易专用性资产上付出沉重的代价，所以双方都有维持交易关系的强烈愿望。

4. 单边治理

单边治理即一体化治理。对于资产高度专用、该物流业务与企业的核心业务高度相关、投资该业务可以获得规模效益的交易，则可以采用单边治理模式。

（三）物流系统的产业结构

物流是一个产业，并且是一个巨大的产业，它将成为21世纪我国经济新的增长点。物流产业是由多部门组成的综合性、服务性、基础性产业。虽然运输业、仓储业、包装业、装卸业、流通加工业、信息处理业以及邮政业等都是相对独立的行业，有的规模很大、有的规模很小，但它们共同构成了物流产业并各自承担物流产业中的部分业务环节。

结合我国的具体实际，可从两个不同的层面对物流产业进行界定：其一，物流产业主要包括交通运输业、储运业、通运业和配送业。其二，物流产业的四大行业下面还有许多小行业，其中不少小行业可能既隶属于某一大行业，又隶属于另一大行业。物流产业所涵盖的小行业主要有铁道运输业、汽车货运业、远洋货运业、沿海航运业、内河航运业、航空货运业、集装箱联运业、仓库业、中转储运业、托运业、运输代理业、起重装卸业、快递业、拆船业、拆车业、集装箱租赁业、托盘联营业。

第三节　物流系统的冲突

由于物流活动过程所包含的众多环节分散在企业不同的职能部门，它们具有各自不同的利益诉求，常常被看作没有共同目标、彼此无须协调的独立功能模块，所以很少采用系统的观念和方法对其进行分析和评价，导致整体效率和经济效益都难以提高。用系统的观点分析物流就是要认清物流系统内外的各种联系并以此为基础尽量恢复联系、构建联系。联系就是冲突、联系就是相持、联系就是协同，物流系统内外的各种联系就是冲突、相持和协同的综合表现。对物流管理者来说，研究物流系统的冲突有利于厘清物流系统内外的各种联系、有利于从整体上对物流系统进行协同和管理。

一、物流系统冲突的表现形式

物流系统的冲突主要体现在目标、产权和运作等方面。

（一）物流系统的目标冲突

物流系统的目标冲突发生在三个层次，即要素之间、要素内部和物流系统与外部环境之间的目标冲突。

1. 物流系统要素之间的目标冲突

物流系统的基本功能要素包括运输功能、储存功能、包装功能、装卸搬运功能、流通加工功能、配送功能和信息处理功能，这些功能要素的目标之间广泛地存在冲突。

从运输的角度来看，为了降低运费，企业经常采用以下三种方法：一是尽量采用整车运输，因为整车运输的平均运费比零担要低很多；二是尽量采用水路或铁路运输，因为水路或铁路的平均运费比公路或航空运费都要低；三是按照运价"递远递减"的原则，长途运输采用水路或铁路运输，而短途运输采用公路运输。以上三种措施在降低运输费用的同时会导致收货人一次收货数量的增加、收货间隔时间的延长以及收货企业库存水平的提高和在途库存的增加，最终结果就是收货企业的库存成本增加。

从储存的角度来看，为了降低库存水平，企业可能采用以下两种方法：一是降低每次收货的数量、增加收货次数、缩短收货周期，这样既可以保证企业销售的商品不缺货，又可以使企业的库存水平降低，直至降到"零库存"状态；二是宁可紧急订货，也不愿提前大批量订货。以上两种降低库存水平的方法都要求供货部门必须实行"小批量、多批次、短周期"的及时送货，在这样的送货模式下，运输的规模效益就无法实现，所以运输成本会相对增加。

从以上分析可以看出，企业的运输目标（从降低运输成本角度考虑）与企业的储存目标（从降低储存成本角度考虑）是冲突的。运输和储存是物流系统的两个重要组成部分，运输和储存的目标冲突是运输要素与储存要素的一种联系，在物流系统没有形成时，它们都在追求着各自的目标，它们的目标一直在发生冲突。显然，它们的目标是无法独立实现的，而必须在建立物流系统时通过系统集成来进行调和。

在包装和运输这两个物流系统要素之间，同样存在目标冲突。包装的目标是保护物品，以防物品在物流作业过程中遭受损失，同时要尽量降低包装成本。因此，在确定包装材料的强度和内装容量的大小时就会以确保物品安全为第一目标，但这一目标又常常会导致"过度包装"，不仅会增加物品包装的成本，同时由于包装过大、过重、过结实而提高无效运输的比重。而且，在包装回收系统不健全的情况下，当物品送达收货人时，收货人往往还要花费大量的人力、物力来处理这些沉重、庞大的物流包装。如果能够协调包装要素的目标与运输要素的目标，则既可以实现包装的目标，又可以实现运输的目标，在这两个要素目标之间实现协同。

2. 物流系统要素内部的目标冲突

物流系统的要素可以看作物流系统的子系统，也可以将其作为系统进行分析。以物流系统的功能要素为例，物流系统的运输功能、储存功能、包装功能等要素都是物流系统中的子系统。如果将物流系统内部功能要素之间的目标冲突应用于任何一个功能要素的话，这种分析是成立的，物流系统要素内部也存在着类似的目标冲突。

3. 物流系统与外部环境之间的目标冲突

当物流系统本身也是一个更大系统的子系统时，物流系统就要与外部系统发生联系，这就是物流系统与环境的联系，而构成物流系统环境的就是这些与物流系统处在同一层次的系统。任何一个系统都有自己的目标，物流系统有物流系统的目标，环境中其他系统都与物流系统一样有着特定的目标，这些目标之间的冲突也是普遍存在的，物流系统以这种方式同环境中的其他系统发生联系。

（二）物流系统要素之间的产权冲突

供应链上的物流系统通常不可能由一家企业单独建立，而是由不同的产权组织共同拥有。由于企业是相对独立的经营法人，供应链上共同拥有物流系统的多家企业之间都有比较明晰的产权边界，所以物流系统要素之间的产权冲突就产生了。

无论是在发达国家还是在发展中国家，物流载体都是由国家、集体和个人共同投资的，其产权状况十分复杂，而载体的产权状况对物流系统的建立和经营管理具有很大的影响。在高度发达的自由市场经济环境下，物流载体的产权可以通过发达的市场进行交换。物流集成商常常通过购买某项物流载体在一定时期内的使用权，按一定的目标要求对其进行集成，以解决物流要素的产权冲突问题。

但对于载体产权严重分割，"大而全、小而全"的传统思想根深蒂固并且物流载体市场不发达的国家而言，忽略载体的产权状况就不可能建立一个能够实现商业运作的物流系统。例如，在我国，铁路由国家所有，国有铁路部门专营；公路由中央和地方所有，中央和地方企业共同经营；私人修建和经营的铁路和公路如凤毛麟角。一些被称为"大动脉"的交通运输线路的产权状况同样复杂，这一点从高速公路上设立的收费站就可以看出。过去，我国高速公路上设有众多的收费站，一个收费站就代表一个产权边界，很多高速公路根本不是一条"连贯"的"畅通"公路，而是由众多独立路段形成的公路。所以，这种实际存在的多元化产权结构与物流系统的产权统一性要求就产生了冲突。在由各种运输方式和其他各种资源参与的更加庞大的物流载体系统中，情况更加复杂。

（三）物流系统要素之间的运作冲突

物流系统的各种要素都有各自的运作规律和标准，在没有统一的物流运作规范和标准的情况下，由于要素之间在运作上互相不能适应对方的业务特点，而导致物流运作经常在流程、标准、规范、制度、票据格式等方面出现冲突，这样的事例已是司空见惯。

仅举托盘的例子来说明这一问题。如果物品在一个物流系统中都以托盘为单元进行运输、储存等作业，可以减少装卸搬运次数、降低装卸搬运损失、减少中间作业量、提高作业效率、加快物流速度。但是，托盘是低值易耗品，物流系统的上游、中游和下游企业都使用自己公司的托盘，这些托盘可能存在着尺寸、材质、价格、使用寿命、质量、新旧程度以及样式不同的情况，不同公司的托盘不存在可比性。其直接后果是托盘不可流通、严重影响托盘功能的发挥。加之使用托盘会增加中间作业成本，因此很多企业干脆不用托盘。

总之，要素之间的冲突时刻存在，建立物流系统就是解决物流系统构成要素之间在方方面面存在的冲突。

二、要素协同是物流系统形成的关键

存在矛盾的物流系统各要素如果能够为了共同的目标而集成起来，就是实现了要素的协同。协同是有利于物流系统的一种要素联系方式，要达到协同，必须做到以下几点。

（一）调整物流系统要素之间的目标

要素目标调整的依据是系统的整体目标。对运输要素和储存要素进行集成时，"运输费用最少"和"储存费用最少"的要素目标都应该服从于"物流总成本最少"这个整体目标。按照这个整体目标，可能运输成本或者储存费用并不是最少，但是只要通过储存和运输这两个主要要素的运作最后能达到物流总成本最少的目标，那它们就可以算作集成成功。

（二）统一物流要素之间的产权

物流系统要素之间的产权冲突永远不可能消除，同时物流系统对统一产权的要求永远不会改变。这里提出要统一物流要素之间的产权，并不是要求所有的物流要素都由唯一的一个产权主体所掌控，这是不可能的，也是没有必要的。统一产权的关键是要使由不同产权主体拥有的所有要素都按照物流系统的要求进行集成，也就是要按照一定的标准将不同的产权要素集成为一个没有产权差别的统一系统。

在现有条件下，调和产权冲突的唯一办法就是通过市场进行产权交换，使物流系统的集成商能够在一定的时间、边界范围内将各种要素集成为一个完整的、无差别的单一产权系统。这里的单一产权并不是真正的单一产权，而是"准单一产权"，即它不是由物流系统集成商真正拥有，但是能够达到像物流系统集成商自己真正拥有那样的效果，物流系统集成商真正获得的是这些要素的使用权。

只要物流系统要素的使用权能够被交换，不管物流系统要素产权分布的初始状况如何，物流系统要素的集成就有可能，而实现这一目标的条件就是物流要素"产权/使用权"交换市场的建立。生产企业、流通企业、物流企业需要的物流资源，如车辆、仓库等，很多都可以通过物流市场获得。

（三）构建无缝的要素接口

物流要素之间的分界面往往比较清晰，而将这些物流系统要素集成起来时，不同界面的要素系统必须实现无缝连接。马丁·克里斯多夫从供应链的角度分析了这个问题，为了解决物流系统要素之间的接口障碍，他提出供应链要实现"无缝"连接并提出了以下三个解决方案。

（1）缩短供应链（cutting short of the pipeline）。

（2）提高供应链的可见性（improving the visibility of supply chain）。

（3）将物流作为一个系统来管理（managing logistics as a system），而不是将其作为一个个狭窄的功能来进行管理。

以上从物流系统的冲突和协同两个方面分析了物流系统的联系。协同是通过对冲突进行协调达成的结果，物流系统功能、资源、网点等要素之间的冲突是永远存在的，只有达到协同，物流系统才能作为一个整体发挥作用，因此系统集成对物流具有关键性影响。

第四节　物流系统分析与集成

要真正实现物流系统的要素协同，必须针对物流系统的特点，根据物流系统的要素与结构，通过系统分析的方法寻求最优或可行的物流解决方案并以系统集成为手段，将系统的观念和方法运用于物流管理实践。物流系统分析是物流系统集成的基础，充分的物流系统分析有助于系统集成工作的完成并可产生良好的社会、经济效益；反之，物流系统集成是物流系统分析最主要的实现方式之一，正确的物流系统集成有利于系统分析成果转化为有效生产力。

一、物流系统分析

物流系统分析是指根据物流系统的目标要求，从其整体利益出发，运用科学的分析工具和计算方法，对物流系统的功能、环境、费用、效益等因素进行充分的调研、分析和比较，选择最优方案的过程。系统分析不同于一般的技术经济分析，它要求管理者把构成物流系统的各项因素看作一个整体。

（一）物流系统分析的原则

任何系统都是由多个因素所构成、具有一定结构和功能、既受外部环境影响又受内部因素制约的整体。因此，在对物流系统进行分析时，要注意以下几个方面的结合。

1. 外部条件与内部条件相结合

物流系统是流通领域的一个子系统，它不是孤立的封闭系统，而是与社会环境紧密联系的开放性系统，受外部社会经济、政策以及科学技术等多方面因素的制约并随需求、供应、价格等因素的变化而变化。从内部来看，物流系统也会受物流各功能要素的影响和制约。因此，在进行物流系统分析时，既要注意对外部环境进行分析，也要注意对系统内部各环节的协调，将系统内外的关联因素综合起来进行考虑，以使物流系统在一定的环境中正常运行。

2. 局部利益与整体利益相结合

在进行物流系统分析时，不仅要考虑局部利益，还要考虑整体利益。如果某个方案能保证整体利益和各个子系统的局部利益最大化，那么该方案一定是理想的方案。但这种情况在实际中很难出现，因为物流各环节之间的相互影响、相互制约以及系统结构要素间的"二律背反"现象使得整体利益和局部利益很难同时达到最优。因此，在进行物流系统分析时，只能在保证整体利益最大的前提下，尽量使每一个子系统获得较大利益。

3. 当前利益与长远利益相结合

在进行物流方案选优时，既要考虑当前利益，又要考虑长远利益。如果所采用的方案对当前和长远都有利，这个方案肯定是理想的方案；如果方案对当前不利而对长远有利或者对当前有利而对长远不利，则必须对方案进行全面、综合的评价之后才能做出决定。一般来说，只有兼顾当前利益和长远利益的物流系统才是好的物流系统。

4. 定量分析和定性分析相结合

系统分析强调定量方法的运用，经常采用计量经济分析和其他科学分析方法分析问题。物流活动中的很多问题都是可以定量化的，如成本、费用、运输能力等。而且随着现代应用数学、计算机和网络等高科技手段的广泛运用，物流系统分析越来越精确化。但是物流系统内也有很多问题是难以定量化或无法进行计量的，如制度、政策以及人们的各种主观感受等。因此，在进行物流系统分析时，一定要注意定量分析与定性分析相结合。

（二）物流系统分析的内容

物流系统处于社会经济大环境中，受到外部环境的影响和制约，同时物流系统内部的各环节、各要素是互相影响的。因此，在对物流系统进行分析时，既要对物流系统的外部环境进行分析，也要对物流系统内部各环节、各要素之间的关系进行分析。

物流系统的外部分析包括对物品的生产状况、消费状况、财政信贷状况以及国家相关方针、政策、制度的分析。物流是社会流通领域的一部分，与生产、消费等活动交织在一起，是一个不稳定的动态系统。物流系统的外部环境非常复杂，宏观环境的任何变化都会影响物流系统。物流系统的内部分析包括对运输、储存、包装、装卸搬运及信息处理等环节的分析以及对物品的供货渠道、销售状况、运输能力等数据资料的收集和分析。物流系统内部的各个环节都有各自的目标、任务，要完成这些目标、任务，就必须对各个环节的数据或资料进行比较、分析和评价，以便确定最优方案。

系统分析的过程也就是管理决策的过程。根据决策起点的不同，可以将决策分为初始决策和追踪决策两大类。与之相对应，物流系统分析的对象可以分为待建物流系统和已有物流系统。如果说待建物流系统分析是"在白纸上作画"，那么已有物流系统分析则是"对已有画作的修正和完善"。现实中，后者出现的频率显然远远高于前者。由于这两类系统分析的基础条件不同，所以相应的工作内容和工作重点也略有差异，这些差异可能体现在物流系统的目标、可行方案的数量、评价标准的确立等多个方面。

（三）物流系统分析的步骤

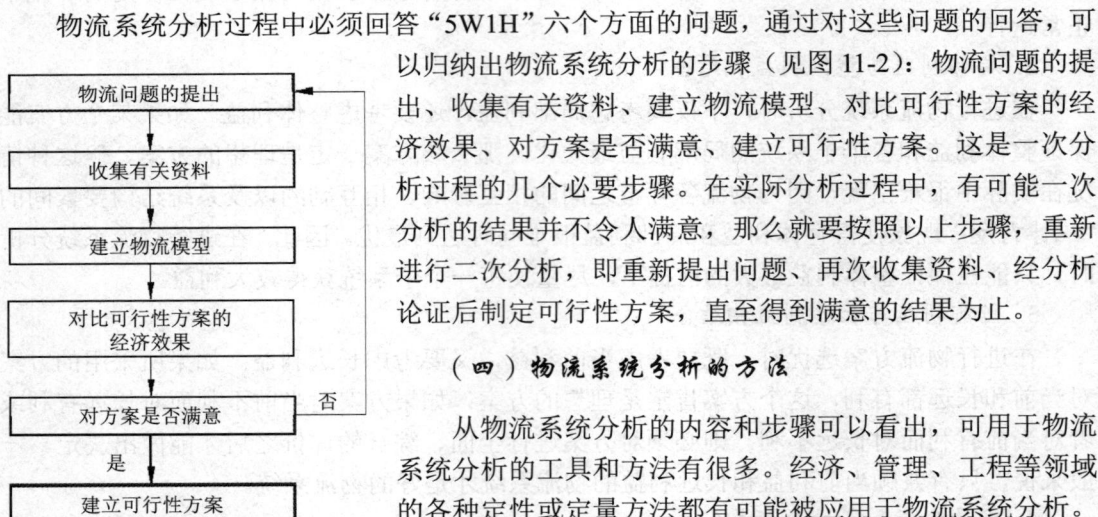

物流系统分析过程中必须回答"5W1H"六个方面的问题，通过对这些问题的回答，可以归纳出物流系统分析的步骤（见图 11-2）：物流问题的提出、收集有关资料、建立物流模型、对比可行性方案的经济效果、对方案是否满意、建立可行性方案。这是一次分析过程的几个必要步骤。在实际分析过程中，有可能一次分析的结果并不令人满意，那么就要按照以上步骤，重新进行二次分析，即重新提出问题、再次收集资料、经分析论证后制定可行性方案，直至得到满意的结果为止。

图 11-2　物流系统分析框图

（四）物流系统分析的方法

从物流系统分析的内容和步骤可以看出，可用于物流系统分析的工具和方法有很多。经济、管理、工程等领域的各种定性或定量方法都有可能被应用于物流系统分析。随着定量分析方法的成熟和普及，物流系统分析越来越多地采用定量分析方法。其中，系统建模是寻找可行性方案或对若干可行性方案进行评估选择最有效的途径，成为物流系统分析过程中不可或缺的工具。物流系统分析过程中构建的模型主要有以下三类。

1. 优化模型

优化模型就是运用线性规划、整数规划、非线性规划或动态规划等数学规划技术描述物流系统诸要素之间的数量关系并通过迭代以寻求最优可行方案的分析工具。由于大多数物流系统十分庞大，系统要素相当繁杂，建立全系统的优化模型一般比较困难，即便用计算机求解，所需的时间和费用成本仍然太高，所以优化模型常用于物流系统的局部优化并综合其他方法来确定物流系统的次优解。

2. 模拟模型

模拟模型就是利用图、表、坐标、数学公式、逻辑表达式等抽象符号描述物流系统的输入、转换和输出之间的状态关系，以便通过计算机对物流系统进行模拟试验并通过模拟试验寻找最优方案或改进信息的分析工具。虽然模拟模型在模型构造、程序调试、数据整理方面的工作量很大，但由于物流系统结构复杂、不确定情形很多，所以模拟模型仍以其描述和求解问题的能力优势成为物流建模的主要方法。

3. 启发式模型

启发式模型是针对优化模型的不足，运用某些经验法则降低优化模型的数学精度并通过模仿人的跟踪校正过程以求取满意方案的分析工具。启发式模型能同时满足详细描述物流系统和求取满意方案的需要，比优化模型更为实用。其缺点是没有针对满意方案的评判标准，难以判断可行性方案在什么时候才真正令人满意。因此，只有当优化模型和模拟模型不实用或不必要时，才使用启发式模型。

二、物流系统集成

"集成"（integration）一词在不同的领域有不同的理解，一般认为它具有综合、整理、融合等方面的含义。集成思想在制造领域经历了以计算机集成制造系统为代表的信息集成、以并行工程为代表的过程集成以及 20 世纪 90 年代出现的以敏捷制造为代表的企业集成。从其发展的特征来看，集成的范围越来越广、集成的要素越来越多、集成的规模越来越大、集成的水平越来越高。如果将物流系统分析看作一个理性的决策过程，那么物流系统集成就是将决策付诸实践的过程。将集成方法运用于物流系统可以拓展物流决策的视野、协调物流系统的冲突并最终保证物流系统目标的实现。

（一）物流系统集成的主体

在产权独立的多个主体共同参与的物流系统中，如果某个主体要成为物流系统的集成人，至少必须具备两个条件：其一，该主体必须充分认识到物流系统集成对于自身的价值；其二，该主体有条件、有能力对目标物流系统进行集成。具备以上两个条件的主体终将成为目标物流系统的集成人，那些被集成到目标物流系统中充当物流系统要素的主体就是物流系统中的被集成人。物流系统集成人的任务就是设计合理的利益分摊机制、调动各类物流资源拥有者的参与积极性，以方便地获取物流资源的使用权、强化对物流活动全过程的控制。

由于物流系统的集成人和被集成人在集成过程中所获得的直接或间接利益存在较大差距，所以大多数物流系统要素的拥有者都渴望成为物流系统的集成人。但由于绝大多数要素拥有者并不具备系统集成所需的能力和条件，所以只能被迫成为别人的集成对象。事实上，物流系统集成是一个"双赢"的过程，被集成人同样可以在物流系统集成过程中获取利益并不断走向强大。随着经营环境的变化和市场地位的更替，被集成人也有可能超越原来的集成人，成为新的物流系统集成人。在特定的环境条件下，物流系统的集成人与被集成人之间可以相互转化。

总之，物流系统的集成人应该是各独立主体当中的强者或核心。供应链中的核心企业既可能是原材料供应商，也可能是制造企业，还可能是销售商。随着买方市场的形成，供应链中的核心企业有逐渐向下转移的趋势。在专业物流企业之间，物流系统的集成人则通常是一些综合性物流服务提供商，如货运代理公司、无船承运人以及多式联运经营人等。

在同一组织内部，由于不存在产权冲突，物流系统集成可以更多地依赖行政力量。因此，同一组织内部的物流系统集成人必须具有超越单项物流功能的行政能力或话语权，它通常是单项功能要素之上的物流管理机构或物流管理者。

必须指出的是，物流系统的集成人并不等同于物流管理者。因为物流管理者只是对物流活动过程进行计划、组织、指挥、协调和控制的组织或个人，它们管理的对象既可能是整个物流系统，也可能是单项功能要素，还可能是单项要素中的某个特定环节。物流管理者既可能运用系统的思想和方法，也可能完全没有系统意识。而物流系统的集成人首先必须具备系统观念，同时需具备系统集成的能力和水平。因此，物流系统集成人一定是物流管理的参与者，但并非所有的物流管理者都是物流系统的集成人。

（二）物流系统集成的范围

物流系统的冲突主要存在于物流系统要素之间、物流系统要素内部和物流系统与外部环境之间。由于企业边界的存在，物流系统的外部环境又可以分为企业内环境和企业外环境。一般来说，企业内环境主要指本企业的采购系统、供应系统、生产系统、销售系统等，而企业外环境则主要是指供应链中的上下游企业。对于物流系统的集成人来说，企业内环境与企业外环境显然存在巨大差异，物流系统集成的方法、手段和难易程度也大相径庭。所以，物流系统集成的对象应该在四个不同的范围进行选择，即物流系统要素内部、物流系统要素之间、本企业的物流系统与其他系统之间、供应链上下游企业之间。

1. 物流系统要素内部

按照我国国家标准《物流术语》的界定，物流的基本功能要素包括运输、储存、包装、装卸、搬运、流通加工、信息处理和配送等多个方面，物流系统一般由这些要素组成。但根据系统的层次性可知，物流系统的这些功能要素可以看作物流系统的子系统，也可以对其进行分析、评价和集成。例如，在运输子系统内，对不同的运输区段进行集成可以形成联运、对不同运输区段的不同运输方式进行集成可以形成多式联运；在储存子系统内，对同级仓库进行集成可以形成联合仓库、对供应链上下游的仓库进行集成有利于抑制"牛鞭效应"等。当然，以上集成实例都已超越了单个企业的范围，如果将这些思路运用于单个企业之内，可能更符合此处的分类体系，如单个企业内运输系统各环节的集成、储存系统各作业过程的集成等。

2. 物流系统要素之间

物流系统要素之间的集成是区分物流概念与各要素概念最基本的要求。单一的运输不是物流，单一的储存不是物流，任何单一的功能要素都不是物流，这一点已经基本形成共识。那么两个或两个以上的功能要素相加是否一定是物流呢？例如，运输与储存相加构成的储运是否属于物流的范畴？对于这些疑问，本书的答案是否定的。因为从系统的观念出发，集成绝不等于简单的相加。如果说简单的加法是"1+1=2"，那么集成一定要产生"1+1>2"的效果，所以现有的储运公司乃至加工储运公司如果只是采用简单的直线管理，没有专司整体协调或全面控制的职能部门，则仍然难以称为物流。

当然，既然属于同一家公司，各功能要素之间完全没有联系似乎不太可能，所以实践中对于集成是否成功应更多地从客户的角度进行评判。一般来说，为客户提供了量体裁衣的个性化服务、简化了与客户之间的交易过程、增加了客户的服务价值、使客户确实感受到了"1+1>2"的效果才算真正实现了物流系统要素之间的集成，这样的服务才称得上物流服务。现实中的很多配送企业、综合物流服务提供商都是物流系统要素集成的成功实践者。

3. 本企业的物流系统与其他系统之间

本企业的物流系统与其他系统之间的集成主要存在于两类企业：一类是以制造为核心

业务的企业，另一类是以流通为核心业务的企业。显然，这里的物流系统都必须严格服从于企业的核心业务。

在以制造为核心业务的企业内，如果物流与核心业务之间缺乏协调，就容易导致物流与核心业务之间相互脱节、相互牵制。为了解决这一矛盾，人们开发了物料需求计划（material requirements planning，MRP），其基本思想是根据企业生产计划决定所需原材料和零部件的具体数量和时间，它可以间接地帮助物流系统获取运输、储存或装卸搬运等物流作业的时间、地点及作业量信息。此后，随着集成范围在企业内的不断拓展，人们在物料需求计划的基础上又开发了制造资源计划（MRP II）、企业资源计划（enterprise resource planning，ERP）等。

在以流通为核心业务的企业内，物流系统同样处于被动和从属的地位，经常被集成到企业的采购或销售系统中。与制造企业一样，流通企业也会根据各销售终端的需求情况，汇总之后向供应商发出订单，这样的业务过程也对物流系统具有很强的依赖性。所以，为了保证核心业务的顺利展开，这类企业常常通过业务流程再造或集成软件开发的方式将本企业的物流系统集成到流通系统之中。

4. 供应链上下游企业之间

买方市场的形成和供应链管理思想的出现使市场竞争的主体和方式都出现了质的变化。市场竞争的主体已由单个企业转变成了供应链，市场竞争的方式已不仅仅局限于质量、价格等传统因素，包括物流在内的服务已经成为市场竞争的重要手段。

为了实现客户价值的最大化，供应商、生产商、销售商以及第三方物流企业共同构成一个服务网络，支撑这个服务网络的有形实体就是连接整个供应链的物流系统。为了对这个庞大的物流系统进行集成，物流系统的集成人必须跨越企业边界，以客户需求为导向，根据市场原则决定何时何地采购、何时何地生产、何时何地配送。为此，物流系统的集成人必须对供应商、生产商和销售商的物流系统进行集成并对集成之后的物流系统与供应链中的商流、信息流和资金流进行统一协调，实行一体化管理。在全球经济一体化和商流、信息流、资金流电子化的今天，谁拥有和控制高效的物流系统，谁就会成为供应链的主导。电子商务企业的成功实践和不断壮大就是最有力的明证。

（三）物流系统集成的层次

现实中的物流系统横跨不同的地域或企业，并不像工程技术领域的电气系统、机械系统那般触手可及、清晰可见。要对散落在不同角落的运输、储存、装卸搬运、流通加工等物流功能要素实施集成，显然不是一项简单的工作，也绝非个人力量所能完成的。物流系统集成需要全体企业员工的积极配合和共同参与，为此必须对企业原有组织结构进行调整，甚至对原有供应链战略进行重构。在对物流系统实施集成的过程中，成功的标准大致可以分为以下三个层次，也就是说物流系统集成可以在以下三个不同的层次展开。

物流系统集成的最低层次：某个人愿意且有能力整合物流的核心要素并能真正掌控物流活动的节奏。这里所说的"节奏"是指物流系统中的流体、载体、流向、流量、流程、流速、流效均存在一定的规律，而不是杂乱无章、随心所欲的。完成物流系统集成的这个人既可以是普通的物流管理者，也可以是企业的管理高层。这里所说的企业既可能是供应链中的核心企业，也可能是第三方或第四方物流服务提供商。这里所说的物流系统可以小到仅为某个工位提供零部件，也可以大到为整个供应链提供一体化物流服务。需要指出的是，在物流系统集成过程中，集成人是否拥有物流设施设备等硬件条件并不重要，重要的是这个人是否具备对物流系统进行控制的条件、能力和水平。

物流系统集成的中级层次：物流系统的核心要素甚至部分外围活动都被整合在一个实体组织之内，这些实体组织可以是大型企业的物流事业部，也可以是独立的物流公司。由于该实体组织既拥有强大的物流硬件和软件条件，又拥有熟练的物流操作和管理人才，所以物流经理对物流活动过程的控制更容易展开，物流系统集成的效果也更加明显。

物流系统集成的高级层次：某个组织有能力利用自己的或社会的物流资源，借助现代通信技术，根据市场的需要随时构建功能特定的物流系统并对其实施有效控制。例如，著名的国际物流服务提供商马士基物流可以根据客户的特定需求，利用强大的物流网络资源立即着手在全球范围内设计物流方案，选择物流资源构建物流系统，并借助现代通信技术严格按照客户的要求控制物流过程，保障客户的服务价值。

拓展阅读资料　　日本"六不改善法"的物流原则

本章关键词

系统、物流系统、物流系统的要素、物流系统的结构、物流系统的冲突、物流系统分析、物流系统集成

复习思考题

1. 简要说明系统及其基本性质。
2. 物流系统由哪些部分组成？物流系统的特点有哪些？
3. 举例说明物流系统中流动要素的内容及其特点。
4. 物流系统的结构包含哪些内容？
5. 结合实际说明物流系统要素之间的目标是如何发生冲突的。
6. 举例说明物流系统要素之间在产权和运作上存在的冲突。
7. 为什么说要素协同是物流系统形成的关键？
8. 简述物流系统分析的原则、内容和步骤。
9. 简述物流系统集成的主体、范围和层次。

第十二章　物　流　管　理

物流管理就是在分析系统冲突的基础上，以系统协同为目标、以系统集成为手段的一种系统优化活动。研究物流系统就是为了用系统的观点和方法对物流实施管理。我国国家标准《物流术语》对"物流管理"的定义是"为达到既定的目标，从物流全过程出发，对相关物流活动进行的计划、组织、协调与控制"。

第一节　物流管理概述

如果将物流看作一个活动过程，则物流管理就是针对这一活动过程实施的管理活动。显然，物流并不等于物流管理。令人遗憾的是，将物流与物流管理混为一谈的现象不仅存在于我国的物流实务中，在理论研究领域中也比比皆是。

一、物流管理发展的历史

第二次世界大战期间，美国对其军用物资实施系统化管理并逐步将这一管理思想推广到工商领域，初步形成了物流管理的理论体系。20世纪60年代后，物流管理得到了进一步发展，美国著名管理学家彼得·德鲁克将物流管理称作"降低成本的最后边界"。1965年以后，日本在提高物流技术的同时大力推行物流管理工作的综合化和系统化，使其物流管理很快达到世界领先水平。纵观发达国家物流管理发展的历史，大致经历了以下五个阶段。

（一）物流功能个别管理阶段

在这个阶段，真正意义上的物流管理观念还没有出现，降低成本不是以降低物流总成本为目标，而是分别停留在降低运输成本或保管成本等个别环节上。降低运输成本的方式主要是要求降低运价或者寻找价格更低的运输服务商。物流在企业中的位置、企业对物流的认知程度都很低。

（二）物流功能系统化管理阶段

物流功能系统化管理阶段的主要特征是通过设立专门的物流管理部门，使其管理的对象不再局限于单个功能的现场作业活动，而是站在企业全局的高度对所有的物流功能进行整合；人们不再只追求运输或保管等个别功能的最优，而是在充分考虑这些功能要素之间的联系的基础上，寻找最佳的功能组合。在物流功能系统化管理阶段，各种综合性物流合理化对策开始出现并付诸实践。

（三）物流管理领域扩大化阶段

进入物流管理领域扩大化阶段后，物流管理部门不仅可以像物流功能系统化管理阶段那样，对所有的物流功能要素实施整合和集成，还可以以物流合理化为目标向生产或销售部门提出自己的建议，如可以建议生产部门从产品的设计阶段开始就考虑物流效率、产品的包装要实行标准化、生产计划要具备柔性等。当然，物流管理部门为生产或销售部门提出的建议在具体实施上可能有一定难度，特别是在销售竞争非常激烈的情况下，如果物流服务仅仅被当作一种竞争手段，以物流合理化为目标来要求销售部门往往是不现实的。因为这个时候企业首先需要考虑的问题是销售，物流合理化或物流成本的节约已经居于其次了。

（四）企业内物流一体化管理阶段

企业内物流一体化管理是指根据商品的市场销售动向决定商品的生产和采购，从而保证生产、采购和销售的一致性。企业内物流一体化管理受到关注源自市场的不透明性。为了消除市场预测的误差所造成的损失，企业需要正确地把握每种商品的市场销售动向，尽可能根据销售动向安排生产和采购，改变过去那种按预测进行生产和采购的方法。企业内物流一体化管理正是建立在这样一种思考之上的物流管理方式。

（五）供应链管理阶段

企业内物流一体化管理的范围局限在单个企业内部，管理者根据商品的市场销售动向决定生产和采购，从而保证生产、采购和销售的一致性。但是在这一阶段，生产企业只能根据批发商的订货变化掌握市场的动向，而对批发环节之后的零售和消费动向仍然一无所知。供应链管理就是一个对交易关联企业进行整合的管理系统，它将供应链上的供应商、制造商、批发商、零售商和顾客等所有关联企业或消费者视作一个整体。此阶段的物流管理可以在更大的范围内实现无缝连接，是物流管理水平更高的阶段。

二、物流管理的内容

物流活动的内容多种多样，物流管理的内容也是千差万别。如果按物流活动要素进行划分，物流管理的内容包括运输管理、储存管理、装卸搬运管理、包装管理、流通加工管理、配送管理和物流信息管理等；按物流系统要素进行划分，物流管理的内容包括人的管理、物的管理、财的管理、设备管理、方法管理和信息管理等。目前，人们更多地站在企业的视角，依据企业的功能要求将物流管理分为如下几个方面的内容。

（一）物流作业管理

物流作业管理是指对物流活动或功能要素的管理，主要包括运输与配送管理、仓储与物料管理、包装管理、装卸搬运管理、流通加工管理、物流信息管理等。

（二）物流战略管理

物流战略管理是指通过物流战略设计、战略实施、战略评价与控制等环节，调节物流资源、组织结构等最终实现物流系统宗旨和战略目标的一系列动态过程的总和（GB/T 18354—2021）。物流战略管理的核心问题是使企业的物流活动与环境相适应，以便实现物流的长期、可持续发展。

（三）物流成本管理

物流成本管理是指对物流活动发生的相关成本进行计划、组织、协调与控制（GB/T 18354—2021）。物流成本管理的主要内容包括物流成本核算、物流成本预测、物流成本计划、物流成本决策、物流成本分析、物流成本控制等。

（四）物流服务管理

所谓物流服务，是指物流企业或企业的物流部门从处理客户订货开始直至商品送交客户的过程中，为满足客户的要求，有效地完成商品供应、减轻客户的物流作业负荷所进行的全部活动。

（五）物流组织与人力资源管理

物流组织是指专门从事物流经营和管理活动的组织机构，既包括企业内部的物流管理和运作部门、企业间的物流联盟组织，也包括从事物流及其中介服务的部门、企业以及政府物流管理机构。

（六）供应链管理

供应链是指生产及流通过程中，围绕核心企业的核心产品或服务，由所涉及的原材料供应商、制造商、分销商、零售商直到最终用户等形成的网链结构（GB/T 18354—2021）。供应链管理是指从供应链整体目标出发，对供应链中采购、生产、销售各环节的商流、物流、信息流及资金流进行统一计划、组织、协调、控制的活动和过程（GB/T 18354—2021）。

物流作业管理可以参考本书第二篇各章，物流服务管理将在第十三章做专门介绍，供应链管理的理论体系已日渐成熟，早已独立成为一个专业方向。所以，本章将重点针对物流管理组织、物流成本管理和物流战略管理等方面的内容进行适度展开。

三、物流管理的职能

关于管理的基本职能，存在多种不同的提法，其中最经典、最广为接受的提法是计划、组织、指挥、协调、控制。在管理实务中，人们通常以管理的基本职能为依据，按先后次序将管理活动划分为三个阶段，即计划阶段、实施阶段和评价阶段，各阶段的工作目标、工作内容和工作方法有所不同。因此，不论物流管理的对象如何，其职能都可简单地归纳为物流计划、物流实施和物流评价。

（一）物流计划

计划是用文字或指标等形式表述的组织及组织内不同部门或不同成员在未来一定时期内关于行动方向、内容和方式安排的管理文件，也指为了实现决策所确定的目标，预先进行的行动安排。物流计划就是为了实现物流活动的预期目标所做的准备性工作。

首先，物流计划要确定物流活动所要达到的目标以及为实现这个目标所要进行的各项工作的先后次序。

其次，物流计划要分析研究在物流目标实现的过程中可能发生的各种外部影响，尤其是不利因素的影响并采取相应的对策。

最后，物流计划要从人力、物力和财力等方面入手，制定实现物流目标的具体措施。

（二）物流实施

物流实施就是对正在进行的各项物流活动进行管理，它在物流管理的各项职能中占有突出的地位，因为在该职能阶段中各项计划将通过具体的执行而受到检验。同时，它对物流管理与物流的各项具体活动进行了紧密的结合。

1. 对物流活动的组织和指挥

物流的组织是指在物流活动中把各个相互关联的环节合理地结合起来而形成的一个有机整体。物流组织的目标就是充分发挥物流系统中每个部门和每个员工的作用。物流的指挥是指在物流活动中对各个物流环节、部门、机构进行统一调度的行为过程。

2. 对物流活动的监督和检查

通过监督和检查可以了解物流活动的实施情况、揭露物流活动中存在的矛盾、找出物流活动中存在的问题并分析产生问题的原因、提出解决问题的方法。

3. 对物流活动的调节

在执行物流计划的过程中总会出现物流各部门、各环节不平衡的情况，遇到这种问题时，就需要根据物流系统管理的要求对物流各部门、各个环节的行为做出相应的调整和平衡并以物流目标为依据对物流资源进行重新配置。这就是对物流活动的调节。

（三）物流评价

人们将物流实施后的结果与原计划的物流目标进行对照和分析的过程就是物流评价。通过对物流活动的全面剖析，人们可以重新认识物流计划的科学性和合理性；通过对物流实施阶段的成果与不足进行分析，可以为今后制订新的计划、组织新的物流活动提供宝贵的经验和教训。

按照评价范围的不同，物流评价可分为专门性评价和综合性评价；按照物流各部门之间的关系不同，物流评价又可分为纵向评价和横向评价两种。

应当指出的是，无论采取什么样的评价方法，其评价手段都要借助具体的评价指标，这些指标通常又可以分为实物指标和综合指标等类型。

四、物流管理的原则

物流管理的原则有很多，如从宏观上看，各级政府部门应适度超前规划建设物流基础设施，尽快完善物流管理制度；从微观上看，各类物流企业应尽量开展个性化增值性物流服务，努力提升物流服务竞争力；从服务上看，物流企业应遵循 7R 原则，即将适当数量（right quantity）的适当产品（right product），在适当的时间（right time）、适当的地点（right place），在适当的条件（right condition）下，以适当的成本（right cost）交付给适当的用户（right customer）；等等。

事实上，无论各项原则的具体内容如何，它们都是在追求"合理"，而且追求"合理"的过程永无止境。因此，物流管理最根本的总原则就是物流合理化。

（一）物流管理的总原则——物流合理化

所谓物流合理化，就是对物流设备配置和物流活动组织进行调整改进，以实现物流系统整体优化的过程。物流合理化的具体表现就是在物流成本与服务之间寻求合理的均衡点，即以尽可能低的物流成本提供令客户满意的物流服务或者以客户能够接受的物流成本提供尽可能好的物流服务。

（二）物流合理化的基本思想

本书第十一章已经指出，物流系统内广泛地存在"二律背反"现象，物流系统的冲突无处不在；物流系统分析和集成的目的就是在兼顾各方利益的基础上实现要素协同，也就是所谓的"系统化"。在供应链管理时代，物流不仅要保证自身的系统化，还要努力与商流、资金流等保持协同，也就是所谓的"一体化"。很显然，只有在物流系统化和一体化都得到保障的前提下，物流成本与物流服务之间的"均衡"才有意义。

从理论上说，物流的系统化和一体化都可能存在最优解。但对于现实中的物流"大系统"而言，寻求最优解的过程本身往往要付出高昂的代价。因此，大多数物流管理者在面临此类问题时不得不在方案与代价之间进行平衡，做出所谓的"合理化"选择。同理，物流成本与物流服务之间的均衡也只能是一种"合理化"均衡。

因此，物流合理化的基本思想是不求极限、但求均衡，均衡造就合理。

（三）物流合理化面临的新挑战

物流合理化是一个持续不断的过程，不可能一劳永逸。互联网技术和供应链管理理念的普及使物流活动的利益相关方越来越多，物流合理化需要考虑的时空范围呈几何级数扩大。虽然建模水平和计算技术日新月异，但还是远远满足不了物流合理化的新需求。随着这种趋势的进一步深化，物流合理化的供需矛盾会更加突出。因此，如何利用大数据、云计算等新技术提高物流合理化水平，如何强化物流节点的作用以提高物流系统的管理效率已经成为整个物流产业面临的新挑战。

五、物流管理的目标

物流系统是一个多目标系统，物流管理的目标显然也不单一。因为物流活动的利益相关方各不相同，他们对物流管理者的影响力也存在差异，所以物流管理者往往会在不同的目标之间进行平衡，导致不同物流管理者之间的绩效差异。但是，对于任何物流系统来说，物流管理的目标不外乎如下几个，只不过不同情况下各自的权重有所不同罢了。

（一）快速反应

快速反应是指物流企业对客户的服务需求迅速做出回应的过程。信息技术的进步为物流企业提高反应速度、压缩服务时间提供了技术支持。目前，物流企业提高自身快速反应能力的工作重点已不再是提高预测的准确性，通过准确的预测与适度的准备迅速满足客户，而是通过建立合理的运作模式和反应机制迅速回应客户需求。

（二）最小变异

变异是指破坏物流系统表现的任何想象不到的事件，它可能产生于任何一个物流作业领域。在充分发挥信息作用的前提下，采用积极的控制手段可以把物流活动过程中的各种变异降低到最低限度，同时这些手段可以提高物流作业本身的生产效率。

（三）最低库存

保持最低库存的目标就是把库存减少到与客户服务需求相一致的最低水平，以实现最低的物流总成本。"零库存"是企业物流追求的理想目标，物流系统必须把企业的库存周转速度和资金占用状况当作重点进行控制和管理。

（四）最高质量

物流管理的目标就是要持续不断地提高物流系统的服务质量。全面质量管理要求企业无论是对产品质量，还是对物流服务质量，都要尽量做到更好。随着物流全球化、信息技术化、物流自动化水平的不断提高，物流管理所面临的常常是"零缺陷"质量要求。

第二节　物流管理组织

为了提高群体工作的有效性而设计和维持的一种职务结构就是管理组织。物流管理组织是对物流活动进行管理的组织机构设置、管理权限划分和管理权限界定的总称，有时也简称为物流组织，是物流管理的基本内容之一。

一、物流管理组织的分类

（一）按物流管理组织所处的领域分类

1. 生产领域的物流管理组织

各生产企业的物流管理机构即生产领域的物流管理组织。它的主要职责是组织生产所需的各种生产资料的供应物流、产品的销售物流以及生产工序间的生产物流等。

2. 流通领域的物流管理组织

流通领域最核心的两大流是商流和物流，以这两大流为核心业务的企业分别是商贸企业（也称流通企业）和物流企业。商贸企业的物流管理组织是为企业的商贸业务提供物流支持的组织，可能是商贸企业重要的业务管理组织之一。当然，如果商贸企业将大部分物流业务外包，其物流管理组织的重要性就会随之减弱甚至完全消失。物流企业则是以物流服务为核心业务的企业，整个企业的管理组织都是围绕物品的物理性时空位移而设置的，因此也可称之为专业性物流管理组织。

（二）按物流管理组织的职能分类

1. 物流管理的行政机构

物流管理的行政机构是指那些负责制定物流管理的制度和办法、对物流的计划进行管理以及编制物流计划并组织实施的组织。

2. 物流管理的业务机构

物流管理的业务机构是指那些负责执行物流计划、具体进行各项物流活动的组织，如运输管理组织、仓储管理组织等。

（三）按物流管理组织的层次与职权分类

1. 中央物流管理组织

中央物流管理组织是指中央政府直接掌控的物流管理组织。它享有物流管理的最高权限，负责制定全国性物流政策、下达全国性物流计划、指导国民经济物流任务的完成。

2. 地方物流管理组织

地方物流管理组织是指各省、自治区、直辖市以及各区、县等地方政府的物流管理组织。这类物流管理组织的管理权限主要局限在地方政府的职权范围内，只需负责其管辖范围内的物流组织活动，有权制定地方性物流政策和法规。同时，地方物流管理组织必须执行中央物流管理组织下达的物流任务，可以向中央提出物流合理化建议。

3. 企业物流管理组织

从广义上说，企业物流管理组织是指企业内部专门从事物流管理工作的组织机构，这里的企业既包括普通的工商企业（包括生产企业和商贸企业），也包括专业的物流企业。但对于普通的工商企业，物流管理组织只是其整个企业管理组织的一部分，对应的部门通常称为运输部、仓储部、储运部或物流部等。普通工商企业内的这类物流管理组织通常也简称为企业物流管理组织，也就是狭义的企业物流管理组织。但对于专业物流企业而言，其整个企业的管理组织都是物流管理组织，企业部门或机构的设置都是以物流效率的提高为出发点。为区别起见，通常将专业物流企业的管理组织称为物流企业的组织形态。

二、企业物流管理组织

如上所述，这里的企业物流管理组织特指普通工商企业内的物流管理组织，也就是狭义的企业物流管理组织。不同于专业物流企业的管理组织，企业物流管理组织只是企业内诸多业务管理组织之一，它的组织形态及其在企业内的地位受到很多因素的影响。

（一）企业物流管理组织的影响因素

1. 企业所属类型

不同类型的企业，物流管理的侧重点会有所不同，物流管理组织的结构也各有特点。

例如，原材料生产企业是其他企业的原材料供应者，其产品种类一般较少，但产品销售过程中通常要进行大批量的装卸和运输作业。因此，一般要成立专门的物流管理部门与之相适应。

2. 企业战略

企业物流管理组织是帮助企业管理者实现物流管理目标的手段。因为企业的物流管理目标产生于组织的总体战略，因此企业物流管理组织的设计应该与其总体战略相适应，企业的物流管理组织结构应当服从于企业的总体战略。如果一个企业的战略发生了重大调整，毫无疑问，该物流管理组织的结构也需要做相应的调整以适应和支持新的战略。

3. 企业规模

企业规模的大小对企业的物流管理组织结构具有很大的影响。如果企业规模不大，可以根据业务需要设定一个或几个与物流有关的部门；但随着企业规模的扩大，相应的物流管理组织就会变得臃肿而反应迟缓。为了提高组织效率，也有一些规模较大的工商企业采用跨职能的项目小组取代传统僵化的职能部门，以提升企业对市场反应的敏捷性和客户满意度。

4. 企业的技术水平

以利润最大化为目标的企业，特别是生产制造企业，大都需要采用一定的技术将投入转换为产出。显然，企业在进行管理组织设计时不应忽视技术的影响。一般情况下，越常规的技术，所对应的管理组织就越应该规范化和标准化；越非常规的技术，所对应的管理组织就越应该富有敏捷性和弹性。作为企业管理组织有机组成部分的物流管理组织也必须依据企业技术水平的变化在规范化、标准化和富有敏捷性、弹性之间进行权衡。

5. 企业所处的环境

企业所处的环境是管理组织结构设计的一个重要影响因素。一般来说，企业所处的环境越稳定，则所采用的组织结构就越应该规范化和标准化；如果企业所处环境的不确定因素较多，则应该采用弹性灵活的组织结构形式。由于当今企业面临的竞争压力越来越大、企业所处环境的不确定因素越来越多，所以企业的物流组织应该有利于企业对环境的变化迅速做出反应，充分体现物流活动的"柔性"。

总之，企业物流管理组织的设计一定要从企业的实际出发，综合考虑企业的规模、产权制度、生产经营特点、组织形态以及实际管理水平等多项因素。物流管理组织的调整要适应企业经营方式变革和企业内部管理向集约化转变的需要。

（二）企业物流管理组织的职能范围

一般来说，企业物流管理的职能就是从全局出发对整个企业的物流活动进行管理，其主要任务是对分散在各个部门的物流业务进行统一协调。所以，物流管理组织的职能范围可以概括为物流业务与系统协调两大部分。

物流业务职能主要包括物流活动计划的制订以及计划的调整、实施、反馈和评价等内容。物流管理部门在这方面的主要作用在于评价物流系统现状、发现问题、研究改进办法，对能够改变物流现状的物流系统本身进行改造并制订新的物流计划、确定控制标准，以保证物流活动的平稳有序进行。

物流管理部门一般还要额外承担系统协调的"非正式职能"。这主要是因为企业的物流管理与其他管理职能紧密相关，其他管理职能对物流管理的效率具有直接的影响。

（三）企业物流管理组织的发展趋势

随着企业所处竞争环境的不断变化，企业对自身的组织成本越来越关注。为了在迅速达到企业目标的同尽量降低使其组织成本，企业物流组织的设立出现了一些新的发展趋势。

1. 压缩物流管理组织

随着企业规模的不断扩大，物流管理组织的效率也会不断降低。为了提高物流管理组织的效率，管理者常通过缩小组织规模，使组织实行扁平化、网络化和集中化，对部门的业务范围、权力和责任进行重组等手段，改革或再造企业的物流管理组织。

2. 设立企业物流总部

20 世纪 90 年代以来，企业物流组织的一个重要变化是改变原来单纯以事业部为中心的组织体系，打破事业部的界限，实行某些职能管理活动的统一化和集中性管理。现代物流管理不仅在横向上集中了各事业部的物流管理职能，还在纵向上统括了采购、生产、销售等环节的物流活动。在企业组织系统内出现的这种全企业层次的物流组织被人们称为物流总部。

需要指出的是，设立物流总部的目的并不是将全部的物流现场作业集中到总公司进行管理。即便是设立了物流总部的企业，其物流现场作业仍然由各事业部独自完成，物流总部的作用主要是从全局的角度来制定物流战略并根据企业物流战略的需要，采用系统化方法对各个部门的物流职能进行指挥和协调。

3. 成立单独的物流分公司

根据物流管理组织发展的最新动向，目前不仅有大量企业成立了物流总部，甚至有不少企业将其物流业务从其他相关部门中独立出来，成立单独的物流分公司。物流分公司的建立主要有两种方法：一是将属于本企业的物流职能从各相关部门中独立出来，全面负责企业的所有物流活动；二是与其他物流公司合作，共同出资成立物流分公司。

与企业内的物流管理组织相比，物流分公司具有如下几个方面的优点：首先，物流分公司可以使物流成本明确化；其次，物流分公司有利于促进物流水平的提高；最后，物流分公司还有利于扩大物流活动的业务范围。

4. 建立物流任务小组

传统的物流组织多是以功能为基础进行分工的。在功能型组织结构下，不同功能要素的集成效果往往取决于上级领导的权力与能力，具有很大的不确定性，也很难满足客户对物流服务的个性化需求。任务小组就是针对客户的个性化需求，为了完成某个特定的任务、实现某个明确的目标而成立的临时性团队。它可以使企业在保持相对稳定的功能结构的同时，获得一种基于任务的灵活性。

三、物流企业的组织形态

物流企业是专门从事物流业务的经济组织，它的管理组织属于物流管理组织的范畴。

但与一般的工商企业有所不同，物流企业的核心业务就是物流，所以它的组织形态又有自身的一些特点。物流企业的组织形态主要包括物流企业的组织结构、物流企业的组织机构和物流企业的组织手段等内容。

（一）物流企业的组织结构

物流企业的组织结构是指企业及其分支机构所形成的网络结构，它的建立和形成是社会分工和生产发展的必然结果。科学、合理的组织结构对于物流企业内各职能部门明确职责、强化管理、提高效率具有十分重要的意义。它可以把物流过程中各经营环节之间以及各个员工之间的分工协作关系通过划分职权和建立相互关系的形式确定下来，使分工协作取得一种固定的组织形式，以保证分工协作关系的稳定性和连续性，使物流企业的活动有节奏地进行。

科学、合理的物流企业组织结构具有许多全新的特点。首先，它是符合物流业务发展需要和物流企业经营特点的；其次，各部门职权与责任的划分以及相互协作是以现代企业分工为基础的；再次，管理是分层次进行的，各管理部门既要在统一协调中实施管理职能，又要拥有一定的自主权以实行自动调节；最后，物流企业的组织要具有一定的弹性，能随着市场环境的变化而调整。也就是说，它既要具有一定的稳定性，又必须与经营条件的变化相适应，保持一定的灵活性。

物流企业的组织结构大致分为以下几种形式。

（1）独立存在，没有其他分支机构，辅以代理商。一般在物流企业规模不大、物流业务活动较少的情况下采用这种形式。

（2）企业在总部之外设有办事机构，如事务所、代表处、办事处等。这是在物流企业规模逐步扩大、物流业务量不断增加、物流活动范围较大的情况下所采用的一种形式。

（3）企业在总部之外设立分公司。在大型物流企业业务量大、经营活动范围广，尤其是跨地区经营的情况下，一般采用这种形式。

由此可见，企业的组织结构既包括企业网络又包括业务网络，组织关系可能是法律关系或资本关系，也可能是业务关系或商业关系。

（二）物流企业的组织机构

物流企业的组织机构是指物流企业总部的组织机构、分支机构的组织机构以及彼此之间相互关系的总和。企业的组织结构与组织机构密切相关，组织机构是在组织结构的基础上形成和建立起来的，是企业组织结构的具体化。

建立企业组织机构的目标就是把企业内的每个岗位或每个员工在物流活动过程中应尽的职责和应承担的任务组合起来，形成一个有机体，以便协调它们的活动，为实现企业的经营目标而共同工作。因而，物流企业组织机构实际上就是为了完成物流管理任务、实现企业经营目标而采用的一种管理举措。决定物流企业组织机构形式的因素是多方面的，其中最主要的因素有以下几个。

（1）物流企业经营的业务类型。不同的物流业务类型对管理的要求有所不同，因而企业组织机构的形式也会有所不同。

（2）物流企业的规模大小。一般来说，物流企业的规模越大，部门划分就越细，管理层次就越多，对应的组织机构形式就越复杂。

（3）物流企业的外部环境状况。当市场的需求变化较快时，物流企业的组织机构应该能够根据市场环境的变化适时做出调整，以便适应市场的变化，所以此时的物流企业组织机构就需要具有一定的弹性。

（4）物流企业的技术装备水平。一般来说，企业技术装备的现代化程度越高，其组织机构的现代化和合理化程度就越高，相应地，物流企业的工作效率和经济效益也会随之提高。

根据《中华人民共和国公司法》和现代企业制度的要求，物流企业无论采取何种形式的组织机构，都应当并且必须建立合理的企业法人治理结构。这种企业法人治理结构又应当充分体现企业各部门之间相互促进、协调配合、密切协作、相互制衡的管理特性。对实行公司制的物流企业，不论是有限责任公司还是股份有限公司，都应当有完善的股东会或股东大会、董事会、监事会制度并在此基础上进一步建立科学、合理的物流企业组织机构，设置必要的物流职能部门和工作岗位。

与大多数企业类型一样，物流企业的组织机构通常采用三种基本形式：一是直线式，或称垂直结构。这种组织机构形式在规模较小的企业中比较适用，其主要优点是责任明确、沟通迅速、解决问题及时，缺点是事无巨细都必须由领导亲自组织。二是职能制，或称块状结构。这种形式按管理职能设置部门，各部门职责明确，各种职能都有专人负责，能够充分发挥职能管理人员的作用。三是直线职能制，是直线制与职能制相结合的一种形式，是一种比较完善的企业组织机构形式，因而被大多数企业所采用。

在深化企业改革与对外开放的过程中、在学习和借鉴国外企业组织机构设置经验的同时，不少企业还采用了矩阵式、事业部制、模拟分权式等多种组织机构形式。企业在借鉴采用这些形式的同时，往往还结合我国的具体实际进行了必要的改造和重新设计，使其更加符合我国的国情、更加完善合理。

第三节　物流成本管理

成本管理是一个永恒的话题。每个企业都希望在提供良好的产品或服务的同时尽可能节省物流成本。事实上，有关物流定位的"黑暗大陆"说和"第三利润源"说都是针对物流成本管理中的巨大漏洞而提出的。人们对物流的重视也正是发端于对物流成本的重视。对于物流成本管理的乱象，西泽修教授提出了著名的"物流冰山"说。在深入学习物流成本管理知识之前，有必要了解"物流冰山"说。

一、"物流冰山"说

"物流冰山"是对物流成本的一种形象比喻，其含义是人们对物流成本的总体内容并没有完全掌握。在大多数情况下，人们所看到的物流成本只是露出海面的冰山一角，潜藏在海面下的冰山主体却往往被人们所忽视。事实上，潜藏在海面下的部分才是冰山的真正主体。绝大部分物流成本隐藏于其他有关的各种费用项目之中。一般情况下，企业会计只会把支付给外部运输公司或仓储公司的费用算作物流成本，而不会将物流基础设施建设费、企业自有车辆运输费、企业自有仓库保管费、企业自有人工的装卸搬运费计入物流成本。"物流冰山"说之所以成立，主要有以下三个方面的原因。

（一）物流成本所涉及的领域广

物流活动包括原材料物流、企业内物流、从企业到仓库或配送中心的物流、从配送中心到零售商店的物流等。物流活动的范围如此之大，物流成本所涉及的单位肯定非常多，牵涉面也肯定特别广。所以，在核算物流成本时很容易漏掉其中的某个部分。目前，国内外并没有物流成本计量的会计规范。实践中，人们对物流成本项目的取舍具有很强的主观性，不同的人计算的同一项物流成本往往大相径庭。

（二）物流成本所涉及的环节多

在运输、储存、包装、装卸搬运、流通加工以及信息处理等各物流环节中，会计人员往往难以确定到底以哪些环节作为物流成本的计算对象。如果只计算运输和储存费用而不计算其他环节的费用，则物流成本的数额较小。但如果将运输、储存、装卸搬运、包装、流通加工、配送以及信息处理等全部环节的费用都计入物流成本，则物流成本的数额会变得相当大。

（三）物流成本所涉及的科目杂

向企业外部支付的运输费、储存费、装卸搬运费等费用计入物流成本很容易被人们所接受。可是，是否将本企业内部发生的与物流有关的费用，如人工费、基础设施建设费、设备购置费以及与此有关的折旧费、维修费、电费、燃料费等也计入物流成本是一个令人十分为难的问题。这些都会直接影响物流成本的大小，考虑不同科目计算出来的物流成本往往相差甚远。

总之，现行的财务会计制度和会计核算方法不可能掌握物流成本的实际情况，人们目前所认识的物流成本大多只是以上成本类别中的显性部分，而没有包括其中的隐性内容。物流成本犹如大海中的一座冰山，露出海面的仅是冰山一角。人们没有看到"物流总成本"构成的冰山全貌，所以物流成本管理没有受到应有的重视。

二、物流成本的构成

针对"物流冰山"这一成本管理乱象，我国国家标准《物流术语》对物流成本进行了比较宽泛的定义，即"物流活动中所消耗的物化劳动和活劳动的货币表现"，是物品在包装、装卸搬运、运输、储存、流通加工、信息处理等环节的实物运动过程中所支出的人力、财力和物力的总和。为了更好地掌握物流成本、加强对物流成本的管理和控制，按特定的标准对其进行分类是非常必要的。企业的物流成本一般有两种分类方法，即按成本支出形式分类、按物流活动的基本构成分类。

（一）按成本支出形式分类

按成本支出形式，物流成本分为直接物流成本和间接物流成本。直接物流成本由企业直接承担，间接物流成本是企业把物流活动委托他人而支付给他人的物流费用。这两个大项又可以更详细地分为材料费、人工费、差旅费、维护费等。这种分类方法与财务统计方法相一致，优点是便于检查物流成本在各项日常支出中的数额和所占的比例，最适合用于企业物流成本管理。

（二）按物流活动的基本构成分类

按物流活动的基本构成，物流成本分为物流各个环节的成本，具体包括运输成本、包装成本、装卸成本、保管成本和加工成本等。

即便按照以上比较宽泛的概念和分类，仍然无法包含物流成本的全部内容。因为物流成本属于管理成本的范畴，应该包含各类"相关成本"，即因物流活动或物流决策而产生的共同成本、风险成本和机会成本等。但是，现实中发生的没有明确对象归属的共同成本，必须通过特定的方法在各对象之间进行分摊之后才能计入物流成本，分摊的工作量和分摊方法的主观性往往会使分摊工作本身的价值大打折扣，使得人们不得不放弃这种分摊转而采用更简单的物流成本核算方案。至于风险成本和机会成本，由于它们都不是企业的真实货币支出且更加难以测算和计量，所以也更少进入物流成本的研究视野。

事实上，正如"物流冰山"说所言，各类隐形成本往往会对企业的利润产生重大影响，如库存资金的收益损失、缺货所导致的机会成本、产品的过时风险等都是蚕食企业利润的重要"黑洞"。考虑到物流成本包含没有实际支出的风险成本和机会成本，在未来的财务会计中也不可能设立专门的物流成本账户和规定统一的核算方法。因此，在企业物流实践中，管理人员应该充分结合本企业的物流实际和企业关注重点的不同，采用不同的物流成本分类方法，只要有利于加强物流成本核算、方便物流成本控制即可。

三、物流成本管理的基本内容

物流成本管理的基本内容一般由三个层次构成，分别是物流成本核算、物流成本管理和物流成本效益评估。

（一）物流成本核算

物流成本核算主要包括以下几个方面的工作内容。

（1）明确物流成本的构成内容。物流成本的各项目之间存在此消彼长的关系，某一项目成本的减少往往会带来其他项目成本的增加。因此，在满足一定服务标准的前提下，不明确物流总成本的全部构成，仅仅对其中的某一部分或某几部分进行调整和优化，未必会带来全部物流成本的最优化。明确物流成本的构成，将全部物流成本从原有的会计资料中分离出来是十分必要的，在此基础上才能进行有效的物流成本核算、物流成本管理和物流成本的比较分析。

（2）按一定标准对物流总成本进行分配与归集核算。物流总成本可以按照不同的标准进行归集，较常用的方式有：根据不同的产品、客户或地区等成本核算对象进行归集；根据装卸搬运、包装、运输、信息处理等物流功能进行归集；按照材料费、人工费等费用支付形式进行归集。这些归集方法与目前的财务会计核算口径是一致的。现在，越来越多的企业在推行作业成本（activity-based costing，ABC）法，这也是一种进行物流成本归集核算的有效方法。

（3）明确物流成本核算的目的。在进行企业物流成本核算时，要明确物流成本核算的目的，使得整个核算过程不仅仅停留在会计核算层面上，而且能够充分运用这些成本信息开展多种形式的物流成本管理。

（二）物流成本管理

物流成本管理是指在物流成本核算的基础上，采用各种成本管理与管理会计方法进行物流成本的管理与控制。结合物流成本的特征，可以采用的成本管理方法主要包括物流标准成本管理、物流成本性态及盈亏平衡分析、物流成本预算管理、物流责任中心和物流责任成本管理等。

（三）物流成本效益评估

这是指在物流成本核算的基础上进行物流系统对企业收益贡献程度的评价并进行物流系统经济效益的评估。在此基础上，对物流系统的变化或改革做出模拟模型，寻求最佳物流系统的设计。

四、物流成本的控制

物流成本控制是指企业在物流管理过程中依据物流成本标准对实际发生的物流成本进行严格审核，进而不断采取措施降低物流成本，以实现预定管理目标的过程。从总体来说，物流成本的控制方法有局部控制和综合控制两大类。

（一）物流成本的局部控制

物流成本的局部控制是指在物流活动过程中，为了达到预定的成本目标而针对其中一个或某些局部环节的支出所采取的控制措施。物流成本的局部控制一般可以分为以下三种形式。

1. 以物流成本的形成阶段作为控制对象

以生产企业为例，就是将供应物流成本、生产物流成本、销售物流成本和废弃物物流成本作为成本控制的对象，从物流成本的形成阶段寻求物流技术的改善和物流管理水平的提高，从而控制和降低各个阶段的物流成本。

2. 以物流服务的不同功能作为控制对象

以物流服务的不同功能作为成本控制对象就是从仓储、运输、包装、装卸搬运、流通加工等各个物流作业或物流功能的角度寻求物流管理水平的提高和物流技术的创新，控制和降低物流成本。

3. 以物流成本的不同项目作为控制对象

该方法就是以材料费、人工费、燃油费、差旅费、办公费、折旧费、利息费、委托物流费及其他成本项目为控制对象，通过控制各项费用寻求物流总成本的降低。

（二）物流成本的综合控制

由于物流成本的各构成要素之间广泛地存在"二律背反"现象，单纯依赖局部控制很难实现总成本最低，因而必须从系统全局的视角，用系统化观念和方法对物流成本进行综合控制。

根据控制论的基本原理，物流成本控制应该是由物流成本的预测、决策、计划、核算、控制、分析和考核等多个环节组成的一个有机整体。物流成本的综合控制就是指为了达到预期的成本目标，而在事前、事中或事后对物流成本进行预测、计划、分析、反馈和决策的全过程。综合控制与局部控制的区别在于它具有系统性、综合性和战略性特点以及较高的控制效率。综合控制的实质就是局部控制的集成，它可以更有效地保证企业物流总成本最低。

第四节　差异化物流战略

物流战略是指企业根据外部环境和自身特性，为寻求物流的可持续发展，就物流发展目标及达成目标的途径与手段而制定的长远性、全局性规划与谋略，如差异化物流战略、准时制物流战略、一体化物流战略、第三方物流战略、网络化物流战略、全球化物流战略、绿色物流战略等。由于每种物流战略的目标、手段和表现形式各不相同，限于篇幅，本书不可能逐一加以介绍，因此仅以差异化物流战略为例说明物流战略的基本内容，以帮助读者理解物流战略的含义、掌握物流战略管理的工作内容。

差异化是指企业在充分了解顾客需求和自身资源的基础上，通过个性化产品或方案设计为顾客提供不同于竞争对手的、具有独特性的产品或服务的过程。差异化物流可以帮助企业开发有吸引力的产品或服务、建立独特的竞争优势。差异化物流战略是物流管理的基础性内容和前导性决策。本节将从产品、顾客、渠道、生产和销售五个侧面展开，深入探讨差异化物流战略，现实中的大多数企业都可以从这五个侧面寻找到适合自己的物流战略。

一、基于产品的差异化物流战略

（一）产品特性差异化物流战略

1. 功能型产品与创新型产品

根据产品特性的不同，可以将其分为功能型产品与创新型产品两大类。功能型产品是指满足基本功能需要的产品，其用途和特征随时间的改变不大、有较为稳定且可预测的市场需求、生命周期较长、不经常更新换代，同时市场竞争激烈、边际利润较低。大多数日常用品都属于功能型产品。

创新型产品是指增加了特殊功能或技术与外观具有创新性的产品。这类产品往往具有较高的边际利润，可能无法准确预测需求且生命周期短，在市场上容易被竞争者模仿，从而导致边际利润下滑。各类时尚商品、名贵轿车等属于创新型产品。

2. 效率型物流战略和市场反应型物流战略

物流有实物转换和市场调节两种不同的功能。实物转换功能表现为从供应方开始，沿着供应链上的各个环节把原材料转换为在制品、半成品和成品直至送达消费者的过程。市场调节功能的表现形式不明显，其作用在于保证及时提供多样化产品以满足顾客需求，避免缺货或库存过多。按照物流的实物转换功能和市场调节功能的不同，物流战略可以分为效率型物流战略和市场反应型物流战略。

3. 产品与物流战略的匹配

在确定了产品和物流战略的类型之后，就可以利用表格为不同的产品选择不同的物流战略，如表 12-1 所示。理想的匹配组合是功能型产品采用效率型物流战略，而创新型产品则实施市场反应型物流战略。

表 12-1 物流战略与产品的匹配

产 品 类 型	功能型产品	创新型产品
效率型物流战略	匹配	不匹配
市场反应型物流战略	不匹配	匹配

（二）产品生命周期差异化物流战略

绝大多数产品都要经历导入期、成长期、成熟期、衰退期等生命周期阶段。处于不同生命周期阶段的产品具有明显区别于其他阶段的特征，对物流的要求也有所不同。因此，企业应根据产品生命周期的变化及时调整物流战略。

1. 导入期的物流战略

处于导入期的产品，由于上市时间不长、营销渠道尚不健全，所以需求也不稳定。此时，最重要的问题是及时占领市场，因而保障供给成了物流战略的重中之重，成本控制反而居于其次。此阶段应该采取的物流战略是：对原材料和零部件采取小批量采购的战略；减少零件的变化、提高生产系统的柔性；维持弹性库存，以满足非预期需求；较多地依赖快捷的运输方式，保证物流的灵活性。

2. 成长期的物流战略

处于成长期的产品销量迅速增长，同时新的竞争者开始进入市场，企业所面临的主要问题是如何最大程度地扩大市场份额。在这一阶段，企业应采取的物流战略是：由小批量采购原材料和零部件逐步转变成为批量采购；生产战略也应采用批量生产，以实现扩大市场份额的目的；合理确定安全库存水平，在保障产品供给的同时维持较低水平的安全库存；较多地采用低成本运输方式。

3. 成熟期的物流战略

成熟期产品的销量增长放慢，需求变得相对稳定，但市场竞争激烈，价格成为左右顾客选择的重要因素。在此阶段，企业应该采取低成本的物流战略，具体表现为：采用准时化采购战略；在组织大批量生产的同时不断提高设备的利用率；通过持续改进和优化库存，不断降低库存水平；建立配送中心为顾客提供稳定的服务或者利用第三方物流等先进的物流组织方式降低供应链成本并为顾客增加价值。

4. 衰退期的物流战略

处于衰退期的产品销量出现萎缩，利润也随之下降。为此，企业必须对产品进行重新评估并决定是否退出市场。如果要继续经营该产品，就应该对供应商、分销商和零售商进行重新评估，终止与部分低效企业的合作，将合作伙伴的数量减少到合理的水平，在保证服务水平的前提下尽量降低供应链总成本。

二、基于顾客的差异化物流战略

（一）消费者物流战略和组织物流战略

在供应链环境下，顾客可以分为两种类型：一种是个体消费者，即产品的最终接受者，是消费产品或服务的个人或机构；另一种是处于供应链下游的企业，是上游企业的顾客，也就是通常所说的组织客户。

1. 面向个体消费者的物流战略

个体消费者数量众多、需求量小、需求弹性大，这类顾客关注的焦点是产品的价格、性能和消费的便利性，因此针对个体消费者的物流战略应是便利性物流战略，主要包括以下内容。

（1）建立更多的物流网点，以扩大物流服务的范围、提升物流服务的密度，保证产品的可达性和送达效率。

（2）在商品的品种和数量上保持较多的库存，以满足个体消费者的多样化需求。

2. 面向组织客户的物流战略

第二类顾客，即处于供应链中间环节、以生产和营利为目的的企业或组织的特点是专业性强、购买量大、需求品种不多、需求缺乏弹性。

针对这种情况，企业通常采用协同化物流战略。协同化物流就是要对原材料和产成品由供应地向接收地流动过程中的所有参与者以及所有环节进行系统化和一体化管理。该战略所追求的目标不仅仅是物流的效率性（即通过集中作业实现物流费用的递减），而且包括物流活动的效果性（即商品能迅速、有效地从上游企业向下游企业传递）。

（二）顾客要求与服务能力组合的差异化物流战略

不同顾客对物流服务的要求是不一样的。有的顾客需要水准较高的物流服务，而有的顾客对物流的要求较低；反过来，提供物流服务的企业也有能力高低之分。如果将顾客要求与企业的物流能力进行匹配，不同的组合就应采用不同的物流战略，如表 12-2 所示。

表 12-2　顾客要求与企业物流服务能力组合的差异化物流战略

企业物流服务能力	顾客要求	
	高	低
高	一体化物流战略	规模化物流战略
低	集中化物流战略	反应型物流战略

1. 顾客要求高、企业物流服务能力高——一体化物流战略

一体化物流战略主要通过两个方面来表现：一是信息的一体化，双方通过互联的信息系统实现库存信息、需求信息的共享。二是运作的一体化，它建立在信息一体化的基础之上，双方通过信息共享可以共同预测需求、共同开发和设计产品，同时物流企业可以代为管理库存或提供装配、包装等流通加工服务，以配合顾客的延迟化策略。

2. 顾客要求高、企业物流服务能力低——集中化物流战略

所谓集中化物流战略，就是中小型物流企业充分发挥自身特长，集中在某一区域为特定行业提供一种或有限的几种物流服务，通过专业优势来满足顾客高标准要求的物流战略。

3. 顾客要求低、企业物流服务能力高——规模化物流战略

大型物流企业可以在不增加固定资产投入的前提下将大量的小客户订单集中起来，通过规模化运作降低物流的运作成本。

4. 顾客要求低、企业物流服务能力低——反应型物流战略

中小型物流企业和规模较小的物流需求者之间存在着天然的互补优势：一方面，这些物流需求者所需要的服务种类多、批量小且需求的随机性大、支付能力有限；另一方面，大量的中小型物流企业都具有本土化优势，除了能够组织成本低廉且快速灵活的物流服务，还能以低廉的成本获取最新的需求信息。

三、基于渠道的差异化物流战略

常见的渠道差异化物流战略有两种，即末端渠道物流战略和中间渠道物流战略。

（一）末端渠道物流战略

末端渠道物流战略主要适用于大众化产品或品牌知名度较高的产品，它的建设重点在于供应链末端的销售网点。末端渠道物流战略保证顾客可以随时随地地获得所需商品。对于那些具备较高实用性或品牌知名度较高的产品，该物流战略能够为其市场营销提供有力的支撑，同时该物流战略有助于企业准确、及时地获取消费者信息。

可口可乐公司就是应用该物流战略的成功范例。通过多条供应链的建立，杂货店、大卖场、俱乐部商店、便利店、酒吧、餐馆、自动售货机和赛场上的小贩都成了可口可乐产品的末端渠道。

（二）中间渠道物流战略

品牌知名度较低或者与最终顾客缺乏联系的生产企业没有能力或没有必要建立庞大的末端销售体系，它们大多将精力集中于销售渠道的各个中间环节，如批发商、分销商和代理商等。中间渠道物流战略的主要策略是通过向销售渠道提供有吸引力的产品、佣金或代理费来刺激中间销售渠道加大营销力度。

为成功实施中间渠道物流战略，企业必须保持一个高效、柔性的供应链。由于企业的主要目标就是向其渠道伙伴提供有吸引力的报价，所以它必须及时调整供应链策略以满足中间渠道伙伴的要求。

四、基于生产的差异化物流战略

（一）精益生产物流战略

精益生产就是在必要的时间、必要的地点生产必要数量的产品，其目标是减少直至消除浪费。精益生产采用拉动式管理体系，以用户的最终需求为生产的起点，每一个生产过程都由下一个生产过程的需求来决定；每一个生产过程都为下一个生产过程提供必需的物料，杜绝了过度生产，从而有效地消除了无效劳动。精益生产的缺点是分销商和零售商比较被动，企业之间的信息沟通少且协调性差、提前期长、库存水平高、快速响应市场能力弱，所以容易产生需求量逐级放大的"牛鞭效应"。

精益生产物流战略适用于品种少、批量大且需求容易预测的产品。

（二）敏捷生产物流战略

敏捷生产的优点是可以根据用户实际需求生产定制化产品，敏捷生产物流战略将其重点集中在增强自身响应能力和重新配置产品与供应链上。因此，采用敏捷生产物流战略的企业库存水平低、提前期短、适应市场的能力强，容易获取早期市场的高溢价。

敏捷生产物流战略适用于品种多、需求变化大且难以预测的产品，它需要企业具有较强的创新能力。例如，我国的电子通信行业有越来越多的企业开始采用敏捷生产物流战略。

（三）延迟化生产物流战略

延迟化生产物流战略是指将供应链上的客制化（客户定制化服务）活动延迟至接到客户订单时为止，也就是尽可能在时间和空间上推迟客制化活动，使产品或服务与客户的需求实现无缝连接，从而提高企业的柔性和顾客价值。它的实质就是运用供应链的市场调节能力提高客户价值并通过提高产品价格使企业的付出得到回报。

按订单生产的企业，为了最小化库存成本或准确应对市场变化，大多采用延迟化生产物流战略。使用这种物流战略的企业应在客户关系管理方面具有核心竞争力。

五、基于销售的差异化物流战略

现实中的大多数企业都不太重视产品销售过程中或产品售出之后的物流问题，常常把它们看作企业生产经营活动之外的辅助业务。事实上，在市场竞争日益激烈的今天，销售过程中的物流（简称销售物流或售中物流）与产品售出之后的物流（简称售后物流）已经成为影响企业销售业绩甚至企业整体竞争力的重要因素。

（一）销售过程中的差异化物流战略

销售物流的目标就是在保证产品可得性的前提下，尽可能地降低物流成本、增强产品的价格竞争力。实践中常见的销售过程中的差异化物流战略包括以下两个。

（1）库存战略。一方面，通过集中库存可以降低总体的存货水平，收到客户订单后中央储存区通过快速反应满足不同地区客户的需要；另一方面，通过延迟化加工策略，可以满足客户对产品的不同要求。

（2）运输战略。采用集中运输的方式将某个区域市场中不同客户的小批量运输任务集并起来可以达到降低平均运输成本的目的。

（二）售后服务中的差异化物流战略

由于售后物流既要支持以往产品的售后服务，又要支持当前产品的售后服务，加之每类产品的零部件及其供应商各不相同，所以售后物流网络所要经营的产品类型要比销售物流多很多。同时，售后物流需求的不确定性也是销售物流所无法比拟的。因此，售后物流的成本往往很高，导致很多企业不愿意正视售后物流。实践中常见的售后服务中的差异化物流战略包括以下四种。

（1）渠道差异化战略。针对售后服务需求多变的特点，预先建立一系列不同的物流渠道，以满足不同客户对售后服务的要求。

（2）库存地点差异化战略。高端客户所需备件应尽量储存在客户企业并要保证有足够的种类和数量；而低端客户所需备件可以实行集中库存，以降低供货成本。

（3）备件种类差异化战略。售后服务所需备件可以分为整件、组件、子组件和零部件等类型。在售后服务中，根据响应时间要求的不同，不同类型的备件往往可以相互替代，但其相应的成本也会有很大的差异。例如，用整件替换故障产品是响应时间最短的方式，但成本也最高；同理，替换组件比替换子组件快，但成本也更高。因此，售后管理人员应认真权衡响应时间与成本之间的平衡关系，合理确定不同类型备件的种类和数量。

（4）补货策略差异化战略。高端客户和低端客户对企业的价值不同，它们要求享受的待遇也不同，在获取备件时，二者的优先级别也有所差异。为了避免这种优先级别的混乱，售后管理人员应该制定明确的规则，在保证成本最低的前提下，尽量遵循"优质优价"原则。

拓展阅读资料　　**从物流费用占 GDP 的比重看我国物流管理的潜力**

本章关键词

物流管理、物流管理组织、物流企业的组织形态、物流成本、差异化物流战略

复习思考题

1. 说明物流系统与物流管理之间的关系。
2. 简述物流管理发展的历史。
3. 如何理解物流合理化是物流管理的总原则？

4. 结合实际谈谈你对物流管理目标的理解。

5. 企业物流的管理组织和物流企业的组织形态有何区别与联系？

6. 简述企业物流成本的构成及其主要的控制方法。

7. 举例说明你所熟知的功能型产品和创新型产品并比较它们在物流战略上的不同之处。

8. 举例说明处于不同生命周期阶段的产品及其在物流战略上的特点。

9. 简述基于顾客的差异化物流战略。

第十三章 物 流 服 务

随着技术推广速度的不断加快，目前很多企业提供的产品在性能、价格和质量等方面很相似甚至雷同。在此情形下，物流服务方面的差异可以为企业提供超越对手的竞争优势。面对竞争日益激烈的国内外市场和价值取向日渐多元化的消费者，企业管理者已经发现，加强物流管理、改进物流服务是企业创造持久竞争优势最有效的手段之一。物流服务是物流管理的直接目的。

第一节　物流服务的概念与特点

在深入研究物流服务之前，必须明确两个概念：客户与顾客。尽管客户与顾客有许多相似之处，但在西方企业管理理论中，它们是两个完全不同的概念。简单地说，对于生产或流通企业而言，客户往往是与之保有长期合作关系的下游需求者，如批发商、零售商等，而顾客则往往是产品的最终消费者或潜在消费者以及临时、随机购买产品的企业。对于物流企业而言，与之签订物流服务合同的企业或个人就是客户；虽然与物流企业没有直接合同关系，但因存在有形产品需求而享受物流服务的企业或个人就是顾客。当然，生产或流通企业内部各部门同样有可能因存在有形产品需求而享受物流服务，这些部门同样可以称为企业物流系统或外部物流企业的顾客。

一、物流服务的概念

提供物流服务的主体通常有两类：物流企业和企业物流系统。前者是独立的法人主体，后者则是普通工商企业内部的一个或几个部门，没有独立的法人资格，大多只对内提供自营物流服务，无须与外部客户签订合同。但是，作为物流服务的提供者，物流企业与企业物流系统并无本质的不同。为了行文的简便，本章后续内容主要研究物流企业提供的物流服务，不再重复介绍企业物流系统提供的物流服务。其实，有关物流服务的绝大多数内容也都适用于企业物流系统。

（一）传统物流观念的局限性

物流企业的客户通常是有形产品的交易方，物流企业的营销策略与其客户完全不同，因为物流企业营销的是一种服务，服务是一种无形产品。由于我国大多数物流企业都是从传统物流转型而来，仍然沿袭着传统有形产品的营销观念，把尽可能多的资源投入物流的功能建设，极力追求比竞争对手功能更全、性能更高、价格更低，而对于这些物流功能是否真正满足顾客需求、是否能够为顾客带来更大的价值则无暇顾及。这种策略消耗了物流企业的大量资源，但难以有效满足顾客需求。

（二）物流服务观念的提出

相对于传统的物流观念，物流服务则强调对顾客需求的满足，物流服务是顾客驱动的物流。物流服务是企业物流系统的产出，也就是说，从顾客角度看到的是企业提供的物流服务而不是抽象的物流管理。物流服务是市场营销与物流管理两大职能的临界面，良好的物流服务有助于保持和提升顾客的忠诚度与满意度。在某些情况下，物流服务在顾客心目中的地位甚至高于产品价格或质量。

在营销组合的四要素[产品（product）、价格（pricing）、渠道（placing）和促销（promoting），简称4P]中，产品和价格的策略容易被竞争对手模仿，促销方面的努力也可能被竞争对手赶上，但是在短期内，企业物流服务是难以被对手模仿的。因此，提供令顾客满意的服务是企业区别于竞争对手、吸引并留住顾客的重要途径。物流服务对于企业赢得竞争优势有着极为重要的意义。

（三）物流服务的内涵

在对物流服务进行定义之前，应该强调人们对物流服务的基本认识，即以下五个方面的认识，它们同时是物流服务观念的具体化。

1. 物流服务既是一种活动，又代表着特定的绩效水平和管理理念

说物流服务是一种活动，是因为物流服务必须依赖于企业与顾客的互动。在这种互动过程中，企业需要有一定的管理控制能力，如订货处理能力、顾客投诉反应能力等；说物流服务代表特定的绩效水平，是因为物流服务是可以衡量的并且可以作为评价企业整体绩效的指标之一；说物流服务代表了特定的管理理念，是因为物流服务强调在市场营销中以顾客为核心，物流服务的目标就是实现供应链一体化。

2. 物流服务是由顾客需求驱动的物流

物流服务注重为顾客带来更大的价值，侧重于保留与维持现有的顾客并注重长远利益。相对于当前更注重运作和过程的物流观念而言，物流服务更注重顾客的个性化需求。客制化是市场进一步细分之后服务产品的主要特征。如果物流企业不能实现客制化，则物流服务就会产生缺口。因此，能否成功地发展和执行物流服务取决于企业细分市场以及把一般的市场策略运用到特殊顾客身上的能力，此时，企业的产品、服务和战略必须符合目标市场的特定偏好。对市场进行有效的细分是特别重要的，因为这样能降低企业的运营成本、消除冗余的服务，同时对企业的资源进行有效的配置。

3. 物流服务是一个交互的增值过程

物流服务的提供与实体产品的生产不同，其生产和消费往往是同时进行的，物流服务的消费者与物流服务企业需要发生多层次、多维度的交互作用。过程性是物流服务最基本的特性。顾客参与到服务过程之中有利于提高企业的生产率、协调供需关系、提升物流服务价值。同时，物流服务是发生在买方与卖方之间的一个增值过程，这个过程使交易双方的产品或服务增值。从过程管理的角度看，物流服务就是通过节省成本或费用为供应链提供附加价值的过程。

4. 物流服务与市场营销紧密相连

物流服务是物流系统与营销组合相互作用的结果，它可以用来衡量物流系统为产品创造时间价值和空间价值的能力。良好的物流服务是企业竞争力的来源。提供高效率物流服务的关键就是精确地把握顾客需求，同时对他们的需求做出连续有效的响应。

5. 物流服务涉及企业间的合作关系

上游企业提供给下游企业的物流服务水平会影响下游企业最终顾客的满意度。因此，相对而言，物流服务更需要企业间的紧密合作。物流服务有基本物流服务和增值物流服务之分：基本物流服务主要侧重于操作、执行、静态层面，而增值物流服务则侧重于价值增值、管理、发展和再设计层面。

从以上分析可以看出，物流服务以顾客为对象、以产品或服务为依托，可以看作一种活动或过程。事实上，物流活动本身就是一种顾客服务，物流管理的实质就是在令顾客满意的前提下，在权衡服务与成本的基础上，向顾客提供高效、及时的物流服务的过程。物流企业作为物流专业化、社会化的重要组织形式，在与物流需求方的合作过程中，物流服务的好坏直接影响双方合作的效率和持久性。总之，物流服务始于把握顾客的物流需求，终于为顾客提供良好的服务，其作用机制就是物流系统与市场营销相结合。

一般认为，物流服务是衡量物流系统为某种商品或服务创造时间和空间价值的尺度，它包括从接收顾客订单开始到商品送到顾客手中为止这一时期内所发生的全部服务活动。因此，有人将物流服务定义为"准确地把握顾客的需求，通过物流系统与市场营销组合相互作用为顾客提供满意的服务"。当然，物流服务的定义是随着企业视角的变化而变化的，不同的企业对物流服务往往有不同的理解，如供应商和他的顾客对物流服务的理解有很大的不同。

我国国家标准《物流术语》将"物流服务"定义为"为满足客户物流需求所实施的一系列物流活动过程及其产生的结果"。依照前面的概念辨析、结合以上观念认识，本书认为，如果将我国《物流术语》标准定义的"物流服务"中的"客户"扩充为"客户与顾客"，也许能更准确地表达出物流服务的内涵。

二、物流服务的特点

从本质和内容来看，物流服务与其他社会经济活动相比有许多不同之处，这些不同对物流企业的经营管理和企业物流的系统构建具有重大的影响，从而影响物流服务内容的设计、物流服务水平的确定、物流服务模式的选择等。具体地讲，物流服务的主要特点有以下几个。

（一）从属性

客户的物流需求不是凭空产生的，而是以商流的发生为基础、伴随商流而产生的。针对这样的需求提供的物流服务，显然具有从属性。

（二）无形性

服务与有形商品最本质的区别就是它具有无形性。顾客选择服务产品的主要依据在于服务提供者的声誉。因此，物流服务企业应该非常重视企业声誉、视声誉为生命，绝不能为了短期和暂时的利益而丢掉企业赖以生存的声誉和信用。

（三）即时性和非储存性

物流服务属于非物质形态的劳动，它生产的不是有形产品，而是一种伴随销售和消费同时发生的即时服务，这就决定了它的特性：即时性和非储存性。通常，有形的商品需要经过生产、储存、销售才能完成交换过程，而物流业务本身决定了它的生产就是销售，其间不需要储存环节进行调整。

（四）移动性和分散性

物流服务的客户对象分布广泛，而且大多数是不固定的，所以具有移动性和分散性特征，由此往往产生局部的供需不平衡或者给经营管理者带来一定的困难。

（五）需求波动性

由于物流服务具有移动性和分散性，所以其需求的方式和数量是多变的、有较强的波动性，容易造成供需失衡。该特点往往成为导致物流企业劳动效率低、成本高的重要原因。

（六）可替代性

一般企业都可能具有自营运输、自营保管等自营物流的能力，这种自营物流的普遍性使物流企业从量和质上调整物流服务的供给能力变得相当困难。也就是说，从供给能力方面来看，物流服务富于可替代性，这也是物流企业在经营上具有一定难度的原因之一。

（七）不稳定性

不稳定性是服务区别于有形产品的基本特征之一，是影响服务质量和顾客满意度的重要因素。物流服务的不稳定性是在服务传递的过程中产生的。物流管理者不可能消除这种属性，只能在顾客和服务提供者之间寻求一定的平衡，这是管理物流服务不稳定性的一个根本基点。

三、物流服务营销的特殊性

基于物流服务的特殊性，如果仍以传统营销的 4P 组合作为物流服务的营销组合框架，势必产生相当大的局限性。因此，除了有形产品营销的 4P 组合，物流服务的营销组合还应充分考虑到人、有形证据和过程这三个因素。

（一）人

在顾客眼中，从事物流生产或操作性工作的人其实就是服务的一部分，其贡献与其他销售人员相同。正如服务营销大师布隆得奇所指出的："在服务性公司，服务的销售和递送之间是不易区分的。"换言之，服务本身就是一种产品，在服务被递送的同时，顾客所能见到的所有功能都成为服务产品的一部分。由于顾客一直都能接触到服务公司的所有部分，所以操作、产品、销售或营销人员都和服务的售出关系密切。

（二）有形证据

有形产品的销售强调抽象的联想，而无形物流服务的营销强调有形证据，以降低顾客的购买风险。服务虽是无形的，但服务设施、服务设备、服务人员、市场沟通资料、价目表等是有形的。顾客在购买服务的决策过程中，总是希望通过有形证据了解更多的服务信息，以便正确地选择购买对象、降低购买风险。为此，他们往往会根据物流企业的各种有形证据推测企业的服务质量，而物流企业的所有有形的物和人都在为无形的服务提供证据，它们都在向顾客传递某种信息。因此，做好有形证据的管理工作可使顾客在一定程度上方便地了解服务的真实状况，优化企业的营销效果。

（三）过程

过程性是物流服务最基本的特征。服务产生和交付给顾客的过程是物流服务营销中的一个关键因素，因为顾客通常会把服务交付系统感知成服务本身的一个部分。因此，运营管理对物流服务营销的成败至关重要。整个物流运行体系的运作政策和程序方法、服务供应中的机械化程度、员工自由决定权的大小、顾客在服务操作过程中的参与程度等都应是经营管理者特别关注的问题。

第二节　物流服务内容的设计

物流是企业完成销售任务的最终实现环节，在企业的营销战略中具有不可替代的作用。在实际营销工作中，由于采用的物流形式不同，往往会使企业的营销战略取得完全不同的效果。在进行物流服务设计时，使用部分特殊形式或内容的物流服务往往会取得意想不到的效果。因此，企业在设计物流服务内容时必须充分反映这一特点。概括起来，物流服务内容可以分为基本物流服务和增值性物流服务两个方面。

一、基本物流服务的内容

基本物流服务经历了较长时间的培育，其内容已经具备了明显的多样化态势，但在实际的物流运作中，基本物流服务的内容仍然主要集中在如下几个方面。

（一）运输服务

无论是自营物流还是由第三方提供的物流服务，企业都必须将客户的物品送到消费者指定的地点。第三方承运人一般拥有或掌握着一定规模的运输工具，具有竞争优势的承运人还可能在某个区域、全国乃至更大的范围内拥有网络资源。因此，第三方承运人可以根据自身的资源和能力为客户设计最合适的运输系统、选择最恰当的运输方式，然后在其网络内部组织运输作业并在规定的时间内将客户的物品运抵目的地。事实上，除了在交货点交货需要客户的配合，其余运输环节，包括最后的市内配送都可由第三方承运人完成，以尽可能地方便客户。

（二）储存服务

物流中心的主要设施就是仓库及其附属设备。需要注意的是，物流企业的目的不是在物流中心的仓库中储存物品，而是通过仓储保证物流业务的高效开展，同时尽可能地降低库存积压的资金、减少储存成本。因此，提供社会化物流服务的公共型物流中心需要配备高效率的分拣、传送、储存、拣选设备，其目的是在不降低供货服务水平的同时尽量降低实物库存水平。

（三）装卸搬运服务

装卸搬运服务是为了加快物品的流通速度而必须具备的功能，无论是传统的商务活动还是电子商务活动，都必须配备一定的装卸搬运能力，物流企业应该提供更加专业的装载、卸载、提升、运送、码垛等装卸搬运机械，以提高装卸搬运作业效率、降低订货周期（order cycle time，OCT）、减少作业对物品造成的破损。

（四）包装服务

物流包装作业的目的不是改变商品的销售包装，而是通过对销售包装进行组合、拼配、加固形成适于物流和配送的组合包装单元。

二、增值性物流服务的内容

以上是普通商务活动中最基本的物流服务内容，在现代企业经营中，所有的物流服务也都应具备这些基本的服务功能。除此之外，现代物流还可以在完成物流基本功能的基础上，根据客户需求提供各种延伸业务活动，这些延伸业务活动就是所谓的增值性物流服务（value-added logistics services）。一般来说，增值性物流服务主要包括以下几层含义和内容。

（一）提高便利性的服务

一切能够帮助客户简化手续、操作的服务都是增值性服务。例如，推行一条龙的"门到门"服务，提供完备的操作或作业提示，免费培训，免费维护，省力化设计或安装，代办业务，"一张面孔"接待客户，24 小时营业，自动订货，利用 EOS、EDI、EFT 等工具帮助客户传递信息或转账，物流全过程追踪等都可作为现代物流所提供的增值性服务。

（二）加快反应速度的服务

快速反应（quick response）已经成为现代物流发展的方向之一。传统的观念和做法将加快反应速度单纯地理解为快速运输。在物流需求对速度的要求越来越高的情况下，运输速度变成了对物流企业发展的一种约束。因此，必须通过其他办法克服运输速度的制约，加快整个物流系统的反应速度。加快物流反应速度的一种办法就是优化配送中心或物流中心及其相关的各种网络资源，重新设计适合现代流通方式的流通渠道，以此减少物流环节、简化物流过程、提高物流系统的快速反应能力。它是一种具有重大推广价值的增值性物流服务解决方案。

（三）降低成本的服务

在电子商务发展的早期，物流成本居高不下，有些企业可能因为根本承受不了这种高成本而退出电子商务市场或者选择性地将电子商务所需的物流服务外包出去，这是很自然的事情。因此，发展电子商务，一开始就应该寻找能够降低物流成本的解决方案。企业可以考虑采取物流共同化计划，同时，如果具有一定的商务规模，可以通过采用比较适合但投资较少的物流技术和设施设备或推行物流管理技术，如运筹学中的管理技术、单品管理技术、条码技术和信息技术等，以提高物流的效率和效益、降低物流成本。

（四）延伸服务

延伸服务向上可以延伸到市场调查与预测、采购及订单处理，向下可以延伸到配送、物流咨询、物流方案的选择与规划、库存控制决策、货款回收与结算、教育与培训、物流系统设计与规划方案的制作等。

1. 结算功能

物流的结算不仅是物流费用的结算，在从事代理配送的情况下，物流服务商还要替货主向收货人结算货款等。

2. 需求预测功能

物流服务商应该负责根据物流中心商品进货、出货信息预测未来一段时间内的商品进、出库量，进而预测市场对商品的需求，从而指导订货。

3. 物流系统设计咨询功能

第三方物流服务商要充当电子商务经营者的物流专家，因而必须为电子商务经营者设计物流系统，代替其选择和评价运输商、仓储商及其他物流服务供应商。国内有些专业物流公司正在进行这方面的尝试。

4. 物流教育与培训功能

物流系统的运作需要客户的支持与理解，通过向客户提供培训服务，可以培养其与物流中心经营管理者的认同感，可以提高客户的物流管理水平，可以将物流中心经营管理者的要求传达给客户，从而便于确立物流作业标准。

以上这些延伸服务最具有增值性，但也是最难提供的服务，能否提供此类增值性服务已经成为衡量一个物流企业是否真正具有竞争力的重要标准。

需要特别指出的是，同为物流的基本功能，虽然运输、储存等属于基本物流服务的范畴，但流通加工、物流信息和配送等功能性服务则应属于增值性服务，因为在实际运用中，后者往往能够产生基本物流服务所不具备的增值效果，符合以上增值性物流服务中的一项甚至几项要求。

三、物流服务模块实例

如果将物流服务看成物流企业的产品，则以上所谓的服务内容就是构成产品的原材料，只不过基本物流服务相当于常规原材料，而增值性物流服务则类似于包含高新技术或专利技术的原材料。如何将这些原材料组合成特定客户或市场所需的物流服务产品完全取决于物流企业的经营理念和管理能力，这是所有物流企业的核心能力，也是其核心竞争力的主要构成要素。

与有形产品的设计一样，设计物流服务产品时需考虑的因素不仅十分复杂，而且个性极强，很难准确地进行阐述。因此，本书只能以典型的物流企业为例，通过静态的物流服务模块体现动态的产品设计过程。因为所有的物流服务模块都由以上基本物流服务或增值性物流服务构成，若干物流服务模块才能最终组合成为特定的物流服务产品，物流服务模块是介于原材料与产成品之间的零部件设计图。

（一）DHL（敦豪）的物流服务内容模块

DHL 的名称源于三位创始人的姓氏首字母，这三位创始人分别是 Adrian Dalsey, Larry Hillblom 和 Robert Lynn。1969 年创立公司之初，他们自己乘坐飞机来往于旧金山和檀香山递送海运提单，以便海运货物的收货人可以在货物到达目的港之前进行清关，从而显著地缩短了货物在卸货港的等待时间。之后，DHL 的网络开始以惊人的速度扩展并于 1986 年进入我国。2002 年，DHL 成为德国邮政（Dertsche Post World Net，简称 DPWN）旗下公司。目前，DHL 是全球快递、洲际运输和航空货运的领导者，也是全球顶尖的海运和合同物流提供商。DHL 以菜单选项的方式让客户自己选择物流服务模块及其组合方式，对于大型企业客户，可供选择的物流服务模块有以下几个。

1. 仓储与订单履行

在该模块下，客户还可进一步选择以下内容：共用或专用仓储和货物配送；关于在途储存；物流设施定制化设计、建设和管理；订单创建、仓储和运送至消费者；打包、准备和定制产品的服务；售前、上市前定制和产品装配；制造工厂内的物流服务。

2. 运输与配送

可供选择的国内解决方案包括国内运输的管理、入厂运输的管理和执行、出厂配送的管理和执行、其他多种服务和专业知识支持。可供选择的洲际多式联运解决方案包括多式联运国际空运和国际海运、直接配送解决方案。

3. 咨询与管理服务

具体的选项包括：为优化供应链设计和绩效提供战略指导；采购、管理产品和供应商；管理产品召回的方方面面；售前和售后客户服务支持。

4. 综合合同物流

可供选择的解决方案包括：监管整个供应链及其运营；控制物料流入；优化制造流程和库存情况；运输和管理售后市场零件和物料；管理维护、维修和运营供应链；为以旅客为服务对象的企业提供的物流服务；为客户直送医疗卫生产品；管理对于临床试验成功至关重要的物流。

5. 综合货运物流

可供选择的解决方案包括：监管整个供应链及其运营；发货地拼箱和收货地货运管理服务；超大尺寸货物项目物流；完全整合的大型活动物流；为葡萄酒和烈酒行业提供特种运输；确保运输的易腐货物保持最佳状态及合规；高级和定制化温度受控货运。

6. 关务、安全与保险

可供选择的解决方案包括：报关代理，为客户提供关务咨询和风险评估服务，增强客户的关务处理能力；全面的货物运输保险，端到端安全风险评估。

7. 绿色物流

可供选择的解决方案包括碳排放报告、优化客户的环境影响、碳中和。其中，碳排放报告又包括与运输相关的排放计算器、运输和物流环境影响报告、客户的整个供应链的图形建模、碳效率总览；优化客户的环境影响包括碳效率高的国际海运、利用创新技术和可替代燃料实现更环保的运输、创新的环保仓储技术、通过网络优化减少温室气体排放、提高客户公司运营的环境可持续性；碳中和包括关于 Express 包裹快件、关于货物快件。

8. 可见性和风险管理

可供选择的解决方案包括全方位获取客户快件的可见性、供应链风险评估工具。

（二）中远海运物流的服务内容模块

中远海运物流有限公司作为中国远洋海运集团所属全球综合物流供应链服务平台，是目前市场地位领先的第三方物流服务提供商。它在传统航运业务基础上，依托数字化驱动实现产业链服务端到端全覆盖，通过综合货运、仓干配物流、产业物流地产、工程物流、口岸公共服务形成立体层面的全程物流与供应链综合客户服务体系。

1. 综合货运

根据客户个性化需求提供定制的综合货运解决方案，涵盖整箱、拼箱、散杂货、大宗货等货物的海运、陆运、空运代理业务并在传统业务的基础上创新了业务模式，开拓了无界电商平台。

2. 仓储物流

凭借丰富的仓储管理经验和专业化管理队伍，配备先进的信息系统和现代化设施，根据客户的不同需求提供仓库管理、货物装卸分拨、物流配送、集装箱拆拼箱以及流通加工、包装、监管等各类增值服务。

3. 船舶代理

中远海运物流有限公司旗下由中国外轮代理有限公司（PENAVICO，简称中国外代）和中海船务代理有限公司专门从事内外贸船舶代理业务，是我国"历史最久、规模最大、实力最强"的国际船务代理企业，下设 80 多家口岸外代、300 多个业务网点，网络覆盖国内所有开放口岸并且在欧洲、美洲、东南亚等地设有 10 余家海外分支机构。

除了传统的集装箱船舶代理、散杂货船舶代理和旅游船代理，该公司还提供船东业务服务、港口船长服务、总代理服务、租船揽货业务、客户经理制度、双外勤服务等特色服务。

4. 工程物流

工程物流为工业企业提供工程项目所需的设备物资从生产地到指定地点的全程物流服务，服务范围覆盖远洋运输、内河运输、公路运输、清关报检、空运代理、船务代理等全部物流环节。

5. 项目物流

项目物流业务重点关注大客户营销，以客户需求为出发点，配合国家"一带一路"倡议，聚焦电子、化工、食品、机械、能源、林业等重点行业，为客户提供全程化、专业化、信息化、集成化物流解决方案以及一站式、嵌入式、响应式、体验式精品服务。

6. 供应链管理

基于专业化采购供应与物流全过程的风险把控，围绕核心企业的采购与供应管理需求，通过采购、分销、全程物流及供应链金融等创新业务形态提供供应链（金融）管理一体化综合服务。同时，推动"铁、公、海"全国冷链网络的基础设施建设，为客户提供业务咨询、金融服务、信息支持、冷库仓配等多环节、全过程的冷链综合服务。

7. 理货检验

中国外代涉及的理货检验板块业务范围为：国际、国内航线船舶货物与集装箱的理货、理箱；集装箱装、拆箱理货；货物计量、丈量；船舶水尺计量；监装、监卸；货损、箱损检验与鉴定；出具理货单证与理货报告；理货信息咨询相关业务；易流态化固体散装货物取样、监装等业务；石油化工品、农产品、矿产品、木材、设备等商品的检验鉴定、检测服务，海事鉴定服务，符合性认证服务。

第三节　物流服务水平的确定

企业在进行物流服务设计时，除了要根据顾客的需求设计个性化服务内容，还要确定适当的物流服务水平。过去，企业在确定物流服务水平时往往基于历史经验或管理者对顾客需求的主观判断，显然是难以反映顾客真实需求的。有些管理者常对所有的顾客同等对待，而事实上不同的顾客对服务水平有着不同的要求。因此，企业在制定物流服务策略时应当以顾客的真实需求为基础并贯穿整个物流服务过程。

确定物流服务水平的一个常用办法是将竞争对手的服务水平作为标杆。事实上，仅仅参照竞争对手的水平是不够的，因为在一般情况下，企业很难断定竞争对手是否把握住了顾客的需求、竞争对手的物流服务水平是否能令其顾客满意。以上方法的这种不足可以通过详尽的顾客调查来弥补，顾客调查能揭示各种物流服务要素的重要性，有助于缩减顾客需求与企业服务能力之间的差距。通过顾客调查确定物流服务水平的方法有很多种，以下四种最具有参考价值。

一、根据顾客对缺货的反应确定物流服务水平

生产企业的顾客包括各种中间商和产品的最终用户，而产品通常是从零售商处转销到顾客手中。因此，生产商往往难以判断缺货对最终顾客的影响有多大。例如，生产商的成品仓库中某种产品缺货并不一定意味着零售商同时缺货。零售环节的物流服务水平对销售的影响很大，为此，必须明确最终顾客对缺货的反应。某种产品缺货时，顾客可能购买同种品牌、不同规格的产品，也可能购买另一品牌的同类产品或者干脆换一家商店看看。在

产品同质化倾向日益严重的今天，顾客"非它不买"的可能性已越来越小，除非顾客坚定地认为该种产品在质量或价格上明显优于其替代品种。

生产企业物流服务战略的重要一点是保证最终顾客能方便及时地了解和购买到所需的产品。对零售环节的关注有助于生产企业调整订货周期、供货满足率、运输方式等，以尽量避免零售环节缺货现象的发生。

顾客对不同产品的购买在时间要求上也有所不同。对绝大多数产品，顾客希望在做出购买决策时就能够拿到产品，但也有特殊的情况，如选购大型家具时，顾客在展示厅选中样品并订购以后往往愿意等待一段时间后在家中收货。20 世纪 70 年代，美国的西尔斯百货公司与惠尔浦家电公司进行的一项顾客调查显示，当时的顾客对大型家电并不要求在订货的当天就将商品运回家，往往愿意等上 5～7 天，除非有特别紧急的情况。这一调查结果对西尔斯与惠尔浦的物流系统影响很大。西尔斯公司只需在营业厅里摆放样品供顾客挑选，其配送中心里的存货也不多。惠尔浦公司的产成品被运至位于俄亥俄州马利恩的大型仓库，西尔斯公司将收到的顾客订单发送给惠尔浦公司，相应的产品随即从马利恩仓库分送到西尔斯位于各地的配送中心，然后从配送中心直接用卡车分送到顾客家中，从顾客下订单到送货上门的时间可控制在 48～72 h。

二、通过成本与收益的权衡确定物流服务水平

物流总费用包括库存维持费用、运输费用、信息或订货处理费用等，它们都可以视为企业在物流服务上的开支。实施集成的物流管理时的成本权衡目标是在市场组合四要素之间合理分配资源以获得最大的长期收益，也就是以最低的物流总成本实现给定的物流服务水平。

例如，一个连锁百货公司希望将零售供货率提高到 98%的水平，需要获取每个商店和每种商品的实时销售数据（POS data）。为此，需在各分店配置条码扫描器和其他软硬件设备。同时，为尽可能地利用这些数据，公司希望投资建设 EDI 系统，以便与供应商进行快速双向的信息交流，估计平均每家分店需投入 20 万元。于是，管理层面临着成本与收益的权衡：对信息系统的投入能提高物流服务水平，但同时会增加成本。假设该公司的销售毛利是 20%，每家分店为收回 20 万元的新增投资，至少要增加 100 万元的销售额。如果实际的销售增长额超过了 100 万元，则企业在提高物流服务水平的同时增加了净收益。对这一决策的评估还需考虑各分店当前的销售额水平，如果各分店当前的年销售额是 1000 万元，则收回这笔投资比年销售额只有 400 万元时快得多。

尽管存在成本与收益的权衡和费用的预算分配问题，但这种权衡只是短时期内发生的问题。从长期来看，仍有可能在多个环节同时得到改善，企业在降低总成本的同时亦能提高物流服务水平。

三、运用 ABC 分析与帕累托定律确定物流服务水平

ABC 分析是物流管理中常用的工具，企业通过 ABC 分析对各种产品和顾客按其相对重要程度进行分类。对企业来说，某些顾客和产品相比其他而言更有利可图，因而应受到特

别的关注。以利润率指标为例，利润率最高的顾客—产品组合应配以最高的物流服务水平。

与 ABC 分析相类似，帕累托定律指出：样本总体中的大多数事件的发生源于为数不多的几个关键因素。例如，物流系统中 80%的瓶颈问题往往发生于 20%的环节之中。社会经济领域的这一现象通常也被称为 80/20 定律。

作为 ABC 分析和帕累托定律的一个应用实例，表 13-1 所示的顾客—产品贡献矩阵将不同顾客的重要性与不同产品的重要性联系起来，以确定能给企业带来最大收益的物流服务服务水平。为了便于理解，我们将盈利能力（利润率）作为衡量顾客和产品重要性的指标，但应当注意，这一指标并不是绝对的。

表 13-1 中的 A 类产品利润率最高，其后为 B 类、C 类、D 类。在整个产品线中，A 类产品通常只占很小的比例，而利润率最低的 D 类产品在产品总数中则可能占 80%。I 类顾客对企业来说最有利可图，他们能产生较为稳定的需求、对价格不太敏感，交易中发生的费用也较少，但这类顾客的数量通常很少，可能只有 5~10 个；V 类顾客为企业创造的利润最少，但在数量上占了企业顾客的大多数。对企业最有价值的"顾客—产品"组合是"I—A"，即 I 类顾客购买 A 类产品，以下依次是"II—A"或"I—B"等。管理人员可以使用一些方法对"顾客—产品"组合排序或打分，表 13-1 用 1~20（优先等级）简单地做了排序。

表 13-1 顾客—产品贡献矩阵

顾 客 类 别	产　　品			
	A	B	C	D
I	1	3	5	10
II	2	4	7	13
III	6	9	12	16
IV	8	14	15	19
V	11	17	18	20

表 13-2 提供了在制定物流服务战略时如何使用表 13-1 中数据的例子。例如，对于排序在 1~5 的"顾客—产品"组合应给予 100%的存货可得性、48 h 的订货周期以及 99%的按订单送货完备率。

表 13-2 顾客—产品贡献矩阵实用举例

优 先 等 级	存货可得性/%	订货周期/h	按订单送货完备率/%
1~5	100	48	99
6~10	95	72	97
11~15	90	96	95
16~20	85	120	93

值得注意的是，表 13-2 中较低的服务水平并不意味着所提供的服务缺乏稳定性。企业无论提供什么水平的服务，都要尽可能保持 100%的稳定性，这是顾客所期望的，而且企业以高稳定性提供较低水平的物流服务（如送货时间），其费用通常低于以低稳定性提供高水平的物流服务。例如，高度稳定的 72 h 订货周期比不稳定的 48 h 订货周期更节省费用，也更令顾客满意。

编制能良好反映顾客与企业真实情况的顾客—产品贡献矩阵的关键在于切实了解顾客对服务的要求并从中识别出最为重要的服务要素以及确定要提供的服务水平。上述信息可通过物流服务审计获取。

四、通过物流服务审计的方式确定物流服务水平

物流服务审计是评估企业物流服务水平的一种方法，也是企业对其物流服务策略进行调整的依据。审计的目标是识别关键的物流服务要求、识别这些要素的控制机制、评估内部信息系统的质量和能力。物流服务审计包括四个阶段，即外部物流服务审计、内部物流服务审计、识别潜在的改进方法、确定物流服务水平。

（一）外部物流服务审计

外部物流服务审计是整个物流服务审计活动的起点，其主要目标是识别顾客在做购买决策时认为重要的物流服务要素、确定本企业与主要的竞争对手为顾客提供服务的市场比例。

要确定哪些物流服务要素是顾客真正重视的，主要工作是对顾客进行调查与访谈。例如，某种普通消费品的零售商在衡量其供应商服务时主要考虑以下物流服务要素：订货周期的稳定性、订货周期的绝对时间、是否使用 EDI、订单满足率、延期订货策略、单据处理程序、回收政策等。

确定了重要的物流服务要素之后，下一步就是对企业的有代表性的和统计有效的顾客群体进行问卷调查。问卷调查可以确定物流服务要素及其他市场组合要素的相对重要性，评估顾客对本企业及其主要竞争对手各方面服务绩效的满意程度以及顾客的购买倾向。依据调查的结果，企业应加强顾客重视的服务要素。在考虑竞争对手的优势和不足的同时，发展适应顾客分类的战略。此外，问卷还能反映出顾客对关键服务要素服务水平的期望值。

企业在把握各服务要素重要性的同时，要关注顾客对本企业及本企业竞争对手提供的各项服务的横向比较。企业和顾客对服务有各自的评价标准，但在市场竞争中，只有顾客是永远正确的。若顾客尚未认识到企业在提供某方面服务时付出的努力，企业就有必要通过与顾客的交流来引导和告知顾客。

（二）内部物流服务审计

内部物流服务审计是审查企业当前服务业务的运作状况，为评估物流服务水平发生变化时所产生的影响确立一个衡量标尺。内部物流服务审计的主要目的是检查企业的服务现状与顾客需求之间的差距。对顾客实际接受的企业物流服务水平，也有必要进行测定，因为顾客的评价有时会偏离企业的实际运作状况。如果企业确实已经做得很出色，则应当注意通过引导和促销改变顾客的看法，而不是进一步调整企业的服务水平。

内部物流服务审计还有一项重要内容，就是考察顾客与企业和企业内部的沟通渠道，包括服务业绩的评估和报告体系。沟通是理解与物流服务有关问题的重要基础，缺乏良好的沟通，物流服务就会流于事后的控制和不断处理随时发生的问题，而难以实现良好的事前控制。

（三）识别潜在的改进方法

外部物流服务审计明确了企业在物流服务和市场营销战略方面的问题，结合内部审计，可以帮助管理层针对各个服务要素和细分市场调整上述战略，提高企业的盈利能力。管理层在借助内、外部物流服务审计提供的信息制定新的物流服务和市场营销战略时，需针对竞争对手做详细的对比分析。

当顾客对本企业和各主要竞争者的服务业绩评价进行比较和相互交流时，企业采用竞争性标尺（benchmarking）作为服务改进的目标就显得更为重要了。

（四）确定物流服务水平

物流服务审计的最后一步是制定物流服务的业绩标准和考核方法。企业的管理层必须为各个细分领域（如不同的顾客类型、不同的地理区域、不同的分销渠道以及产品）详细制定目标服务水平并将其切实传达到所有的相关部门及员工，同时辅以必要的激励政策，以激励员工努力实现企业的物流服务目标。此外，还要有一套正式的业务报告文本格式。

企业的管理层必须定期地按上述步骤进行物流服务审计，以确保企业的物流服务政策与运作水平能满足当前顾客的需求。在此过程中，收集顾客信息是企业物流战略管理最重要的基石。

第四节　物流服务模式的选择

从本章第二、三节的内容可以看出，不同的顾客不仅对物流服务内容的需求有所不同，对物流服务水平的要求也有差异。事实上，物流企业在制定服务方案时，不仅要充分考虑以上两个方面的要求，还应针对不同顾客的个性化需求选择合适的物流服务模式。

一、行业物流服务模式

行业物流服务模式是通过运用现代技术手段和专业化经营管理方式，在拥有丰富目标行业经验和深度理解客户需求的基础上，在某一行业领域内，提供全程或部分专业化物流服务的模式。这种服务模式的主要特点是将物流服务的对象分为几个特定的行业领域，然后对这些行业进行深入细致的研究，掌握这些行业的物流运作特性，提供具有特色的专业服务。行业物流服务模式集企业的经营理念、业务、管理、人才、资金等各方面优势于一体，是企业核心竞争力和竞争优势的集中体现。

商业运作方式决定着物流服务方式，只有深入掌握目标行业或项目的具体特征，才能提供专业化物流服务。实际上，行业物流服务模式体现了细分物流市场的特征。物流企业必须不断地研究目标市场行业的物流特点和发展趋势，成为这些行业的物流服务专家。目前，有能力提供所有行业物流服务的现代物流企业只占极少数，绝大多数物流企业都应采用目标集聚战略，进行准确的市场定位，有重点地展开各具特色的物流服务。

在我国，行业物流服务直到近年来才逐渐兴起，在此过程中，服装、家电、医药、图书、日用品、汽车、电子产品等行业或领域纷纷释放物流需求，极大地丰富了我国物流市场、刺激了我国行业物流服务的发展。

二、项目物流服务模式

项目物流服务模式是指为具体的项目提供全程物流服务的模式。我国的项目物流需求主要集中在一些重大基础设施项目或各类综合性会展上，如三峡工程、秦山核电站、国家体育馆等基建项目以及奥运会、世博会、广交会、高交会等大型会展项目都需要综合完备的物流服务。提供该类服务的物流企业必须具备丰富的物流运作经验和强大的企业实力。

三、定制式物流服务模式

定制式物流服务是指针对某个特定的客户制定完全个性化的物流服务方案。这种服务可以为客户提供从原材料采购到产成品销售的全程物流服务，服务范围涉及储存、运输、流通加工、包装、配送、物流咨询等全部业务内容，甚至包括订单管理、库存控制、供应商关系管理等其他增值性服务。现代物流服务十分强调与客户建立战略协作伙伴关系，采用定制式物流服务模式不仅能保证物流企业拥有稳定的业务量，而且能帮助企业降低运作成本、提升产品的市场竞争力。因此，物流企业在开展物流业务的过程中应根据客户的实际需要尽力为其确定最合适的物流运作方案，以最低的成本提供最高效的物流服务。

四、物流服务延伸模式

所谓物流服务延伸模式，是指在现有物流服务的基础上，通过向两端延伸，向客户提供更加完善和全面的物流服务，从而提高物流服务的附加价值、满足客户高层次物流需求的经营模式。例如，仓储企业可以利用已掌握的货源，通过购买部分车辆或整合社会运力的方式为客户提供配送服务；运输企业在完成货物的运输任务之后，也可以根据客户的需求提供货物的临时保管或配送服务。对于功能单一的传统物流企业来说，这种服务模式不仅有助于扩展物流服务的范围，而且可以达到提高物流服务层次的效果。

五、物流管理输出模式

物流管理输出模式是指物流企业以物流管理与物流运作的技术为资本，通过接管客户企业的物流资产或者成立合资物流公司的方式满足客户企业物流需求的服务模式。采用物流管理输出模式，可以减轻客户企业原有物流运作与管理人员的抵触情绪，方便双方更好地开展合作；同时，由于该模式充分利用了客户企业原有的设备、网络和人员，可以大幅度减少物流系统的建设成本、迅速获得物流服务能力、加快市场响应速度。

（一）系统接管客户的物流资产

如果客户在某地区已有车辆、设施、员工等物流资产，而本物流企业又需要在该地建立物流系统，则可以考虑全盘买进客户的物流资产，接管并拥有客户的物流系统甚至接管客户的员工。接管之后，该物流系统可以在为该客户提供服务的同时为其他客户提供服务，这种安排一方面可以通过资源共享提高物流系统的资源利用率，另一方面可以在一定程度上分摊物流企业的经营成本。

（二）与客户合资成立物流公司

物流企业与客户企业合资共建物流公司的方式既可以使客户保留物流系统的部分产权并继续参与物流系统的运作过程，以加强对物流运作过程的有效控制，同时注入了专业物流公司的资本和技能，发挥了物流企业的专业特长，使物流企业和客户企业都能够在物流服务方面取得竞争优势。

六、物流连锁经营模式

物流连锁经营是指特许者将自己所拥有的商标（包括服务商标）商号、产品、专利和专有技术、经营方式等以特许经营合同的形式授予被特许者使用，被特许者则按照合同的规定，在特许者统一的业务模式下从事物流经营活动并向特许者支付相应费用的物流经营模式。物流连锁经营成功地借鉴其他行业的连锁经营模式，可以迅速扩大企业规模，实现资金、人才和客户资源的汇集。同时，在物流连锁企业内部，通过互联网技术建立信息化的管理系统可以更大程度地整合社会物流资源、支持企业的物流管理和业务操作，为客户提供全面周到的物流服务。

七、物流咨询服务模式

物流咨询服务模式是指利用物流企业的专业人才优势，深入客户企业内部，为其提供市场调查研究、物流系统规划、物流成本控制、业务流程再造等相关服务的经营模式。一方面，物流企业在为客户企业提供物流咨询服务的同时，可以帮助客户企业整合业务流程、协调供应链上下游关系，进而提供全方位的物流解决方案。另一方面，物流企业提供的咨询服务有助于自身其他服务产品的营销，可从整体上增强物流企业的市场竞争力。

在具体的实施过程中，物流企业可以采用大客户经理负责制完成物流咨询服务。大客户经理要针对每个客户的不同特点成立独立的项目组并组织行业专家、大客户代表、作业管理部门、项目经理等人员，自始至终跟踪负责整个项目的销售、方案设计与方案实施并保证项目的实施效果、努力提高客户满意度。实践证明，这种站在客户角度考虑问题，与客户结成长期战略合作伙伴关系，相互合作、共同发展的业务运作模式得到了市场的广泛认可，具有良好的发展前景。

八、物流战略联盟模式

物流战略联盟模式是指为了充分发挥物流企业之间的互补优势，两家或两家以上的物流企业通过签订战略联盟协议而形成相互信任、风险共担、收益共享的物流协作伙伴关系的经营模式。我国的物流企业，尤其是中小型物流企业的服务能力往往十分有限，无力与大型跨国物流企业抗衡，因此很多中小型物流企业很难单独在市场上立足。此时，这些中小型物流企业就应该积极寻求相互之间的横向或纵向联盟。

这种自发的资源整合，在经过有效的重组磨合之后，依靠各自的互补性服务能力，可以在短时间内形成强有力的竞争优势。建立战略联盟的物流企业通过信息网络建设和业务流程再造，可以在企业规模和物流网络方面建立核心竞争力；通过对客户供应链的全过程进行整合，可以建立起一个层次更高、网络更完善、附加值更高的物流系统，在物流服务上实现新的突破。应该指出的是，在战略联盟的实施过程中，物流企业应该尽量将有限的资源集中在高附加值的服务功能上，而对于附加值较低的服务功能，则可以突破企业边界，通过外包的方式实行虚拟经营。

拓展阅读资料　　刘武的诚信服务成就了宝供物流

本章关键词

物流服务、物流服务营销、物流服务内容、增值性物流服务、物流服务水平、物流服务模式

复习思考题

1. 请说明物流企业、客户、顾客三者之间的关系。
2. 如何理解市场营销的 4P 组合与物流的关系？
3. 请说明人们对物流服务的基本认识。
4. 除了有形产品营销的 4P 组合，物流服务的营销组合还应考虑哪些因素？
5. 以你所熟知的物流服务为例，说明还可能出现哪些增值性物流服务。
6. 请说明物流服务内容、物流服务模块和物流服务产品之间的关系。
7. 通过顾客调查确定物流服务水平的常用方法有哪些？
8. 现实中常见的物流服务模式有哪些？
9. 以你所熟知的物流服务为例，说明它属于哪种物流服务模式。

第十四章　物流企业与第三方物流

如果说物流管理是用系统的观念和方法对物流实施管理的一种内向型行为，则物流服务就是针对客户的需要选择服务内容、水平和模式的一种外向型行为准则。但是，无论是物流管理还是物流服务，都需要由一定的行为主体来执行。从传统来看，物流管理与物流服务的执行主体是物流企业。随着技术手段和经营理念的不断进步，第三方物流在市场中的地位日益突出，在现代物流蓬勃发展的今天，第三方物流企业成了时代的新宠儿。

第一节　物流企业及其职能

物流企业是随着物流市场的发展而产生的、专门从事物流活动的经济组织。20 世纪 80 年代以后，许多生产或流通企业不再直接建立物流系统，而是将物流业务委托给专业物流企业完成，这一趋势促进了物流企业的发展。在经济全球化、网络化、信息化、数字化的 21 世纪，物流企业对国民经济的正常运行具有不可或缺的推动作用。

一、物流企业的概念与分类

物流企业（logistics service provider）就是从事物流活动的经济组织，是各种物流服务的提供商，而物流活动（logistics activity）则是对物流的运输、储存、装卸搬运、包装、流通加工、配送、信息处理等基本功能的实施与管理过程。换言之，物流企业指的是对物品的流向进行操作的企业。按照发达国家的定义，专业物流企业具备的服务功能通常有需求预测、信息传递、物料搬运、订单处理、采购、包装、储存、运输、装卸、配送、回收利用、售后服务等。我国国家标准《物流术语》将"物流企业"定义为"从事物流基本功能范围内的物流业务设计及系统运作，具有与自身业务相适应的信息管理系统，实行独立核算、独立承担民事责任的经济组织"。

2005 年 3 月 24 日，国家质量监督检验检疫总局和国家标准化管理委员会批准发布了国家标准《物流企业分类与评估指标》（GB/T 19680—2005）并于同年 5 月 1 日起实施。鉴于我国物流企业的蓬勃发展和经营水平的不断提高，2013 年，相关部门对该标准进行了重新修订，形成新版《物流企业分类与评估指标》（GB/T 19680—2013）。

在该标准的制定过程中，针对物流企业的界定提出过三种选择标准：第一种标准要求物流企业的全部活动都严格遵循现代物流理念，能够为客户提供定制化服务方案、一体化合同服务。如果按照这一标准，物流企业的范围将会过窄，国内能称得上物流企业的组织肯定不多。另一种标准认为，所有提供运输、仓储等功能性服务的企业都可称为物流企业。如果按照这一标准，则物流企业的范围会过宽。因此，最终所采用的第三种标准就是将前两种标准结合起来，允许物流企业经营传统的运输、仓储等功能性主业，但必须按照现代物流的本质要求，发展现代物流业务。GB/T 19680—2013 以折中的第三种标准为依据，将我国的物流企业划分为"运输型"物流企业、"仓储型"物流企业和"综合型"物流企业三大类。

需要指出的是，该标准特别突出了物流企业向现代物流转型的要求，无论是"仓储型"物流企业还是"运输型"物流企业，如果缺乏物流的延伸服务，不能满足客户的定制化物流需求，则只能称为传统的运输或仓储企业，不能称为"物流企业"。该标准对物流企业的划分体现了"引导我国传统物流企业向现代物流加快迈进"的精神，其实际上仍是一个过渡性国家标准。

（一）运输型物流企业

运输型物流企业应同时符合以下条件。

（1）以从事运输业务为主，具备一定规模。

（2）可为客户提供运输服务及其他增值性服务。

（3）自有一定数量的运输工具和设备。

（4）具备信息服务功能，应用信息系统可对运输货物进行状态查询、监控。

（二）仓储型物流企业

仓储型物流企业应同时符合以下条件。

（1）以从事仓储业务为主，具备一定规模。

（2）可为客户提供分拨、配送、流通加工等服务以及其他增值性服务。

（3）自有一定规模的仓储设施、设备，自有或租用必要的货物运输工具。

（4）具备信息服务功能，应用信息系统可对仓储货物进行状态查询、监控。

（三）综合型物流企业

综合型物流企业应同时符合以下条件。

（1）从事多种物流服务业务，可以为客户提供运输、仓储、货运代理、配送、流通加工、信息服务等多种物流服务，具备一定规模。

（2）可为客户制定系统化物流解决方案，可为客户提供综合物流服务及其他增值性服务。

（3）自有或租用必要的运输工具、仓储设施及相关设备。

（4）具有一定市场覆盖面的货物集散、分拨、配送网络。

（5）具备信息服务功能，应用信息系统可对物流服务全过程进行状态查询和监控。

当然，由于物流企业的经营方向、服务提供方法、组织形式等方面的多样性，现实中对于物流企业的分类必然是多种多样的。例如，根据生产资料所有制形式不同，将其分为国有物流企业和非国有物流企业；根据物流业务的承担者不同，将其分为物流自理企业和物流代理企业；根据业务内容的不同，将其分为物流作业企业和物流信息企业；根据物流企业的组织形态不同，将其分为实体物流企业和虚拟物流（virtual logistics）企业等。

二、物流企业的职能

物流是一个过程，这个过程是存货的流动和储存过程，是信息传递的过程，是满足客户需求的过程，是若干功能协调运作的过程，是提高企业运营效率和效益的过程。在整个物流过程中，物流企业具备十分重要的职能。

（一）物流企业的宏观职能

物流企业的宏观职能是指解决社会生产与消费之间在数量、质量、时间和空间上的矛盾，促进社会总供求的结构平衡和社会再生产过程的顺利实现。日本的物流专家河野力认为，第二次世界大战后日本经济的快速发展得益于物流和教育。可见，物流产业对一国国民经济的影响和作用是深远而巨大的。对一个国家而言，物流企业可以为国民经济的发展提供有利的条件，具体表现在以下几个方面。

（1）可以优化国家资源配置，改善和有效利用国家的基础设施，促进国民经济和社会的快速、健康发展。

（2）提高原材料和产品流动的质量、效益和水平。

（3）促进经济增长方式由粗放型向集约型转变。

（4）促进城市化水平的提高。

（5）提高居民的综合生活水平和质量。

（6）增强制成品在国际市场上的竞争能力。

（二）物流企业的微观职能

从企业运营的角度来考察，物流企业的职能包括以下内容。

1. 提供物流服务

物流是以制造商为中心，即以产品的生产制造和市场营销为主线、以相关信息流为手段协调供应商和客户行为的协作性竞争体系或市场竞争共同体。物流企业是物流服务的供应商，物流的本质就是服务，为制造商的产品生产和营销提供服务、为最终用户的产品可得性提供服务、为供应链的组织协调提供服务，这就要求物流企业改变传统经营方式，主动出击，进行市场调查，了解用户物流服务需求并分析客户对物流服务的要求，为客户提供令其满意的物流服务。这一切的实现依赖于物流信息的畅通和传递速度，而信息的处理与传递必须实行电子化方式才能迅速、高效。

物流企业的功能越来越多、竞争越来越激烈。在电子商务环境下，物流企业不仅要完成零售店的送货任务，还要完成生产企业的进货任务等，物流企业既是生产企业的原料库、成品库，也是最终用户服务的供应者。此外，它不再单单提供仓储和运输服务，还必须开展配货、送货和各种提高附加值的流通加工服务，也可以按客户的需要提供其他相关服务。由此可见，电子商务把物流产业提升到了一个前所未有的高度，为物流企业提供了极大的发展空间。

从分工协作的观点来看，制造商在选择其物流服务供应商时主要考虑以下几个因素：首先是其市场营销战略需要；其次是与市场营销战略相匹配的物流系统设计；再次是能获得高水平的物流服务；最后是能获得降低物流总成本的好处。制造商的"服务/成本"分析是至关重要的。物流企业在供应链中的服务定位取决于资源配置所具有的比较优势。为此，物流企业必须实行服务的专业化。

2. 管理客户企业的存货资产

物流管理的核心是在供应链中流动的存货，所以物流管理在本质上是对存货资产的管理。这是企业理解物流体系、把握物流过程的关键所在。物流企业必须为制造商的存货管理提供解决方案。

3. 满足最终消费者对商品的需求

物流系统的功能目标就是满足客户需求。从客户服务的角度来说，有学者把物流定义为"以恰当的成本和恰当的条件保证恰当的客户在恰当的时间和恰当的地点对恰当的产品的可得性"。实际上，产品的可得性不仅是物流系统功能的首要评价指标，也是物流系统优化最主要的目标。

4. 降低交易成本

运输和储存是物流管理的两个主要范畴，也是对产品客户的可得性影响最大的两个物流功能环节。对一般生产企业来说，运输成本占物流总成本的 45%左右，而存货维持成本则占物流总成本的 37%左右。在传统的物流配送管理中，因信息交流限制，加之配送环节的烦琐，完成一个配送过程的时间比较长。但随着电子商务的发展，网络系统介入物流企业，信息交流时间大大缩短，任何物流信息和资源都会通过网络瞬间传到有关环节。此外，计算机系统管理可以使整个物流配送管理过程变得简单、容易，使物流配送周期大大缩短，使用户的购物和交易更有效率、费用更低。物流企业正是通过其物流服务能使货主企业降低库存、降低运输成本、减少流程周转时间等交易成本而获利的。

5. 提升企业的核心竞争力

越来越多的企业认识到物流系统是获得竞争优势的重要战略手段，实际上，物流系统的竞争优势主要取决于它的一体化程度。电子商务公司希望物流企业提供的配送不仅仅是送货，而是最终成为电子商务公司的客户服务商，协助电子商务公司完成售后服务，提供更多增值性服务内容，如跟踪产品订单、提供销售统计、代买卖双方结算货款、开展市场调查与预测、提供采购信息与咨询服务、协助选择与规划物流方案、提供库存控制策略建议、实施物流教育培训等系列化服务，以进一步增加电子商务公司的核心服务价值。

6. 促进电子商务的发展

通常，一笔成功的电子交易包括物流、信息流和资金流三种基本要素。其中，物流是基础，信息流是桥梁，资金流是目的。没有快速反应能力的物流企业，电子商务就不可能得到充分的发展。电子商务要求物流配送快速、准确、高效，而自动化的效果就是省力并能提高物流作业能力、提高劳动生产率、减少物流作业的差错等。因此，物流企业要努力实现自动化以适应电子商务和企业发展的需要，这就要求物流企业配备高水平的自动化设备，如条码/语言/射频自动识别系统、自动分拣系统、自动导引车、货物自动跟踪系统等。这些设施在发达国家已普遍应用于物流作业流程中。

第二节　第三方物流的概念与特点

自 20 世纪 80 年代在欧美地区发达国家出现以来，第三方物流以其独特的魅力受到了众多企业的青睐并得到迅猛发展，被誉为企业发展的"加速器"和 21 世纪的"黄金产业"。完善的第三方物流企业能够提供客户企业所需的所有环节的物流服务，包括仓库存货代理、运输代理、托运代办、通关代理等业务。第三方物流可以帮助企业提高劳动生产率、削减成本、提高灵活性。实践表明，企业对第三方物流服务的利用频率越来越高，范围也越来越广。

一、物流外包的原因

由于供应链的全球化拓展，物流活动变得越来越复杂，物流成本越来越高，资金密集程度也越来越大。如果将企业所需的物流服务外包出去（简称"物流外包"），就可以将企业资源集中于自己的核心业务并有效地节省物流成本、提高顾客服务水平。这种观念和方法最早出现在制造行业并很快蔓延到所有企业。承接外包物流服务的企业被美国物流管理协会（CLM）命名为"third-party logistics service provider"，在我国则被称为第三方物流企业。一般认为，欧美地区发达国家越来越多的工商企业将其物流服务需求外包给第三方物流企业的原因主要有以下几个。

（一）降低物流成本

一般来说，3PLs 至少可为货主降低 10% 的物流成本。这是当前许多企业选择将物流服务外包的主要原因。特别是在欧洲，更多的税费、更高的劳动力成本和更多的规章及作业限制导致欧洲的物流成本比美国都要高出一倍，促使许多欧洲公司选择物流外包。

（二）专注核心业务

现代竞争理论认为，企业要取得竞争优势，必须巩固和扩展自身的核心业务，专心致力于核心业务的发展，因而越来越多的企业将自身非核心业务外包给专业化 3PLs。

（三）减少资金投入

物流作业的高效率往往来自先进的软、硬件设备，而这些软、硬件设备肯定需要大量的资金投入。如果企业将物流外包出去，就可利用 3PLs 的物流资源满足自身的物流需求，将企业在物流系统建设方面的巨额投资节省下来。

（四）整合供应链

随着外包业务的不断成熟，企业外包的内容早已突破物流服务的范围，开始向供应链管理的其他领域拓展。对于存在供应链整合需求的企业，外包可以很方便地实现重新整合供应链的目标。事实上，越来越多的 3PLs 已经拥有或正在培养供应链整合能力。

（五）拓展国际业务

随着全球经济一体化的加速，不少没有国际营销渠道的企业也希望进入国外市场，国际 3PLs 恰恰可以帮助这些企业实现其拓展国际业务的目的。

（六）方便虚拟企业

虚拟企业和电子商务被视为 21 世纪最具前途的商业模式，虚拟企业的经营显然离不开 3PLs。

二、第三方物流的内涵

事实上，第三方物流（third-party logistics）的概念来源于第三方物流企业（third-party logistics service provider），前者是在后者的基础上剥离抽象出来的。第三方物流应该被理解为一种"实体流动过程"，而第三方物流企业则是"特定类型的企业"，二者在本质上是两个完全不同的概念。

在物流外包兴起的时代，美国的物流产业已经相当发达，physical distribution 的概念已经基本退出历史舞台。因为 physical distribution 与 logistics 在英语国家本就是两个不同的术语，美国根本不存在像我国这样的"物流称谓之争"与"真假物流企业之别"，所以 3PLs 及其衍生出来的 third-party logistics 都与 physical distribution 没有直接关联，更不可能与运输、储存等功能性活动扯上关系。

本书第一章已经指出，我国的物流称谓源于一个"偷梁换柱式"的错误。在第三方物流概念传入初期，我国的物流称谓所指还在 physical distribution 与 logistics 之间徘徊，甚至很多人认为运输、储存等功能性活动也属于物流。也就是将与物流活动相关的各种"物流类"活动都称为物流、将"物流类"企业都称为物流企业并将这种理解套用到第三方物流上，只着意强调第一方发货人和第二方收货人之外的"第三方"，而有意或无意地忽略"物流"的真伪。

第三方物流的英文是 third-party logistics，说明汉语第三方物流称谓中的"物流"是特指 logistics，而不是我国曾经广义理解的物流含义。logistics 不同于 physical distribution，更不同于 transportation 或 storing，第三方物流应该是指由第一方发货人和第二方收货人之外的主体所组织的 logistics，而不是 physical distribution、transportation 或 storing。因此，我国国家标准《物流术语》将"第三方物流"定义为"由独立于物流服务供需双方之外且以物流服务为主营业务的组织提供物流服务的模式"。

三、第三方物流企业的特征

第三方物流是特定业务关系模式或服务模式下的物流，在这种模式中提供物流服务的企业就是第三方物流企业（3PLs）。依据以上分析，第三方物流企业显然是 logistics 企业，也就是我国此前所称的现代物流企业。它一般具有如下特征。

（一）反应快速化

生产或流通企业之所以选择第三方物流服务，最重要的原因之一就是为了获得比自营物流更快的反应速度。只有当第三方物流企业做到了反应快速化，才有可能帮助客户缩短订货提前期、降低库存总水平并及时满足需求。

（二）服务系列化

除了传统的储存、运输、包装、装卸搬运等服务，第三方物流服务在外延上向上扩展至市场调查与预测、采购与订单处理，向下延伸至配送、物流咨询、物流方案的选择与规划、库存控制策略建议、货款回收与结算、教育培训等增值性服务。

（三）作业规范化

第三方物流企业能够提供规范的作业标准和服务标准并将物流服务的内容模块化，这样就可以帮助客户更快速、更准确地熟悉物流服务内容，从而方便客户根据自身需要进行选择，将复杂的交易过程简单化。同时，作业规范化能保证物流服务的质量、提高物流服务的可靠性。

（四）目标系统化

第三方物流企业应从系统全局的角度统筹规划客户的物流服务需求，协调好物流与商流之间、物流与资金流之间、物流与企业整体之间以及物流系统内部各要素之间的目标，保证各项目标的均衡实现。

（五）手段现代化

手段现代化至少包含两个方面的含义：首先是指提供物流服务的各种装备的现代化；其次是指管理手段的现代化。

（六）组织网络化

第三方物流企业需要有完善、健全的组织网络体系，使网络上点与点之间的物流活动保持系统性和一致性。这样既可以保证整个物流网络有最优的库存总水平和库存分布，又能为客户提供快捷、灵活、高效的物流服务。

（七）经营市场化

第三方物流企业的经营必须遵循市场原则，无论是第三方物流企业自己独立组织物流服务，还是通过分包的方式利用社会资源承担物流任务，都要以"服务—成本"的最佳组合为总目标。谁能提供最佳的"服务—成本"组合，谁就是物流市场竞争的优胜者。

四、第三方物流的分类

如前所述，根据执行主体的身份不同，物流分为第一方物流、第二方物流、第三方物流等。第三方物流是一种特定业务关系或服务模式下的物流，但它仍然是物流，是"物品从供应地向接收地的实体流动过程"，并不是交易关系或服务模式。因此，第三方物流的分类本质上还是物流的分类，而不是服务模式的分类。基于这种认识，本书第二章有关物流的分类方法以及企业层面的各种具体分类和形式都适用于第三方物流。

作为特定服务模式下的物流，第三方物流是否存在一些个性化分类标准或新的分类方法是一个值得深入探讨的问题。从已有文献看，与物流的分类相似，很多第三方物流的分类或是不够全面，或是不够严谨，抑或是经不起推敲，而且分类方法的种类更少。很多文献以物流服务或物流企业为标准对第三方物流进行分类，这些分类方法实际上是借用了普通的物流分类，并非第三方物流所特有。本书采纳相对合理、接受度较高的分类方法，按第三方物流企业提供物流服务的手段进行划分，将其分为资产基础型第三方物流和非资产基础型第三方物流。

（一）资产基础型第三方物流

所谓资产基础型第三方物流，是指物流供应商拥有从事专业物流活动或约定物流活动的设备、设施、运营机构、人才等生产条件并且以此作为自身的核心竞争能力。资产基础型第三方物流以自有的资产作为向客户服务的重要手段，在工业化时期，这种物流企业在发达国家曾经有过比较大的发展。

资产基础型第三方物流的主要优点包括：① 可以向用户提供稳定、可靠的物流服务；② 由于资产的可见性，这种物流企业的资信程度比较高，从而对客户具有吸引力。

资产基础型第三方物流的主要缺点包括：① 因为需要建立一套物流工程系统，投资金额比较大，而且维持和运营这一套系统仍需要经常性投入；② 虽然这套系统可以提供高效率的确定服务，但很难灵活地随客户的需求做出改变，往往会出现灵活性不足的问题。

（二）非资产基础型第三方物流

非资产基础型第三方物流是指物流供应商不拥有资产或租赁资产，是以人才、信息和先进的物流管理系统作为向客户提供服务的手段并以此作为自身的核心竞争力。非资产基础型第三方物流由于自己不拥有需要高额投资和经营费用的物流设施、设备，而是灵活运用他人的这些生产力手段，这就需要有效地管理和组织，所以信息技术的支撑显得十分重要。

非资产基础型第三方物流最大的优势是由于不拥有庞大的资产，可以通过有效地运用虚拟库存等手段获得较低的成本，但是其资信程度较资产基础型第三方物流较低，因而对客户的吸引力不如资产基础型第三方物流大。

此外，随着物流产业的发展，势必出现一种既在信息、组织和管理上拥有优势，又建立了必要的物流设施、设备系统，但不是全面建设这种系统的第三方物流，它既具备上述两种第三方物流的优点，又避免了投资金额过大或服务水平不足的缺点。

五、第三方物流的特点

从逻辑上说，应该是先有"第三方物流"的概念，才有"第三方物流企业"的概念，相应的特点或特征也应该是前者早于后者。可事实正好相反，原因就在于第三方物流企业属于现代物流企业，在没有"第三方"这一特殊身份之前就已经存在，作为独立的市场主体组织物流活动、提供物流服务。但当物流企业被赋予"第三方"身份之后，它组织的物流活动就被称为第三方物流，它提供的服务就被称为第三方物流服务。事实上，深入分析和比较第三方物流企业的特征和第三方物流的特点有助于人们真正理解第三方物流企业与第三方物流的区别。

前文已经指出，第三方物流企业的特征就是现代物流企业的特征，是相对于其他"物流类"企业而言，logistics 企业在业务能力和服务水平方面的个性化表征。而第三方物流作为一种特定服务模式下的物流，它的特点应该是指"实体流动过程"中的某些内在独特之处，是相对于第一方或第二方物流而言的。因此，"第三方"才是产生内在的独特之处的关键。第三方物流的内在独特之处也就是其具体特点主要有以下五个。

（一）关系契约化

首先，第三方物流是通过契约形式规范物流经营者与物流消费者之间的关系的。物流经营者根据契约规定的要求，提供多功能直至全方位一体化物流服务并以契约管理所有提供的物流服务活动及其过程。其次，第三方物流发展物流联盟是通过契约的形式来明确各物流联盟参加者之间权责利相互关系的。

（二）服务个性化

首先，不同的物流消费者存在不同的物流服务要求，第三方物流需要根据不同物流消费者在企业形象、业务流程、产品特征、顾客需求特征、竞争需要等方面的不同要求，提供针对性强的个性化物流服务和增值性物流服务。其次，从事第三方物流的物流经营者因为市场竞争、物流资源、物流能力的影响需要形成核心业务，不断强化所提供物流服务的个性和特色，以增强在物流市场中的竞争能力。

（三）功能专业化

第三方物流提供的是专业的物流服务，必须在物流设计、物流操作过程、物流技术工具、物流设施、物流管理等方面体现专业水平，这既是物流消费者需要的，也是第三方物流自身发展的基本要求。

（四）管理系统化

具有系统化物流功能是第三方物流产生和发展的基本要求，第三方物流需要建立现代管理系统才能满足运行和发展的基本要求。

（五）信息网络化

信息技术是第三方物流发展的基础。在物流服务过程中，信息技术发展实现了信息实时共享，促进了物流管理的科学化，极大地提高了物流效率和物流效益。

第三节　第三方物流的价值与作用

第三方物流企业既不从属于第一方，也不从属于第二方，而是以第三方的身份，通过与第一方和第二方合作提供物流服务。它不拥有商品，也不参与商品买卖，而是为客户提供以合同为约束、以结盟为基础的系列化、个性化、信息化物流服务。第三方物流企业与其客户一起发挥各自的核心竞争力，可以形成一个资源共享、优势互补的集约化、规模化物流系统，系统中的各个关系方都能实现资源的最优配置和效益的最大化。作为一种特定服务模式下的物流，第三方物流能够为客户带来超出物流本身时间价值和空间价值的诸多价值，为第三方物流企业带来丰厚的利润，同时能产生良好的社会效益。

一、第三方物流的价值

客户企业将物流业务外包给第三方物流企业后，不但自己的物流需求可以得到更好的满足，而且可以抛开自己不擅长的物流业务，集中精力于自己的核心业务，强化企业的核心竞争力，使企业获得更高的经济效益和更显著的竞争优势。使用第三方物流给客户企业带来的诸多好处可以简单地表述为第三方物流的以下几种价值。

（一）第三方物流的成本价值

所谓成本价值，是指在成本支出方面为客户企业带来的好处。第三方物流的成本价值在于：客户企业可以以更少的成本支出分享第三方物流企业的各种企业职能。如果没有第三方物流，客户企业要获得同样的企业职能将会付出更多的成本。物流成本的节约形成整个企业的第三利润源，各项职能成本的节约就是企业的职能利益。在助力客户企业挖掘第三利润源的过程中，第三方物流企业能利用专业化、规模化优势将客户企业的各项职能成本降至第一方或第二方物流水平之下，使其获得相应的职能利益，创造第三方物流所特有的成本价值。第三方物流的成本价值至少体现在客户企业获得的如下几项职能利益中。

（1）作业利益。企业将物流外包后，不再需要购买专业的运输设备、建设专门的仓库设施，也不用雇用物流人员，使得企业将固定成本转化为可变成本，降低了固定成本带来的风险。同时，第三方物流通过专业化物流设备和先进的信息技术提高了物流作业的灵活性和服务质量。

（2）管理利益。第三方物流实现了订单的信息化处理，推动了物流协调运作的一致性，从而保证了客户企业内部管理运营的流畅性，提高了管理的效率。此外，将物流统一外包给第三方可使客户企业减少物流供应商数量、降低相关的交易成本。

（3）经济利益。企业通过物流外包，不仅能够将其固定成本转变为可变成本，还可以有效地避免盲目投资造成的资金浪费，从而节约投资成本、降低经营风险、获得经济利益。

（4）战略利益。企业将物流外包给第三方不仅能够获得地理跨度方面的灵活性，还可以根据竞争环境的变化及时做出调整，因此具有战略性意义。

（二）第三方物流的服务价值

所谓服务价值，是指在服务方面为客户企业带来的好处。第三方物流的服务价值更多地体现在它能为客户企业带来超越第一方或第二方物流的服务内容与服务体验。在竞争市场中，第三方物流企业必须充分发挥自身的核心竞争力并通过关系契约化、服务个性化、功能专业化、管理系统化和信息网络化吸引和满足客户。为客户企业提供优质的物流服务是所有第三方物流企业追求的目标和努力的方向。第三方物流的服务价值体现在以下几点。

（1）提供个性化、专业化服务。由于不同企业在采购、库存、生产、销售等方面存在差异，其所要求服务的方式、水平和内容等也会有所不同。因此，第三方物流必须具备提供个性化、专业化服务的能力，能够为客户企业定制专门的服务方案。

（2）形成物流网络服务。第三方物流企业把供应商、生产制造商和批发零售商等供应链节点企业的物流活动整合起来，形成物流系统网络，以加快对客户企业订货的反应速度、缩短从订货到交货的时间，实现物品的快速配送、交付。此外，第三方物流运用先进的通信技术加强对在途物品的监控，确保物品及时、安全地送达目的地，提高了客户企业的满意度。

（3）扩大服务的深度和广度。第三方物流通过纵向整合，为客户企业提供包括运输、储存、配送、信息系统规划和管理以及专业物流人员的培训等一系列专业化物流服务，加大了物流服务的深度。同时，第三方物流企业与其他同类企业进行横向整合，结成物流联盟，在更大范围内共同为客户企业提供优质的物流服务，由此扩展了物流服务的广度。

（三）第三方物流的风险规避价值

资金不足是绝大多数企业面临的共同难题，资金链断裂是企业倒闭最主要的原因之一。对于很多中小企业而言，减少资金占用甚至是比降低成本支出还要重要的决策原则。第三方物流可以有效解决客户企业的资金不足难题，帮助客户企业减少在物流方面的固定资产投入、加快存货资产的资金周转速度，规避资金占用所带来的各种风险。

（1）投资风险。自营物流的企业需要自行购买运输车辆、建立存货仓库等，但由于市场的不确定性，企业对这些物流设施、设备的使用率也随之呈现波动性。当市场萎缩时，会出现大量物流资源闲置的现象，加上资产专用性的存在，企业可能面临巨大的沉没成本风险。

（2）存货风险。企业为了防止生产中断或货物短缺，往往会持有一定的库存。一般而言，企业防止缺货的期望越大，仓库的平均存货数量越多。在市场需求高度不确定的情况下，大量的库存容易导致产品和原材料积压，致使管理成本上升。加上存货需求占用大量的资金，随着时间的推移，其变现能力可能减弱，产生贬值的风险。因此，在库存没有变现之前，所有企业都面临着巨大的存货风险。

如果企业选择通过第三方物流进行专业化运输、储存和配送，可以节约大量的物流设施、设备投资，将固定成本转化为变动成本，避免沉没成本和机会成本风险。同时，由于配送能力的提高与存货周转速度的加快减少了企业内部的安全库存量，将一部分风险分散给第三方物流企业，从而降低了客户企业的资金风险。

（四）第三方物流提升企业竞争力的价值

如果说第三方物流的成本价值、服务价值和风险规避价值都属于战术层面的价值，那么第三方物流在帮助客户企业提升竞争力方面的价值则可算作一种战略价值。正因为这种价值的存在，越来越多的工商企业将物流上升到了企业战略的高度，将第三方物流作为企业竞争战略的重要组成部分。第三方物流提升企业竞争力的价值主要体现在如下几个方面。

（1）集中主业。随着企业生产经营规模的不断壮大，其对物流的要求越来越高。自营物流的企业无法兼顾主营业务和物流业务。将物流业务外包给第三方物流有利于实现资源优化配置，帮助企业将有限的人力、财力集中于如新产品的研发、工艺技术的改造和新市场的开拓等核心业务上。

（2）建立关系。同客户企业相比，第三方物流企业可以站在更高的层次、以更广阔的视野看待和处理物流问题并通过强大的物流系统分析与设计能力、信息技术开发与应用能力将原材料供应商、生产制造企业、产品批发商和零售商等供应链企业的物流活动有机地衔接起来，帮助客户企业建立起更加强大的供应链竞争优势。也就是说，第三方物流有助于客户企业建立稳定的供应链关系。

（3）推动全球化。现代企业的采购、生产和销售在全球范围内进行，这是经济全球化的具体特征和成果。企业要集中精力于生产经营，同时要注意开拓市场，这使得企业的资源容易受到限制。许多大型第三方物流企业在国内外具有良好的运输和分销网络，与它们合作，有助于构筑全球一体化物流体系、推动企业全球化战略的实施。

（4）提升形象。专业的第三方物流利用规模生产的专业优势和成本优势提供低价格、高质量的服务，它们与客户企业建立的是战略合作伙伴关系，能够将客户企业的物流最优化作为设计运作物流系统的目标，为客户企业着想，运用遍布世界各地的运送网络和服务提供商大大缩短提货和交货周期，帮助客户改进物流服务、树立品牌形象。

二、第三方物流的效益源泉

人们常说，物流是企业的第三利润源泉，其含义是指对于普通的工商企业来说，在生产成本难以降低和销售收入难以增加的情况下，降低物流成本可以有效地增加企业利润，成为企业的利润源泉。从中可以看出，所谓利润源泉，实则是指企业降低成本的主要对象或主要途径。因此，第三方物流的效益源泉就是指它在成本节约或价值创造方面的独特优势或手段。

虽然效益不仅指代利润，但其经济体现往往就是利润。必须指出的是，第三方物流的利润并不等于第三方物流企业的利润，因为客户企业也要分享利润，否则第三方物流的成本价值就无法体现，第三方物流本身的吸引力也会大打折扣。也就是说，第三方物流企业的利润和客户企业的成本价值共同构成了第三方物流的利润，它表现为第三方物流超出第一方或第二方物流之上的成本节约能力。如果将以上针对利润的阐述推广到效益，可以认为，第三方物流的效益主要源于第三方物流企业的规模经济、专业优势、协调运作能力以及双方的合作联盟关系。

（一）第三方物流企业的规模经济

由于第三方物流企业拥有很多不同的客户，实际运作中可以将多个不同客户的类似物流业务集中起来统一进行处理，通过积零为整的方式获得规模经济效益。第三方物流企业获得规模经济效益的途径主要有三种：一是运输的规模经济，第三方物流企业通过对运输方式、运输线路和运输工具等进行充分整合，可有效提高运输工具的载重量利用率或运载率、降低运输空载率和迂回率，获得运输的规模经济效益；二是设施利用的规模经济，第三方物流通过统一仓储、集中配送可以加快产品周转和资金回笼速度，实现物流设施的合理利用；三是采购商品的规模经济，第三方物流企业集中多个客户企业的采购订单，集中进行采购，可以提高采购批量、获得批量折扣并据此与供应商保持长期稳定的供应关系，可获得更多的价格优惠。

（二）第三方物流企业的专业优势

物流肯定是第三方物流企业的核心业务，却不大可能成为普通工商企业的核心业务。所以，第三方物流肯定比第一方或第二方物流更专业。虽然物流不大可能成为普通工商企业的核心业务，但借助第三方物流，物流有可能成为普通工商企业的核心竞争力之一，体现第三方物流的提升企业竞争力价值。

由于物流是第三方物流企业的核心业务，所以在构建物流系统的过程中，无论是资金、人才的保障还是技术、理念的运用，第三方物流企业都会优于普通工商企业。事实上，绝大多数工商企业在物流方面的投入都不可能与专业的第三方物流企业相提并论；对于各种类型的物流专业人才而言，第三方物流企业显然更有吸引力：首先，将有关新技术新装备运用于物流系统构建和物流系统运作的也一定是第三方物流企业；其次，第三方物流企业在物流方面的经营理念、管理方法和运作手段也肯定优于普通工商企业。

（三）第三方物流企业的协调运作能力

第三方物流企业的协调运作能力是第三方物流最重要的效益源泉之一，也是体现第三方物流服务价值的主要手段。依赖于第三方物流服务模式，第三方物流企业可以打破各供应商之间和各客户群之间的界限，统一组织商品调运或配送，以最短的时间和最低的频次将商品送到顾客手中并减少商品流通过程中的浪费，创造出优于第一方或第二方物流的服务价值。同时，第三方物流可以统一采用批量化作业方式，使物流过程更为简单，以提高物流运作效率。此外，第三方物流能适时协调供应链上的各供需关系方，使供应链上的成员企业形成新的、更合理的供需关系。

（四）第三方物流企业与客户企业的合作联盟关系

在第三方物流系统中，客户企业与第三方物流企业结成长期合作联盟关系，由第三方物流企业负责客户企业的物流系统设计和物流系统运营，客户企业则可将有限的人力、物力和财力资源集中于自己的核心业务，努力提升企业的核心竞争力，获得更高的市场地位和更好的经济效益。同时，第三方物流企业可以通过这种合作联盟关系获得更稳定的业务和更长远的经济效益。因此，双方的合作联盟关系是第三方物流重要的效益源泉。

三、第三方物流的社会效益

通过系统化和专业化物流运作，第三方物流不仅能为客户企业带来实实在在的成本价值、服务价值、风险规避价值和提升竞争力价值，而且通过独特的成本节约和价值创造手段，成为第三方物流的效益源泉和第三方物流企业的利润源泉。此外，从宏观上看，第三方物流存在着广泛的社会效益。

（一）整合社会资源

第三方物流凭借其强大的物流信息系统和专业的物流管理能力对企业原有的物流信息系统等进行合理的更新、优化，实现数据信息的共享并对企业的车辆、仓库、设备等物流资源进行统一运营、管理，将闲散的物流资源有机整合起来，实现物尽其用，提高物流资源利用效率。

（二）缓解交通压力

第三方物流凭借其专业的物流职能加强对运输路线和运输方式的合理规划、组织统一配送等能够有效地减少车辆运行数量，尽可能避免车辆迂回运输、空驶等现象，有利于解决由于货车运输的无序化造成的城市交通拥堵问题，起到缓解城市交通压力的作用。

（三）优化产业结构

发展第三产业是我国产业结构调整、努力的方向。大力发展第三方物流有利于提高第三产业在国民经济中所占的比重，推动产业结构的合理调整与优化，同时有利于带动相关产业的发展、促进第三产业群的形成。

（四）促进区域发展

通过专业的物流职能，第三方物流可以支持生产企业将原料采购、制造加工和产品销售异地结合或三地分离，使得第三方物流的这一特殊功能与我国区域经济因地制宜、优势互补、分工合作、协调发展的目标相一致。因此，加快发展第三方物流对于各经济区域的协调发展，特别是对中西部经济落后地区的经济发展具有重要的战略意义。

第四节　第三方物流的运作模式

企业的物流运作主要包括产品运动、信息运动、对这些运动的速度和成本的控制以及企业内部功能的整合和企业外部协作体系的一体化。当企业所拥有的物流资源不足以对企业组织的目标形成有效支持时，企业就会到市场上寻求外部资源的支持，即所谓的外包物流。而当企业产生了外包物流服务的需求时，第三方物流服务的市场就产生了。

一、第三方物流的典型运作模式

第三方物流运作从初级到高级是分阶段发展的，但其并没有统一的分类标准和固定的运作模式。不同的企业完全可以根据自身的特点进行优化组合，最大程度地发挥自身的资源优势，设计出自己的第三方物流服务产品。下面介绍三种典型的第三方物流运作模式。

（一）以综合物流代理为主要形式的第三方物流运作模式

第三方物流企业为客户提供全方位、综合性物流服务，所提供的服务可能是企业自身无法完成的，需要将部分服务项目委托给其他专业性较强的公司协助完成。在整个运作过程中，第三方物流企业完全可以不进行固定资产再投资，只需运用自己成熟的第三方物流管理经验，就能为客户提供高质量的服务。

采用这种模式的物流企业应该具有很强的实力，同时拥有发达的网络体系，这样的企业能做到综合物流代理，可为客户提供全方位服务。

（二）以提高物流服务附加值为目标的第三方物流运作模式

物流产业是创造商品价值的产业，订单处理、仓储保管、运输、配送、装卸、包装、流通加工到信息反馈等的一系列活动都能创造商品的附加值。第三方企业是一个微利企业，传统的做法是通过开拓业务、增加新的客户提高盈利，但这只是一种面的扩充。通过物流活动提高商品附加值则是打破原有的惯性，从深度与广度的维度考虑，这种物流服务既让客户感到方便，又提高了商品的附加值和物流的利润，还提高了第三方物流企业的盈利。

我国第三方物流企业由于运输方式单一且欠缺网络的整合能力，若不考虑实际情况，在现阶段做综合物流代理，不但实力达不到，而且容易导致服务不到位，最终使客户不满意。面对现实，企业应该根据自身的实际情况，从提高物流环节的服务附加值入手，实现物流环节的系统化和标准化，使物流的整体效益达到最佳。

（三）以个性化物流服务为目标的第三方物流运作模式

客户对物流的需求是具有多样性的，特别是中小型客户，他们自身的商务功能有限、需求更具特殊性，这是一个巨大的潜在客户群。第三方物流企业如果能够为这些客户提供差异性服务，就会发现有很大的发展空间。所以，物流服务提供者不能仅依靠单纯地提供部分固定的服务项目，而应利用信息将其咨询能力与企业客户的实际相结合而创造新价值，将其自身的行业优势转化为新的生产力资源融入企业客户，即企业要有"以客为本"的经营理念，在提供物流服务时必须以客户满意为中心，真正领会客户的生产意图，一切从客户的需要出发，针对客户供应链的各环节，紧密配合客户的生产需求，以提高客户生产效率、降低客户的物流费用、提高客户整体效益和竞争力为目的，拟定一个整体性解决方案并以此整合所有的业务。

由此，物流社会化又融入了更深的含义：物流代理商不仅承接物流业务，更重要的是给客户提供一种崭新的资源。这种资源是为客户所特定的，是客户无法从其内部获得而只能依靠专业社会生产力资源提供者的。正如微软公司副总裁所说的："附加价值不是可以永远源源不断汲取且永不干涸的井，它迟早会有枯竭的一天；所以你必须找寻新的燃料之源，这就是崭新的行事方式。"而第三方物流正是为企业提供了这种崭新的方式，即一种跨越其组织界限的行业合作。在新经济条件下，物流的个性化服务正是顺应了这样的趋势，物流作为"第三利润源"正在发挥更大的作用。

二、第三方物流企业的合作经营方式

在我国，现代物流的发展起步较晚，但新成立的第三方物流企业对现代物流有较深的理解，它们更加注重客户关系，与国有物资流通企业相比服务水平高、企业负担小，可是与国际物流业的巨头联合包裹（UPS）和联邦快递（FedEx）的规模和水平还相差较远。究其原因，主要是这些第三方物流企业资金少、拥有的物流资源相对匮乏，不能形成规模优势，但通过学习借鉴国外的先进经验，近年来它们发展得较快。目前，我国第三方物流的现状已初步具备了发展物流与配送的经济环境和市场条件，从长远来看，在不断推进改革的条件下，我国第三方物流的发展将进入一个新阶段，前景是很可观的。

（一）纵向合作经营

纵向合作经营是指在物流业务系统中的第三方物流企业因所从事的物流业务不同而与上游或下游第三方物流企业之间不存在同类市场竞争时的合作经营关系。纵向合作经营最典型的模式是专门从事运输业务的物流企业和专门从事仓储业务的物流企业之间的合作。

纵向合作经营的结果使得社会物流资源得以整合，第三方物流企业的分工更专业、资金投入更合理。

（二）横向合作经营

横向合作经营是指彼此独立、从事相同物流业务的第三方物流企业之间的合作经营关系。

横向合作经营的基础是资源共享，它包括三个方面的含义：一是市场的共享。合作体内每个企业独立开发的市场即合作体内所有企业的市场。二是技术的共享。合作体内每个第三方物流企业都有自己的技术特点，合作经营的结果使得合作体内各种技术特点相互取长补短，形成了合作体共同的、比较全面的物流技术体系优势，既降低了每个企业的技术开发费用，又增强了企业的技术竞争力，扩大了企业的市场竞争范围。三是业务能力的共享。在合作体内部，当某一企业季节性或临时性业务量较大时，可以花费合理而低廉的费用，使用合作体内其他第三方物流企业的业务资源，进而使得合作体内部的投资更合理。

（三）网络化合作经营

网络化合作经营是指既有纵向合作又有横向合作的全方位合作经营模式。网络化合作经营既有纵向合作的特点，也有横向合作的特点，是最常见的合作经营模式，一般不完全资产型第三方物流企业采用这种合作经营方式。

拓展阅读资料　　　　第三方物流发展现状

本章关键词

物流企业、第三方物流企业、第三方物流的运作模式、第三方物流企业的合作经营方式

复习思考题

1. 简述物流企业的微观职能。
2. 举例说明你所熟悉的物流企业属于哪种类型。
3. 比较第三方物流企业的特征与第三方物流的特点，说明它们的区别。
4. 对于普通工商企业来说，使用第三方物流的好处有哪些？
5. 第三方物流的效益等于第三方物流企业的效益吗？为什么？
6. 第三方物流的社会效益主要体现在哪些方面？
7. 结合实际说明第三方物流的典型运作模式。
8. 第三方物流企业的合作经营方式有哪些？

第十五章 物 流 政 策

为了促进社会经济的高效运行和健康发展，政府必须制定相应的方针和政策，对全社会的经济活动进行一定程度的干预。物流政策就是政府在物流领域进行宏观控制的一种手段，是政府干预物流活动的具体体现。

第一节 物流政策概述

所谓政策，一般是指为实现某种特定目的而制定的方针或原则。根据政策制定主体的不同，可将政策划分为两类：一类是国家或政府部门制定的公共政策；另一类是私人部门或民间企业制定的私人政策或企业政策。本书所说的政策是指由国家或政府部门制定的公共政策。公共政策又可分为经济政策、社会政策、文化政策、卫生福利政策等，而经济政策则包括生产政策、流通政策、消费政策和分配政策等。

一般认为，经济政策包含两层含义：一是指国家经济发展的基本方针或原则，二是指国家或政府干预社会经济活动的各种措施。按此理解，物流政策就是国家或政府为实现全社会物流的高效运行与健康发展而制定的方针或原则以及政府对全社会物流活动的干预行为。具体包括有关物流的法律、法规、规划、计划和措施（对策）以及政府对全社会物流活动的直接指导等。

一、物流政策的主体

物流政策的主体是指物流政策的制定者与实施者，即代表社会公共利益的社会公共机构。作为物流政策主体的社会公共机构主要由三部分构成，即立法机构、司法机构与行政机构。

（一）立法机构

根据物流政策的定义，有关物流的法律、法规也属于物流政策的范畴，因此作为物流法律、法规制定者的立法机构是重要的物流政策主体。当然，立法机构的具体形式因国家政治制度和国情的不同而不同。在西方，立法机构是议会；在我国，立法机构是全国人民代表大会及其常务委员会以及地方各级人民代表大会及其常务委员会。但是，不论立法机构的具体形式如何，都改变不了它是国家或地方最高权力机关的属性。因此，立法机构不仅是物流政策的主体，而且是最有权威性的物流政策主体。之所以说立法机构是最有权威性的物流政策主体，是因为立法机构所制定的政策（法律）比其他政策主体所制定的政策具有更大的适用范围、更高的调整强度。

（二）司法机构

立法机构制定的有关物流的法律、法规旨在为全社会物流活动的相关主体规定是非标准、限制与行为方向，从而事先向人们宣布哪些活动或事业是允许的、允许做到什么程度；哪些行为是不允许的以及一旦做了要受到何种制裁等。但是，这些标准与限制毕竟是"纸上"的和观念上的，要保证物流活动主体能够按照"纸上"的规定做出行为，还必须有一个专门的机构按"纸上"的规定执行。这个具体执行"纸上"规定的机构就是司法机构。在我国，司法机构是公安、检察院与法院系统以及其他具有部分执法权的行政部门，如工商行政管理、物价管理、环境保护机构等。

（三）行政机构

除了立法与司法机构，作为行政机构的政府，特别是中央政府也是重要的物流政策主体。政府机构虽然没有立法权，但是政府有权制定并颁布有关物流的行政命令（条例、通知等）、行政指导。这些行政命令、行政指导也是对全社会物流活动的公开介入和干预，因此是物流政策的重要内容。事实上，从各国的物流政策实践来看，政府甚至是最重要、最具体的物流政策主体。不仅很多具体的物流政策要由政府制定并实施，即使是一些很基本、很重要的有关物流的法律也要由政府来"立案"。从这个意义上讲，政府甚至具有实际的"立法权"。但是，政府制定的物流政策，特别是一些具体的针对某些领域、某些问题的物流政策，必须符合由立法机构通过的法律，而且政府本身必须接受并服从司法机构的司法。从这个角度来看，政府又同私人部门同处一个层次。这说明政府具有三重属性：一是物流政策的制定者；二是物流政策的执行者；三是物流政策的适用对象。当然，这里所说的政府既包括中央政府及其所属部门，也包括地方政府及其所属部门。

二、物流政策的目标

如前文所述，物流政策是立法机构、司法机构及行政机构对全社会物流活动的公开介入和干预。虽然不同的政策主体所制定或实施的政策范围、适用对象、调整强度不同，但是各个物流政策主体所制定的物流政策都是为了实现一定的目标。也就是说，每种物流政策都有自己的目标，即物流政策目标。物流政策目标主要包括两个层次：一是物流政策的一般目标；二是物流政策的特定目标。

（一）物流政策的一般目标

由于物流活动是经济活动的重要组成部分，物流政策也是经济政策的组成部分，因此物流政策的一般目标也就是经济政策的基本目标。关于经济政策的基本目标，经济学家有各种各样的解释，各国的经济政策目标也因具体国情的不同而不同，而且即使是同一国家，不同的历史时期、不同的发展阶段，其具体的政策目标也会有所不同。但是，从总体上看，经济政策的基本目标可以概括为四个方面，即经济发展、经济稳定、经济公平（公正）和经济自由。

既然物流政策是经济政策的组成部分，因此经济政策的目标应该是物流政策目标的基础或前提或者说物流政策目标必须同经济政策的目标相统一，而不能违背经济政策的基本目标。但是，物流毕竟不能完全等同于整个经济活动并具有不同于其他经济活动的特点与功能，因而为规制或促进物流活动的物流政策必然有自己的特定目标。

（二）物流政策的特定目标

随着经济发展和市场竞争的日益激烈，特别是经济全球化进程的加快、消费需求的变化以及环境压力的日益增大，物流在企业经营与经济、社会发展中的地位越来越重要，因此物流效率与物流服务水平的高低不仅直接影响企业的经营效率与竞争能力，而且直接影响国民经济的发展水平与竞争力。显然，提高整个社会的物流效率与物流服务水平是物流政策最基本的目标。但是，物流不仅是一个经济问题，具有直接的经济贡献，而且涉及就业、收入分配、劳动条件、居民生活、人才培养与教育等社会问题，具有社会贡献。因此，提高物流的社会贡献也是物流政策的重要目标。不仅如此，物流产业的发展还会产生很大的外部不经济，所以减少物流的外部不经济也是物流政策目标的重要内容。

由此可见，物流政策的特定目标主要包括三大类，即经济或效率类目标、社会类目标与环境类目标。经济或效率类目标是最基本的物流政策目标，具体包括加强物流基础设施建设、合理布局物流网络、建立与完善公共物流信息系统、制定与推广物流设备与工具的标准化、改革物流管理体制、开发与引进物流技术等。社会类目标主要包括促进专业化物流产业的发展、增加物流领域的就业机会、改善物流作业条件、建立物流人才培育与教育体系等。环境类目标主要包括开发与应用低公害物流工具、制定物流环境标准、促进复合运输和共同配送的发展、加强公路物流管理等。

三、物流政策的体系与分类

如上所述，不仅物流政策主体是多元的，物流政策目标也是多元的，从而决定了物流政策不是单一的，而是多元的政策体系。根据前面的论述，可对体系化物流政策进行以下分类。

（一）按物流政策主体分类

按照制定主体的不同，可将物流政策划分为立法机构制定的政策和行政机构制定的政策。前者可称为法律类物流政策，后者可称为行政类物流政策。

1. 法律类物流政策

法律类物流政策包括两个层次：一是适用于所有部门和所有领域，进而也适用于物流的法律类政策，如《中华人民共和国反垄断法》《中华人民共和国反不正当竞争法》《中华人民共和国价格法》《中华人民共和国公司法》等；二是仅适用于物流领域而不适用于其他领域的法律类政策，如《中华人民共和国港口法》等。显然，法律类政策具有强制性和稳定性并可通过司法机构对全社会的物流活动进行强制性调整。不仅如此，由于法律类政策是在广泛吸取各方面意见的基础上，通过严格的立法程序而制定的，因此更具有公正性、普遍性和权威性。

2. 行政类物流政策

行政类物流政策是指由政府及其所属部门制定的政策，包括有关物流的各种条例、命令、指示、指导或劝告等。对民间物流组织来说，有些行政类物流政策是强制性的，有些则是非强制性的。条例、命令、指示属于强制性行政类物流政策，指导或劝告则属于非强制性行政类物流政策。

（二）按物流政策适用对象分类

按照适用对象的不同，可将物流政策划分为货主物流政策、物流经营者物流政策和消费者物流政策。

1. 货主物流政策

货主是指物流流动的发动者或物流服务的需求者，主要包括生产企业、流通企业以及其他各类非营利组织。货主物流政策就是针对货主而制定的物流政策，如针对货主的物流网点政策、物流标准化政策、物流信息化政策等。

2. 物流经营者物流政策

物流经营者是指从事专业化物流服务的企业，是物流服务需求的主要提供者，包括运输企业、仓储企业、货运代理企业、第三方物流企业等。物流经营者物流政策就是针对这些专业化物流企业制定的政策，如车辆管理政策、交通安全政策、仓储管理政策、储运代理政策等。

3. 消费者物流政策

消费者物流政策是指针对消费者制定的物流政策，具体包括两个方面的内容：一是从保护消费者权益的角度制定的政策，如《中华人民共和国消费者权益保护法》；二是从规制消费者物流行为的角度制定的政策，如生活废弃物的排放、回收与利用政策。

由于货主、物流经营者及消费者在物流活动中所处地位不同，其物流活动的特点和运作模式也有所不同，因而对社会的影响也各不相同。因此，针对不同物流主体制定不同的物流政策是十分必要的。但是，由于上述物流主体的物流活动存在共性，所以有些物流政策是适用于所有物流主体的，无法分清究竟属于哪一类政策。例如，很多货主不仅接受专业化物流企业提供的物流服务，也自营物流业务，甚至还向外部提供物流服务，所以有关专业化物流经营者的物流政策也适用于这一部分货主企业。从这个意义上讲，还可以从专业化物流主体与非专业化物流主体的角度对物流政策进行分类。

应该说明的是，以上分类是以"人"为对象进行的分类，实际上还可以以"物"为对象对物流政策进行分类。以"物"为对象进行分类，可以将物流政策划分为土地利用政策、道路政策、物流网点政策、车辆政策、货物政策等。其中，土地利用政策是指针对物流领域的土地利用问题制定的有关政策（或扶持，或限制），如物流用地征用政策、物流设施的布局管制政策等；道路政策是针对物流道路建设与管理制定的政策，如疏港（站）路、环形路、高架路以及地下物流通道的开发与建设政策等；车辆政策是针对车辆制定的政策，如尾气排放标准、装载率管制政策等。

（三）按物流政策功能分类

按照功能的不同，可将物流政策划分为减少物流外部不经济的政策与促进物流产业发展的政策。前者多属限制类政策，后者多属扶持类政策。

1. 减少物流外部不经济的政策

这类政策的主要功能是减少物流外部不经济，具体包括交通管制政策、物流设施与网点的建设与布局政策、物流环境政策、物流节能政策等。

2. 促进物流产业发展的政策

这类政策的主要功能是扶持或促进物流产业的发展，主要包括物流基础设施建设与布局政策、物流信息化政策、物流标准化政策、促进专业化物流企业发展政策、促进中小型物流企业发展政策、物流人才培养与教育政策、物流设备与工具开发促进政策等。

当然，按物流政策功能不同，也可将物流政策划分为经济或效率类政策、社会类政策与环境类政策。

（四）按物流政策的性质分类

按照性质的不同，可将物流政策划分为综合性物流政策、专项性物流政策和辅助性物流政策。

（1）综合性物流政策。综合性物流政策调整总体的物流发展，如我国国家经贸委等六部委联合印发的《关于加快我国现代物流发展的若干意见》。

（2）专项性物流政策。专项性物流政策调整特定的物流环节，如专门调整公路、铁路、海运、航空等交通运输领域的政策，典型的有全国人大常委会制定通过的《中华人民共和国海商法》。

（3）辅助性物流政策。辅助性物流政策调整与物流相关的行为并对物流活动具有平衡和补充作用，如《中华人民共和国进出口商品检验法》《中华人民共和国土地管理法》和《中华人民共和国环境噪声污染防治法》等。

此外，也有人按政策内容的不同，将物流政策划分为物流组织政策、物流运作政策、物流发展促进政策、物流活动调控政策、物流设施供给政策、物流争议救济政策；按使用范围的不同，将物流政策划分为全国性物流政策和地方性物流政策等。

第二节　发达国家的物流政策

研究发达国家物流政策的变迁历史及其现状对深入理解物流政策理论及其作用机制、进一步改革与完善物流政策、提高物流政策的政策效果等具有十分重要的意义，尤其对我国来说，研究、借鉴发达国家物流政策更具有现实意义。

一、发达国家物流政策的变迁

（一）发达国家物流政策的起源

虽然物流概念最早产生于 20 世纪初，但直到 1962 年著名管理学家德鲁克指出物流是"经济领域的黑暗大陆"后，物流才真正引起人们的重视；从实践来看，也是 20 世纪 50 年代以后，随着第二次世界大战期间美国"军事后勤"理论在企业界的应用，才逐渐引起工商企业对物流问题的关注。随着物流理论研究的不断深入，特别是企业物流实践的不断发展，人们发现制约企业物流效率的因素越来越多，而且很多问题不是企业自身能够解决的，特别是微观物流效率与宏观物流效率以及物流与整个社会经济之间的"二律背反"现象越来越多、越来越严重。

人们认识到，要想提高微观效率，特别是要解决微观物流与宏观物流以及物流与整个经济社会发展的"二律背反"问题，社会公共机构有必要对物流活动进行公开介入与干预，即制定并实施必要的物流政策。因此，发达国家物流政策是随着物流理论研究的不断深入与物流实践的不断发展而产生的。由此可见，没有对物流理论的研究，就没有对物流问题的重视。没有物流实践，特别是没有企业物流实践的发展，就不会产生或发现只有社会公共机构的公开介入才能解决的物流问题，也就不会产生物流政策。从这个意义上讲，发达国家的物流政策大多起源于 20 世纪 50 年代、初步形成于 20 世纪 60 年代。

（二）20 世纪 50 年代至 60 年代的物流政策

在 20 世纪 60 年代以前，各国的物流政策主要以运输政策为主。这是因为在 20 世纪 60 年代以前，最大的物流问题是如何提高运输与保管能力，以满足经济高速增长所产生的运输需求。从发达国家的情况来看，20 世纪 60 年代以后，生产规模与流通规模的迅速扩大进一步加剧了物流基础设施供给不足的矛盾，因此加快公路、港口、流通中心等设施的建设是这一时期发达国家物流政策的主要课题。从运输方面来看，从 20 世纪 60 年代后期开始大力推行集装化（单元化）运输、联合一体化运输以及综合货运站的普及与应用；从物流设施方面来看，则积极进行物流园区与流通仓库的建设。

（三）20 世纪 70 年代至 80 年代的物流政策

20 世纪 70 年代以后，尽管一些国家在大规模、复合型物流园区建设上取得了较大的进展，特别是城郊物流设施的大型化也日益明显，但是如果不能实现共同化或协同化运作，这些大型物流设施仍无法发挥规模经济效益。同时，即使物流设施内部的功能实现了综合化，但如果不能实现功能上的相互协调，就无法提高物流效率，也就无法对交通量的减少做出实质性贡献。由于城郊物流设施没有解决城市内的主要物流问题，因此一些国家的政府又开始转变认识，认为调整完善城市内部的小规模物流设施也许是解决城市内部物流问题的有效途径。于是，政策重点又开始转向加强适合区域特点的共同配送中心、共同流通中心、存货设施、公共汽车站、批发中心等城市内物流设施的建设。

20 世纪 80 年代以后，一些国家还制定了加强内外贸物流设施建设与调整的政策，其主要措施是从资金与税制上对上述设施的建设与完善给予支持。同时，为了缓解日益严重的环境压力，积极推进并支持企业之间开展共同化物流，鼓励企业采用低公害的物流方式。例如，1986 年，为了促进物流网点内货物流通设施的建设与改进、鼓励民间企业建设物流设施，日本政府制定了《关于发挥民间企业的活力、促进特定物流设施建设的临时措施法》（简称《民活法》），同时为了促进民间企业或组织积极进行城市开发与建设，还制定了《促进民间城市开发特别措施法》（简称《民市法》）。

同时，欧美等西方发达国家在 20 世纪 70 年代末、80 年代初对运输业放松管制，其目的也是在物流业内引进竞争，提高物流运作的微观经济效益，如美国于 1980 年制定的《汽车运输法》、《斯塔格斯铁路法》和 1984 年制定的《航运法》等。

（四）20 世纪 90 年代以后的物流政策

进入 20 世纪 90 年代以后，随着经济全球化的发展，物流在各国经济发展中的战略地位日趋显著，一些国家甚至将物流问题视作国家战略问题。而为了使物流产业得到更好的发展、为提高国家竞争力做出更大的贡献，一方面，必须对传统的不适应经济全球化发展要求的物流政策进行改革；另一方面，必须针对经济与物流发展的新趋势制定一些新的物流政策。例如，1990 年，日本政府制定了旨在促进新物流产业体系化的《货物运输代理事业法》《货物汽车运输事业法》（简称"物流二法"）；1992 年，制定了《关于促进进口及对外投资事业临时措施法》（简称《进口促进法》），根据该法设立了将港口、机场及其周边进口设施与进口活动相对集中的进口促进区。显然，这项政策是针对扩大进口的需要，提高地方经济活力，在经济全球化背景下实现进口货物顺畅流通而制定的。根据该法律，日本政府通过日本开发银行的低息贷款、允许地方政府发行债券等方式对进口促进区的建设提供了政策支持。

在此基础上，日本政府又于 1997 年 4 月制定了一项综合性物流政策，即《综合物流施政大纲》。该大纲是以 1996 年日本内阁制定的"经济结构改革与创新行动计划"为基础，针对物流领域如何适应经济全球化的需要、开发新的产业领域、提高服务水平、加强环境保护而制定的综合物流政策。2001 年 7 月 6 日，日本政策又通过了《新综合物流施政大纲》，指出了与物流有关的四个问题，确定了之后五年的奋斗目标。

二、发达国家的物流政策导向

随着时间的推移，发达国家的物流政策也在不断发生变化，不仅政策内容不断丰富，政策重点也在不断转移。但是，无论是现行的物流政策，还是历史上的物流政策，对我国都有一定的参考价值。由于发达国家物流政策的范围极为广泛，内容也十分庞杂，所以本书只能取其重点，有选择地介绍发达国家一些值得借鉴的物流政策导向。

（一）协调政府管理职能，为物流业发展营造良好的制度环境

在美国和日本，政府早在 20 世纪 60—70 年代就制定了协调政府物流管理职能的一系列政策、法规。例如，美国于 1977 年制定的《航空规制缓和法》、日本于 1966 年制定的《流通业务城市街道整备法》等。在欧洲，良好制度环境的形成来自两个层次的努力：一是欧盟在促进欧洲统一市场形成的过程中制定和大力推行的统一贸易政策、运输政策、关税政策、货币政策等极大地促进了货物在全欧洲范围内的自由流动。这是欧洲物流产业得以快速发展最重要的制度基础。二是欧洲各国政府积极为本国物流产业发展营造良好的制度环境。例如，荷兰政府运输部对分散的、按不同运输方式管理的政府职能进行调整，设立货运管理司和客运管理司并将过去按不同方式管理的基础设施投资职能全部集中在基础设施投资与管理司，以便政府按照物流发展的要求制定相应的运输管理和基础设施投资政策。

（二）打破行业垄断、减少政府干预，创造充分竞争的市场环境

20 世纪 80 年代以来，欧美各国政府实施了一系列打破行业垄断、放松行业管制的政策措施，对促进各国物流产业的发展产生了积极影响。在运输领域，英国铁路的私有化改革，意大利等国对运输价格管理的放松，荷兰、德国等对承运人资格管制的放松等都直接推动了欧洲运输业自由市场的形成，为各类运输企业、第三方物流企业选择多种运输方式和组织以运输为基础的物流延伸服务提供了条件。

美国政府于 1977 年出台《航空规制缓和法》拉开了规制缓和的序幕，加速了航空产业的竞争，从而对货运乃至整个运输业产生了巨大影响。1980 年，美国政府又通过了《汽车运输法》和《斯塔格斯铁路法》，允许运输公司自主决定运输服务内容和服务形式。1984 年，《航运法》的通过使美国运输市场实现了全面的自由化。这一系列放松管制政策的出现不仅促成了美国运输市场全面竞争格局的形成，也培育了 FedEx、UPS 等诸多超一流物流企业。

（三）加大基础设施投入，为物流产业发展提供良好的运行平台

为了适应物流产业的发展、应对物流运作方式的一系列革命性变化，欧美地区各国和日本都制定了不同于以往的物流基础设施发展政策。例如，美国政府于 1991 年通过了《陆路多式联运效率法》，计划用 6 年投资 1510 亿美元改善本国公路和大宗货物运输的基础设施系统，以便为美国参与全球竞争提供良好的基础设施条件，通过便捷经济的物流服务加强美国产品的市场竞争力。

日本政府一直比较重视物流基础设施的建设和完善。早在 1965 年，日本政府就在其《中期五年经济计划》中强调要实现物流现代化并把进行基础设施建设作为政府的首要工作。从 20 世纪 60 年代中期起，日本政府在全国范围内加快了高速道路网、港口设施、流通聚集地等各种基础设施的建设步伐。

欧洲各国努力促进大型货运枢纽、物流基地、物流中心和公共配送中心等新型物流基础设施的建设与发展，其主要政策措施有：一是加强规划；二是政府给予土地使用方面的便利和优惠并投入一定的前期开发资金；三是给予投资和经营方面的间接支持。

（四）推进物流标准化建设，保障全社会物流效率的提高

物流标准化是与物流效率直接相关的问题，特别是物流设备与工具的标准化是提高全社会物流效率的前提。各国的物流标准化政策主要涉及运输、装卸设备与工具标准化，包装标准化，物流交易或服务标准化，物流信息标准化，物流成本标准化。

运输、装卸设备与工具标准化的重点是车辆、集装箱、托盘及各种搬运工具的标准化；包装标准化的重点是货物运输包装标准化，即货物运输包装形状与包装材料的标准化；物流交易或服务标准化主要是指各种交易票据及主要服务内容的标准化，有利于提高物流信息的处理速度与准确性；物流信息标准化主要是指信息的传输标准化；物流成本标准化主要是指物流成本分类与物流成本核算方法的标准化。

各国对上述各项标准化一般采用法律形式强制推行，其具体的政策形式是各种标准化法律以及相应的实施措施。在推进物流标准化进程中，欧洲各国的主要做法是：第一，针

对物流基础设施、装备制定基础性、通用性标准。例如，统一托盘标准、车辆承载标准、物品条形码标准以及安全标准等，以保证物流活动顺利进行。第二，针对安全和环境制定强制性标准，如清洁空气相关法规、综合环境责任相关法规等。第三，支持行业协会针对各种物流作业服务制定相关行业标准。例如，欧洲物流协会制定物流用语标准、物流从业人员资格标准等。

（五）鼓励物流技术与物流管理创新，加快物流产业的现代化进程

发达国家在这方面的主要政策措施有：一是资助物流技术和物流管理的创新活动，如荷兰运输部资助的两个物流知识中心项目分别侧重于研究运输技术和物流供应链管理技术，每年资助的研究经费高达 1000 万欧元。二是倡导和支持新技术，特别是信息技术和自动化技术在物流领域的应用和推广，如美国的相关政策积极倡导和支持电子数据交换（EDI）、全球定位系统（GPS）、地理信息系统（GIS）等新技术运用于物流领域，鼓励公路货运智能卡系统、港口集装箱自动化搬运技术的开发和推广等。

日本于 20 世纪 90 年代就制定并推行了"运输方式转换"政策。所谓"运输方式转换"，就是将长途、大宗货物的运输由以公路运输为主逐渐转向铁路运输、水运或者多式联运。由于多式联运可以实现公路运输的机动性、便利性特点与铁路运输、水运的大宗、经济性特点的有机结合、优势互补，从而实现高效、快速、低成本与低污染运输，因此得到了特别的重视。

（六）制定相应的政策措施，引导物流产业的健康发展

日本政府一直十分注重物流产业政策的合理规划和制定，1977 年，日本运输省对策部公布了《物流成本算定统一基准》，这一政策的实施对推进企业物流成本管理产生了深远影响。日本政府于 1997 年制定的《综合物流施策大纲》和于 2001 年制定的《新综合物流施政大纲》明确了日本物流产业的发展目标并从放松规制、完善基础设施、物流系统升级、政府部门的协调促进机制及政府援助等角度出发制定了相应的政策。这两个大纲是日本物流向现代化和纵深化发展的指南，对于日本物流业的发展具有重要的历史意义。1999 年，日本政府又将物流产业发展纳入其国家经济再生战略。

美国政府，特别是其各州政府也采用了一些积极引导措施，鼓励物流产业的发展，如美国德克萨斯州圣安东尼奥市利用即将关闭的空军基地建起大型物流中心，以使该市尽快成为北美自由贸易区中的贸易走廊。为此，该市制定了前十年免征财产税、销售税返回、对从事中转货运的企业免征财产税等一系列税收优惠措施，以吸引投资和加快物流产业发展。另外，美国运输部部长罗纳德·斯拉特在 1996 年提出的《美国运输部 1997—2002 年度战略规划》成为美国物流现代化发展的指南之一，这一物流整体规划对美国物流业而言无疑是一个里程碑式的指导性文件。

为了促进中小企业的健康发展，世界各国都制定了许多扶持与支持中小企业发展的政策，其中也包括以提高中小企业物流效率为直接目标的政策。中小企业物流政策的重点内容主要有两项：一是允许并鼓励中小企业成立"物流合作社"组织；二是在资金上直接支持中小企业"共同利用型"物流中心的建设与运营。例如，日本于 1992 年制定了《中小企

业流通业务效率化促进法》，该法律对上述两项政策内容做出了明确而具体的规定。

三、发达国家物流政策的调整趋势

进入 20 世纪 90 年代特别是 21 世纪以来，经济全球化进程进一步加快，物流全球化、智能化的趋势愈加明显，尤其是全球范围内的环境压力越来越大，要求各国政府适时调整物流发展战略，转移物流政策的重点，转变以往只着眼于国内物流的狭隘思路，把实现全球化、智能化、环保型物流作为制定物流政策的基本原则和出发点。概括起来，世界物流政策具有如下调整趋势。

（一）经济性管制放宽、社会性管制趋严

为了适应世界经济信息化、网络化、服务化及市场全球化的需要，各国政府都不同程度地进入了"放宽管制"的时代。传统的自由度较高的市场经济国家（如美国与英国）自不必说，即使是自由度相对较低的市场经济国家（如日本与法国）也开始对传统的"管制"项目进行调整，如降低管制程度、缩小管制范围、取消管制等。不仅如此，一些处于发展或改革过程中的市场经济国家（如中国、东南亚新兴工业国家或地区等）也随着国内经济体制改革的不断深化、全球化市场竞争的日益激烈或根据加入 WTO 的承诺而大大放宽了传统的"管制"项目。因此，从总体上说，放宽管制是世界潮流，是全球性的。

值得注意的是，所谓放宽管制，主要是放宽经济性管制，而不是放宽社会性管制。所谓经济性管制，就是对各类物流经营者进入市场的行为进行管制或者对价格、收费标准、服务水平等进行管制。它主要包括两类：一类是针对商品或服务进行的质的管制；另一类是针对商品或服务提供者（企业）的数量以及商品或服务的供给量进行管制。前者主要是指商品或服务的价格、质量管制；后者主要指新企业的进入及其供给量的管制，尤其是对新企业进入物流市场的管制。实践证明，放宽经济性管制的政策对促进现代物流业的快速发展起到了积极作用。

与经济性管制不同，各国的社会性管制不但没有放松，反而更加严格。社会性管制主要是指对企业经营所产生的各种外部不经济的管制，包括物流设施、网点空间布局、交通安全、环境污染、噪声与振动及能源消耗等方面的管制。例如，禁止货运车辆超载行驶，对违反者不仅要追究车辆拥有者与使用者的责任（主要是罚款），也要追究司机的责任。另外，对货运车辆的二氧化碳、氮氧化物及粉尘排放量的限制标准也越来越严格。同时，对货运车辆的安全性限制也日趋严格，普遍强化了货运车辆的安全检查制度，而且对违反驾驶时间、让司机疲劳驾驶的经营者给予刑事处分。

（二）物流政策体系走向综合化和系统化

20 世纪 90 年代后期，各国物流政策的一个重要趋势是综合化和系统化。这不仅是因为现代物流本身就是一个包含多种构成要素的大系统，而且因为现代物流系统是整个社会经济这个更大系统的有机组成部分并对整个社会经济系统产生越来越重要的影响。物流政策不仅要考虑物流本身的效率，还要考虑物流系统对整个社会经济系统的影响、贡献或外部不经济；不仅要考虑物流基础设施的建设与布局，还要考虑物流网点的网络化；不仅要

考虑国内物流的效率，还要考虑国际物流，特别是区域化国际物流的效率；不仅要考虑硬件建设，还要考虑软件建设；不仅要考虑经济效益，还要考虑社会与环境效益；等等。物流政策综合化与系统化的具体体现就是各国除了针对个别物流领域或个别物流问题制定了一系列个别化物流政策，往往还有一个跨部门、跨行业的总括式物流政策。例如，日本于1997 年制定的《综合物流施政大纲》、于 2001 年制定的《新综合物流施政大纲》就属于该类政策的典型代表。

（三）物流政策的重点日渐突出、目标更加明确

尽管各国物流政策体系日趋完善、内容愈加丰富，但是并非对所有物流问题都给予同等的政策关怀，而是重点突出、目标明确。从各国物流政策的发展趋势来看，其政策重点主要体现在完善基础设施、重视智能化技术、突出环境保护、加快国际合作等方面。

一些国家的物流政策不但重点突出，而且有许多数字化目标，如对城市货运汽车的装载率、高峰期的车速、标准化托盘的使用率、集装箱运输费用、汽车专用道路畅通率、铁路与航运货物的比例、集装箱进出货场时间等都做出了明确的规定。

第三节　我国的物流政策体系

从目前来看，我国物流政策的基本形式主要分为两类：一类是有关物流的各种法律、法规，在执行过程中具有强制性，称为强制性物流政策；另一类是有关物流的各种"意见""通知"等行政类政策，属于导向性政策，没有强制性，称为非强制性物流政策。

一、强制性物流政策

强制性物流政策包括法律、行政法规、地方性法规、国务院部门规章、地方性政府规章以及我国已加入的国际条约等。在我国，与物流有关的各类法律是强制性物流政策的主体构成，与物流相关度较高的主要强制性政策如下。

（一）《中华人民共和国铁路法》（简称《铁路法》）

《铁路法》于 1990 年 9 月 7 日在第七届全国人民代表大会常务委员会第 15 次会议上通过，并于 1991 年 5 月 1 日起施行。该法曾于 2009 年和 2015 年经过两次修订，目前共有 6章 74 条，分别对铁路的概念、铁路工作主管部门及其管理权限、铁路运输企业及其职能、铁路运输营业、铁路建设、铁路安全与保护等进行了法律规范，是我国交通运输方面的主要立法，也是我国铁路物流方面的基本法律。

除了《铁路法》，与铁路物流相关的强制性政策还包括由国务院颁布的《铁路安全管理条例》《铁路交通事故应急救援和调查处理条例》等行政法规，以及由交通运输部颁布的《铁路危险货物运输安全监督管理规定》等部门规章。

（二）《中华人民共和国公路法》（简称《公路法》）

《公路法》于 1997 年 7 月 3 日在第八届全国人民代表大会常务委员会第 26 次会议上通过，并于 1998 年 1 月 1 日起施行。该法曾于 1999 年、2004 年、2009 年、2016 年、2017 年进行过多次修订，目前共有 9 章 87 条，分别对我国公路的概念、公路的等级、公路工作主管部门及其管理权限、公路规划、公路建设、公路养护、路政管理、收费公路、监督检查、法律责任等进行了法律规范，是我国公路建设、使用、管理方面的基本法律。

显然，《公路法》侧重于对公路的规划、建设、使用与管理进行规范，而涉及公路运输方面的内容并不多。因此，在《公路法》以外我国还制定了许多与公路运输相关的强制性政策，具体包括由全国人大常委会颁布的《中华人民共和国道路交通安全法》，由国务院颁布的《中华人民共和国道路运输条例》《城市道路管理条例》《道路安全管理条例》《收费公路管理条例》等行政法规，以及由交通运输部颁布的《道路运输从业人员管理规定》《国际道路运输管理规定》《道路货物运输及站场管理规定》《道路运输车辆技术管理规定》《道路运输车辆动态监督管理办法》《道路危险货物运输管理规定》《危险货物道路运输安全管理办法》等部门规章。

（三）《国内水路运输管理条例》（简称《水运条例》）

目前，我国还没有水路运输方面的正式法律，现行的《水运条例》是我国最权威的有关水路运输管理的行政法规。1987 年 5 月 12 日，国务院颁布《中华人民共和国水路运输管理条例》，并于 1987 年 10 月 1 日起施行。该条例经过 1997 年和 2008 年两次修订后，于 2012 年变更为《国内水路运输管理条例》，并于 2016 年和 2017 年进行了修订。目前的《水运条例》共有 6 章 46 条，分别对水路运输经营者、水路运输经营活动、水路运输辅助业务等进行了规范。

除了《水运条例》，与水路运输相关的强制性政策还有由全国人大常委会颁布的《中华人民共和国航道法》《中华人民共和国海上交通安全法》，由国务院颁布的《中华人民共和国船舶和海上设施检验条例》《中华人民共和国内河交通安全管理条例》《中华人民共和国船舶登记条例》等行政法规，以及由交通运输部颁布的《中华人民共和国海上海事行政处罚规定》《中华人民共和国内河海事行政处罚规定》《中华人民共和国船舶安全监督规则》《海上滚装船舶安全监督管理规定》等部门规章。

（四）《中华人民共和国民用航空法》（简称《民航法》）

《民航法》于 1995 年 10 月 30 日在第八届全国人民代表大会常务委员会第 16 次会议上通过，并于 1996 年 3 月 1 日起施行。该法曾于 2009 年、2015 年、2016 年、2017 年、2018 年、2021 年进行过多次修订，目前共有 16 章 215 条，分别对民用航空器国籍、民用航空器权利、民用航空器适航管理、航空人员、民用机场、空中航行、公共航空运输企业、公共航空运输以及通用航空等进行了较为详细的规定，是我国民用航空事业的基本法律。

除了《民航法》，与空运物流有关的强制性政策还有由国务院颁布的《中华人民共和国民用航空器国籍登记条例》《外国民用航空器飞行管理规则》《中华人民共和国民用航空安全管理条例》等行政法规，以及由交通运输部颁布的《民用航空人员体检合格证管理规定》

《民用航空情报工作规则》等部门规章。

（五）《中华人民共和国海关法》（简称《海关法》）

《海关法》于 1987 年 1 月 22 日在第六届全国人民代表大会常务委员会第 19 次会议上通过，并于 1987 年 7 月 1 日起施行。该法曾于 2000 年、2013 年、2016 年、2017 年、2021年进行过多次修订，目前共有 9 章 102 条，分别对进出境运输工具、进出境货物、进出境物品、关税、海关事务担保、执法监督等进行了详细的规定。《海关法》虽然是主要用于规范进出口商品"商流"行为的法律，但也直接对进出口商品的"物流"行为产生影响，因此，它也是有关物流特别是国际物流方面的强制性政策。

（六）《中华人民共和国海商法》（简称《海商法》）

《海商法》于 1992 年 11 月 7 日在第七届全国人民代表大会常务委员会第 28 次会议上通过，并于 1993 年 7 月 1 日起施行。该法共有 15 章 278 条，分别对船舶、船员、海上货物运输合同、海上旅客运输合同、船舶租用合同、海上拖船合同、船舶碰撞、海难救助、共同海损、海事赔偿责任限制、海上保险合同等进行了法律规范。《海商法》调整的主要内容是海上运输关系、船舶关系，因此也是有关海运物流方面的重要政策。

除了《海商法》，我国国务院还以行政法规的形式颁布了《中华人民共和国国际海运条例》，并由交通运输部以部门规章的形式颁布《中华人民共和国国际海运条例实施细则》。该实施细则对国际海上运输及其辅助性业务的经营者、国际海上运输及其辅助性业务的经营活动等问题进行了详细规定，是我国在国际海运物流方面的重要政策。

（七）《中华人民共和国港口法》（简称《港口法》）

《港口法》于 2003 年 6 月 28 日在第十届全国人民代表大会常务委员会第三次会议上通过，并于 2004 年 1 月 1 日起开始实施。该法曾于 2015 年、2017 年、2018 年进行过修订，目前共有 6 章 62 条，分别对港口规划与建设、港口经营、港口安全与监督管理、法律责任等进行了法律规范。《港口法》以有关港口的规划、建设、维护、经营、管理等活动中的相关关系为调整对象。凡属我国水域内包括沿海、内河、湖泊的港口的规划、建设、维护、经营和对港口的行政管理活动，都必须遵守本法的规定。当然，按照中国香港、中国澳门两个特别行政区基本法的规定，只有列入这两部基本法附件三的法律，才能在这两个特别行政区适用。港口法没有列入这两部基本法的附件三中，因此本法不适用中国香港和中国澳门两个特别行政区。中国香港、中国澳门的港口立法由两个特别行政区自行制定。

除了上述法律、法规，与物流相关并对物流活动具有调整作用的法律还有《中华人民共和国石油天然气管道保护法》《中华人民共和国土地管理法》《中华人民共和国邮政法》《中华人民共和国建筑法》《中华人民共和国环境保护法》《中华人民共和国大气污染防治法》《中华人民共和国水污染防治法》《中华人民共和国固体废物污染环境防治法》《中华人民共和国环境噪声污染防治法》《中华人民共和国海洋环境保护法》等。这些法律分别对管道物流、邮政物流、物流设施与网点的建设与布局、物流设备与工具（特别是车辆与船舶）的环境污染等进行了法律规范，都属于强制性的法律类物流政策。此外，国务院颁布的《快递暂行条例》属于强制性的行政法规类物流政策。

二、非强制性物流政策

非强制性物流政策具有指导性效力，一般不作为司法审判的主要依据，包括特定时期各级政府制定的一些物流规划，国务院各部门的有关通知、意见，地方政府各部门制定的一些规定、办法，行业协会制定的一些行规、标准和职业守则等。这些政策往往具有较强的时效性，也很有针对性，对全社会的物流活动具有直接的干预作用。

我国各级政府部门出台的非强制性物流政策浩如烟海且绝大多数政策调整的对象是单一的物流功能要素，甚至是其特定的子系统。与强制性物流政策一样，我国的非强制性物流政策也长期处于碎片化状态。进入 21 世纪之后，为了适应物流产业发展的新需要，我国出台了一系列以"物流"为标题的非强制性政策，成为我国物流政策的新亮点。

（一）《关于加快我国现代物流发展的若干意见》

2001 年 3 月 1 日由国家经济贸易委员会、铁道部、交通部、信息产业部、对外经济贸易合作部、中国民用航空总局六部委联合发布的《关于加快我国现代物流发展的若干意见》（简称《六部委意见》）是我国历史上第一次以"物流"作为标题正式发布的国家政策，在我国物流政策发展史上具有里程碑意义。

（二）《关于促进我国现代物流业发展的意见》

由于《六部委意见》是我国第一部现代意义上的物流政策，不论是规范内容还是管辖范围都很不成熟，加之我国当时的物流产业才起步，企业行为和环境因素都存在很多的变数，所以提出的政策措施大多只能停留在原则性层面，可操作性不强。为了提高我国物流政策的可操作性，在深入调研和广泛征求意见的基础上，2004 年 8 月 5 日，国家发展和改革委员会、商务部、公安部、铁道部、交通部、海关总署、国家税务总局、中国民用航空总局、国家工商行政管理总局九部委联合发布了《关于促进我国现代物流业发展的意见》（简称《九部委意见》）。

2005 年 2 月，经国务院同意，由国家发改委牵头、商务部等 13 个部门和 2 个行业协会参加的全国现代物流工作部际联席会议制度正式建立并于 2005 年 5 月召开了第一次会议。部际联席会议的主要任务是研究制定物流发展规划和政策，协调解决物流发展中涉及跨行业、跨部门的重大问题，推进物流业的健康快速发展。这个部际联席会议制度还明确规定了联席会议的职责、联席会议成员单位、联席会议工作规则以及联席会议工作要求四个方面的内容。

（三）《物流业调整和振兴规划》

美国次贷危机和欧洲主权债务危机的出现导致全球经济陷入持续低迷状态。为应对国际金融危机的影响，落实党中央、国务院"保增长、扩内需、调结构"的总体要求，促进物流业平稳较快发展，培育新的经济增长点，国务院于 2009 年 3 月 10 日制定了《物流业调整和振兴规划》（以下简称《规划》），作为物流产业综合性应对措施的行动方案。

2011 年 6 月 10 日，国务院召开常务会议，研究部署促进物流业健康发展工作，出台了推动物流业发展的八项配套措施。这八项措施被业界称为物流"国八条"。为进一步贯彻落实《规划》、制定和完善相关配套政策措施、促进物流业健康发展，国务院又于 2011 年 8 月 2 日出台了被称为物流"国九条"的《关于促进物流业健康发展政策措施的意见》。

物流"国八条"和"国九条"都是《规划》的延续和强化。虽然它们提出的政策措施仍然停留在纲领性层面，但我国如此密集地出台综合性物流政策，足以说明中央政府对物流产业的关注和重视，同时显示出我国政府对改善物流发展环境、优化物流资源配置、促进物流产业结构升级、提升物流产业发展质量的决心和信心。

（四）《物流业发展中长期规划（2014—2020 年）》

2014 年 9 月 12 日，国务院发布了《物流业发展中长期规划（2014—2020 年）》。该规划指出了我国物流业发展的主要原则和目标，提出了我国物流业发展的重点方向、主要任务、重点工程和保障措施，是指导我国物流发展的又一纲领性文件。

（五）《国家物流枢纽布局和建设规划》

2018 年，经国务院同意，国家发展改革委、交通运输部印发《国家物流枢纽布局和建设规划》，指出到 2020 年，通过优化整合、功能提升，布局建设 30 个左右国家物流枢纽；到 2025 年，布局建设 150 个左右国家物流枢纽，基本形成以国家物流枢纽为核心的现代化物流运行体系，推动全社会物流总费用与 GDP 的比率下降至 12%左右；到 2035 年，基本形成与现代化经济体系相适应的国家物流枢纽网络，全社会物流总费用占 GDP 的比率继续显著下降，物流运行效率和效益达到国际先进水平。

除了全国性物流政策，我国各级地方政府也依据全国性有关政策，结合本地的实际情况制定了一系列地方性物流政策。地方性物流政策大多与全国性物流政策相配套、相协调，但也有个别地方政府进行了较大幅度的政策创新。另外，地方性物流政策除了体现为有关地方性法规、条例、规定、通知、意见，还体现在地方政府所制定的物流规划方案中。例如，北京、天津、深圳、广州、上海、厦门、福州、青岛、大连等城市都先后制定了本地区的物流发展规划或纲要，在这些规划或纲要中制定了许多促进本地区现代物流产业发展的政策措施。

第四节　我国应强化的物流政策重点

对比国内外物流政策可以看出，我国物流政策的不足之处仍十分明显，具体体现为：物流政策数量少，法律类物流政策数量更少；现有的法律类物流政策全都是以特定功能要素为规范对象，缺乏以物流（logistics）作为规范对象的法律；有关功能要素的政策仍然不完善，以上导致我国物流政策系统性、可操作性不强。

为了规范和促进我国物流产业的发展，必须针对现有政策体系的不足，在借鉴发达国家经验的基础上，对现行物流政策进行清理、调整和补充，争取尽快建立起一套目标明确、具体，符合市场经济与全球经济一体化发展趋势的，既有法律类政策也有行政类政策、既有规制类政策也有促进类政策、既有效率类政策也有社会与环境类政策、既有全国性政策也有地方性政策的，系统性、综合性、可操作性强的物流政策体系。为此，我国未来应强化的物流政策重点至少应该包含如下几个。

一、物流基础设施与物流网点政策

物流基础设施与物流网点政策就是有关铁路、公路、航道、管道以及机场、港口、大型车站、仓库、物流或配送中心、流通加工中心、物流园区等的规划、布局、建设、使用、维护、营运管理方面的政策。具体的政策形式主要以法律、法规为主，辅以必要的行政类政策。在我国现行的物流政策中，大部分法律法规类政策都属于物流基础设施方面的政策，如现有的《铁路法》《公路法》《民航法》《港口法》等。事实上，我们不仅需要对大部分法律、法规进行调整或修订，而且要补充制定"航运法""公路运输法""铁路运输法"等。由于我国传统上对物流基础设施的投资以国家投资为主，因此在制定新的物流基础设施政策时，要对完善物流基础设施投融资体制、吸引民间包括外国投资者的投资、实现投资主体多元化方面有所关注，而且在修订或制定法律时，要充分考虑物流基础设施的功能与布局对周边环境的影响并通过相应的条款予以体现。

在我国现行物流政策中，物流网点政策尚不完善，尤其缺乏法律类政策。因此，完善、补充有关大型物流网点政策应该是构建我国物流政策的一个重点。这方面政策应该以规范大型物流网点的功能类型、空间布局、投资建设、运营方式（社会化或共同使用）为重点内容。为此，在参考国外经验的基础上，可以考虑制定"仓库法""车站法""大型物流网点建设与布局法"等，以弥补现有物流政策的不足。

二、物流设备与工具政策

物流设备与工具主要是指运输、储存、包装、装卸搬运、流通加工、配送、信息处理等方面的设备与工具，如车辆、船舶、飞机、集装箱、托盘、货架、装卸搬运机械、包装与流通加工设备等。物流设备与工具对物流作业效率有直接影响，不断提高物流设备与工具的性能与作业效率对改善物流作业条件、降低能源消耗、减少环境污染、提高物流效率具有十分重要的意义。因此，从政策上保证或促进物流设备与工具的开发、更新是各国通行的办法。但是，从我国现行的物流政策来看，这方面亦不完善。因此，应该逐渐建立并完善我国在物流设备与工具方面的有关政策，其政策内容应主要体现在对物流设备与工具标准化的规范与推进以及对开发、引进先进适用物流设备与工具的组织及其行为给予必要的支持与援助。当然，从国外这方面的政策来看，还包括对低公害物流设备与工具开发、应用的支持政策。

三、物流效率化政策

不论从理论上说还是从发达国家的实践经验考虑，影响全社会物流效率提高的最直接、最突出的原因无外乎物流信息化、物流标准化、物流共同化或合作化以及各种物流方式的有效组合等方面的不足。因此，如何推进全社会物流的信息化、标准化、共同化以及各种物流方式的合理组合是各国物流效率化政策的重点。为此，我国应该考虑制定诸如"物流信息标准""物流信息化促进法""物流标准""物流标准化促进法""共同化物流促进法""多种物流方式有效利用促进法"等法律或法规。

四、物流产业化政策

从国外的经验来看，物流产业化程度越高，整个社会物流的效率越高，从而不仅可以大量节约资源、降低能源消耗，而且有利于环境的改善。物流产业化程度高低的重要指标就是专业化物流服务或专业化物流企业所提供的物流服务（通过产值指标来体现）的市场占有率的高低。根据国际比较，目前我国专业化物流服务的市场占有率远远低于发达国家，这既是我国全社会物流发展水平不高的结果，也是我国全社会物流发展水平不高的原因。因此，针对我国专业化物流发展水平偏低的现状，应该考虑制定促进专业化物流发展的有关政策。这项政策重点应该包括专业化物流企业或经营者的市场准入制度、物流市场的竞争规则、交易程序及业务与服务标准、鼓励物流服务需求者（工商企业）减少自有物流设施与工具的拥有量与使用率（提高专业化物流服务的利用率）、鼓励并支持专业化物流企业的发展等。

五、物流环境政策

我国虽然不乏环境保护方面的立法，但是针对物流领域制定的环境保护立法及相关专门政策并不多。而随着我国经济的快速增长，物流量的急速膨胀与物流服务需求水平的日益提高，物流领域所带来的环境压力越来越大。因此，必须针对物流领域的特殊情况制定相应的环境保护政策。总的来说，物流环境政策可以从两个角度来设计：一是从管制的角度进行设计；二是从鼓励与促进的角度进行设计。

从管制的角度进行设计，主要是制定环境标准并对违反环境标准或对环境造成负面影响的组织与行为进行严格的管制。在这方面，我们应该更多地借鉴国外的经验。物流环境管制政策的重点是制定具体的环境标准并对重点地区（大城市）、重点时间段（交通高峰时刻）、重点环境污染者（货运汽车，特别是大型柴油类货运汽车）进行重点管制。从管制的手段来看，各国的政策五花八门、多种多样。例如，一些欧洲国家采取征收"环境税"或"交通混杂税"并规定货运汽车的最低装载率（既是为了提高效率，也是为了减少货运汽车的使用量）的办法；美国实行了严格的路途检查制度，全国大约有 8000 人的检查员专门司职汽车（重点是货运汽车）行驶的检验监督工作，检查的内容包括车型、载重量、装载率、环保装置、车况、驾驶员资质或违规行为，对违反规定者实行严格的经济制裁甚至追究刑事责任。

从鼓励与促进的角度进行设计，主要是制定鼓励减少环境污染的物流主体及其行为的政策，"共同化物流"政策、"多种物流方式的有效利用"政策就属于环境政策的范畴。此外，鼓励低公害物流工具与物流方式的开发与应用也是环境政策的重要内容。

六、物流国际化政策

为了适应我国的对外开放，特别是国际化进程不断加快的需要，物流无国界已经成为我国面临的现实问题。物流国际化不仅意味着物流业务领域或范围的国际化，而且意味着物流主体与物流资本的国际化；不仅意味着我国物流企业与物流资本要走向国际市场，而且意味着外国物流企业与物流资本进入我国市场。事实上，这两个方面的物流国际化在我国都已经出现，国内物流市场的国际竞争已经展开。当然，客观而论，物流国际化特别是国际物流资本进入我国市场不仅是国际资本的需要，从一定意义上讲，也是有利于促进我国物流发展的。因此，有关物流国际化的政策也是我国未来物流政策体系中的主要内容。其政策重点应是：如何保护进入我国市场的国际物流资本（企业）的合法权益，维护包括国内物流资本与国际物流资本在内的公平竞争的市场秩序；鼓励并支持国内物流资本的联合、重组，提高其经营管理水平，使其获得与国际物流资本进行公平竞争的"资格"；鼓励并支持国内物流资本与国际物流资本的合作，共同开发国际物流市场；鼓励并支持各地区根据本地区的实际情况加入跨国性区域物流联合体，积极开展跨国性区域物流合作，提高区域物流的"增殖"能力，促进区域经济与社会的协调发展。

拓展阅读资料　　　"一带一路"构筑中国物流战略通道

本章关键词

物流政策、强制性物流政策、非强制性物流政策、综合性物流政策

复习思考题

1. 物流政策的主体有哪些？
2. 简述物流政策的体系与分类。
3. 发达国家物流政策的历史变迁体现了物流政策发展的哪些规律？
4. 发达国家物流政策导向有哪些？
5. 简要阐述发达国家物流政策的调整趋势及其对我国的借鉴意义。
6. 简要介绍我国强制性物流政策体系。
7. 我国非强制性物流政策有哪些？
8. 简要说明我国应强化的物流政策重点。
9. 我国物流国际化政策的重点是什么？

第十六章　物流发展新趋势

随着科技水平的提高和物流环境的变化，物流领域出现了许多新理念，呈现出了许多新趋势。当然，这些新理念和新趋势也会随着时代的变化而推陈出新、升级换代。作为本书理解的物流发展新趋势，本章将简要介绍绿色物理、第四方物流、智慧物流和物流金融四个方面的内容，也可算是作者对物流学科未来的一种展望和期盼。

第一节　绿　色　物　流

20世纪70年代以来，在世界生产力突飞猛进的同时，地球环境不断恶化，资源的过度消耗使人们的生存环境和经济运行受到了严峻的挑战。在此背景下，由有关国家和人士发起和倡导的一场旨在保护地球环境、保护自然资源的"绿色革命"开始在生产、流通以及消费领域蓬勃发展并很快风靡全球。各行各业都开始利用"绿色"这一代表生命和环境保护的词语；从产品的研制、生产、包装、运输、销售、消费到废弃物的回收和再利用的整个生命周期，都要考虑环境的保护问题。一时间，"绿色浪潮""绿色食品""绿色标志""绿色产业""绿色营销""绿色消费"等各种冠以"绿色"的名词如雨后春笋，令人目不暇接。在这样的背景下，"绿色物流"作为可持续发展模式在物流行业出现并逐渐成为21世纪物流管理的新方向。

一、绿色物流的概念与内涵

传统物流活动的各个环节都会在不同程度上对环境产生负面影响。例如，运输车辆的燃油污染和尾气排放、不可降解的废弃包装材料、装卸搬运环节的粉尘污染、流通加工边角废料导致的废弃物污染等。随着经济转入成熟发展期，物流对经济的支撑作用更加显著。为了充分发挥物流产业对经济的支撑作用、实现可持续发展，必须从环境视角对物流系统进行改进，以形成一个与环境共生的综合物流系统；必须改变经济与物流之间的单向作用关系，在抑制物流对环境造成危害的同时，形成一种能促进经济和生活消费健康发展的物流体系。

绿色物流概念提出的时间不长，目前还没有形成成熟的定义。一般认为，绿色物流（green logistics）是指以降低资源消耗、减少环境污染为目标，利用现代化物流技术规划并组织实施运输、储存、包装、装卸搬运、流通加工等物流作业过程的一种物流形态。我国国家标准《物流术语》认为，绿色物流是通过充分利用物流资源、采用先进的物流技术，合理规划和实施运输、储存、装卸搬运、包装、流通加工、配送、信息处理等物流活动，降低物流活动对环境影响的过程。

绿色物流是以经济学一般原理为基础，建立在可持续发展理论、生态经济学理论、生态伦理学理论、外部成本内部化理论和物流绩效评估的基础上的物流科学发展观，它的内涵至少包括以下几个方面的内容。

（一）集约资源

这是绿色物流的本质内容，也是物流业发展的主要指导思想之一。通过整合现有资源、优化资源配置，任何企业都可以提高资源利用率、减少资源浪费。在此过程中，物流扮演着十分重要的角色。当然，物流企业本身的资源整合和优化也能有效集约资源、推动绿色发展。

（二）绿色运输

运输过程中的燃油消耗和尾气排放是物流活动造成环境污染的主要原因之一。因此，要想打造绿色物流，首先要对运输线路进行合理布局与规划，通过缩短运输路线、提高车辆装载率等措施实现节能减排的目标。其次，要注重对运输车辆的养护，使用清洁燃料，减少能源消耗及尾气排放。

（三）绿色仓储

绿色仓储一方面要求仓库选址合理、有利于节约运输成本；另一方面，仓储布局要科学，使仓库得以充分利用，实现仓储面积利用率的最大化，减少仓储成本。

（四）绿色包装

包装是物流活动的一个重要环节，绿色包装可以提高包装材料的回收利用率、有效控制资源消耗、避免环境污染。

（五）废弃物物流

废弃物物流是指对经济活动中失去原有价值的物品，根据实际需要对其进行收集、分类、加工、包装、搬运、储存等，然后分送到专门处理场所而形成的物品流动活动。

二、发展绿色物流的意义

与普通物流相比，绿色物流在理论基础、行为主体、活动范围和最终目标四个方面存在显著特点：绿色物流的理论基础更广，包括可持续发展理论、生态经济学理论和生态伦理学理论；绿色物流的行为主体更多，不仅包括专业的物流企业，还包括供应链上的生产和流通企业以及不同层次的物流行政主管部门；绿色物流的活动范围更宽，不仅包括商品生产的绿色化，也包括物流作业和物流管理全过程的绿色化；绿色物流的最终目标是可持续发展，实现该目标不仅需要考虑经济效益，还需要考虑社会效益和环境效益，综合权衡。

（一）绿色物流是经济全球化和可持续发展的必然要求

保护自然环境和地球生态是世界各国人民义不容辞的责任，导致环境遭受污染、资源遭受破坏的行为主要来自企业的生产经营活动和人们的生活消费等诸多方面。作为连接生产与消费的桥梁，物流活动对地球环境造成的影响长期未得到应有重视。伴随经济全球化发展和世界大市场的形成，物流在全球经济中的作用日益凸显。绿色浪潮惠及的不仅是生产、营销和消费，作为可持续发展的必然要求，物流的绿色化也必须被列入全球日程。

（二）绿色物流是最大程度地降低经营成本的必由之路

有专家认为，产品从生产到消费的整个生命周期中，生产加工时间仅占 10% 左右，而其余约 90% 的时间被花费在储运、装卸、分装、二次加工、信息处理等物流活动中。时间的占用意味着成本的支出，物流专业化可为降低成本奠定基础。但是，绿色物流不仅着眼于一般的物流费用节约或物流成本降低，而且追求物流活动本身的绿色化以及由此带来的节能、环保和高效。从长远看，绿色物流在降低企业生产经营成本方面的潜力是不可估量的。

（三）绿色物流有利于全面满足人们不断提高的物质文化需求

作为社会再生产的必要环节，物流能快速方便地满足人们的物质文化需求。伴随需求水平的不断提高，绿色产品、绿色消费必然成为一种时尚。但是，即便是采用绿色生产技术和绿色包装手段生产出的绿色产品，如果没有绿色物流作为支撑，也很难形成完美的绿色消费。事实上，随着电子商务、网络零售、连锁经营的发展，物流与人们日常生活的关系更加紧密，物流的绿色化水平直接影响人们生活消费的质量和品位。

（四）绿色物流有利于企业取得新的竞争优势

日益严峻的环境问题和日趋严格的环保法规已经成为绝大多数企业不得不面对的现实。为了保持竞争优势，企业必须努力解决生产经营活动中的环保问题。除了改变传统生产方式，企业还应该建立并完善自身的绿色物流体系，通过绿色物流获得超越竞争对手的竞争优势。哈佛大学教授纳斯利·乔克里（Nazli Choucri）深刻地阐述了对这一问题的认识："如果一个企业想要在竞争激烈的全球市场中有效发展，它就不能忽视日益明显的环境信号，继续像过去那样经营……对各个企业来说，接受这一责任并不意味着经济上的损失，因为符合并超过政府和环境组织对某一行业的要求能使企业减少物料和操作成本，从而增强其竞争力。实际上，良好的环境行为恰似企业发展的马达而不是障碍。"

（五）绿色物流是适应国家法律、法规要求的必要措施

环境污染和资源枯竭迫使很多国家和相关国际组织制定了不少与环保或资源再利用相关的法律、法规或国际协定，例如，欧盟规定轮胎生产商每卖出一条新的轮胎必须回收一条旧的轮胎进行处理或再利用，很多国家的法律对一次性电池生产厂商也做出了类似的规定。国际上与此有关的协定还包括《蒙特利尔议定书》（1987 年）、《里约环境和发展宣言》（1992 年）、《关于贸易与环境的决定》（1994 年）、《京都协议书》（1997 年）等。

我国也出台了以《中华人民共和国环境保护法》为代表的一系列法律、法规，以促进环保和绿色事业的发展。这些法律、法规要求任何企业都必须对自己的行为承担环境责任，否则将受到法律的严惩。显然，企业的环境责任不仅来自生产活动，也来自物流活动。因

此，绿色物流是企业适应国家法律、法规要求的必要措施。

三、绿色物流的推进策略

我国物流业起步较晚，绿色物流才刚刚出现，人们对它的认识还非常有限。与发达国家相比，我国在绿色物流的观念、政策以及技术上均存在较大差距。从长远看，强化绿色物流理论研究、调整绿色物流系统目标、构建绿色物流政策体系、完善绿色物流基础设施、引导绿色物流企业经营有利于推动我国绿色物流的健康成长、实现整体经济的可持续发展。当前，推进我国绿色物流发展的具体策略包括如下内容。

（一）树立绿色物流观念

观念是一种具有普遍意义的根本性世界观，是特定生产力水平、生活方式和思想素质的反映，是人类行为活动的指南。改革开放以前，我国生产力水平低下，人民生活长期处于温饱边缘，往往会因为眼前利益而忽略长远利益、因为个体利益而忽略整体利益，企业也会因为各种非理性决策而实施掠夺式经营，忽略环境效益和社会效益。进入全面小康阶段之后，在"绿水青山就是金山银山""保护环境就是保护生产力"等观念的指引下，我国有条件、有能力，也有必要大力推广绿色思想、树立绿色物流观念。

（二）推行绿色物流经营

绿色物流活动最直接的参与主体是物流企业，物流企业要逐步学会从环境保护的视角制定企业经营战略，推行并普及企业层面的绿色物流经营。

1. 推广绿色运输

通过合理规划物流网点、优化配送线路、推广共同配送，可以有效地提高载运工具利用率；通过公路转铁路、铁路转水路，可以发挥大型载运工具的规模优势、降低单位运输量的环境损害；通过新能源的使用，可以有效降低尾气排放、实现运输业本身的可持续发展。

2. 倡导绿色包装

包装能保护商品、方便物流、促进销售，但同时会消耗大量的包装材料，导致资源浪费和环境污染。因此，绿色包装强调资源的再利用，要求所有包装符合 4R 原则，即减少使用（reduction）、重复使用（reuse）、循环使用（recycle）和回收再用（replace）。

3. 开展绿色流通加工

将分散的流通加工作业集中起来，可以充分发挥规模经济效益、提高加工资源和加工能力利用率、减少加工作业过程的环境污染。同时，规模化流通加工能集中处理或利用边角余料、减少废弃物污染。

4. 搜集和管理绿色信息

绿色物流并非简单地完成物品在时间和空间上的转移，而是通过各类信息的搜集、整理、储存和利用促进物流活动过程中绿色目标的实现。

（三）开发绿色物流技术

技术是产业发展和进步的基础，没有先进的绿色物流技术，我国绿色物流的发展就是无源之水、无本之木。绿色物流技术一般通过物流机械技术、物流控制技术、物流信息技术、物流管理技术的绿色化来体现，是推动绿色物流发展最重要的手段。

（四）完善绿色物流政策

同普通物流相比，绿色物流最大的特点就是其目标的多元化。除了经济目标，绿色物流的社会目标和环境目标很难通过企业的自觉行为实现，因此政策引导必不可少。针对物流装备的设计与制造、物流活动的管理与控制、物流社会目标与环境目标的考核与评估等问题构建完整的绿色物流政策体系，可以从源头上杜绝物流的非绿色倾向，规范企业的绿色物流行为。

（五）加强绿色物流人才培养

人才是技术的载体。作为一项全新的事业，绿色物流没有现成的人才储备，必须在实践中摸索总结，逐步培养自己的人才队伍。由于物流产业的复合性以及绿色物流目标的多元化，绿色物流不仅对人才的素质要求高，而且对人才的种类需求多，普通物流人才不一定能够适应绿色物流的发展需要。因此，我国应逐步构建符合绿色物流发展要求的人才培养体系，培养一批具有绿色发展理念、拥有物流管理知识和能力的专门人才。

第二节　第四方物流

随着科学技术的进步和市场的统一，供应链中的很多供应商和大企业为了满足市场需求，将物流业务外包给第三方物流企业，以降低存货成本、提高配送的效率和准确率。但是，由于大多数第三方物流企业缺乏系统的全面整合能力，加之全球化趋势导致的供应链网络范围的不断扩展，供应链企业在外包物流时不得不将业务外包给多家第三方物流企业。这一做法无疑会提高供应链的复杂性和管理难度。

市场的这些变化对物流和供应链管理提出了更高的要求，在客观上要求将现代网络技术、电子商务技术和传统的商业运营模式结合起来，以便在供应链中构造一个对供应链的物流外包行为进行链接的统一主体，而不是以前的分散无序状态。从管理的效率和效益看，对于将物流业务外包的供应链企业来说，为获得整体效益的最大化，它们更愿意与一家公司合作，将业务统一交给能提供综合物流服务和供应链解决方案的企业。而且，由于在供应链中信息管理变得越来越重要，也有必要将物流管理活动统一起来，以充分提升信息的利用率和共享机制，提高外包的效率。供应链管理中的这些变化促使很多第三方物流企业与咨询机构或技术开发商开展协作，以增强竞争能力，由此产生了第四方物流（fourth-party logistics，4PL）。

一、第四方物流的概念与内涵

与第三方物流的起源和概念相似，人们最初定义的也是"第四方物流服务提供商"（以下简称"第四方物流企业"）而不是"第四方物流"，这两个概念在日常使用中也存在混淆不清、随意替代的现象。

在第四方物流出现之前，大多数供应链企业只能利用第三方物流企业及其地区代理，试图通过库存布局与运输网络优化满足自身的物流服务需求并适应需求的不断变化。但随着越来越多的供应链企业不再满足于第三方物流服务，它们开始希望得到更多物流之外的额外服务，如电子采购、订单处理、虚拟库存管理等。这些供应链企业经常发现第三方物流企业缺乏客户所需的战略思想、综合技能、集成技术和全球扩展能力。为了改变窘境，部分第三方物流企业开始采取措施，通过与其他服务提供商进行联盟的方式提高自身综合服务能力，联盟的对象可能包括管理咨询公司、技术服务提供商等。随着联盟关系不断增多、团队关系日益稳定，一种全新的业务外包模式开始出现。越来越多的供应链企业开始向某个单一的组织外包其整个供应链流程，由该组织评估、设计、制定并运作全部的供应链集成方案，该组织就是第四方物流企业。

1998 年，美国埃森哲公司最早提出了"第四方物流企业"的概念并依据业务内容对其进行了定义：第四方物流企业是一个供应链的集成商，它对公司内部和具有互补性的服务供应商所拥有的不同资源、能力和技术进行整合和管理，提供一整套供应链解决方案。从该定义可以看出，第四方物流企业是供应链企业以及第三方物流企业的领导者，不是物流业务的直接利益相关方，并不实际承担具体的物流运作任务。它通过自身的信息技术、整合能力以及其他资源帮助供应链企业整合资源、降低成本并且依靠第三方物流企业、技术服务提供商、管理咨询公司以及其他增值性服务提供商，为供应链企业提供独特和广泛的供应链解决方案。因此，要想成为第四方物流企业，必须具备一定的能力与条件，如能够制定供应链策略、优化再造业务流程、具备技术集成和人力资源管理的能力、在集成供应链技术和外包能力方面处于领先地位并具有较雄厚的专业人才储备实力、能够管理多个不同的供应商并具有良好的管理和组织能力等。

虽然国内外都兴起了关于第四方物流的研究与探索，但从概念上看，绝大多数还是采纳埃森哲公司对"第四方物流企业"的定义，而不是对"第四方物流"本身进行定义，在日常的术语使用中常将二者混为一谈、不加区分。本书已多次强调，第三方物流应该被理解为一种"实体流动过程"，而第三方物流企业则是"特定类型的企业"，它们是性质完全不同的两个概念。按此逻辑，第四方物流应该被理解为另一种"实体流动过程"，第四方物流企业应该被理解为另一种"特定类型的企业"。但是，第四方物流在本质上并不是"实体流动过程"，顶多只能被定义为另一种"过程"，这正是对第四方物流进行定义的困难之处。也就是说，第四方物流在本质上并不是物流，却被冠以"物流"的称谓，导致人们很难合情合理地对其进行准确定义，只能被迫放弃或刻意回避。本书认为，第四方物流是由供应链企业和第三方物流企业之外的企业（即第四方物流企业）对供应链进行集成的过程。

不得不承认，第四方物流被冠以"物流"的称谓也有其合理的一面。第四方物流与第三方物流的关系类似于供应链与物流的关系，虽然本质属性发生了变化，但都是在后者基础上进行创新和延展的结果。从起源上看，正是以第三方物流为基础，通过整合外部增值性服务而逐步形成第四方物流；从业务内容上看，第三方物流一直是第四方物流整合的重点和核心，所以从称谓上看，由第三方物流过渡到第四方物流也合情合理、顺理成章。

二、第四方物流的特征

第三方物流专注于物流管理和物流操作，第四方物流则更多地关注整个供应链及其协调性，二者的差别可以通过第四方物流的两个特征得到体现：一是它提供一整套供应链解决方案；二是它通过影响整个供应链产生增值。

（一）提供一整套供应链解决方案

与第三方物流不同，第四方物流不是简单地为客户企业（某个特定的供应链企业）的物流活动提供管理服务，而是在系统分析客户企业所处的供应链整体、全面评估客户企业所处行业物流环境的基础上，提供一整套供应链解决方案。第四方物流企业本身并没有能力独立实施该方案，必须通过供应链企业（客户企业及其上下游企业）、第三方物流企业以及其他技术或管理类企业的共同协作才能完成。因此，第四方物流企业是一个供应链的集成商，它提供的解决方案具有中观层面的指导意义。

第三方物流能够帮助客户企业在物流领域、企业范围内实现最优，但要将这种最优拓展到更多的领域或更大的范围，第三方物流往往无能为力。而第四方物流着眼于整个供应链，有能力对整个供应链资源和环境进行评估、再造和整合，进而实现供应链的全局最优。为了实现这一目标，第四方物流企业必须由浅入深地介入供应链管理，依次提供四个不同层次的供应链管理服务，即执行、实施、变革和再造。

1. 执行——承担多个供应链职能和流程的运作

第四方物流的业务领域远远超越第三方物流，它可能涵盖采购、生产、库存管理、供应链信息技术、需求预测、网络管理、客户服务管理和行政管理等诸多方面。尽管客户企业可能把所有供应链活动全部外包给第四方物流，但通常情况下第四方物流只承担最关键的供应链功能或供应链流程，而将其他非关键功能或流程外包出去。

2. 实施——包括流程一体化、系统集成和运作交接

实施阶段的第四方物流可以帮助客户企业实施新的业务方案，包括业务流程的优化、客户企业和服务供应商之间的系统集成等。在此阶段，客户企业通常会将供应链管理的具体业务全部移交给第四方物流的项目运作小组。

3. 变革——通过新技术实现供应链职能的改善

变革的主要目的是改善某一具体的供应链职能，如采购策略、分销管理、销售计划和客户支持等。在变革阶段，技术对方案的成败来说至关重要。领先的技术加上战略思维、流程再造和卓越的组织变革，共同构成第四方物流的最佳方案，以改善供应链的各项职能。

4. 再造——供应链过程的协作和再设计

再造是第四方物流的最高层次。供应链流程的真正改善需要供应链企业间的通力合作，通过完善各环节的计划并协调各环节的运作才能实现。再造过程就是基于传统的供应链管理咨询技巧，使客户企业的业务策略与所在供应链的策略协调一致。当然，技术在这一过程中也起着催化作用。再造能整合并优化客户企业所在供应链以及与之交叉的其他相关供应链。

（二）通过影响整个供应链产生增值

第四方物流充分利用了一大批服务提供商的能力，包括第三方物流企业、信息服务提供商、金融机构和管理咨询公司等，再加上客户企业和第四方物流企业的自身优势，它就能通过提供一个全方位的供应链解决方案来满足客户企业的复杂需求。第四方物流关注供应链管理的各个方面，它既提供不断更新和优化的供应链解决方案，又能满足客户企业的各种具体需求。在复杂的供应链系统中，第四方物流主要通过四种途径来实现增值——增加供应链收入、降低供应链的运营成本、压缩供应链中的流动资金和减少供应链中的固定资产。这四种途径覆盖供应链全局、贯穿供应链管理全过程。

1. 增加供应链收入

供应链收入的增加主要通过提高服务质量、保证服务的可靠性来实现。第四方物流从供应链全局的整体利益出发，能够实现供应链全过程的高效率和高质量，为最终消费者提供最满意的服务，从而提升供应链的竞争力、增加供应链收入。

2. 降低供应链的运营成本

如果按第四方物流提供的供应链解决方案整合所有供应链成员以及各类服务分包商，就能实现供应链各环节内部作业效率的提高、作业费用的节省以及不同环节之间物流衔接的顺畅，从而降低整个供应链的运营成本。

3. 压缩供应链中的流动资金

第四方物流可运用现代化电子订货系统实现自动订货，运用高科技的通信技术手段跟踪管理货物，不仅可将存货控制在最低水平，还可以有效提高订货资金的使用效率，从而压缩供应链中的流动资金。

4. 减少供应链中的固定资产

第四方物流企业及其分包商拥有供应链管理和供应链运作所需的固定资产，能根据不同客户的需求进行专业化资源配置并实现规模化经营，从而大幅度减少供应链企业的固定资产、降低供应链中的固定成本。

正是基于第四方物流的这两个基本特征，所以同其他类型的企业相比，第四方物流企业的特点也十分显著，如第四方物流企业是一个集成商，重视并擅长业务外包；第四方物流企业必须具备强大的信息管理能力，拥有良好的组织和管理水平；第四方物流企业对员工的素质要求很高等。

三、第四方物流的运作模式

实践表明，第四方物流可以最大程度地整合社会资源、提高资源利用效率、减少环境污染。作为供应链集成商，第四方物流企业开展业务的模式也就是第四方物流的运作模式主要有三种，即协同运作型第四方物流、方案集成型第四方物流和行业创新型第四方物流。

（一）协同运作型第四方物流

在该运作模式下，第四方物流企业只与第三方物流企业存在内部合作关系，即第四方物流企业不直接与客户企业接触，而是通过第三方物流企业实施其提出的供应链解决方案、再造的物流运作流程等。这就意味着，第四方物流企业将与第三方物流企业共同开发市场并在此过程中向第三方物流企业提供技术支持、供应链管理决策、市场准入能力以及项目管理能力等。它们之间的合作关系可以采用合同方式绑定或采用战略联盟方式形成，其运作模式如图 16-1 所示。

（二）方案集成型第四方物流

在该运作模式下，第四方物流企业作为客户企业与第三方物流企业之间的纽带，将客户企业与第三方物流企业连接起来，这样客户企业就不需要与众多第三方物流企业进行接触，而是通过第四方物流企业完成复杂的供应链集成和物流运作管理。在这种模式下，第四方物流企业作为方案集成商除了提出供应链管理的可行性解决方案，还要对第三方物流资源进行整合、统一规划，为客户企业服务，其运作模式如图 16-2 所示。

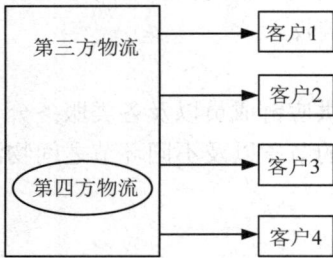

图 16-1　协同运作型第四方物流　　　　　图 16-2　方案集成型第四方物流

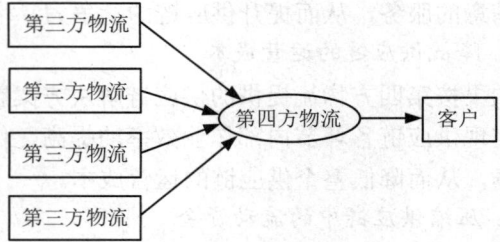

（三）行业创新型第四方物流

行业创新型第四方物流与方案集成型第四方物流有一定的相似之处，即作为第三方物流与客户企业之间的沟通纽带，将物流运作的两个端点连接起来。两者的不同之处在于：行业创新型第四方物流的客户企业是同一行业的多个企业，而方案集成型第四方物流只针对一个客户企业进行物流管理。在行业创新型第四方物流模式下，第四方物流企业提供行业整体物流的解决方案，这样可以使第四方物流运作的规模得到更大程度的扩展，使整个行业在物流运作上获得收益，其运作模式如图 16-3 所示。

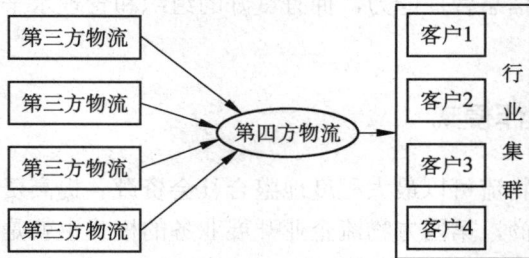

图 16-3　行业创新型第四方物流

无论采用哪一种模式，第四方物流都突破了单纯发展第三方物流的局限性，能真正实现最大范围的资源整合、保证低成本运作。第三方物流缺乏跨越整个供应链运作以及真正整合供应链流程所需的战略专业技术，第四方物流则可以不受约束地将每一个领域的最佳物流提供商组合起来，为客户提供最佳物流服务，进而形成最优物流方案或供应链管理方案。而第三方物流要么独自服务，要么通过与自己有密切关系的转包商为客户提供服务，它不太可能提供技术、仓储与运输服务的最佳结合。

第三节　智慧物流

2008年11月，美国IBM公司提出"智慧地球"的概念，得到美国总统奥巴马的公开肯定并将其提升到美国国家战略的高度；2009年8月，IBM发布《智慧地球　赢在中国》计划书，正式揭开IBM公司"智慧地球"中国战略的序幕。2009年8月7日，国务院总理温家宝在无锡提出"感知中国"理念，表示我国要抓住机遇，大力发展物联网技术；2010年，"物联网"首次被写入政府工作报告并被正式列为我国五大战略性新兴产业之一。作为智慧地球的核心要素之一，物联网开始受到人们的广泛关注，美国、欧盟等都投入巨资，深入研究物联网技术。

基于以上背景，结合物流行业信息化发展现状，考虑到物流业是最早接触物联网的行业，也是最早应用物联网技术，实现物流作业智能化、网络化和自动化的行业，中国物流技术协会信息中心、华夏物联网、《物流技术与应用》编辑部于2009年12月率先提出"智慧物流"的概念。

一、智慧物流的概念与功能

智慧物流概念的提出顺应了物联网技术的发展趋势，契合物流业的信息化、数字化、网络化、集成化、智能化、柔性化、敏捷化、可视化、自动化等先进技术特征，符合时代潮流。

（一）智慧物流的基本概念

中国物联网校企联盟认为，智慧物流能利用集成智能化技术，使物流系统模仿人的智能，具有思维、感知、学习、推理判断和自行解决物流活动过程中某些实际问题的能力。它能通过RFID、传感器、移动通信等技术手段，在物品流通过程中获取信息，从而分析信息，做出决策，使物品从源头开始便被跟踪与管理。我国国家标准《物流术语》将"智慧物流"定义为"以物联网技术为基础，综合运用大数据、云计算、区块链及相关信息技术，通过全面感知、识别、跟踪物流作业状态，实现实时应对、智能优化决策的物流服务系统"。

基于IBM公司对"智慧"的理解，综合国内的研究结论，本书认为，智慧物流是指通过智能软硬件、物联网、大数据等智慧化技术手段，具有系统感知、全面分析、及时处理及自我调整功能，实现感知智慧、规整智慧、发现智慧、创新智慧和系统智慧的现代综合性物流系统。它能实现物流各环节的精细化、动态化和可视化管理，可提高物流系统智能化分析决策和自动化操作执行能力。

（二）智慧物流的基本功能

根据以上概念，参照国内有关文献，本书将智慧物流的基本功能归纳为如下几个。

1. 感知功能

感知功能即运用各种先进技术自动获取运输、储存、包装、装卸搬运、流通加工、信息处理、配送等各个环节信息的能力。智慧物流能实现实时数据收集，使各方准确掌握物品、载运工具和其他物流装备的信息，实现感知智慧。

2. 规整功能

规整功能是指将通过感知功能采集到的信息传输到数据中心进行整理和归档，以持续不断地充实和完善数据库的能力。智慧物流能按不同的标准要求自动对数据进行分门别类，针对各类别数据的特点进行规整，同时实现数据的联系性、开放性及动态性并通过对数据和流程的标准化推进跨网络的系统整合，实现规整智慧。

3. 智能分析功能

智能分析功能是指运用模拟模型等系统工具分析物流实际问题的能力。智慧物流能根据物流活动过程中遇到的实际问题自动设立假设条件、自动建立模拟模型、自动调用原有经验数据，同时模拟各种假设条件下的运行状态，随时发现物流活动过程中的漏洞或薄弱环节，从而实现发现智慧。

4. 优化决策功能

优化决策功能可根据特定需要，在不同的约束条件下自动评估成本、时间、质量、服务、碳排放或其他系统目标。智慧物流能基于概率对风险进行预测分析，协同制定多种解决方案并提出最合理、最有效的解决方案，使决策更加科学合理，从而实现创新智慧。

5. 系统支持功能

智慧物流的各环节绝非相互割裂、各自为政，而是相互联系、互通有无。系统支持功能通过数据共享和资源优化为物流各环节提供最强大的系统支持，使得各环节之间切实做到协作、协调和协同。

6. 自动修正功能

在以上各项功能的支持下，智慧物流在执行最优解决方案的过程中，如果出现偏差，自动修正功能可以自动进行调整、修复并将这些与偏差有关的数据记录在案，以便日后的数据查询、经验积累或原因查找。

7. 及时反馈功能

物流系统是一个实时更新的动态系统，反馈是实现系统修正、完善必不可少的环节。反馈贯穿于智慧物流系统的每一个环节，可为物流相关作业者了解物流运行情况、及时解决系统问题提供帮助。

二、智慧物流的体系结构

按照服务对象或服务范围的不同进行划分，智慧物流体系可以分为企业智慧物流、行业智慧物流、区域或国家智慧物流三个层次。

（一）企业智慧物流

企业智慧物流建设的关键在于信息技术在物流企业的推广应用，集中表现为运用新的传感技术实现智慧运输、智慧储存、智慧包装、智慧装卸搬运、智慧流通加工、智慧信息处理、智慧配送乃至智慧供应链管理，近期目标是培育一批信息化水平高、带动作用强的智慧物流示范企业。

（二）行业智慧物流

行业智慧物流建设主要包括智慧区域物流中心的建设、区域智慧物流行业的建设以及预警与协调机制的建设三个方面。

（1）智慧区域物流中心的建设。建设智慧区域物流中心，首先要搭建区域物流信息平台。它是区域物流活动的"神经中枢"，连接着物流系统的各个层次、各个方面，能将原本分离的商流、物流、信息流和采购、运输、仓储、代理、配送等环节紧密联系起来，形成一条完整的供应链。其次，要建设若干智慧物流园区。智慧物流园区是指加入了信息平台的先进性、供应链管理的完整性、电子商务的安全性的物流园区，其基本特征是商流、信息流、资金流的快速安全运转能满足企业信息系统对相关信息的需求并通过信息共享支撑政府部门在监督行业管理与市场规范化管理方面的协同工作机制的建立，确保物流信息准确、及时、高效、通畅。

（2）区域智慧物流行业的建设（以快递为例）。在快递行业中应加强先进技术的开发与利用。例如，强化信息主干网的建设，普及计算机、手机等无线数据终端，通过自动报单、自动分拣、自动跟踪等系统使快件的实时跟踪更加高效、简单、方便。

（3）预警与协调机制的建构。行业智慧物流的建设离不开相应的预警与协调机制，为此必须开拓或挖掘基础数据，做好相关信息的收集、整理、加工和规整，以便反映或暴露相关问题并建立灵活、敏捷的预警与协调机制。

（三）国家智慧物流

国家智慧物流旨在打造一体化的交通同制、规划同网、铁路同轨、乘车同卡的现代物流支持平台，它以制度协调、资源互补和抑制需求放大效应为目标，以物流一体化推动整体经济的快速增长。因此，国家智慧物流主要着眼于实现功能互补、错位发展，着力构建以国际物流网、区域物流网和城市配送网为主体的快速公路货运网络，"水陆配套、多式联运"的港口集疏运网络，"客货并举、以货为主"的航空运输网，"干支直达、通江达海"的内河货运网络。同时，国家智慧物流的建设必须打造若干物流节点，因为智慧物流网络中的物流节点对优化整个物流网络具有十分重要的作用，它不仅执行一般的物流职能，而且越来越多地执行指挥调度、信息交换等"神经中枢"职能。

三、智慧物流的实施框架

随着我国物流产业的整体水平不断提升，智慧物流正在从理论概念走向实际应用。物联网、云计算、移动互联网等新一代信息技术的日益普及推动着我国智慧物流的快速发展。

可以说，物流信息化的下一站就是智慧物流。

（一）智慧物流的实施基础

1. 信息网络是智慧物流系统的基础

智慧物流系统的信息收集、交换共享、指令下达都要依赖发达的信息网络。没有准确实时的需求信息、供应信息、控制信息作为基础，智慧物流系统也就无法对信息进行筛选、规整、分析，也就无法发现物流作业中有待优化的问题，更无法创造性地做出优化决策，整个智慧系统也就无法实现。

2. 网络数据挖掘和商业智能技术是实现智慧物流系统的关键

对海量信息进行筛选规整、分析处理，提取其中有价值的信息，实现规整智慧、发现智慧，从而为系统的智慧决策提供支持，必须依靠网络数据挖掘和商业智能技术并在此基础上自动生成解决方案，供决策者参考，以实现技术智慧与人类智慧的结合。

3. 良好的物流运作和管理水平是实现智慧物流系统的保障

实践证明，如果没有良好的物流运作方式及其相应的物流管理水平，过度超前地建立物流信息系统不仅不能改善企业绩效，而且会适得其反。因此，智慧物流离不开良好的物流运作方式及其相应的物流管理水平，物流信息系统必须与物流运作方式和物流管理水平相适应，才有可能真正实现智慧物流的系统智慧，充分发挥智慧物流的协同、协作和协调效应。

4. 智慧物流需要专业的IT人才与熟知物流活动规律的经营人才的共同努力

物流业是一个专业性极强的技术密集型行业，没有人才，大量信息的筛选、分析乃至应用将无从展开，智慧技术也难以在物流行业得到推广应用。

5. 智慧物流要求传统物流向现代物流转型升级

智慧物流所要实现的产品智能可追溯网络系统、物流过程可视化智能管理网络体系、智能化企业配送中心和企业智慧供应链等都必须建立在"综合物流"之上，如果传统物流不向现代物流转型升级，则物流只能实现局部的智能化，绝不可能实现系统的智慧化。

6. 只有在物流技术、智慧技术以及其他相关技术充分结合的前提下，智慧物流才能真正得以实现

只有应用新的传感技术、EDI、GPS、RFID、条形码技术、视频监控技术、移动计算技术、无线网络传输技术、基础通信网络技术和互联网技术等，才能实现智慧物流的感知智慧、规整智慧、发现智慧、创新智慧、系统智慧。

（二）智慧物流的实施模式

1. 第三方物流企业运营模式

第三方智慧物流不同于传统的第三方物流，客户可以在网上直接下单，然后系统将对订单进行标准化并通过EDI传给第三方物流企业；第三方物流企业利用传感器、RFID和智能设备自动处理物品信息，实现实时数据收集并保证信息的透明度。与此同时，第三方物流企业将物品信息、载运工具信息、其他物流装备信息以及天气信息等相结合，利用智能的模拟器模型等手段评估成本、时间、碳排放或其他系统目标，在科学决策的基础上，

按最合理的方案将物品安全、及时、准确地送达目的地。

2. 物流园区模式

智慧物流园区的建设必须保证公共信息平台的先进性、供应链管理的完整性、电子商务的安全性，以确保物流园区的物流、商流、信息流、资金流的快速、安全运转。智慧物流园区要有良好的通信基础设施和先进的公共信息平台，通过提供行业管理信息提高行业管理水平，通过建立智慧配送中心保证客户订货的适时和准确。

3. 大型制造企业模式

大型制造企业模式要求该制造企业内的每件物品都能提供关于自身或与其相关联的对象的数据并且能够对这些数据进行传输和共享。在此模式下，每件物品都具备数据获取、数据处理及数据通信的能力，构建起由大量智慧物品组成的网络。在智慧物品网络基础上，所有物品信息均可联通，组成物联网，企业也就有了感知智慧，能及时、准确、详细地获取库存、生产、市场等相关信息，然后通过规整智慧、发现智慧找出其中的问题、机会和风险，再由创新智慧及时地做出正确的决策，尽快生产出满足市场需求的产品，从而实现企业效益的最大化。

（三）智慧物流的实施步骤

第一步：完善基础功能。具体包括：加强物流基础设施的规划和建设，力图使其空间布局更加合理、整体功能更加完善；推进各类物流设备与物流基础设施之间的协调配合，提高既有物流资源的整合力度和综合利用水平；强化物流信息化建设，提升物流企业的经营能力和网络化服务水平。

第二步：开发物流模块的智慧。智慧物流系统设计可以采用模块化设计方法，即首先将智慧物流系统分解成多个子模块，逐一设计好各个子模块后，再根据最优化原则组合成为一个满意的系统。例如，智慧物流感知记忆功能方面可以包含基本信息维护模块、订单接收模块、运输跟踪模块、库存管理模块；在智慧物流的规整发现功能方面主要是调度模块，它是业务流程的核心模块，通过向用户提供订单并按关键项进行排序、归类和汇总以及详细的运输工具状态查询等智能支持，帮助完成订单的分理和调度单的制作；智慧物流的创新智慧主要表现在分析决策模块，系统提供了强大的报表分析功能，各级决策者可以看到他们各自关心的分析结果；而系统智慧体现在技术工具层次上的集成、物流管理层次上的集成、供应链管理层次上的集成、物流系统同其他系统的集成等。

第三步：确立物流系统的目标和方案。智慧物流的建设目标是构建多层次的智慧物流网络体系，具体包括建设若干个智慧物流示范园区、示范工程、产业基地，引进一批智慧企业。智慧物流系统的建设步骤：搭建物流基础设施平台—加强物流基础功能建设—开发一些主要的物流信息管理软件—完成服务共享的管理功能和辅助决策的增值性服务功能—进一步完善物流信息平台的网上交易功能等。

第四步：实现物流系统的智慧。通过利用传感器、RFID 或其他智能设备自动处理物品信息，可以完成实时数据收集并保持透明，保证各方都能准确掌握物品、载运工具及其他物流装备的信息；在此基础上，通过数据挖掘和商业智能技术对信息进行筛选，提取有价值的信息，找出物流系统中存在的问题、机会和风险，从而实现系统的规整智慧和发现智慧；然后，利用智能的模拟器模型等手段评估成本、时间、质量、服务、碳排放或其他系统目标。此时的物流系统已经能够基于概率对风险进行预测分析，协同制定多种解决方案并提出最合理有效的解决方案，使决策更加科学合理，拥有创新智慧和系统智慧。

第四节　物　流　金　融

物流金融是一种创新型第三方物流服务产品，它为金融机构、第三方物流企业及其客户企业提供了良好的合作平台并能保证这种合作实现"共赢"。虽然仓单质押是物流金融的最初实现方式，但随着商务模式的多元化，运单、提单、提货单乃至企业间的商业信用等都可能被当作质押标的进行融资。同时，随着第三方物流企业自身的资金筹措能力日渐增强，可调用的流动资金越来越多，第三方物流企业开始有能力为客户企业垫付货款、预支货款或提供其他资金流方面的延伸服务。物流金融的服务内容和服务方式处于不断探索、持续拓展和日渐成熟的过程之中。

一、物流金融的产生背景

物流金融是物流与金融相结合的一种复合业务。此类复合业务的出现可以追溯到公元前 2400 年，即当时的美索不达米亚地区出现了谷物仓单；英国最早出现的流通纸币就是可兑付的银矿仓单。国际上，最全面的物流金融规范体系在北美（美国和加拿大）以及菲律宾等地。美国物流金融的主要业务模式是面向农产品的仓单质押。早在 1916 年，美国就颁布了《美国仓储法案》（*US Warehousing Act of* 1916），构建起完整的仓单质押运作规范，使其成为家庭式农场融资的主要手段。仓单既可以作为向银行贷款的质押标的，也可以作为支付手段进行流通，农产品仓单质押有效地提高了美国农产品的流通效率。

国外物流金融的推动者大多是金融机构，而我国物流金融的推动者则主要是第三方物流企业。随着物流观念的普及和第三方物流的蓬勃发展，增值性服务成为物流企业保持或扩大竞争优势的主要手段，我国的物流金融就是以增值性物流服务的形态产生并发展的。一般认为，我国物流金融的产生和兴起离不开以下几项背景要素。

（一）中小型企业的融资困境

在商品生产与再生产的循环过程中，库存持续存在，占用了大量流动资金，导致绝大多数企业存在流动资金不足的问题。相对于传统制造企业，高新技术企业面临的资金压力更大；相对于大型企业，中小型企业的资金压力更加突出。由于信用体系不健全，我国中小型企业普遍存在资金压力大、融资渠道匮乏的问题。因此，中小型企业希望通过物流金融支持自身的融资活动，通过盘活企业暂时闲置的原材料和产成品等流动资产缓解资金压力。

（二）第三方物流的服务革命

物流系统中的物品基本是客户企业的库存或其他动产，收集、整理和评估各类物品信息本身就是物流管理的工作内容，对这些物流信息加以再利用，通过与金融机构分享信息的方式帮助客户企业进行融资，无疑是对客户企业最有吸引力的一项增值性服务，也是第三方物流企业提升竞争优势最有效的手段。物流金融是第三方物流的一场服务革命。

（三）金融机构的创新意识

随着我国金融业的逐步开放，金融市场的竞争主体不断增加，金融机构面临的竞争越来越激烈。为了获得竞争优势，以银行为主体的各类金融机构不断进行业务创新。为了解决质押融资中的监管难问题，金融机构迫切希望与第三方物流企业合作，促成物流金融业务的产生、发展和壮大。各类金融机构都将物流金融看作一种创新意识的体现。

（四）供应链管理的"共赢"目标

对于供应链企业来说，物流金融可以拓宽企业的融资渠道、降低企业的融资成本，从而帮助企业扩大生产或销售规模、提高市场地位。对于第三方物流企业来说，物流金融可以拓展企业的高附加值服务能力、提高企业的一体化服务水平、增强企业的市场竞争力，同时可以扩大企业的业务规模、增加企业的经营利润。对于金融机构来说，物流金融服务有助于扩大贷款规模、降低信贷风险，甚至可以协助金融机构处理不良资产。

二、物流金融的基本内涵

由于我国物流金融实践探索的时间并不长，理论研究也不够深入，人们对物流金融的概念认识并不统一。综合国内现有的部分文献，本书认为，物流金融是指在供应链管理过程中，通过开发或运用有关金融产品组织或调节物流领域的资金运动，以实现商流、物流、资金流和信息流的有机统一并提高供应链运作效率的复合业务模式。物流领域的资金运动主要包括发生在物流活动过程中的各种存款、贷款、投资、信托、租赁、抵押、贴现、保险、有价证券发行与交易以及金融机构所办理的各类涉及物流的中间业务等。

（一）物流金融的特点

物流与金融的结合不仅代表了一种全新的物流服务理念，也为金融业开辟了一个崭新的市场领域。物流金融是基于金融机构、第三方物流企业及其客户企业等多方的共同需求而产生的，具有强大的生命力。经过多年的实践探索，我国物流业与金融业已初步建立起一套能为各方所理解、方便各方沟通的物流金融运作流程规范，形成了自己的特点。

1. 标准化

不仅所有物流产品的质量和包装标准都以国家标准和协议约定的标准由物流企业验收、看管，而且要求所有动产质押品按统一、规范的质押程序由第三方物流企业看管，避免动产质押情况下由银行派人看管和授信客户自行看管的不规范行为，确保质押的有效性。

2. 信息化

所有质押品的监管都借助物流企业的物流信息管理系统统一处理，从总行到分行、支行的业务管理人员，都可以随时通过物流企业的信息管理系统检查质押品的品种、数量和价值，掌握质押品的实时情况。

3. 远程化

借助物流企业覆盖全国的服务网络和银行系统内部的资金清算网络，动产质押业务既可以在该行所设机构地区开展业务，也可以开展异地业务并能保证资金的快捷汇划和物品的及时运送。

4. 广泛性

物流金融的服务区域具有广泛性，既可以在银行所设机构地区开展业务，也可以超出该范围开展业务。质押货物的品种具有广泛性，可以涵盖物流企业能够看管的所有品种类型。

随着我国物流业的不断进步和金融体制改革的进一步深化，各关系方的互动磨合会更加顺畅，物流金融服务的运作模式会不断创新，物流金融产品也会层出不穷。

（二）物流金融与供应链金融的区别

随着供应链理念的兴起，一些金融机构开始主动介入供应链活动，在向供应链核心企业（客户企业）提供融资、结算或理财服务的同时，向其供应商提供货款及时收达的便利或者向其分销商提供预付款代付或存货融资服务。以核心企业为依托，以企业信用或交易标的为担保，锁定资金用途及还款来源，对供应链各环节的参与企业提供融资、结算、资金管理等服务的业务和业态就是供应链金融（supply chain finance）（GB/T 18354—2021）。显然，物流金融与供应链金融在具体的融资活动中既有共性也有区别，除了运作模式的不同，二者的主要区别如下。

1. 服务对象不同

物流金融面向所有符合其准入条件的客户企业，不限规模、种类和地域条件；供应链金融则是以供应链整体为对象，为核心企业及其上下游成员企业提供金融服务。

2. 担保与风险不同

在物流金融业务中，客户企业以其自有资源为担保，融资风险主要源于贷款企业。供应链金融则以核心企业为担保方或者由核心企业承担连带责任，融资风险既可能源于核心企业，也可能源于上下游成员企业。任何一个环节出现问题，都将影响贷款项的顺利返还甚至整个供应链的安全，操作风险更大。但是，由于供应链整体的业务规模远非单个企业可比的，供应链金融服务的收益也更加丰厚。

3. 运作主体不同

物流金融的运作主体是第三方物流企业，而供应链金融的运作主体则往往是金融机构。

4. 异地金融机构的合作程度不同

物流金融一般仅涉及贷款企业所在地的金融机构，而由于供应链企业经常位于不同城市、地区乃至不同国家，因而供应链金融业务不得不涉及异地金融机构间的信息共享与业务协作，极大地提高了监管难度。

三、物流金融的分类

因为我国的物流金融业务正处于不断创新的野蛮生长阶段，各种物流金融产品层出不穷，对物流金融的分类方式也是多种多样，如按金融机构参与程度的不同，将其分为资产流通模式和资本流通模式；按物流发展阶段的不同，将其分为物流金融1.0、物流金融2.0、物流金融3.0；按金融业务内容的不同，将其分为物流结算金融、物流仓单金融、物流授信金融等。下面将以最后一种分类方法为依据，简要阐述物流金融的分类体系及其有关概念。

（一）物流结算金融

物流结算金融是指利用各种结算方式为物流企业及其客户企业融资的金融活动。目前主要有代收货款、垫付货款、承兑汇票等业务形式。

1. 代收货款

代收货款业务是物流公司为企业（大多为各类邮购公司、电子商务公司、商贸企业、金融机构等）提供传递实物服务的同时，帮助供方向买方收取货款，然后将货款转交投递企业并从中收取一定比例的费用。代收货款模式是物流金融的初级阶段，从盈利来看，它直接带来的利益属于物流公司，同时厂家和消费者能获得方便快捷的服务。

2. 垫付货款

垫付货款业务是指当物流公司为发货人承运一批货物时，物流公司首先代提货人垫付一半货款；当提货人取货时，则交付给物流公司全部货款。为消除垫付货款对物流公司的资金占用，垫付货款还有另一种模式：发货人将货权转移给银行，银行根据市场情况按一定比例提供融资，当提货人向银行偿还货款后，银行向第三方物流企业发出放货指示，将货权还给提货人。此种模式下，物流公司的角色发生了变化，由原来的商业信用主体变成了为银行提供货物信息、承担货物运送、协助控制风险的配角。

从盈利来看，厂商获得了融资，银行获得了利息收入，而物流企业也因为提供了物流信息、物流监管等服务而获得了利润。

3. 承兑汇票

承兑汇票业务也称保兑仓业务，其业务模式为：开始实施前，买方企业、卖方企业、物流企业、银行要先签订《保兑仓协议书》，物流公司提供承兑担保，买方企业以货物对物流公司进行反担保并承诺回购货物；需要采购材料的借款企业，向银行申请开出承兑汇票并缴纳一定比例的保证金；银行先开出银行承兑汇票；借款企业凭银行承兑汇票向供应商采购货物并交由物流公司评估入库作为质押物；金融机构在承兑汇票到期时兑现，将款项划拨到供应商账户；物流公司根据金融机构的要求，在借款企业履行还款义务后释放质押物。如果借款企业违约，则质押物可由供应商或物流公司回购。

从盈利来看，买方企业通过向银行申请承兑汇票，实际上获得了间接融资，缓解了企业流动资金的紧张状况；供方企业在承兑汇票到期兑现即可获得银行的支付，不必等买方向银行付款；银行通过为买方企业开出承兑汇票而获取了业务收入。物流企业的收益来自两个方面：第一，存放与管理货物向买方企业收取费用；第二，为银行提供价值评估与质押监管中介服务，收取一定比例的费用。

（二）物流仓单金融

物流仓单金融主要是指融通仓融资，其基本原理是：生产经营企业先以其采购的原材料或产成品作为质押物或反担保品存入融通仓并据此获得协作银行的贷款，然后在其后续生产经营过程中或质押产品销售过程中分阶段还款。第三方物流企业提供质押物品的保管、价值评估、去向监管、信用担保等服务，从而架起银企间资金融通的桥梁。其实质就是将银行不太愿意接受的动产（主要是原材料、产成品）转变成其乐意接受的动产质押产品，以此作为质押担保品或反担保品进行信贷融资。

从盈利来看，供方企业可以通过原材料、产成品等流动资产实现融资；银行可以拓展流动资产贷款业务，既减少了存贷差产生的费用，也增加了贷款的利息收入。物流企业的收益来自两个方面：第一，存放与管理货物，向供方企业收取费用；第二，为供方企业和银行提供价值评估与质押监管中介服务，收取一定比例的费用。

另外，随着现代物流和金融的发展，物流仓单金融也在不断创新，出现了多物流中心仓单模式和反向担保模式等新仓单金融模式。多物流中心仓单模式是在仓单模式的基础上对地理位置的一种拓展：第三方物流企业根据不同客户，整合社会仓库资源甚至是客户自身的仓库，就近进行质押监管，极大地降低了客户的质押成本。反向担保模式对质押主体进行了拓展：不是直接以流动资产交付银行做抵押物而是由物流企业控制质押物，这样极大地简化了程序、提高了灵活性、降低了交易成本。

（三）物流授信金融

物流授信金融是指金融机构根据物流企业的规模、经营业绩、运营现状、资产负债比例以及信用程度，授予物流企业一定的信贷额度，物流企业直接利用这些信贷额度向相关企业提供灵活的质押贷款业务，由物流企业直接监控质押贷款业务的全过程，金融机构则基本上不参与该质押贷款项目的具体运作。该模式有利于企业更加便捷地获得融资、减少原先质押贷款中一些烦琐的环节，也有利于银行提高对质押贷款的全过程监控能力，更加灵活地开展质押贷款服务，优化其质押贷款的业务流程和工作环节，降低贷款风险。

从盈利来看，授信金融模式和仓单金融模式的各方收益基本相似，但是由于银行不参与质押贷款项目的具体运作，质押贷款由物流公司发放，因此程序更加简单、形式更加灵活，同时大大降低了银行与供方企业的相关交易费用。

拓展阅读资料　　**欧洲物流的"绿色革命"**

本章关键词

绿色物流、第四方物流、智慧物流、物流金融、供应链金融

复习思考题

1. 什么是绿色物流？发展绿色物流有什么意义？

2. 简要阐述我国推进绿色物流的策略。

3. 第四方物流与第四方物流企业是一个概念吗？为什么？

4. 简要说明第四方物流的特征。

5. 阐述第四方物流的运作模式。

6. 简要说明智慧物流的体系结构。

7. 智慧物流的实施模式有哪些？

8. 简要说明物流金融产生的背景。

9. 简述物流金融与供应链金融的区别。

10. 说明物流金融的主要类型及其业务形式。

本篇案例　　　世界十大物流公司简介

案例讨论

1. 比较世界十大物流公司的业务概况，说明我国物流企业的服务供给还有哪些市场空白？

2. 发达国家物流服务的"现代性"主要体现在哪里？

3. 请根据这些物流巨头的业务现状预测物流产业发展的未来趋势。

主要参考文献

[1] 国家市场监督管理总局，国家标准化管理委员会. GB/T 18354—2021. 中华人民共和国国家标准物流术语[S]. 北京：中国标准出版社，2021.

[2] 崔介何. 物流学概论[M]. 5 版. 北京：北京大学出版社，2015.

[3] 汝宜红，田源. 物流学[M]. 3 版. 北京：高等教育出版社，2019.

[4] 叶怀珍. 现代物流学[M]. 4 版. 北京：高等教育出版社，2019.

[5] 王之泰. 新编现代物流学[M]. 4 版. 北京：首都经济贸易大学出版社，2018.

[6] 小保罗·墨菲，迈克尔·克内梅耶. 物流学[M]. 杨依依，译. 11 版. 北京：中国人民大学出版社，2017.

[7] 王转. 现代物流学[M]. 北京：清华大学出版社，2020.

[8] 霍红，牟维哲. 物流管理学[M]. 3 版. 北京：中国财富出版社，2015.

[9] 吴清一. 中国托盘手册[M]. 北京：中国物资出版社，2010.

[10] 王长琼，李顺才. 绿色物流[M]. 北京：中国财富出版社，2021.

[11] 马士华，林勇. 供应链管理[M]. 5 版. 北京：高等教育出版社，2019.

[12] 李庆松. 现代物流学[M]. 北京：清华大学出版社，2018.

[13] 沙颖，钟伟. 物流学[M]. 北京：清华大学出版社，2015.

[14] 李玉萍. 物流管理[M]. 北京：中国农业大学出版社，2014.

[15] 王辉. 物流学[M]. 北京：中国铁道出版社，2010.

[16] 孙明贵. 物流管理学[M]. 2 版. 北京：北京大学出版社，2009.

[17] 何明珂. 物流系统论[M]. 北京：高等教育出版社，2004.

[18] 周启蕾. 现代物流业形成发展机理与推进策略[M]. 北京：北京大学出版社，2004.

[19] 冯耕中. 现代物流与供应链管理[M]. 西安：西安交通大学出版社，2003.

[20] 秦明森. 物流技术手册[M]. 北京：中国物资出版社，2002.

[21] 刘志学. 现代物流手册[M]. 北京：中国物资出版社，2001.

[22] 俞仲文，陈代芬. 物流配送技术与实务[M]. 北京：人民交通出版社，2001.

[23] 翁心刚. 物流管理基础[M]. 北京：中国物资出版社，2002.

[24] 靳伟. 最新物流讲座[M]. 北京：中国物资出版社，2003.

[25] 宋华，胡左浩. 现代物流与供应链管理[M]. 北京：经济管理出版社，2000.

[26] 夏春玉. 现代物流概论[M]. 北京：首都经济贸易大学出版社，2004.

[27] 郝渊晓. 现代物流管理学[M]. 广州：中山大学出版社，2001.

[28] 岳正华，黎明. 现代物流学概论[M]. 北京：中国财政经济出版社，2003.